铁路工程施工技术

与工程项目管理研究

李玉建　主编

文化发展出版社
Cultural Development Press

图书在版编目（CIP）数据

铁路工程施工技术与工程项目管理研究 / 李玉建主编 . —北京：文化发展出版社有限公司，2019. 6

ISBN 978-7-5142-2601-0

Ⅰ . ①铁… Ⅱ . ①李… Ⅲ . ①铁路工程－工程施工－研究②铁路工程－基本建设项目－项目管理－研究 Ⅳ . ① U215 ② F530. 31

中国版本图书馆 CIP 数据核字（2019）第 053510 号

铁路工程施工技术与工程项目管理研究

主　　编：李玉建

责任编辑：李　毅　　　　　　　　责任校对：岳智勇

责任印制：邓辉明　　　　　　　　责任设计：侯　铮

出版发行：文化发展出版社有限公司（北京市翠微路 2 号　邮编：100036）

网　　址：www. wenhuafazhan. com　www. printhome. com　　www. keyin. cn

经　　销：各地新华书店

印　　刷：阳谷毕升印务有限公司

开　　本：787mm×1092mm　1/16

字　　数：366 千字

印　　张：19.875

印　　次：2019 年 9 月第 1 版　2021 年 2 月第 2 次印刷

定　　价：48. 00 元

I S B N：978-7-5142-2601-0

◆ 如发现任何质量问题请与我社发行部联系。发行部电话：010-88275710

前 言

随着现代经济的不断发展，我国的交通运输事业也迅猛发展，作为我国基本运输形式之一的铁道运输，其在国家经济的发展中现已成了不可取代的重要组成部分。从改革开放以来，随着现代化的发展，铁路施工技术也得到了长足的发展，我们在注重铁路施工技术的同时也要更加重视安全管理。在铁路工程施工中路基的施工技术是最根本的。在对路面进行修整的时候，必须要保证基层表层的施工质量，并且还要做好路拱，对路肩进行压实和整修。

我国为了能够更好更快地发展，在不断发展铁路工程的同时，也对工程项目管理的研究更加重视。

建筑工程项目管理是一个复杂的过程，施工企业如何以建筑工程项目管理为中心，提高工程质量，保证工程进度，降低工程成本，提高经济效益，这是事关建筑施工企业生存和发展的关键。尤其在我国加入 WTO 后，建筑市场全面开放，市场竞争更加激烈，所以建筑企业应树立成本、进度、质量的系统管理观念，将企业的成本、进度、质量管理工作视为一项系统工程，强调整体与全局，对企业成本、进度、质量管理的对象、内容、方法进行全方位的分析研究，实现管理的创新，在安全、质量、工期保证的情况下，严格控制工程成本，争取最大限度地降低工程成本，才能在市场竞争中立于不败之地。

本书在编写过程中参考了有关文献和一些项目施工管理经验性文件，并且得到了许多专家和相关单位的关心与大力支持，在此表示衷心感谢。随着科技的发展，以及建筑工程设计与项目工程管理的不断进步，本书难免有疏漏及不妥之处，恳请广大读者指正。

《铁路工程施工技术与工程项目管理研究》编委会

前言

目　录

第一章　铁路线路与铁路轨道

第一节　铁路等级与主要技术标准

一、铁路等级

铁路等级是铁路设计的重要依据，是区分和选用其他技术标准的先决条件，因此在设计铁路前必须确定铁路等级。铁路运量是确定铁路等级的重要依据，铁路建筑物和设备的能力应与逐步增长的运量相适应，以满足国民经济发展对铁路日益增长的运输需求。铁路的设计年度一般分为近期和远期，分别为铁路交付运营后的第十年和第二十年。近远期运量均采用预测运量。

客货共线铁路可分为 4 个等级（见表 1–1）。

表 1–1　铁路的等级

级别	主要内容
Ⅰ级铁路	铁路网中起骨干作用的或近期年客货运量大于或等于 20Mt 的铁路
Ⅱ级铁路	铁路网中起联络、辅助作用的或近期年客货运量小于 20Mt 且大于或等于 10Mt 的铁路
Ⅲ级铁路	为某一地区或企业服务的、近期年客货运量小于 10Mt 且大于或等于 5Mt 的铁路
Ⅳ级铁路	为某一地区或企业服务的、近期年客货运量小于 5Mt 的铁路

以上年客货运量为重车方向的货运量与客车对数折算的货运量之和。每天 1 对旅客列车按 1.0Mt 年货运量折算。

客运专线铁路可分为高速铁路和快速铁路两个等级：

（1）高速铁路。在客运专线网中起骨干作用或最高设计行车速度为 250km/h 及以上的客运专线铁路。

（2）快速铁路。在客运专线网中起联络、辅助作用，为区域或地区服务且最高行车速度不高于 250km/h 的客运专线铁路。

二、铁路主要技术标准

各级铁路的主要技术标准应根据远期运量或国家要求的年输送能力、客车对数和确定的铁路等级在设计中经综合比选确定。

客货共线铁路的主要技术标准包括正线数目、牵引种类、机车类型、牵引质量、最大坡度、最小曲线半径、机车交路、到发线有效长度和闭塞类型等。

客运专线铁路的主要技术标准包括设计速度、正线线间距、最小曲线半径、最大坡度、到发线有效长度、动车组类型、列车运行控制方式、行车指挥方式和最小行车间隔等。

1. 正线数目

正线数目是指连接并贯穿车站的线路数目。依据正线数目可将铁路划分为单线铁路、双线铁路和多线铁路。正线数目对铁路能力有重要影响，双线铁路通过能力较两条平行单线铁路要大得多，而双线的投资比两条平行单线减少约 30%，运营费用低约 20%。因此，当铁路运量超过一条单线的负荷水平时就应考虑修建双线的方案。

对于客货共线铁路，新建铁路近期年客货运量大于或等于 35Mt 的平原、丘陵地区和大于或等于 30Mt 的山区，宜一次修建双线；远期年客货运量达到上述标准，其正线数目宜按双线设计，分期实施；远期年客货运量虽未达到上述标准，但按国家要求的年输送能力和客车对数折算的年客货运量大于或等于 30Mt 者，宜预留双线。

对于客运专线铁路，应按一次修建双线考虑。

2. 牵引种类

我国铁路的牵引主要采用蒸汽、电力和内燃 3 种方式，其中蒸汽牵引方式已很少采用。

牵引种类应根据路网与牵引动力规划、线路特征和沿线自然条件以及动力资源分布情况，结合机车类型合理选定。有条件时，在同一区域内的牵引种类应尽量统一，以利于机车检修，并可灵活调配运用机车。在较长干线上，可根据通过地区的不同条件，合理选择牵引种类。

由于电力牵引具有牵引力大、启动速度快、制动性能好、环境污染小、热效率高、节约能源等优点，对增加列车质量、加大行车密度、提高行车速度、扩大运输能力具有很好的适应性，因此在运量大的主要干线、长大坡道或隧道毗连的线路上应优先采用电力牵引。

修建高速客运专线应按一次建成双线电气化铁路设计，并采用电力牵引动车组。

3. 机车类型

机车类型对铁路能力、行车速度、工程与运营条件等具有重要影响。

机车类型应根据牵引种类、牵引质量、列车设计行车速度等运输需求，按照与线路平面、纵断面技术标准相协调的原则，结合车站分布，经技术经济必选确定。200km/h 及以上旅客列车应优先采用动车组。

电力机车的热效率高，火力发电为 14% ~ 18%，水力发电可达 60%。整备一次走行距离长，不需燃料供应和中途给水，机车利用率高；机车功率大、速度高、牵引力大，可显著增大铁路运输能力；除噪声外，不污染环境，且乘务员工作条件好；与内燃机车相比，机车造价低，但需用接触网供电，机车独立性稍差。目前，我国电力机车已形成不同轴数的韶山型系列，可供不同运营条件的线路选用。

内燃机车的热效率高达 22% ~ 28%，机车不需要供电设备，独立性好。缺点是需要消耗贵重的液体燃料，且机车构造复杂，造价较高。高温、高海拔地区牵引功率降低，使用效率低。目前，我国内燃机车已形成不同轴数的东风型系列，可供不同运营条件的线路选用。

动车组是把带动力装置的动力车与非动力车按照预定的参数组合在一起，其中带动力的车辆叫动车，不带动力的车辆叫拖车。目前，我国和谐号动车组有 CRH1 ~ CRH5 等型号。

4. 牵引质量

牵引质量与机车类型、限制坡度、车站到发线有效长度等铁路主要技术指标密切相关，直接影响铁路输送能力，并对工程投资、运营成本、运输效率等技术经济指标有很大影响。影响牵引质量的主要因素有：

（1）运输需求。运量大的铁路应采用较大的牵引质量，以减少列车对数，提高运输能力，充分发挥铁路设备的效率，取得较好的经济效益。

（2）与邻接线路牵引质量相协调。与邻接线路牵引质量相协调可减少换重作业，加速机车车辆周转，降低运输成本，提高运输效率，并可减少货物在途时间，提高运输质量，为远程货物直达运输创造条件。

5. 最大坡度

最大坡度是在铁路线路纵断面设计时允许采用的坡度最大值。

客货共线铁路单机牵引地段最大坡度值称为限制坡度。限制坡度不仅影响线路走向、线路长度和车站分布，而且直接影响运输能力、行车速度、工程投资、运营支出和经济效益，是铁路全局性技术标准。设计线（或区段）的限制坡度应根据铁路等级、地形类别、牵引种类和运输需求比选确定，并应考虑与邻接线路的牵引定数相协调，但不得大于设计规范的规定值。

客运专线铁路最大坡度应根据运输组织模式和地形条件确定，主要受跨线列车牵引特性和列车编组等条件的限制。

6．最小曲线半径

最小曲线半径是设计线采用的曲线半径最小值，最小曲线半径不仅影响行车安全、旅客舒适等行车质量指标，而且影响行车速度、运行时间等运营技术指标和工程投资、运营支出和经济效益等经济指标。

最小曲线半径应根据铁路等级、路段旅客列车设计行车速度和工程条件比选确定，且不得小于设计规范的规定值。

7．机车交路

铁路上运转的机车都在一定区段内往返行驶。机车往返行驶的区段称为机车交路，其长度称为机车交路距离。机车交路两端的车站称为区段站。机车交路距离影响列车的旅途时间和直达速度。

机车交路应根据牵引种类、机车类型、车流特点、乘务制度、线路条件、结合路网规划、机务设备布局，经技术经济比选确定，一般宜采用长交路。客运机车交路一般为 500 ～ 1000km，货运机车交路一般为 350 ～ 500km。

高速动车组交路采用循环运转制，动车组一般运行至定检千米数方入段（所）检修。

8．到发线有效长度

到发线有效长度是车站到发线能停放最长到发列车而不影响相邻股道作业的最大长度。

对于客货共线铁路，到发线有效长度对货物列车长度（即牵引质量）起限制作用，从而影响列车对数、运能和运行指标，对工程投资、运输成本等经济指标也有一定影响。货物列车到发线有效长度应根据运输需求和货物列车长度确定，且宜与邻接线路的到发线有效长度相协调，并应采用 1050m、850m、750m、650m、550m 等系列值。改建既有线和增建第二线的到发线有效长度采用上述系列值产生较大工程时，可根据实际需要计算确定。

近期货物列车长度一般较远期短，若近期到发线有效长度按远期铺设，则不但增加近期投资，而且增大近期调车作业行程，增加运营支出，故近期有效长度应按实际需要铺设。

对于客运专线铁路，到发线有效长度应满足该线路最长列车停车的需要，一般不应小于 650m。

9．列车运行控制方式

随着列车运行速度和密度的提高，色灯信号机闭塞方式已不能满足高速度、高密度行车要求。行车速度大于 200km/h 的客运专线铁路，信号系统应采用自闭式的自动控制系统，列车运行控制方式应当采用自动控制。

我国高速客运专线主要采用列车运行控制系统（即 CTCS 系统），车载信号作为行车凭证。

10．行车指挥方式

为了对铁路运输生产统一指挥、有效监控，铁路运输系统必须实行集中领导、统一指挥。高速客运专线铁路行车指挥方式应采用调度集中系统（CTC）。

调度集中系统是将调度区段内各中间站的继电集中联锁及区间自动闭塞设备相结合，建立一个由列车调度员直接操纵的信号通信与遥控的综合系统。

11．最小行车间隔

最小行车间隔主要取决于自动闭塞信号的制式、列车长度、列车运行速度以及闭塞分区长度等因素。

对于客货共线铁路，最小行车间隔一般为 6 ~ 10min；对于客运专线铁路，最小行车间隔按照运输需求综合确定，宜采用 3 ~ 4min。

第二节 区间线路平面和纵断面

一、区间线路平面

铁路线路平面由直线和曲线组成，其中曲线由圆曲线和缓和曲线组成，如图 1–1 所示。

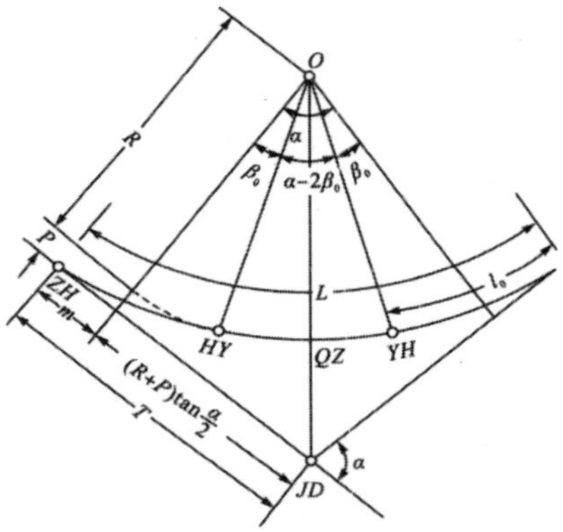

图 1–1　铁路线路平面示意图

线路平面设计，主要是设计连接直线间的圆曲线，即确定曲线转角和半径，选定缓和曲线的线型及长度。

1. 曲线

（1）圆曲线

地形困难地段，采用较小的曲线半径一般能更好地适应地形变化，减少工程数量，降低工程造价，但不利于运营。因此，需要综合考虑工程与运营的利弊，根据设计具体情况，选用合理的曲线半径。

1）最小曲线半径

最小曲线半径是一条干线或其中某一路段允许采用的曲线半径最小值。它是铁路主要技术标准之一，应根据铁路等级、速度目标值、铁路运输模式、旅客乘坐舒适性和运行平稳度等因素比选确定。

选定最小曲线半径的影响因素见表 1–2。

表 1–2　影响因素

因素	主要内容
货物列车的通过速度	设计线各路段的坡度不同，货物列车的通过速度也不同。坡度陡峻的困难地段，上坡时速度受机车牵引力制约，下坡时速度受制动条件限制，通过速度较坡度平缓路段低。在曲线上因受允许过超高的制约，外轨超高值不能过大，从而影响最小曲线半径
路段设计速度	路段设计速度是设计线某一路段旅客列车远期可能实现的最高速度。一条设计线各路段的地形条件不同，远期旅客列车所能达到的最高速度也不同，拟订的最小曲线半径应满足各路段设计速度的需要
地形条件	平原浅丘地区，曲线半径通常对工程量影响不大，为创造良好的运营条件和节省运营费用，应选定较大的最小曲线半径。山岭地区地形复杂，曲线半径对工程量影响很大，为适应地形，减少工程量，需要选定较小的最小曲线半径

综上所述，设计线的最小曲线半径可根据具体情况拟订。必要时，可初步拟订两个以上的最小曲线半径，选取设计线的某些代表性地段，分别进行平面和纵断面设计，并结合上述因素，经技术经济比较来确定最小曲线半径。

2）最大曲线半径

最大曲线半径关系到线路的铺设、养护、维修能否达到要求的精度，并影响轨道的平顺性，甚至安全性。我国对于最大曲线半径值的相关规定如下：

客货共线铁路最大曲线半径为 12000m；时速为 200 ~ 250km/h 的客运专线，

最大曲线半径一般不宜大于 10000m，困难条件下不应大于 12000m，特殊困难条件时，经技术经济比较，可取 12000m；时速为 300 ~ 350km/h 的客运专线铁路，最大曲线半径一般不宜大于 12000m，特殊困难条件下，经技术经济比选后，可取 14000m。

3）确定曲线半径

设计线路平面时，为了便于测设、施工和养护，曲线半径一般采用 50m 或 100m 的整数倍，特殊困难条件下，曲线半径可采用 10m 的整数倍。有条件时宜优先选用表 1–3 所列的推荐曲线半径值。

表 1–3　推荐曲线半径值

铁路类型	客运专线				客货共线铁路					
设计速度（km/h）	350		300		200	160	140	120	100	80
推荐半径（m）	有砟	无砟	有砟	无砟						
	9000 ~ 11000	8000 ~ 10000	6000 ~ 9000	5500 ~ 8000	4500 ~ 7000	2500 ~ 5000	2000 ~ 4000	1600 ~ 3000	1200 ~ 2500	800 ~ 2000

（2）缓和曲线

在直线与圆曲线之间要设置缓和曲线，以保证行车平顺。

在缓和曲线范围内，其半径由无限大渐变到圆曲线半径，从而使车辆产生的离心力逐渐增加，有利于行车平稳；在缓和曲线范围内，外轨超高由零递增到圆曲线上的超高量，使向心力逐渐增加，与离心力的增加相配合；当曲线半径小于 350m，轨距需要加宽时，可在缓和曲线范围内，由标准轨距逐步加宽到圆曲线上加宽后的轨距值。

我国铁路缓和曲线线型主要采用直线超高顺坡式的三次抛物线型。这种缓和曲线的优点是线型简单、长度较短、计算方便、易于铺设养护。

2. 直线

选定直线位置时，要根据地形条件使直线与曲线相互协调，并应力争设置较长的直线段，以缩短线路长度、改善运营条件。同时，应保证夹直线长度满足要求。

在地形困难曲线毗连地段，两相邻曲线间的直线段，即前一曲线的缓直点与后一曲线的直缓点间的直线，称为夹直线，如图 1–2 所示。

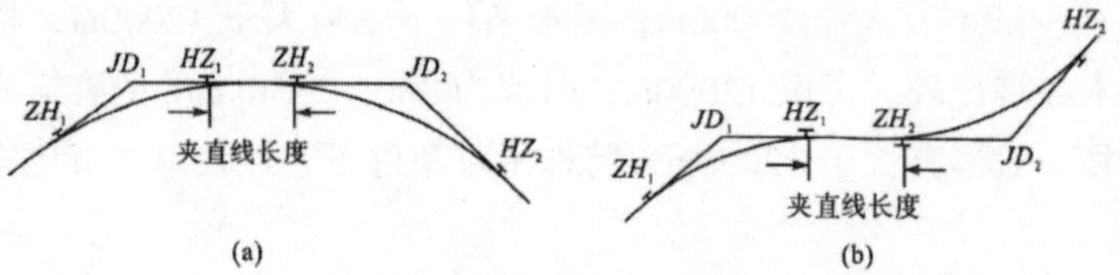

图 1-2　夹直线示意图

夹直线长度力争长一些，为行车和维修创造有利条件。但为适应地形，减少工程量，需要设置较短的夹直线时，其最小长度要满足线路养护和行车平稳等方面的要求，并满足设计规范的相关要求，见表 1-4。

表 1-4　夹直线及圆曲线最小长度　　单位：m

铁路类型		客运专线					客货共线铁路				
设计速度（km/h）		350	300	（200，250）	200	200	160	140	120	100	80
工程条件	一般	280	240	200	160	140	130	110	80	60	50
	困难	210	180	150	120	100	80	70	50	40	30

二、区间线路纵断面

1．最大坡度及折减

（1）最大坡度

1）最大坡度的含义

新建铁路的最大坡度是线路纵断面设计中采用的坡度最大值。

客货共线运行的铁路，在单机牵引路段称为限制坡度，在两台及以上机车牵引的路段称为加力牵引坡度，其中最常见的为双机牵引，称双机牵引坡度。

客运专线采用大功率、轻型动车组，牵引和制动性能优良，能适应大坡度运行，一般情况下最大坡度不受牵引质量的限制，而应根据工程和运营两个方面的技术经济条件，确定设计线的最大坡度。

2）客运专线最大坡度

高速客运专线的线路最大坡度，应根据动车组功率、地形条件、列车平均走行速度以及列车编组辆数等因素，经过比选后确定。新建客运专线一般选用较大坡度，以适应地形，降低线路高度，减少桥隧建筑物数量，尽可能取直线和缩短高速铁路与公路、既有铁路立交的桥梁引线的长度，从而大大节省工程量和工程造价。我国高速客运专线设计的最大坡度一般为 12‰ ~ 30‰。

3）限制坡度

限制坡度是单机牵引普通货物列车，在持续上坡道上，最终以机车计算速度等速运行的坡度，它是限制坡度区段的最大坡度。

限制坡度的选择是涉及全局的重要工作，应根据铁路等级、地形类别、牵引种类和运输需求，考虑与邻接铁路的牵引定数相协调，经过全面分析、技术经济比选，慎重确定。

我国既有铁路干线的限制坡度，4‰者约占 1/4，6‰者约占 1/2，12‰者约占 1/4，少数干线为 9‰或 10‰，全国路网基本形成了 4‰、6‰与 12‰的限制坡度系统。

设计线的限制坡度值不应大于表 1–5 中的规定值。限制坡度最小值规范未作规定，但通常不小于 4%。

表 1–5　限制坡度最大值　　单位：‰

铁路等级		Ⅰ			Ⅱ			Ⅲ		
地形类别		平原	丘陵	山区	平原	丘陵	山区	平原	丘陵	山区
牵引种类	电力	6.0	12.0	15.0	6.0	15.0	20.0	9.0	18.0	25.0
	内燃	6.0	9.0	12.0	6.0	9.0	15.0	8.0	12.0	18.0

4）加力牵引坡度

某些越岭地段，平均自然纵坡很陡，线路如按限制坡度设计，会引起线路大量展长或出现较长的越岭隧道，使工程量加大、工期延长。这种地段，可采用多机牵引，保证在限制坡度上单机牵引的牵引定数不变，从而可采用较陡坡度定线，以减少展线长度，降低造价。这种采用两台及以上机车牵引的较陡坡度称为加力牵引坡度。

加力牵引坡度的最大值取决于货物列车在陡坡上的运营条件，包括下坡的制动安全和闸瓦磨耗、上坡的能量消耗以及车站技术作业对通过能力的影响等。加力牵引坡度过大，在车站的技术作业时间也要加长。列车在车站的停留时间加长，不仅会影响通过能力，还会造成机车、车辆小时的额外损失。

内燃牵引的最大加力牵引坡度为 25‰，电力牵引的最大加力牵引坡度为 30‰。

（2）最大坡度的折减

线路纵断面设计时，在需要用足最大坡度（包括限制坡度及加力牵引坡度）的地段，与平面上的曲线或长度超过 400m 的隧道重叠时，因附加阻力增大、黏着系数降低而需将最大坡度值减小，以保证普通货物列车通过该地段的速度不低于计算速度或规定速度，称为最大坡度的折减。

2．坡段长度及连接

（1）坡段长度

相邻两坡段的坡度变化点称为变坡点。相邻两变坡点之间的水平距离称为坡段长度。

从工程数量来看，采用较小的坡段长度可更好地适应地形起伏，减少路基、桥涵等工程数量。但最小坡段长度应保证坡段两端所设的竖曲线不在坡段中间重叠。

从运营角度来看，列车通过变坡点时，变坡点前后的列车运行阻力不同，车钩间存在游间，将使部分车辆产生局部加速度，影响行车平稳；同时也使车辆间产生冲击作用，增大列车纵向力，坡段长度要保证列车不致产生断钩事故。

一般情况下的最小坡段长度见表 1–6。

表 1–6　最小坡段长度表　　单位：m

远期到发线有效长度	1050	850	750	650	≤ 550
最小线段长度	400	350	300	250	200

客货共线铁路在设计速度小于或等于 140km/h 的路段，为了更好地适应地形，减少工程量，下列情况下坡段长度允许缩短至 200m。

1）凸形纵断面坡顶为缓和坡度差而设置的分坡平段，其长度宜为 200m。

2）最大坡度折减而形成的坡段，包括折减坡段及其中间无须折减的坡段，这些坡段间的坡度差较小，坡长可以缩短。

3）在两个同向坡段之间为了缓和坡度差而设置的缓和坡段，缓和坡段使纵断面上坡度逐步变化，对列车运行平稳有利，故允许缩短为 200m。

4）长路堑内为排水而设置的人字坡段。人字坡段的坡度一般不小于 2‰，以利于路堑侧沟排水。

（2）相邻坡段的最大坡度差

纵断面的坡段有上坡、下坡和平坡。相邻坡段的坡度差应以代数差的绝对值 Δ_i 表示。如前一坡段的坡度 i_1 为 2‰下坡，后一坡段的坡度 i_2 为 2‰上坡，则坡度差 Δ_i 为

$$\Delta_i=|i_1-i_2|=|(-2‰)|-|(+2‰)|=4‰$$

相邻坡段的坡度差，应满足列车不断钩、不脱轨、不脱钩及行车平稳等要求。客货共线铁路最大坡度差的规定见表 1–7。

表 1-7　最大坡度差

远期到发线的有效长度（cm）		1050	850	750	650	550
最大坡度差（‰）	一般	8	10	12	15	20
	困难	10	12	15	18	25

（3）竖曲线

为了保证行车的安全平顺，在线路纵断面的变坡点处应设置与坡段直线相切的竖直曲线，称为竖曲线。

1）竖曲线线型及半径

常用的竖曲线有两种线型：一为抛物线型，即用一定变坡率的 20m 段坡段连接起来的竖曲线；另一种为圆弧型竖曲线。因圆弧形竖曲线测设、养护方便，目前国内外均大量采用。

采用较大的竖曲线半径，可提高列车通过变坡点的运行平稳性和旅客舒适度。但当竖曲线半径增大到一定程度时，养护维修很难达到其设置要求，最大竖曲线半径不宜大于 40000m。

2）设置竖曲线的条件

在线路纵断面上，若各坡段直接连接成折线，则列车通过变坡点时，产生的车辆振动和局部加速度增大，乘车舒适度降低；当机车车辆重心未达变坡点时，将使前转向架的导轮悬空；悬空高度大于轮缘高度时，将导致脱轨；当相邻车辆的连接处于变坡点近旁时，车钩要上下错动，其值超过允许值将会引起脱钩。因此必须在变坡点处用竖曲线把折线断面平顺地连接起来，以保证行车的安全和平顺。

我国铁路路基设计规定：设计速度小于 160km/h 的铁路，当 Ⅰ 级、Ⅱ 级铁路相邻坡段的坡度差大于 3‰Ⅲ 级铁路大于 4‰时，需设置圆曲线型竖曲线；设计速度大于或等于 160km/h 的铁路，相邻坡段的坡度差大于或等于 1‰时，需设置圆弧线型竖曲线。

3）竖曲线的限制

竖曲线不应与缓和曲线重叠。竖曲线范围内，轨面高程以一定的曲率在变化。缓和曲线范围内，外轨高程以一定的超高顺坡在变化。如两者重叠，一方面在轨道铺设和养护时，外轨高程不易控制；另一方面外轨的直线型超高顺坡和圆型竖曲线都要改变形状，影响行车的平稳。

竖曲线不应设在明桥面上。在明桥（无砟桥）面上设置竖曲线时，其曲率要用木枕高度调整，每根木枕的厚度都不同并要按固定位置顺序铺设，给施工、养护带来困难。为了保证竖曲线不设在明桥面上，变坡点距明桥面端点的距离不应小于竖曲线的切线长。

竖曲线不应与道岔重叠。道岔的尖轨和辙叉应位于同一平面上，如将其设在竖曲线的曲面上，则道岔的铺设与转动都有困难；同时道岔的导曲线和竖曲线重合，列车通过道岔的平稳性降低。为了保证竖曲线不与道岔重叠，变坡点与车站站坪端点的距离不应小于竖曲线的切线长。

设计速度为 160km/h 及以上的区段，竖曲线不宜与平面圆曲线重叠设置。

第三节　铁路轨道

一、有砟轨道

有砟轨道由钢轨、轨枕、道床、道岔、连接零件及轨道加强设备等主要部件组成。它的作用是引导机车车辆运行，直接承受由车轮传来的荷载，并把它传布给路基或桥隧建筑。轨道必须坚固稳定，并具有正确的几何形位，以确保机车车辆的安全运行。

1. 钢轨

钢轨是轨道的主要部件，它的功能在于引导机车车辆的车轮前进，承受车轮的巨大压力，并将所承受的荷载传布于轨枕、道床及路基。同时，钢轨必须为车轮提供连续、平顺和阻力最小的滚动表面。在电气化铁道或自动闭塞区段，钢轨还可以兼作轨道电路之用。

（1）钢轨类型

按每延米的大致质量，我国铁路钢轨可分为 75kg/m、60kg/m、50kg/m 及 43kg/m 等类型。在速度高、运量大的重要线路上采用质量大的钢轨，在一般的次要线路上采用质量相对较小的钢轨。

按钢种的不同，钢轨可分为普通碳素钢轨、合金钢轨和热处理钢轨三种。碳素钢轨主要以碳、锰两种元素来提高强度、改善韧性。俄罗斯和美国多采用高碳、低锰类碳素钢轨，而欧洲、日本等国家和地区则采用高锰、中碳类碳素钢轨。合金钢轨则是以碳素钢轨为基础，添加适量合金元素（如 V、Cr 等），从而提高钢轨的强度和韧性。热处理钢轨主要是碳素轨通过加热和控制冷却来改善其金相结构，通过热处理细化晶粒，形成细珠光体组织，从而获得高强度和高韧性。

按力学性能，钢轨可分为普通轨、高强轨和耐磨轨三类。普通轨是指抗拉强度不小于 800MPa 的钢轨；高强轨是指抗拉强度不小于 900MPa 的钢轨；耐磨轨是指抗拉强度不小于 1100MPa 的钢轨。

（2）钢轨断面

钢轨的断面形状采用具有最佳抗弯性能的工字形断面，由轨头、轨腰和轨底三部分组成。

轨头是直接和车轮接触的部分，应有抵抗压溃和耐磨的能力，故轨头宜大而厚，并应具有和车轮踏面相适应的外形。钢轨头部顶面应有足够的宽度，使在其上面滚动的车轮踏面和轨头顶面磨耗均匀。钢轨头部顶面应轧制成隆起的圆弧形，使由车轮传来的压力更集中于轨轴。钢轨被车轮长期滚压以后，顶面近似于 200 ~ 300mm 半径的圆弧。因此，在我国铁路上，较轻型钢轨的顶面，常轧制成一个半径为 300mm 的圆弧，而较重型钢轨的顶面，则由 3 个半径分别为 80mm、300mm、80mm 或 80mm、500mm、80mm 的复合圆弧组成。

为使钢轨有较大的承载能力和抗弯能力，钢轨腰部必须有足够的厚度和高度。轨腰的两侧为曲线。轨腰与钢轨头部及底部的连接，必须保证夹板能有足够的支承面。

（3）钢轨长度及轨缝

我国钢轨的标准长度主要有 25m 和 12.5m 两种，75kg/m 钢轨只有 25m一种。还有用于曲线内股的缩短轨，12.5m 标准轨系列的缩短轨有短 40mm、80mm、120mm 三种；25m 标准轨的有短 40mm、80mm、160mm 三种。此外，在我国客运专线上主要采用 100m 的长定尺钢轨。

普通线路轨道上钢轨与钢轨之间用夹板和螺栓连接，称为钢轨接头。接头处轮轨动力作用大，养护维修工作量大，接头是轨道结构的薄弱环节之一。

为适应钢轨热胀冷缩的需要，在钢轨接头处要预留轨缝。预留轨缝应满足如下的条件：

1）当轨温达到当地最高轨温时，轨缝应大于或等于零，使轨端不受挤压力，以防温度、压力太大而胀轨跑道。

2）当轨温达到当地最低轨温时，轨缝应小于或等于构造轨缝，使接头螺栓不受剪力，以防止接头螺栓拉弯或拉断。构造轨缝是指受钢轨、接头夹板及螺栓尺寸限制，在构造上能实现的最大轨缝限值。

（4）钢轨接头

钢轨接头按构造和用途可分为普通接头和特种接头。普通接头一般采用相对悬空式，即两股钢轨接头左右对齐，同时位于两接头轨枕之间。特种接头包括异形接头、绝缘接头、焊接接头、导电接头、伸缩接头和冻结接头等。

钢轨普通接头连接零件包括夹板、螺栓、弹簧垫圈等。其作用是在接头处把钢轨连接起来，满足行车及钢轨伸缩的要求。

夹板是承受弯矩、传递纵向力、阻止钢轨伸缩的重要部件，要求有一定的垂直和水平刚度及足够的强度。夹板的形式很多，我国采用斜坡支承双头对称式夹板，简称双头式夹板。

双头式夹板的优点是在竖直荷载作用下，具有较大的抵抗挠曲和横向位移的能力。每块夹板上有6个螺栓孔，圆形孔与长圆形孔相间。圆形螺栓孔的直径较螺栓直径略大，长圆形螺栓孔的直径较螺栓头下突出部分的直径略大。根据钢轨圆形螺栓孔直径与螺栓直径之差以及夹板圆形螺栓孔直径与螺栓直径之差，就可以得到所需要的预留轨缝值。

接头螺栓、螺母是用来夹紧夹板和钢轨的配件，垫圈是为了防止螺栓松动。螺栓根据其力学性能分级，我国螺栓划分为8.8和10.9级两个等级，其抗拉强度相应为830MPa和1040MPa。接头螺栓的扭矩应达到规定值。

2. 轨枕

（1）轨枕的功用及类型

轨枕一般铺设在钢轨下的道床上，承受来自钢轨的各向压力，并弹性地传布于道床，同时有效地保持轨道的几何形位，特别是轨距和方向。轨枕应具有必要的坚固性、弹性和耐久性，并能便于固定钢轨，有抵抗纵向和横向位移的能力。

轨枕依其构造及铺设方法分为横向轨枕、纵向轨枕和短枕等。横向轨枕和钢轨垂直间隔铺设，是一种最常用的轨枕。纵向轨枕一般仅用于特殊需要的地段。短枕是在左右两股钢轨下分开铺设的轨枕，常用于混凝土道床。轨枕按其使用目的分为用于一般区间的普通轨枕，用于道岔上的岔枕，用于无砟桥梁上的桥枕。轨枕按其材质分为木枕、混凝土枕和钢枕。

（2）木枕

木枕又称枕木，是铁路最早采用而且被延续使用的一种轨枕。其主要优点是弹性好、易加工，运输、铺设、养护、维修方便，与钢轨连接比较简单，有较好的绝缘性能等。但木枕需要消耗大量优质木材，由于资源有限，其价格较贵。其主要缺点是易腐朽、磨损，使用寿命短，由于木材种类和部位的不同，其强度、弹性不完全一致，在列车作用下会形成轨道不平顺，增大轮轨的动力作用。

木枕的使用寿命短，其失效原因很多，主要有腐朽、机械磨损和开裂。木枕腐朽是生物作用的过程，而机械磨损和开裂则是列车反复作用和时干时湿的结果，这三者是互为因果的。木枕一旦腐朽，强度就会降低，同时促进机械磨损和开裂，木质受到损伤，为加速腐朽提供了有利条件。为延长木枕的使用寿命，应对这三者进行综合治理。

木枕的防腐处理是延长其使用寿命的最有效措施。常用的防腐剂有水溶性防腐剂和油类防腐剂两类，其中以油类防腐剂为主要类型。木枕防腐处理按规定的工艺流程，在密封蒸制罐中进行。

木枕除需要进行防腐处理外，还应采取措施，防止机械磨损和开裂。为减少机械磨损，木枕上必须铺设垫板，并预钻道钉孔。为防止木枕开裂，必须严格控制木枕的含水量，并改善其干燥工艺。木枕一旦出现裂缝，应根据裂缝大小，采取补救措施，或用防腐浆膏掺以麻筋填塞，或加钉 C 形环、S 形环、组钉板及用铁丝捆扎，使裂缝愈合。

（3）混凝土枕

1）混凝土枕的类型

随着铁路的高速重载化，用混凝土枕代替木枕已成为发展方向。混凝土枕材源多，并能保证尺寸精度，使轨道弹性均匀，提高了轨道的稳定性。混凝土枕不受气候、腐朽、虫蛀及火灾的影响，使用寿命长。此外，混凝土枕还具有较高的道床阻力，对提高无缝线路的横向稳定性十分有利。

混凝土枕按配筋方式分有普通钢筋混凝土枕和预应力混凝土枕两大类。普通钢筋混凝土枕抗弯能力很差，容易开裂失效，已被淘汰。我国主要采用整体式预应力混凝土枕，简称混凝土枕（PC 枕）。PC 枕按照施工方法的不同分为先张法和后张法预应力混凝土枕两类，配筋材料为钢丝或钢筋。我国主要采用先张法混凝土枕。

目前，我国将混凝土枕分为 I 型、Ⅱ型及Ⅲ型三类。其中，Ⅱ型、Ⅲ型混凝土枕轨已成为我国的主型混凝土枕。

2）混凝土枕的特点

混凝土枕截面为梯形，上窄下宽。梯形截面可以节省混凝土用量，减少自重，也便于脱模。我国 I 型、Ⅱ型枕长度均为 2.5m，Ⅲ型枕长度有 2.6m 和 2.5m 两种。为适应高速、重载的需要，国外向增加枕轨长度的方向发展。

我国铁路使用的混凝土枕，随着轨道荷载（轴重、速度、通过总重）的增加，轨枕截面的设计承受弯矩有所加强。在设计中，主要采用提高混凝土等级，增加预应力和截面高度等措施。目前使用的 I 型和Ⅱ型枕，其外形尺寸完全相同，Ⅲ型枕截面有所增强，轨下截面承载能力有较大幅度的提高。我国混凝土轨枕主要尺寸见表 1–8。

表 1-8 我国混凝土枕主要尺寸

轨枕类型	主筋数量	混凝土等级	截面高度(cm)		底面宽度(cm)			底面积(cm^2)	质量(kg)	长度(cm)
			轨下	中间	端部	轨下	中间			
Ⅰ型	36ϕ3	C48	20.2	16.5	29.45	27.5	25	6588	251	250
Ⅱ型	44ϕ34ϕ10	C58	20.2	16.5	29.45	27.5	25	6588	251	250
Ⅲ型	10ϕ78ϕ7.8	C60	23.0	18.5	32.0	30.0	28.0	7720	320	250

Ⅰ型枕对于高速重载条件的适应性较差，在我国正线铁路上正逐步被淘汰。

Ⅱ型枕基本上能适应于次重型、重型轨道。Ⅱ型枕的不足是安全储备不够大，对提高轨道的整体稳定性能力不足。现场使用情况调查表明，在重型、次重型轨道上使用的轨枕，在某些区段出现轨枕中顶面横向裂缝、沿螺栓孔纵向裂缝、枕端龟裂、侧面纵向水平裂缝、挡肩斜裂等，Ⅱ型枕难以适应重型和特重型轨道。

Ⅲ型枕是从 1988 年开始由铁道部专业设计院、铁道部科学研究院等单位研制的，分有挡肩和无挡肩两种形式，2.5m 和 2.6m 两种长度。Ⅲ型枕适用于标准轨距铁路，其中有挡肩轨枕适用于直线或 $R \geqslant 300$m 的曲线轨道；无挡肩轨枕适用于直线或 $R \geqslant 350$m 的曲线轨道。适用条件见表 1-9。

为适应山区铁路运营条件，由西南交通大学和成都铁路局共同设计开发了适用于山区小半径曲线的 2.5m 长Ⅲ型混凝土枕及与其相适应的扣件系统。在Ⅲ型混凝土枕设计荷载条件下，主要对轨枕挡肩结构及相应的挡板座进行了重新设计，可提高挡肩承载能力 1 倍以上，有效地解决了混凝土挡肩易破损的问题。

表 1-9 标准轨距铁路使用Ⅲ型轨枕条件

机车类型	轴重(t)	年通过总量密度(Mt·km/km)	最高客车速度(km/h)	最高货车速度(km/h)	钢轨类型(kg/m)	铺枕根数(根/km)	道床厚度(mm)		
							非渗水土路基		岩石、渗水土基
							面层	垫层	
内燃、电力	23	>30	200	90	60、75	1680	30	20	35

（4）轨枕间距

轨枕间距与每千米配置的轨枕根数有关。轨枕每千米的铺设标准应根据运量、行车速度及线路设备条件等综合考虑，合理配套，在最经济的条件下，使轨道具有足够的强度和稳定性。对于运量大、速度高的线路，轨枕应该布置得密一些，以减少钢轨、轨枕、道床及路基面的应力和震动，同时使线路轨距、轨向易于保持。但也不能太密，太密则不经济，而且净距过小，会在一定程度上影响捣固质量。

轨枕每千米铺设数量由线路等级决定，对于正线轨道，可根据“正线轨道类型表”选定。

普通轨枕上，钢轨接头处车辆的冲击荷载大，接头处轨枕的间距应当比中间的小一些，并且从接头间距向中间间距过渡时，应有一个过渡间距，以适应荷载的变化。

对于无缝线路，轨枕间距应均匀布置，轨枕间距尺寸按有关规定设置。

（5）混凝土宽枕

混凝土宽枕是一块预制的混凝土板，与混凝土枕外形相似，又称轨枕板。其制造工艺与混凝土枕基本相同。宽枕长度与普通混凝土枕相同，约为 2.5m，宽度约为后者的 2 倍。宽枕由于宽度较大，直接铺设在预先压实的道床面上，在制造中对其厚度的控制比较严格。

混凝土宽枕在道床上是密排铺设的，每千米铺设 1760 块，每块枕上安装一对扣件，由钢轨传来的力处于宽枕的对称位置，可避免荷载的偏心。宽枕由于宽度较大，因此在纵横两个方向上都有弯矩作用。

混凝土宽枕与普通枕比较有以下优点：

1）宽轨枕宽 55cm，支承面积较混凝土枕大 1 倍，使道床的应力大为降低。同时，每块宽枕的质量为 500kg 左右，可以减小道床的振动加速度，使道床的变形减小，残余变形积累过程延缓，轨道几何形位易于保持，整个轨道结构得到加强。

2）轨枕与道床接触面上的摩阻力增大，提高了轨道的横向稳定性，道床阻力增加，有利于铺设无缝线路。

3）宽轨枕密排铺设，枕间空隙用沥青混凝土封塞，把道床顶面全部覆盖起来，防止雨水及脏污侵入道床内部，从而有效地保持道床的整洁，延长道床的清筛周期；宽轨枕轨道的维修养护工作量很少，仅为混凝土枕轨道的 1/2 ~ 1/4，从而可减轻维护工作强度，改善养护工作条件，减少作业次数，节省养护费用。养护维修作业基本上可在轨道两旁进行，对行车干扰较少，比较适合于运输繁忙的铁路上使用。

4）宽轨枕轨道外观整洁美观。混凝土宽枕轨道可适用于运输繁忙、行车密度大的线路，线路维修条件差的长大隧道以及大型客货站站场。

3．有砟轨道扣件

扣件是用于连接钢轨和轨枕的部件，一般要求具有足够的强度、耐久性和一定的弹性，能长期有效地保持钢轨与轨枕的可靠性连接，阻止钢轨相对于轨枕的移动，并能在动力作用下充分发挥其缓冲减震性能，延缓轨道残余变形积累。此外，还应构造简单、便于安装及卸载。

（1）木枕扣件

木枕扣件主要有分开式和混合式两种。它将钢轨和垫板、垫板和木枕分别连接起来。它是用4个螺纹道钉连接垫板与木枕，两个T型螺栓扣压钢轨与垫板，其螺纹道钉和T型螺栓构成“K”型，故又称“K”扣件。分开式扣件扣压力大，可有效防止钢轨爬行。其缺点是零件多、用钢量大、更换钢轨麻烦。分开式扣件主要用在桥上线路。

混合式扣件如图1–3所示。其零部件有道钉和五孔双肩铁垫板。混合式扣件是我国铁路木枕轨道上使用最广泛的扣件。它除用道钉将钢轨、垫板和木枕一起扣紧外，还用道钉将垫板与木枕单独扣紧。这种扣紧方式可减轻垫板的震动，且零件少、安装方便，其缺点是钢轨受荷载向上挠曲时，易将道钉拔起，降低扣压力。

图1–3 混合式扣件示意图

（2）混凝土枕扣件

1）扣板式扣件

扣板式扣件主要由扣板、螺纹道钉、弹簧垫圈、铁座及绝缘缓冲垫板组成。其中，螺纹道钉用硫黄水泥砂浆锚固在混凝土轨枕承轨台上的预留孔中。在锚固好的螺旋道钉上安装一块刚性扣板，通过平垫圈和弹簧垫圈上紧螺母后扣着钢轨。扣板的一端压紧钢轨底部顶面，同时顶住轨底侧面，以保持必要的轨距和传递横向推力于铁座及混凝土挡肩。在铁座与挡肩之间设绝缘缓冲挡肩垫片，以缓和横向推力的冲击作用，防止混凝土挡肩损坏，并起绝缘的作用。

扣板式扣件零件简单，调整轨距比较方便，但弹性扣压力较低，在使用过程中容易松劲，适用于50kg/m以下钢轨的线路。

2）弹条Ⅰ型、Ⅱ型扣件

弹条Ⅰ型扣件主要由W型弹条、螺旋道钉、轨距挡板、挡板座及弹性橡胶垫板等组成。其中，弹条用于弹性扣压钢轨，要求保持一定的扣压力及足够的强度。弹条由直径为 13mm 的 $60Si_2Mn$ 或 $55Si_2Mn$ 热轧弹簧圆钢制成。轨距挡板的作用是调整轨距，传递钢轨的横向水平推力。挡板座用于支撑挡板，后背斜面支撑在轨枕挡肩上，要求挡板座有一定强度来承受和传递横向水平力，有足够的绝缘性能以防止漏洞。挡板座两斜面的厚度不同，可调换使用，也可起到调整轨距的作用。

弹条Ⅱ型扣件除弹条设计采用优质弹簧钢 $60Si_2CrVA$ 材料外，其余部件与弹条Ⅰ型扣件通用。弹条Ⅱ型扣件具有扣压力大、强度安全储备大、残余变形小等优点，适用于Ⅱ型或Ⅲ型混凝土枕的 60kg/m 钢轨线路。

3）弹条Ⅲ型扣件

弹条Ⅲ型扣件是无螺栓无挡肩扣件，由弹条、预埋铁座、绝缘轨距块和橡胶垫板组成。

弹条Ⅲ型扣件具有扣压力大、弹性好等优点，特别是取消了混凝土枕挡肩，从而消除了轨底在横向力作用下发生横移导致轨距扩大的可能性，因此保持轨距的能力很强，又由于取消了螺栓连接的方式，大大减少了扣件的养护工作量，特别适用于重载、大运量、高密度的运输条件。

弹条Ⅲ型扣件适用于标准轨距铁路直线或 $R>350$m 的曲线，铺设 60kg/m 钢轨和 M 型无挡肩混凝土枕的无缝线路轨道。

4）弹条Ⅳ型扣件

弹条Ⅳ型扣件是在弹条Ⅲ型扣件的基础上，经多年深入研究和大量试验优化改进而成的，由弹条、预埋铁座、绝缘轨距块和橡胶垫板组成，是无螺栓无挡肩扣件系统。弹条Ⅳ型扣件具有零部件少、结构紧凑、扣压力大、保持轨距能力强、维修工作量小等特点，适用于最高速度为 250km/h 和 350km/h 的客运专线混凝土无挡肩轨枕有砟轨道。

5）弹条Ⅴ型扣件

弹条Ⅴ型扣件是在弹条Ⅰ型、Ⅱ型、弹条Ⅰ型调高和石龙桥小阻力扣件系统的基础上，经多年深入研究和大量试验优化改进而成的，由弹条、螺旋道钉、平垫圈、轨距挡板、橡胶垫板、调高垫板和预埋套管组成，是有螺栓有挡肩扣件系统。弹条Ⅴ型扣件具有零部件少、兼备小阻力功能、保持轨距能力强、绝缘性能好等特点，适用于最高速度为 250km/h 和 350km/h 客运专线混凝土有挡肩轨枕有砟轨道。

4．有砟道床

在有砟轨道上，道床是轨道框架的基础，承受来自轨枕的压力并均匀地传递到路基面上，能提供轨道的纵横向阻力以保持轨道稳定，并能提供弹性以减缓和吸收轮轨的冲击和震动，同时，还便于养护维修时线路平纵断面的校正，并具有良好的排水性能。

（1）道床材料

有砟道床由道砟组成，用作道砟的材料应满足下列要求：质地坚韧，有弹性，不易压碎和捣碎；排水性能好，吸水性差；不易风化，不易被风吹动或被水冲走。

用作道砟的材料主要有：碎石、天然级配卵石、筛选卵石、粗砂、中砂及熔炉矿砟等。选用何种道砟材料，应根据铁路运量、机车车辆轴重、行车速度，结合成本和就地取材等条件来确定。我国铁路干线上基本使用碎石道砟，在次要线路上才使用卵石道砟、炉渣道砟。

（2）道床断面

1）道床厚度

道床厚度是指直线上钢轨或曲线上内轨中轴线下轨枕底面至路基顶面的距离。道床的厚度与道床弹性、道床脏污增长率、垫砟层的承载能力、路基面的承载能力等因素有关，一般根据运营条件、轨道类型、路基土质等选用。

2）道床顶面宽度

道床顶面宽度与轨枕长度和道床肩宽有关。道床宽出轨枕两端的部分称为道床肩宽。轨枕长度固定时，道床顶面宽度主要取决于道床肩宽。适当的肩宽可保持道床的稳定，并提供一定的横向阻力。对道床顶面宽度的要求见表 1–10。

表 1–10　单线碎石道床顶面宽度

轨道类型	路段旅客列车设计行车速度（km/h）	道床顶面宽度（m）		道床边坡坡度
		无缝线路	普通线路	
特重型	120 ~ 160	3.80	–	1∶1.75
重型	120 ~ 160	3.70	–	1∶1.75
次重型	≤ 120	Ⅱ型混凝土枕，3.30 Ⅲ型混凝土枕，3.70	3.10	1∶1.75
中型	≤ 100	–	3.00	1∶1.75
轻型	≤ 80	–	3.90	1∶1.80

3）道床边坡坡度

坡度大小对保证道床的坚固稳定，有十分重要的意义。道床边坡的稳定性取决于道砟材料的内摩擦角与黏聚力，也与道床肩宽有关。道砟材料的内摩擦角越大，黏聚力越高，边坡的稳定性就越高。同样地，增大肩宽可以容许采用较陡的边坡，而减小肩宽则必须采用较缓的边坡。我国铁路路基设计规范规定正线区间道床边坡坡度均为 1：1.75。

（3）道床变形

道床作为散粒体结构，在外荷载作用下会产生弹、塑性变形。荷载消失后，弹性变形部分得以恢复，而塑性变形部分则成为残余变形（或永久变形）。道床残余变形主要有两个原因：一是在荷载作用下道砟颗粒相互错位和重新排列所引起的结构变形；二是由于颗粒破碎、粉化所形成的颗粒变形。在列车重复荷载作用下，每次荷载作用所产生的微小残余变形会逐渐积累，最终导致整个轨道下沉。因此，道床变形是轨道变形的主要来源。

二、无砟轨道

无砟轨道是用整体性较好的混凝土道床代替散粒道砟道床的轨道结构形式，具有累积变形小，可持久保持轨道几何形位，大幅减少养护维修工作量等优点，在高速铁路和城市轨道交通中应用较为广泛。无砟轨道结构类型较多，本节主要介绍板式和轨枕埋入式无砟轨道。

1. 无砟轨道结构

（1）板式轨道

板式轨道是在现浇混凝土的基础上，以乳化沥青水泥砂浆层支承预制轨道板的无砟轨道结构形式，是日本、德国等国采用得较多的无砟道结构形式之一，也是我国高速客运专线采用的主要形式。板式轨道结构简单，施工方便，在施工过程和病害整治中可方便调整轨道板的高低位置，具有较好的可维修性，对基础的适应能力较强。

1）日本板式轨道

日本板式轨道主要是 A 型板式轨道。A 型板式轨道由钢轨、扣件、轨道板、乳化水泥沥青（CA）砂浆和混凝土底座组成。其主要的扣件类型有直结 4 型、直结 5 型和直结 8 型。该轨道采用扣件直接将钢轨与混凝土基础连接在一起，轨道几何形位的调整通过扣件系统进行，扣件结构具有合理的高低、左右调整能力，并可简单地对施工和维修过程中的线路状态进行调整，以实现高速线路的高平顺性。轨下设置了充填式垫板，以实现对轨道板制造与施工偏差以及缓和曲线和竖曲线精度的调整。

轨道板由工厂预制，可保证制造质量和精度。轨道施工工序相对简单，容易保证高质量、高精度和施工进度。温暖地区应用的轨道板大都采用普通钢筋混凝土结构，除部分防震板外，轨道厚度统一规定为 160mm。

在轨道板与混凝土底座之间填充 CA 砂浆的主要目的在于进行施工调整，使下部基础施工误差不影响上部结构，并提供一定的弹性，一旦损坏可方便地进行维修。为适应严寒地区的推广应用，研究了抗冻害 CA 砂浆，提出了袋装 CA 砂浆施工方法。

底座作为板式轨道的基础，其较高精度的施工可获得厚度均匀的 CA 砂浆垫层，保证轨道弹性均衡；曲线超高也需要通过底座板断面高度尺寸调整来实现；路基上底座板的设计应能适应下部基础变形的影响。底座上每隔一定距离设置凸形挡台，可固定轨道板的纵横向位置，同时又可作为板式轨道铺设和整正时的基准点。

日本东北、上越等严寒地区新干线的建设，为适应轴重的增大及避免冻害，增加了轨道板上层钢筋的保护层，引入了预应力，轨道厚度增加到 190mm。近几年，为节约混凝土和钢筋、减轻轨道板的自重、减少轨道板翘曲应力，又发展了框架型轨道板；为适应环境的要求，开发了 G 型防震型板式轨道。

2）德国博格板式轨道

博格板式轨道的结构组成类似于日本新干线板式轨道，吸收了轨枕埋入式无砟轨道整体性好和板式轨道制作、施工方便的优点，进行了包括预应力、结构尺寸、纵向连接等方面的改进，采用数控磨床加工预制轨道板上的承轨部分，以高性能水泥乳化沥青砂浆（BZM）作为板下填充层。

博格板式轨道由钢轨、Vossloh300 扣件、轨道板、BZM 及下部支承体系（底座或水硬性承层）等组成。

博格板式轨道为横向预应力轨道板，为控制轨道裂纹不通过扣件锚固点，板上每个枕间（65cm）设横向预裂缝，铺设完成后通过连接锁件将轨道板纵向连接，轨道板横向设预应力，即使轨道板在假缝处完全开裂，也不会影响其承载性能，可靠性较高。水硬性支承层和轨道板间通过特制 BZM 填充，轨道整体性好，纵向阻力大，无须设置凸形挡台等限位装置。

与日本板式轨道相比，博格板式轨道的主要特点在于承轨部分依靠混凝土的精加工保证精度，在保证钢轨、扣件等加工精度的前提下，轨道板施工完成后即可保证轨道的精度，无须日本板式轨道填充式垫板的二次调整过程。另外，博格板式轨道通过连接锁件连接，最大限度地减少了轨道板自由端数目，对改善填充砂浆和轨道板受力状态有很大好处。为加快施工进度、减少梁轨相互作用，在底座板与桥梁之间设置滑动层。

3）我国板式轨道

早在 1981 年，我国就在皖赣线溶口隧道内铺设了板式轨道。轨道板采用 C50

混凝土，尺寸约为 4120mm × 2400mm × 195mm，板内布置双层双向配置普通钢筋，两端设有方形凸台。后来在秦沈客运专线的狗河特大桥和双何特大桥上铺设了预应力钢筋混凝土轨道板，为适应桥梁上的布板要求，轨道板分为 A、B、C 三种类型，A 型轨道板的长度为 4.903m，B 型和 C 型轨道板的长度为 4.765m，宽度均为 2.4m，厚度均为 190mm。其中，A 型轨道板用于梁跨中部，B 型轨道板用于梁跨两端，C 型轨道板用于过渡段无砟轨道设置 50kg/m 辅助轨处。底座采用 C40 钢筋混凝土，厚度约为 250mm，双层双向配筋，通过预埋钢筋与梁连为一体。底座上设圆柱形凸形挡台，半径为 250mm，高度为 250mm。底座与轨道之间设置厚度约为 50mm 的 CA 砂浆调整层。遂渝线无砟轨道综合试验段设计了平板、框架及减震型板式轨道结构，分别铺于路基、桥梁和隧道中。开发了预应力和非预应力平板、预应力与非预应力框架及减震板 5 种轨道板结构，其中预应力平板型主要用于寒冷地区，框架型主要用于温暖地区，实际应用中可以根据地区气候环境进行选型。

在日本板式轨道的基础上经优化创新已形成我国的 CRTSI 型板式轨道，在德国博格板式轨道的基础上已形成我国的 CRTS Ⅱ型板式轨道，目前正应用于我国多条客运专线上。

（2）轨枕埋入式轨道

轨枕埋入式轨道是将钢筋混凝土长轨枕、短轨枕或双块式轨枕埋入现浇的钢筋混凝土道床中形成的整体式无砟轨道，该类无砟轨道具有结构简单、施工方便、整体性好等特点，不足之处是轨道弹性和高低、水平的调整都仅仅是依靠扣件完成，且轨道出现病害时较难整治，对基础的适应性较差。

1）德国 Rheda、Zublin 轨道

1972 年，德国铁路在 Rheda 车站试铺了枕式无砟轨道，其轨下基础由整体混凝土枕和现浇钢筋混凝土板组合而成，称为 Rheda 型无砟轨道。最新的结构型式为 Rheda2000 型，广泛用于桥梁、隧道、路基及桩板结构路基上。

Rheda2000 轨道自上而下分别为钢轨、扣件、双块式轨枕、混凝土道床板和下部支承体系（底 1 座或水硬性支承层）等。所采用的扣件主要有 Vossloh300 和 Fastclip 扣件。

带有桁架钢筋的双块式轨枕为扣件的安装提供了良好的界面，施工和运营过程中可保证钢轨正确的集合形位，轨枕下部伸出的桁架筋有利于提高轨枕与现浇道床板之间的连接性能，提高双块式轨道的疲劳耐久性能。

Rheda2000 无砟轨道的道床板为连续浇筑的允许开裂的混凝土板，为保证钢筋能将荷载自裂缝一侧传至另一侧，同时保证钢筋不被腐蚀，最大容许裂缝宽度为

0.5mm，轨道的支承体系在土质路基上为水硬性支承层，桥梁上为钢筋混凝土底座，隧道内侧将道床板直接铺于隧道仰拱回填层上。水硬性支承层连续铺设，每 5m 设置一道 1/3 板厚的假缝。路基上道床板与支承层设计为结合式双层结构，在连续道床板的自由端设置锚梁或连接锚件以增强连接。

隧道内仰拱回填层刚度较大，隧道内的 Rheda2000 轨道支承层不受弯，配筋目的是控制裂缝的扩展。道床板直接浇筑在干净且湿润的隧道仰拱回填层上，为保证道床板与回填层之间的黏结效果，在道床板的自由边上需设置销钉。

2）我国轨枕埋入式轨道

2002 年，我国首次在秦沈客运专线沙河特大桥上采用了长枕埋入式无砟轨道，采用预应力长轨枕浇入钢筋混凝土道床板中。为了保证轨枕与道床的连接，在轨枕上设置了 5 个预留孔，道床板上层纵向钢筋穿过预留孔，增强轨道的整体性。道床板长 4m，宽 3.1m，厚 0.3m，底座长宽与道床板相同，厚 0.25m。道床板与底座之间，设置厚度为 3.2mm 的 TOF-I 型防水卷材，作为防水隔离层。与桥头路基相邻的一跨梁上，在防水隔离层下设置 12mm 厚的橡胶垫层，作为桥上无砟轨道与桥头路基上有砟轨道的过渡段。底座通过梁体预埋连接钢筋与梁体相连。道床板上设置凸形方柱，楔于底座两端 1000mm × 700mm × 130mm 的凹槽内，侧立面设置 7mm 厚的普通橡胶缓冲垫层。

遂渝线无砟轨道综合试验段在桥涵、隧道、路基及桩板、桩网路基地段采用了 TB-I、TB-Ⅱ、TB-Ⅲ三种型式的双枕式轨枕。其中，TB-Ⅲ型结构型式更为合理，能满足绝缘设计要求。路基上双块式轨道为结合式双层结构，支承层混凝土表面通过凿毛处理，以增强道床板与支承层的连接。桥上双块式轨道为分离式双层结构，底座为 C40 钢筋混凝土结构。底座通过梁体预埋“门”形钢筋与桥梁相连，底座两端设置限位凹槽。

2. 无砟轨道扣件

在无砟轨道结构中，轨道弹性和调整能力主要依靠扣件，扣件技术是无砟轨道的关键技术之一。与有砟轨道扣件相比，无砟轨道扣件具有更好的弹性和减震性能以及更大的钢轨左右、高低位置调整能力。下面主要介绍我国自主研发的 WJ-2、WJ-7 和 WJ-8 型扣件。

（1）WJ-2 型扣件

WJ-2 型扣件为无挡肩弹性分开式扣件，扣压件为 13mm 弹簧钢，单个弹条初始扣压力为 4kN，弹程为 11mm，采用轨下复合胶垫，每组扣件防爬阻力为 4kN。它适用于高架桥无缝线路，为小阻力扣件，在九江特大桥引桥的无砟无枕梁和上海明珠线一期工程中均有使用，轨距调整量为 -10 ~ +10mm，可实现无级调整，高低调整量为 40mm，其中轨下调高垫板可调高 10mm，铁垫板下调高垫板可调高 30mm。

（2）WJ–7 型扣件

WJ–7 型扣件是在 WJ–1、WJ–2 型扣件系统的基础上经多年深入研究和大量试验优化改进而成的。WJ–7 型扣件为带铁垫板的无挡肩弹性分开式扣件，列车传来的横向荷载主要由铁垫板摩擦力克服，铁垫板上钢轨挡肩与钢轨间设有绝缘块，可有效提高扣件系统的绝缘性能，铁垫板与轨道板间设绝缘缓冲垫板，缓冲列车荷载对轨道板的冲击，同时提高系统的绝缘性能。适用于最高速度为 250km/h 和 350km/h 的客运专线无碎轨道。

（3）WJ–8 型扣件

WJ–8 型扣件是为适应有挡肩无砟轨道，满足客运专线扣件系统的技术要求而研发的一种无砟轨道扣件系统。WJ–8 型扣件为带铁垫板的有挡肩弹性不分开式扣件，由钢轨传递而来的列车横向荷载通过铁垫板传递至轨距挡板，从而由混凝土挡肩承受横向水平力，降低了水平荷载的作用位置，使结构更加稳定。适用于最高速度为 250km/h 和 350km/h 的客运专线无砟轨道。

三、铁路道岔

1．道岔的用途

道岔是实现两条或两条以上的轨道在平面上进行相互连接或交叉的设备，是铁路轨道中不可缺少的重要组成部分。道岔具有数量多、构造复杂、使用寿命短、限制列车速度、行车安全性低、养护维修投入大等特点，与曲线、接头并称轨道的三大薄弱环节。

2．道岔的类型

根据道岔的用途和平面形状，道岔可分为普通单开道岔、对称道岔、三开道岔、交分道岔、交叉渡线等类型。

普通单开道岔简称单开道岔，是我国最常见的道岔类型。其主线为直线，侧线由主线向左侧或右侧岔出。

对称道岔是单开道岔的一种特殊形式，整个道岔对称于主线的中线或辙叉角的中分线，列车通过时无直向及侧向之分。

三开道岔又称复式异侧对称道岔，是复式道岔中较常用的一种形式。它相当于两组异侧顺接的单开道岔，但其长度却远比两组单开道岔的长度之和短。常用于地形狭窄又有特殊需要的地段。三开道岔由一组转辙器、一组中间辙叉和两组同号数的后端辙叉组成。该道岔构造比较复杂，维修较困难，运行条件较差，非十分困难时，不轻易采用。

交分道岔是两直线在平面斜交成菱形交叉的基础上，增设两组双转辙器和两条方向不同的侧线，使机车车辆既可顺交叉轨道直向运行，也可沿曲线转入侧线运行的道岔。

交叉渡线由4组类型和号数相同的单开道岔、1组菱形交叉以及连接钢轨组成，即是两组方向相反的单渡线交叉重叠在一起的设备，供两条铁路线上的列车双向串线之用。

3. 道岔的构造

单开道岔是一种最常见的道岔，由转辙器、辙叉及护轨、连接部分组成。转辙器前端为道岔始端，两股道中心线的交点称作道岔中心。当列车由始端驶向终端时，称为逆向通过道岔；反之，称为顺向通过道岔。站在始端看终端，侧线位于主线左侧称左开道岔，位于主线右侧称右开道岔。

单开道岔以它的钢轨每米质量及道岔号数来区分类型。目前我国的钢轨有75kg/m、60kg/m、50kg/m等类型；标准道岔号数（用辙叉号数来表示）有6号、7号、9号、12号、18号、38号、42号等，其中6号、7号仅用于厂矿企业内部铁路或驼峰下，其他各号则适用于铁路正线或站线，并以12号以及18号最为常用，在侧线通过高速列车的地段，则需铺设38号、42号等大号码道岔。

目前我国普通铁路干线上大量使用60kg/m的钢轨固定型辙叉12号单开道岔。为适应既有线路提速改造的要求，我国自行设计、制造的新型60kg/m钢轨12号、18号提速道岔已跻身国际先进水平，为我国高速道岔研制奠定了坚实基础。

（1）转辙器

单开道岔的转辙器，是将尖轨扳动到不同位置，引导机车车辆沿主线方向或侧线方向行驶的线路设备，由基本轨、尖轨、连接零件、跟端结构、各种垫板及转辙机械组成。

1）基本轨

基本轨除承受车轮的垂直压力外，还与尖轨共同承受车轮的横向水平力，并保持尖轨位置的稳定。主股为直线，侧股按转辙器各部分的轨距在工厂事先弯折成规定的折线或采用曲线型。基本轨一般使用12.5m或25m标准轨制成，为防止基本轨的横向移动，可在其外侧设置轨撑。为了增加基本轨表面硬度和耐磨性，并保持与尖轨良好的密贴状态，在尖轨尖端前后相应范围内还要进行淬火处理。

2）尖轨

尖轨是转辙器中的重要部件之一，依靠尖轨的扳动，将列车引入正线或侧线方向。尖轨可用普通断面钢轨或特种断面钢轨制成。

尖轨在平面上可分为直线型和曲线型。我国铁路的大部分 12 号及 12 号以下的道岔，均采用直线型尖轨。我国新设计的 12 号、18 号道岔直向尖轨为直线型，侧向尖轨为曲线型。直线型尖轨工作边与基本轨工作边所成的夹角 β 称为转辙角，也是尖轨的冲击角。显然，冲击角越大，车轮撞击尖轨的水平力和动能损失也越大，不但增大了列车进入侧线时的摇晃，而且也限制了列车侧向通过道岔的速度。

尖轨按断面形状和特征分为普通断面尖轨和特种断面尖轨。其中，特种断面尖轨又分为高型和矮型两种。

采用普通断面钢轨制作的尖轨，为了使轨尖端紧密贴靠基本轨，需将尖轨尖端轨头两侧及轨底内侧（靠基本轨的一侧）进行刨切，并使尖轨覆盖在基本轨轨底之上，尖轨轨底未刨切的部分，则放在高出基本轨底面的垫板平台上。此外，为了加强尖轨的水平刚度，需在尖轨轨腰两侧增加两块条形补强钢板，其长度应与轨底的刨切长度相同。

高型特种断面尖轨一般是指用与基本轨同类型的等高的特种断面钢轨制作的尖轨，这种尖轨无论竖向或横向的刚度都很大，宜铺设在列车运行速度较高、轴重较大的线路上。目前，我国制造试铺的高型特种断面尖轨运营情况良好。

矮型特种断面尖轨一般是指用较同类型基本轨高度低的特种断面钢轨制作的尖轨，需配合较高的滑床平台使用。由于尖轨断面高度比较小，所以稳定性好，但它的竖向和横向刚度都较高型特种断面尖轨小。目前，这种类型的尖轨在我国已经大量铺设使用。

尖轨与导曲线钢轨连接的一端称尖轨跟端。尖轨的跟部结构必须保证尖轨能根据不同的转辙要求在平面上左右摆动且坚固稳定，制造简单，维修方便。我国的道岔主要采用夹板间隔铁式和弹性可弯式跟段结构。

夹板间隔铁式跟端结构主要由间隔铁、跟端夹板、轨撑及螺栓套管（或异径螺栓）等组成。间隔铁的作用是保持尖轨跟端处与基本轨有固定的间隔宽度，保证车轮的正常通过。弯折夹板与异径螺栓相配合，既能保证跟端的连接具有一定的牢固性，又可以使尖轨尖端灵活摆动。轨撑的作用是固定跟端结构的位置，并防止尖轨和基本轨的爬行。但这种结构零件较少，尖轨扳动灵活，但稳定性较差，容易出现病害。

在列车高速通过的道岔上，为了加强尖轨跟端结构，可配合特种断面尖轨采用弹性可弯式跟端结构。弹性可弯式尖轨在跟端前 2 ~ 3 根轨枕处，将轨底两边削去一部分，使与轨头同宽，形成柔性部分，使尖轨具有能从一个位置扳动到另一个位置的足够的弹性。提速道岔中未对尖轨跟端轨底作刨切，虽增加了尖轨的扳动力，但有利于保持尖轨跟端强度。

3）其他零件

其他零件的主要内容见表 1–11。

表 1–11　其他零件

零件名称	主要内容
滑床板	在整个尖轨长度范围内的岔枕面上，有承托尖轨和基本轨的滑床板。滑床板有分开式和不分开式两类。不分开式用道钉将轨撑、滑床板直接与岔枕连接；分开式是轨撑由垂直螺栓先与滑床板连接，再用道钉和螺纹道钉将垫板和岔枕连接。尖轨放置于滑床板上，与滑床板无扣件连接
轨撑	用于防止基本轨倾覆扭转和纵横向移动的轨撑，安装在基本轨的外侧。它用螺栓与基本轨相连，并用两个螺栓与滑床板连接。轨撑有双墙式和单墙式之分。提速道岔中由于扣件扣压力足够大，未设轨撑
顶铁	尖轨刨切部位紧贴基本轨，而在其他部位则依靠安装在尖轨外侧腹部的顶铁，将尖轨承受的横向水平力传递给基本轨，以防止尖轨受力时弯曲，并保持尖轨与基本轨的正确位置
各种特殊形式的垫板	特殊形式的垫板包括铺设在尖轨之前的辙前垫板和之后的辙后垫板，铺设在尖轨尖端和尖轨跟端的通长垫板，为保持导曲线的正确位置而设置的支距垫板等
道岔拉杆和连接杆	道岔拉杆连接两根尖轨，并与转辙设备相连，以实现尖轨的摆动，故又叫转辙杆。连接杆为连接两根尖轨的杆件，其作用是加强尖轨间的联系，提高尖轨的稳定性
转辙机械	最常用的道岔转换设备有机械式和电动式两类。若按操纵方式分类，则有集中式和非集中式两类。机械式转换设备可分为集中式和非集中式，电动式转换设备则为集中式。道岔转换设备必须具备转换（改变道岔开向）、锁闭（锁闭道岔，在转辙杆中心处尖轨与基本轨之间，不允许有 4mm 以上的间隙）和显示（显示道岔正位或反位）三种功能

（2）辙叉及护轨

辙叉是使车轮由一股钢轨越过另一股钢轨的设备。辙叉由叉心、翼轨和连接零件组成。辙叉与护轨组成一个整体，共同配合发挥作用。

辙叉按平面型式分，有直线辙叉和曲线辙叉两类；按构造类型分，有固定辙叉和可动辙叉两类。在普通线路单开道岔中，以直线式固定辙叉最为常用。

1）固定辙叉

直线式固定辙叉分为整铸辙叉和钢轨组合式辙叉两种。

整铸辙叉是用高锰钢浇铸的整体辙叉。高锰钢是一种锰碳含量均较高的合金钢（含锰约 12.5%，碳 3.2%），具有较高的强度、良好的冲击韧性，经热处理后，在冲击荷载作用下，会很快发生硬化，使表面具有良好的耐磨性能，同时，由于心轨和翼轨同时浇铸，整体性和稳定性好，可以不设辙叉垫板而直接铺设在岔枕上。这种辙叉还具有使用寿命长，养护维修方便的优点。

钢轨组合式辙叉是用钢轨及其他零件经刨切拼装而成的，它由长心轨、短心轨、翼轨、间隔铁、铺叉垫板及其他零件组成。辙叉是由长、短心轨拼装而成的，长心轨应铺设在正线或运量较大的路线方向上。为尽可能保持长心轨断面的完整，将短心轨刨去一部分，使短心轨轨底叠盖在长心轨轨底上，以保持叉心的坚固稳定。这种结构取材容易，无特殊工艺要求，加工制作方便。但这种结构零件多，养护工作量大，目前我国正线上已很少使用。

叉心两侧作用边之间的夹角 α 称辙叉角，其交点称辙叉理论中心（理论尖端）。由于制造工艺的原因，实际上辙叉尖端有 6 ~ 10mm 宽度，称辙叉实际尖端。

辙叉角 α 越小，道岔号数 N 越大，两者之间的关系为

$$N=\cot\alpha$$

翼轨由普通钢轨弯折刨切而成，用间隔铁及螺栓和叉心连接在一起，与辙叉间形成必要的轮缘槽，引导车轮行驶。翼轨作用边开始弯折处称为辙叉咽喉，是两翼轨作用边之间最窄的距离。从辙叉咽喉至实际尖端之间，有一段轨线中断的空隙，称道岔的有害空间。道岔号数越大，辙叉角越小，有害空间越大。车轮通过较大的有害空间时，必须在辙叉相对位置的两侧基本轨内侧设置护轨，借以引导车轮的正确行驶方向。

单开道岔中，辙叉角小于 90°，所以将这类辙叉称为锐角辙叉。交叉渡线和交分道岔中有辙叉角大于 90° 的钝角辙叉。

2）可动辙叉

可动辙叉是指辙叉个别部件可以移动，以保证列车过岔时轨线的连续，消除固定辙叉上存在的有害空间，并可取消护轨，同时辙叉在纵断面上的几何不平顺也可大大减小，从而显著降低辙叉部位的轮轨相互作用，提高运行的平稳性，延长辙叉的使用寿命。可动辙叉有可动心轨式辙叉、可动翼轨式辙叉等型式，其中以可动心轨式辙叉应用最为广泛。长期的运营实践表明，可动心轨式辙叉的使用寿命为同型号高锰钢整铸辙叉的 6 ~ 9 倍，养护维修工作量减少 40%，大大减少了机车车辆通过时的冲击力，提高了过岔容许速度及旅行舒适度。

可动心轨式辙叉包括两根翼轨、长心轨、短心轨、转换设备及各种连接零件，分为钢轨组合型可动心轨式辙叉及锰钢型可动心轨式辙叉两大类。可动心轨式辙叉的中心轨可动，翼轨固定。这种辙叉结构的优点是列车作用于心轨的横向力能直接

传递给翼轨，保证了辙叉的横向稳定性。由于心轨的转换与转辙器同步，不会在误认进路时发生脱轨事故，故能保证行车安全。缺点是制造比较复杂，并较固定式辙叉长。

3）护轨

护轨设于固定辙叉的两侧，用于引导车轮轮缘，使之进入适当的轮缘槽，防止与叉心碰撞。目前我国道岔的护轨类型主要有钢轨间隔铁型、H 型和槽型三种。护轨的防范范围应包括辙叉咽喉至叉心顶宽 50mm 的一段长度，并要求有适当的余裕。辙叉护轨由中间平直段、两端缓冲段和开口段组成，呈折线形。护轨平直段是实际起着防护作用的部分，缓冲段及开口段起着将车轮平顺地引入护轨平直段的作用。缓冲段的冲击角应与列车容许的通过速度相配合。

（3）连接部分

连接部分是转辙器和辙叉之间的连接线路，包括直股连接线和曲股连接线（亦称为导曲线）。直股连接线与区间线路构造基本不同。导曲线的平面形式可以是圆曲线、缓和曲线或变曲率曲线。我国目前铁路上铺设的大部分道岔导曲线均为圆曲线，若转辙器尖轨或辙叉本身就是导曲线的一部分，则确定导曲线平面形式时应将尖轨或辙叉平面一并考虑，圆曲线两端一般不设缓和曲线。导曲线由于长度及界限的限制，一般不设超高和轨底坡。

为防止导曲线钢轨在动荷载作用下的外倾及轨距扩大，可设置一定数量的轨撑或轨距拉杆。还可同区间线路一样设置一定数量的防爬器及防爬木撑，以减少钢轨的爬行。

连接部分一般设置 8 根钢轨，4 根直股连接线，4 根曲股连接线。配轨时要考虑轨道电路绝缘接头的位置和满足对接接头的要求，并尽量采用 12.5m 或 25m 长的标准钢轨。连接部分使用的短轨，一般不短于 6.25m，在困难的情况下，不短于 4.5m。

在跨区间无缝线路中，无缝道岔为一个重要组成部分，需与区间线路焊连在一起，道岔区内的所有钢轨接头也需要焊接或胶接起来，在绝缘接头处采用胶接绝缘接头，其他部位采用焊接接头。

（4）岔枕

我国道岔用轨枕包括木岔枕、钢筋混凝土岔枕及钢岔枕。

木岔枕断面和普通木枕基本相同，长度分为 12 级，其中最短的为 2.60m，最长的为 4.80m，级差为 0.2m，采用螺纹道钉与垫板连接。

钢筋混凝土岔枕最长为 4.90m，级差为 0.10m。混凝土岔枕采用无挡肩形式，与Ⅲ型混凝土木枕具有相当的有效支撑面积，岔枕顶面平直，岔枕中还预埋有尼龙套管，依靠扣件摩擦及旋入套管中的道钉承受横向荷载。

为了适应大型养路机械设备的需要，不让转换设备占用轨枕空间，提速道岔中设计并采用了钢岔枕。

为使道岔的轨下基础具有均匀的刚性，岔枕的间距应尽可能保持一致。

4. 道岔总图

单开道岔总图设计包括以下几项内容：道岔主要尺寸的计算、配轨计算、导曲线支距的计算、各部分轨距的计算、岔枕布置、绘制道岔总图、提出材料数量表。

5. 高速道岔

与普通道岔相比，高速道岔具有显著的特点，主要表现在以下方面（见表1–12）。

表1–12　高速道岔的特点

特点	主要内容
较高的容许通过速度	道岔的直向通过速度应与区间相同，不能限速。同时由于列车运行速度较高，在个别岔位，对道岔侧向的通过速度也较高，需要采用大号码道岔
较高的旅客乘坐舒适度	列车在高速运行条件下，旅客对舒适度比较敏感。因此高速铁路的舒适度要求要比普通铁路高得多。对于道岔区，列车通过时只能有轻微的感觉，甚至没有感觉，平稳性、舒适性要达到较高的水平
高安全性	对于高速运行的列车，安全性至关重要。保证列车通过时的安全性是道岔上道使用的前提
高可靠性	高可靠性也是列车高速运行的保证
较长的使用寿命与较少的维护工作量	高速客运专线由于行车速度高、密度大，只能在天窗点进行维护，因此道岔必须有较长的使用寿命，尽量减少养护维修工作量
道岔的轨下基础与区间相匹配	目前的高速客运专线分为有砟轨道和无砟轨道两种，道岔区的道床类型应与区间相匹配，避免频繁设置过渡段

总之，高速道岔种类较为单一，以单开道岔为主；道岔号码较大，一般在18号以上，最大可达62号及以上；道岔要具有高平顺性及稳定性；辙叉普遍采用可动心轨辙叉；道岔适用于跨区间无缝线路；电务转换采用外锁闭装置；轨下基础采用混凝土长岔枕，并与道床相匹配；道岔要具有监测系统，用于严寒地区的道岔要具有融雪装置；道岔要具有较高的制造、组装、铺设精度；道岔的铺设需要专用设备。

四、无缝线路

普通线路轨道结构由标准长度钢轨通过普通接头连接而成，其中钢轨接头是轨道的薄弱环节之一 t。由于接缝的存在，列车通过时会产生冲击、震动和噪声，影响行车平稳性和旅客舒适度，促使道床破坏、线路状态恶化、钢轨及连接零件的使用寿命缩短、维修费用增加。

无缝线路是由多根标准钢轨焊接铺设而成的线路，是高速重载轨道结构采用的主要形式。由于消灭了大量接缝，因而具有行车平稳、旅客舒适、机车车辆和轨道维修费用减少、使用寿命延长等优点。高速铁路无缝线路铺设时，通常首先在焊接基地采用接触焊将 100m 长定尺钢轨焊接成 500m 长钢轨，然后使用长钢轨专用运输列车将长钢轨运至施工现场采用小型接触焊或气压焊焊接铺设而成。

无缝线路根据处理钢轨内部温度应力方式的不同，可分为温度应力式和放散温度应力式两种。其中，放散温度应力式无缝线路由于结构复杂、作业不方便等原因，目前已不使用。

温度应力式无缝线路包括区间无缝线路和跨区间无缝线路。区间无缝线路由一根焊接长轨及两端 2 ~ 4 根标准轨组成，并采用普通接头的形式；跨区间无缝线路是将道岔和区间无缝线路焊连在一起。无缝线路铺设锁定后，焊接长轨因受线路纵向阻力的抵抗，两端自由伸缩受到一定的限制，中间部分完全不能伸缩，因而在钢轨内部产生很大的温度力。温度应力式无缝线路由于结构简单、铺设维修方便，因而得到广泛应用。

1. 无缝线路原理

（1）钢轨温度力与温度应力

一根长度为 l 的可自由伸缩的钢轨，当轨温发生变化时，会生产热胀冷缩的现象。当轨温变化 Δt 时，钢轨伸缩量为

$$\Delta l=\alpha l\Delta t$$

式中 α——钢轨的线膨胀系数，取 11.8×10^{-6}℃$^{-1}$；

l——钢轨长度，mm；

Δt——轨温变化幅度，℃。

钢轨铺设到线路上，由于受到接头夹板和扣件的限制，钢轨被固定，不能随轨温变化而自由伸缩，在钢轨内部将产生温度应力。根据胡克定律，温度应力 σ_t 为

$$\sigma_t=\mathrm{E}\varepsilon_t=\mathrm{E}\frac{\Delta l}{l}=\frac{\mathrm{E}\alpha l\Delta t}{l}=\mathrm{E}\alpha\Delta t$$

式中 E——钢的弹性模量，$E=2.1\times10^5$MPa；

ε_t——钢的温度应变。

将 E、α 之值带入上式，则钢轨所承受的温度应力分别为

$$\sigma_t = 2.478\Delta t \approx 2.5\Delta t$$

单根钢轨所承受的温度力为

$$P_t=\sigma_t F=2.5\Delta tF$$

式中 F——钢轨断面积。

上面两式说明：

两端固定的钢轨中所产生的温度应力仅与轨温变化幅度成线性关系，而与钢轨本身长度无关。因此，从理论上说，无缝线路钢轨可焊接成任意长而不影响其内部的温度应力，这是无缝线路得以发展的理论依据；控制钢轨内部温度应力的关键在于控制轨温变化幅度；与普通线路不同，无缝线路除承受列车荷载外，还要承受巨大的温度力。

（2）锁定轨温

所谓锁定轨温，是指钢轨在锁定时的钢轨温度，通常以钢轨两端落槽拧紧接头扣件时的钢轨平均温度作为锁定轨温。锁定轨温是计算轨温变化幅度的依据，合理选择锁定轨温，可降低钢轨内部温度力和温度应力。根据经验，可取比中间轨温略高的轨温作为无缝线路的设计锁定轨温。施工锁定轨温不一定等于设计锁定轨温，但应在设计锁定轨温允许变化范围之内。

影响轨温的因素比较复杂，它与气候变化、风力大小、日照强度、线路走向和所取部位等均有密切关系。根据多年观测，最高轨温 T_{max} 要比当地的最高气温高20℃左右，最低轨温 T_{min} 与当地的最低气温大致相同。

（3）线路纵向阻力

无缝线路锁定后，当轨温变化时，长钢轨因受到限制而不能随温度变化自由收缩，在钢轨内部会产生巨大的温度力。影响长钢轨两端自由伸缩的原因是来自线路纵向阻力的抵抗，主要包括接头阻力、道床纵向阻力及扣件阻力。

1）接头阻力

钢轨两端接头处由钢轨夹板通过螺栓拧紧，产生阻止钢轨纵向位移的抵抗，称接头阻力。接头阻力由钢轨夹板间的摩擦阻力提供。

摩擦阻力的大小主要取决于螺栓拧紧后的张拉力和钢轨与夹板之间的摩擦系数。接头阻力与螺栓材质、直径、拧紧程度和夹板孔数有关。在其他条件均相同的情况下，螺栓的拧紧程度就是保持接头阻力的关键。

《铁路线路修理规则》规定，无缝线路钢轨接头必须采用 10.9 级螺栓，扭矩应保持在 700 ~ 900N·m，接头阻力与扭矩的关系见表 1–13。

表 1–13　接头阻力值与扭矩的关系表　　单位：kN

接头条件	接头螺栓扭矩（N · m）								备注
	300	400	500	600	700	800	900	1000	
50kg 钢轨 10.9 级 φ24 螺栓	150	200	250	300	370	430	490		
60kg 钢轨 10.9 级 φ24 螺栓	130	180	230	280	340				普通线路
						490	510	570	无缝线路

列车通过钢轨接头时产生的震动，会使扭矩下降，接头阻力值降低。根据国外资料，接头阻力值可降低到静力测定值的 40% ~ 50%，所以定期检查扭矩，重新拧紧螺帽，保证接头阻力值在长期运营过程中保持不变，是一项十分重要的措施。

2）道床纵向阻力

道床纵向阻力系指道床抵抗轨道框架纵向拉移的阻力。一般以每根轨枕的阻力或每延厘米分布阻力表示，它是抵抗钢轨伸缩、防止线路爬行的重要参数。

道床纵向阻力受道砟材质、颗粒大小、道床断面、捣固质量、脏污程度、轨道框架质量等因素的影响。只要钢轨与轨枕间的扣件阻力大于道床抵抗轨枕纵向移动的阻力，则无缝线路长钢轨的温度应力和温度应变的纵向分布规律将完全由接头阻力和道床纵向阻力确定。

道床抵抗轨道框架纵向位移的阻力由轨枕与道床之间的摩阻力和枕木盒内道砟抗推力组成。试验表明，在正常轨道条件下，混凝土轨枕位移小于 2mm、木枕位移小于 1mm，道床处于弹性工作范围，混凝土枕轨道道床纵向阻力大于木枕轨道。

在无缝线路设计中，采用轨枕位移为 2mm 时相应的道床纵向阻力值，见表 1–14。

表 1–14　道床纵向阻力表

线路特征		单枕的道床纵向阻力（kN）	单股钢轨下单位道床纵向阻力（N/cm）		
			1667 根 /km	1760 根 /km	1840 根 /km
木枕线路		7.0		61	64
混凝土枕线路	Ⅰ型	10.0		87	91
	Ⅱ型	13.75		109	115
	Ⅲ型	18.3	52	160	

3）扣件阻力

中间扣件和防爬设备抵抗钢轨沿轨枕面纵向移动的阻力称为扣件阻力。扣件阻力由钢轨沿轨枕垫板之间的摩擦阻力和扣压件与轨底扣着面之间的摩擦力组成。为了防止钢轨爬行，一般要求扣件阻力必须大于道床纵向阻力。

列车通过时的震动，容易使螺帽松动，扭矩下降，导致扣件阻力下降。为此，《铁路线路修理规则》规定，弹条扣件螺栓扭矩为 100 ~ 150N · m。扣件阻力与螺栓扭矩的关系见表 1–15。

表 1–15　扣件阻力与螺栓扭矩的关系

扣件类型	Ⅰ型	Ⅱ型	Ⅲ型	WJ–7 型	WJ–8 型
螺栓扭矩 80N · m	9.0	9.3	16.0	4	4
螺栓扭矩 150N · m	12.0	15.0		≥ 9	≥ 9

（4）温度力图

温度力沿长钢轨的纵向分布，常用温度力图来表示，故温度力图实质是钢轨内力图。温度力图的横坐标表示钢轨长度，纵坐标表示钢轨的温度力（拉力为正，压力为负）。钢轨内部温度力和钢轨外部阻力随时保持平衡是温度力纵向分布的基本条件。

无缝线路锁定以后，轨温单向变化时，温度力沿钢轨纵向分布的规律称为基本温度力图。

2. 无缝线路的稳定性

（1）稳定性的概念

无缝线路作为一种新型轨道结构，其最大特点是在夏季高温季节在钢轨内部存在巨大的温度力，容易引起轨道横向变形，在列车动力或人工作业等干扰下，轨道弯曲变形有时会突然增大，这一现象常称为胀轨跑道（也称臌曲），在理论上称为丧失稳定。这将严重危及行车安全。

从大量的室内模型、现场试验以及现场事故分析可知，轨道胀轨跑道的发展过程大致分为三个阶段：持稳阶段、胀轨阶段和跑道阶段，如图 1–4 所示。图中纵坐标为钢轨的温度力，横坐标为轨道弯曲的变形矢度 f_0+f（f_0 为初始弯曲矢度）。胀轨跑道一般从轨道的薄弱地段（即具有原始弯曲不平顺）开始。在持续阶段（*AB*），轨道升温，温度力增大，但轨道不变形。胀轨阶段（*BK*），随着轨温的增加，温度力也随之增加，此时轨道开始出现微小变形，此后，温度力的增加和横向变形之间成非线性关系。当温度压力达到临界值 P_k 时，这时轨道有升温或稍有外部干扰时，轨道会突然发生臌曲，道砟抛出，轨枕破裂，钢轨发生较大变形，轨道受到严重破坏，即为跑道阶段（*KC*），此时轨道稳定性完全丧失。

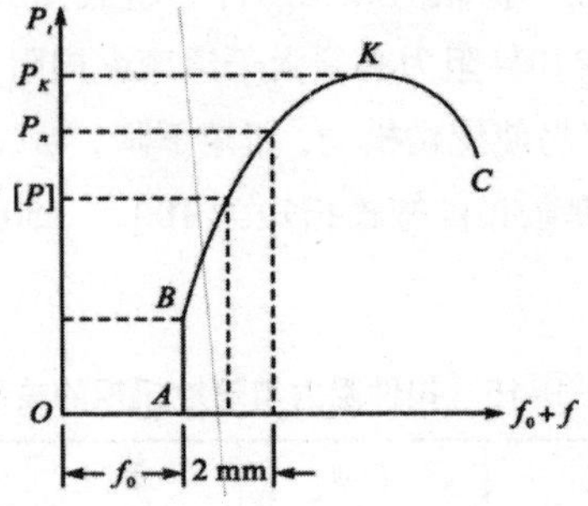

图 1–4　无缝线路胀轨跑道过程示意图

（2）无缝线路稳定性的影响因素

大量调查表明，无缝线路多次胀轨跑道事故并非温度力过大所致，而是由于对无缝线路稳定作用因素认识不足，养护维修时破坏了这些因素而引起的。因此，我们必须充分认识保持稳定与丧失稳定两个方面的因素，并注意充分利用有利因素，尽量避免不利因素，防止发生胀轨跑道事故，充分发挥无缝线路的优越性。

1）保持稳定的因素

道床横向阻力。道床抵抗轨道框架横向位移的阻力称为道床横向阻力，它是防止无缝线路胀轨跑道，保持线路稳定的主要因素。有资料表明，稳定轨道框架的力，道床提供了65%，钢轨提供了25%，扣件提供了10%。道床横向阻力是由轨枕两侧及底部与道砟接触面之间的摩阻力和枕端的砟肩阻止横移的抗力组成的。其中，道床肩部占30%，轨枕两侧占20%，轨枕底部占50%。

轨道框架刚度。轨道框架刚度是反映其自身抵抗弯曲能力的参数。轨道框架刚度越大，弯曲变形越小，是保持轨道稳定的因素。轨道框架刚度，在水平面内等于两股钢轨的水平刚度及钢轨与轨枕节点间的阻力矩之和。

2）丧失稳定的因素

丧失稳定的主要因素是温度力与轨道初始弯曲。由于温升引起的钢轨轴向温度力是构成无缝线路稳定问题的根本原因，而初始弯曲是影响稳定的直接原因，胀轨跑道多发生在轨道的初始弯曲处。因而控制初始弯曲对保证轨道的稳定有重要作用。

（3）无缝线路胀轨跑道的预防与处理

1）胀轨跑道的预防

严格执行《铁路线路修理规则》的有关规定，控制作业轨温、作业项目和作业量。

这是防止胀轨跑道的关键，做到“一准二清三测四不超五不走”。其中，一准：掌握实际锁定轨温要准；二清：维修和经常保养作业半日一清，临时补修作业一撬一清；三测：作业前、中、后测轨温；四不超：作业不超温，起道不超高，拨道不超量，扒砟不超长；五不走：扒开道床未回填不走，作业后道床未夯实不走，未组织回检不走，质量未达到作业标准不走，发生异状未处理不走。为准确掌握锁定轨温，每段无缝线路应设位移观测桩 5 ~ 7 对，定期观测爬行位移。跨区间无缝线路，单元轨条（即一次铺设锁定的长轨条）长度大于 1200m 时，设置 7 对观测桩（单元轨条起、讫点，距单元轨条起讫点 100m、400m 和单元轨条中点各 1 对），单元轨条长度小于 1200m 时，设置 6 对观测桩（减少长轨条中间点 1 对）；无缝道岔设 3 对观测桩，在间隔铁或限位器处设 1 对，岔头、岔尾各设 1 对。

保持道床的良好技术状态。保持道床断面尺寸达标，肩部堆高，道床均匀饱满，做到一撬作业一撬清，半天作业半天清。轨枕盒和肩部道床应夯拍，道床严重脏污或翻浆应及时处理，以保持道床应有的阻力。

保持线路良好的几何状态。整治钢轨硬弯（大于 0.5mm/m 的硬弯应矫直），加强线路拨道，消灭轨面超限，尽力减少线路原始弯曲。

注重扣件扭矩达标，尤其是伸缩区，以提高轨道拨道，消灭轨面超限，尽力减少线路原始弯曲。

加强高温季节线路检查，发现胀轨预兆，立即采取措施，消除安全隐患。气温高于 35℃时，要加强巡道，若发现线路连续碎弯增多，成段水平高低不良，应立即报告工长，组织到现场检查，按《铁路线路修理规则》的有关规定处理；加强维修计划管理。高温季节应不安排综合维修和影响线路稳定性的作业（如起道、拨道、清筛道床、换枕、方枕、扣件涂油等），一般在气温低的季节安排对锁定轨温较低或薄弱地段进行综合维修，气温较高的季节安排对锁定轨温较高地段进行综合维修。

2）胀轨跑道的处理

一般每年 4 ~ 8 月的 10 ~ 16 时是易发生胀轨跑道的月份和时间。发生胀轨跑道后应按下列程序处理：

立即按规定设置停车信号防护，及时通知车站扣车；浇水降温或用液态二氧化碳降温。浇水长度为跑道地段及两端 50 ~ 100m 范围，从跑道地段外向中间浇水，轨温降低后，将道拨回原位，并在原跑道地段补充道砟；若轨温较高，降温措施奏效慢，长时间不能恢复线路，可顺跑道波形拨成半径不小于 200m，夹直线不短于 10m 的反向曲线，以 5km/h 放行慢行列车，双线线路拨道时，要考虑双线间距要求，待轨温接近锁定轨温时，再恢复线路和正常运行速度。

第二章 铁路路基与桥梁施工

第一节 铁路路基施工

一、路基工程组成及断面形式

铁路路基是轨道的基础，是经过开挖或填筑而形成的土工结构物，其主要作用是满足轨道的铺设要求，承受轨道静荷载和列车动荷载，并提供列车运营的必要条件。路基工作状态的好坏，直接影响到轨道状态的好坏以及线路状态的优劣，所以路基必须满足稳定、坚固、不出现有害变形等条件，同时还应考虑技术经济条件、工期限制、节约用地等要求。

1. 路基组成

路基主要由路基本体、路基排水设备、路基防护和加固建筑物等部分组成。

（1）路基本体

路基本体是路基工程中的主体建筑物，是路基工程中直接铺设轨道结构并承受列车荷载的部分。其中，填筑形成的路基本体称为路堤；开挖形成的路基本体称为路堑。路基本体由路基顶面、路肩、基床、边坡和基底等部分构成（见表 2–1）。

表 2–1 路基本体的构成

项目	主要内容
路基顶面	在路基本体的顶面铺设轨道的面称为路基顶面，简称路基面。在路堤中，路基顶面即为路堤堤身的顶面，也称路堤顶面；在路堑中，路基顶面即为堑体开挖后形成的构造面。其量测范围为路堤两边坡起点之间的表面或半堤半堑堤侧边坡起点与侧沟边坡起点之间的表面或路堑两侧沟边坡起点之间的表面
路肩	铁路路基顶面上，道床覆盖范围以外的部分称为路肩。其作用是保护路堤受力的堤心部分，防止道砟失落，保持路基面的横向排水，供养护维修人员作业行走避车，放置养护机具，防洪抢险临时堆放砂石料，埋设各种标志、通信信号、电力给水设备等。因此，路肩必须在考虑施工误差、高路堤的沉落与自然剥蚀等因素以后，保持必要的宽度。在线路设计中，路基的设计高程以路肩边缘的高程表示，称为路肩高程

续表

项目	主要内容
基床	铁路路基面以下受到列车动荷载作用和受水文、气候四季变化影响的深度范围称为基床。其状态直接影响到列车运行的平稳和速度的提高，设计时应严格执行《铁路路基设计规范》对基床厚度、填料及其压实度、排水等的规定
边坡	路基横断面两侧的边坡称为路基边坡。边坡与路基顶面的交点称为顶肩。边坡与地面的交点，在路堤中称为坡脚；在路堑中称为路堑堑顶边缘，其高程与路肩高程的差为路堑边坡高度。路堤的边坡高度为路肩高程与坡脚高程之差。如果左右两侧的边坡高度不等，则规定以大者代表该横断面的边坡高度
基底	路基面上所承受的列车和轨道荷载及路基本体自重最后都将传给地基，由地基承受，因此地基的稳固与否对路基体的稳固性至关重要。路堤地基系指天然地面以下的路堤基底，路堑地基系指基床面以下的土体。路基的地基应稳固可靠，以保证路基的稳固。特别是在软弱土的基底上修建路堤时，必须对基底作妥善处理，以免危及行车安全与正常运营

（2）路基排水设备

路基排水设备是路基的附属建筑物，分为地面排水设备和地下排水设备两类。

地面排水设备用以拦截地面径流，汇集路基范围内的雨水并使其畅通地流向天然排水沟谷，以防止地面水对路基的侵蚀、冲刷而影响其良好状态，主要包括排水沟、侧沟、天沟。地下排水设备用以拦截、疏导地下水和降低地下水位，以改善地基土和路基边堤的工作条件，防止或避免地下水对地基和路基的有害影响，主要有排水槽、渗水暗沟、渗水隧洞等。

（3）路基防护和加固建筑物

路基防护建筑物用以防止或削弱风霜雪雨、气温变化及流水冲刷等各种自然因素对路基体所造成的直接或间接的有害影响。其种类很多，类型各异。常用的防护包括坡面防护和冲刷防护。为了防止路基边堤和堤脚受地面雨水冲刷，日晒雨淋引起土的干湿循环，气温变化引起土的冻融变化等因素影响边堤的稳固，常采用坡面防护。为了防止河水对边堤、堤脚或堤脚处地基不断的冲刷和淘刷，应设冲刷防护。防护位置和所采用的类型视水流、运动规律和防护要求而定。特殊条件下的路基防护，应根据地质、环境等条件采用特殊设计。

路基加固建筑物是用以加固路基或地基的工程设施，主要包括护堤、挡土墙、抗滑桩等加固措施。设置路基加固设备是提高路基稳定性的有效措施。

2．路基横断面的形式

路基横断面是指垂直于线路中心截取的断面，简称为路基断面。根据其所处的地形条件不同，有以下几种基本形式（见表 2–2）。

表 2-2　路基横断面的形式

断面形式	主要内容
路堤	当路基面高于天然地面时，路基以填筑方式构成，这种形式的路基称为路堤，如图 2-1(a)所示
路堑	当路基面低于天然地面时，路基以开挖形式构成，这种形式的路基称为路堑，如图 2-1（b）所示
半路堤	当天然地面横向倾斜、路基面边线和天然地面相交时，在地面和路基面相交线以上部分无填筑工程量，这种路堤称为半路堤，如图 2-1（c）所示
半路堑	当天然地面横向倾斜，路堑路基面的一侧无开挖工作量时，这种路基称为半路堑，如图 2-1（d）所示
半路堤半路堑	当天然地面横向倾斜时，路基一部分以填筑方式构成而另一部分以开挖方式构成，这种路基称为半路堤半路堑，如图 2-1（e）所示
不填不挖路基或零断面	当路基的路基面和经过清理后的天然地基面平齐，路基无填挖土方时，这种路基称为不填不挖路基；或者如果经过换填后的路基面与天然地基面在一个水平地面上，称为零断面，如图 2-1（f）所示

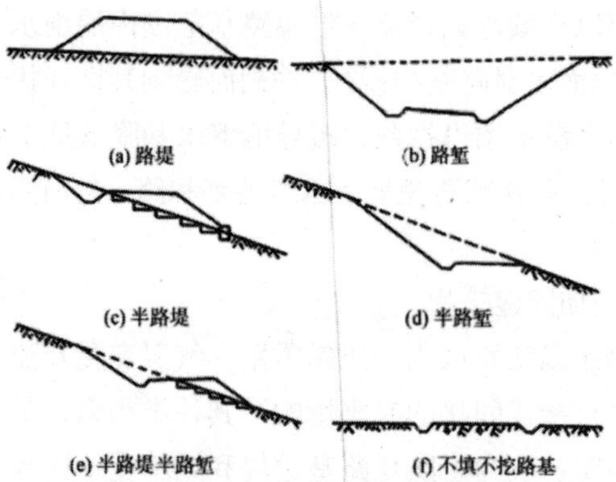

图 2-1　路基横断面形式示意图

在进行路基设计时，先要进行横断面设计。路基横断面设计要解决的主要问题是确定横断面各部分的形状和尺寸，如路基的形状和宽度，路基边坡的形状和坡度等。

横断面确定以后，再全面综合考虑路基工程在纵断面上的配合以及路基本体工程与其余各项工程的配合等，如路堤与路堑的过渡、纵向排水设计、挡土墙纵向设计等。

3. 路基横断面的标准设计

在铁路路基工程中，路基本体的各种防护和加固设施，在设计中常遇到设计要求和设计条件相同或基本相似的情况。为了减少或避免做重复性的设计计算工作，将各种在设计中常遇到并可以共用的设计图式加以认定，便成为直接引用的标准图式。

路基横断面标准设计，是根据《铁路路基设计规范》有关规定，对路基边坡高度与坡度、地面排水设备、路堤基底的处理、路堤取土坑与路堑弃土堆的位置等设计内容做系统研究后确定的，并编制成路基标准设计横断面图集。它适用于工程地质和水文地质条件良好、边坡高度在规定范围内和采用一般施工方法的新建铁路路基。当所设计的断面条件和标准设计适用条件相同时，可直接采用路基标准横断面，不需要另作设计计算。

（1）路堤标准横断面

路堤的标准横断面根据土的种类、地面横向坡度及边坡高度等分别给出，如图 2–2（a）为边坡高度不大于 8m，地面横坡 $i \leqslant 1:10$，两侧没有取土坑的一般黏性土路堤标准横断面。图 2–2（b）所示为地面横坡大于 1∶5 而小于 1∶2.5 的黏性土路堤标准横断面。

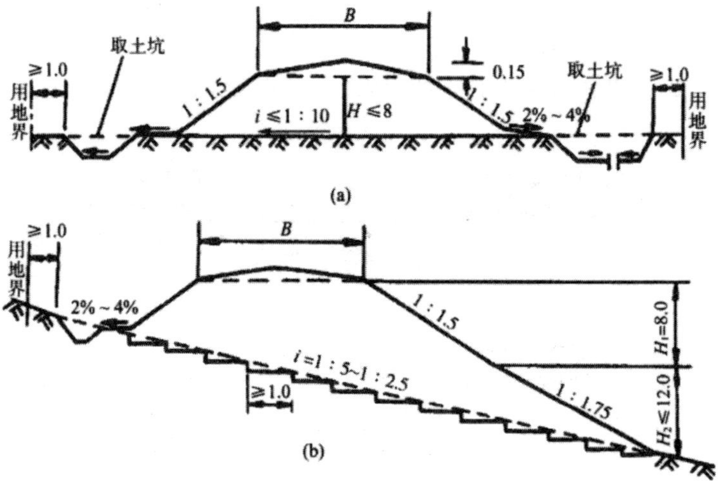

图 2–2 路堤标准横断面示意图

进行路基横断面标准设计时，在排水方面只考虑大气降雨的影响。对于路堤来说，地面排水设备是排水沟或按规定挖通的取土坑。地面有明显横坡时，排水沟或作排水用的取土坑应设在路堤迎水一侧。地面横坡不明显时，可设在路堤两侧。排水沟尺寸，一般底宽为 0.4m，深 0.6m。如汇水量过大而有漫溢可能时，则应根据径流流量，在迎水一侧加设一道或数道截水沟或加大排水沟断面。

排水沟或取土坑至路堤坡脚应有一定的距离，这一位置称为天然护道，其宽度一般不小于2m。设护道是为了使水沟或坑内的水不影响路堤的稳固性。在无排水沟或取土坑的一侧也应设护道，以免雨水在坡脚滞留和农田积水对路堤产生不利影响。在地质和排水条件良好的地段或经济作物高产田地段，若采取一定措施足以保证路堤稳定时，可将天然护道宽度减至1.0m排水沟或取土坑至用地界留有不小于1m的宽度，以保持沟壁的完整。

（2）路堑标准横断面

路堑的标准横断面根据土质条件有多种形式。图2–3（a）所示为有弃土堆的一般黏性土路堑标准横断面；图2–3（b）所示为无弃土堆的粗砂、中砂路堑标准横断面；图2–3（c）所示为岩石路堑标准横断面。

图中路基面两侧的排水沟称为侧沟，用以排引路基面和边坡上的地面水。一般黏性土和细砂土的路堑侧沟，底宽不应小于0.4m，沟深不小于0.6m，干旱少雨地区沟深可减至0.4m。一般黏性土的侧沟边坡，靠线路一侧为1：1，靠农田一侧与边坡坡度一致。岩质路堑的侧沟可以修建成槽形，底宽和深度均不应小于0.4m。一般应与路堑地段的线路纵坡相同；若线路的纵坡为零或小于2‰侧沟可做成单面坡或双面坡，后者常用于长路堑内，以免侧沟下游段开挖太深，双面坡侧沟的分水点处，沟深可减至0.2m。在困难条件下，侧沟沟底纵坡可减至1‰。

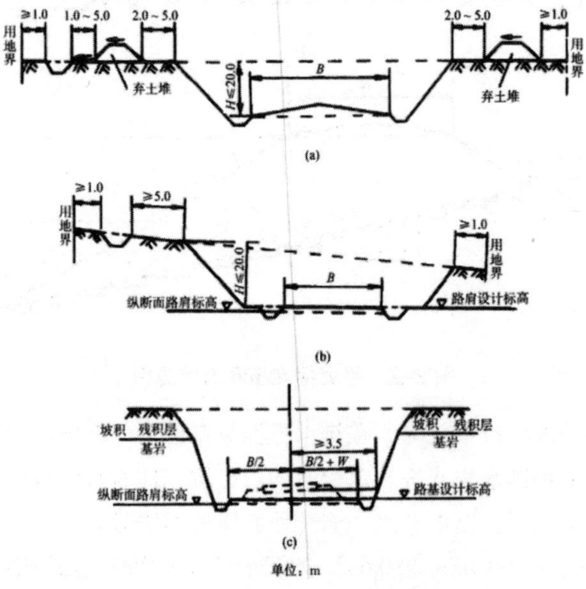

图2–3　路堑标准横断面示意图

路堑顶缘以外部分称为路堑堑顶，置于堑顶的弃土应建成弃土堆。为保证路堑边坡的稳定，弃土堆内侧坡脚至堑顶边缘间应保持一定的距离。其大小随边坡的土质条件与边坡高度而定，一般为 2 ～ 5m。若无弃土堆，路堑顶缘至天沟边缘距离一般不小于 5m。湿陷性黄土路堑天沟至路堑顶缘间的距离，一般不小于 10m，并应加固防渗。

为保证弃土堆本身的稳定，其边坡不得陡于 1∶1，高度不宜超过 3m，弃土堆在山坡迎水一侧应连续堆积。弃土堆至堑顶边缘间的地面应整平成倾向路堑的缓坡以利排水。必要时，此处地面及堑坡加以防护加固。弃土堆如在山坡下侧时，应间断堆积，每隔 50 ～ 100m 留出 1m 以上的缺口，以便弃土堆内侧的水顺利排出。

沿河弃土时，应防止下游路基与河岸的冲刷，避免弃土阻塞、污染河道，必要时应设置挡护设施。桥头弃土不得挤压桥墩台，阻塞桥孔。

二、路基本体

1. 路基面

（1）路基面形状

路基面的形状视路基材料是否为渗水材料而分为有路拱和无路拱两种。

当路堤或路堑的土质为非渗水性土时，为了便于排水，路基面的形状应该设计为三角形路拱，由路基中心线向两侧设 4% 的人字排水坡，使雨水能够尽快排出，避免路基面积水使土体浸湿软化，保证路基土体的稳定。

岩质路基或用渗水材料（如碎石、卵石、砾石、粗砂或中砂）修筑的路基，因填料具有良好的渗水性能，降雨时短暂的湿润对强度影响不大，故路基面不设路拱而做成水平状即可。但对于多雨地区易风化的泥质岩石，因其在运动荷载作用下易于软化而发生翻浆冒泥病害，因此路基面亦应按土质路基做出路拱。

单线铁路路拱高一般为 0.15m，一次修筑的双线路拱高 0.20m。曲线加宽时，仅将路拱外侧坡度放缓。既有线修筑双线时，第二线路基面按 4% 排水横坡设计。

双线铁路中并行等高段与局部单线地段连接时，应在局部单线地段内逐渐顺坡至并行等高地段，其顺坡长度不应小于 10m。

站场内路基面的形状可根据站内股道数目的多少选用单坡形、人字形或锯齿形，并在低谷处设置排水设备。

（2）路基面宽度

路基面的宽度等于道床覆盖的宽度与两侧路肩的宽度之和。当道床的标准为既定时，路基面的宽度便取决于路肩的宽度。区间路基面宽度应根据列车设计运行速度、远期采用的轨道类型、正线数目、线间距、曲线加宽、路肩宽度、养路形式、接触网立柱的设置位置等由计算确定，需要时还要考虑光缆、电缆及声屏障基础的设置。

路肩的宽度对于线路的维护和路基边坡的稳定性有重要影响。路肩宽度大，有利于维修作业的开展，也有利于路基边坡的稳定，当然工程造价也大。《铁路路基设计规范》规定，时速在 160km 以内的Ⅰ级、Ⅱ级线路的路肩宽度：路堤不应小于 0.8m，路堑不应小于 0.6m。《高速铁路设计暂行规定》规定，有砟轨道路堤、路堑的两侧路肩宽度，双线不应小于 1.4m，单线不应小于 1.5m。

对于有特殊要求的线路和各种非标准轨道的线路等，则可建立公式对路基面宽度进行计算，以满足特殊道床覆盖宽度和所需路肩宽度的要求。

（3）曲线加宽

在曲线地段，曲线外轨需设置超高。外轨超高是借加厚外轨一侧枕下道砟的厚度来实现的。由于道砟加厚，道床坡脚外移，因而在曲线外侧的路基宽度亦因超高的不同而相应地加宽才能保证路肩所需的宽度标准。加宽的数值可根据超高计算确定，按此比例，规范编制曲线地段路基面加宽值表，见表 2–3。

表 2–3　曲线地段路基面加宽值　　单位：m

铁路类型及等级		曲线半径 R	路基面外侧加宽值
客货共线铁路	Ⅰ级、Ⅱ级	$R\leqslant 800$	0.5
		$800<R\leqslant 1000$	0.4
		$1000<R\leqslant 1600$	0.3
		$1600<R\leqslant 6000$	0.2
		$6000<R\leqslant 10000$	0.1
	Ⅲ级	$R\leqslant 600$	0.5
		$600<R\leqslant 800$	0.4
		$800<R\leqslant 1000$	0.3
		$1000<R\leqslant 2000$	0.2
		$2000<R\leqslant 5000$	0.1
高速客运专线 $7000<R\leqslant 11000$ $5500<R\leqslant 7000$ $R\leqslant 5500$		$R>11000$	0.3
		0.4	
		0.5	
		0.4	

客货共线铁路区间单线曲线地段的路基面宽度，应在曲线外侧按表 2–3 的数值加宽，加宽值在缓和曲线范围内线性递减。区间双线曲线地段的路基面加宽值，应根据线间距、外轨超高、道床宽度及其坡度、路拱形状等计算确定。

客运专线有砟轨道正线曲线地段路基加宽值应在曲线外侧按表 2–3 的规定加宽。曲线加宽值应在缓和曲线内渐变。无砟轨道一般不加宽，当轨道结构和接触网支柱等设施的设置等有特殊要求时，根据具体情况计算确定。

（4）路肩高程

在铁路线路工程中，路基面的高程由线路纵断面设计确定，并以路肩高程表示。路肩的设计标高一般在线路平纵断面设计时先行确定。对新建铁路，全线的线路纵断面均按土质路堤标准进行设计，线路纵断面上的标高为路肩设计标高。然而，绝大多数铁路中不仅有土质路堤（路肩宽度为 0.8m），而且有路堑（路肩宽度为 0.6m）、级配碎石或级配砂砾石路基，曲线地段还要对曲线外侧进行加宽，软土路堤和高路堤还要对路基面两侧进行加宽；双线铁路中还有局部单线路基。

路肩的标高应保证路基不致被洪水淹没，也不致在地下水最高水位时因毛细水上升至路基面而产生冻胀或翻浆冒泥等病害。因此，对路肩标高有一个最小值要求。

当路肩高程受洪水位或潮水位控制时，应根据不同情况，确定设计洪水频率或重现期，以计算其水位。设计洪水频率标准为 1/100，当观测洪水（含调查洪水）频率小于设计洪水频率时，应按观测洪水频率设计；当观测洪水频率小于 1/300 时，应按 1/300 频率设计。

在淤积严重或有特殊要求的水库地段，应在可行性研究阶段确定洪水频率标准。

改建既有线与增建第二线的洪水频率，应根据多年运营和水害情况在可行性研究阶段确定。

滨河、河滩路堤的路肩高程应高出设计水位加壅水高（包括河道卡口或建筑物造成的壅水，河湾水面超高），加波浪侵袭高或水流局部冲高，加河床淤积影响高度，再加 0.5m，其中波浪侵袭高与水流局部冲高应取二者中的大值。

水库路基的路肩高程，应高出设计水位加波浪侵袭高，加壅水高（包括水库回水及边岸壅水），再加 0.5m。当按规定洪水频率计算的设计水位低于水库正常高水位时，应采用水库正常高水位作为设计水位。

未设防浪墙的滨海路堤，其路肩高程应高出设计高潮水位加波浪侵袭高（波浪爬高），再加不小于 0.5m 的安全高度；当路堤顶设有防浪墙时，路肩高程高出设计高潮水位以上不小于 0.5m。

地下水位和地面积水水位较高地段的路基，其路肩高程应高出最高地下水水位或最高地面积水水位加毛细水强烈上升高度，再加 0.5m。

季节冻土地区路基的路肩高程应高出冻前地下水位或冻前地面积水水位，加毛细水强烈上升高度加有害冻胀深度，再加 0.5m。

盐渍土路基的路肩高程应高出最高地下水位或最高地面积水水位加毛细水强烈上升高度，加蒸发强烈影响深度，再加 0.5m。当盐渍土路基存在季节性冻害时，应按季节冻土地区和盐渍土地区分别计算路肩标高，取二者中的大值。

当路基采取降低水位、设置毛细水隔断层等措施时，路肩标高可不受以上关于地下水位较高地段、季节性冻土地区和盐渍土地区有关路肩标高的规定。

要使不同类型路基地段的轨面标高保持一致，并保证道砟厚度和路肩宽度满足要求。在单线铁路或双线铁路并行等高地段，由于路堑肩宽为 0.6m，而路堤肩宽为 0.8m，造成土质路堑比路堤的路肩标高要抬高 0.008m，但其差值较小，设计时可不予考虑。

2. 路基基床

路基上部承受轨道、列车动力作用，并受水文、气候变化影响的深度范围称为基床。其状态直接影响到列车运行的平稳和速度的提高，设计时应严格执行《铁路路基设计规范》对基床厚度、填料及其压实标准、排水等的规定。

（1）基床结构

路基基床结构分为表层及底层。基床底层的顶部和基床以下填料部位的顶部应设 4% 的人字排水坡。陡坡地段的半填半挖路基，路基面以下 1m 范围内应予以挖除换填，填料应满足现行规范对基床表层和基床底层填料的要求。挖方顶面应设 4% 的向外排水坡。

1）动应力衰减比系指路基面以下某深度处动应力与路基面处动应力之比。我国实测的动应力在路基面以下的动应力衰减比见表 2–4。

表 2–4　路基面以下的动应力衰减比

路基面以下深度（m）	0.0	0.3	0.5	0.6	1.0	1.20	1.5	2.0	2.5	3.0
动应力衰减比	1.00	0.75	0.65	0.57	0.39	0.36	0.29	0.17	0.15	0.12

2）我国铁路基床厚度见表 2–5。

表 2–5 我国铁路基床厚度 单位：m

铁路类别		《高速铁路设计规范》（TB10621—2014）		广深准高速铁路	大秦重载铁路	《铁路路基设计规范》		
				TB10001—2016		TB10001—2016 Ⅱ级铁路		
		无砟	有砟		Ⅰ级铁路			
基床厚度	表层	0.4	0.7	0.7	0.6	0.6	0.5	0.6
	底层	2.3	2.3	1.8	1.9	1.9	1.5	1.9

3）国外部分铁路基床厚度见表 2–6。

表 2–6 国外部分铁路基床厚度 单位：m

国别		日本	美国	德国	苏联	法国
基床厚度	表层	0.5，0.8	设计确定	0.5	0.3 ~ 0.5	0.6
	底层	2.5，2.2	1.22	1.3	1.0	–

（2）路基填料

用来填筑路基的材料土称为路基填料。填料的力学性质的好坏直接影响到路基的变形与稳定，一些工程性质不稳定或者容易受到环境影响的土填入路基容易产生病害，导致路基失稳或产生超标的变形。好的填料应该不会受环境的影响，具有可压实性，较强的抗剪强度，良好的水稳性和抗冻性，压实后能够尽快稳定，不产生变形。路基填料的正确选择，是保证路基填筑质量的关键。

路堤填料按其在路堤不同部位的特点，有以下要求：

路基面以下基床的填料，因受列车动荷载的作用以及大气降水和气温变化的影响，为了确保其良好的工作状态和几何形状，应选用压实后动强度高，亲水性差的优良材料；路堤坡面部分的填料一方面受大气降水和气温变化的影响，另一方面还起着防止核心土体受力外挤的作用，所以边坡部分填料应选用能抗风化，能在水温变化中保持稳定和对核心部分土体起疏干、增强作用的填料；基床以下边坡以内的部分主体，主要受列车、轨道静荷载及路堤本身的自重作用。在路堤施工时应达到规定的密实度，以确保路基稳固和减少线路运营后的沉降量。其材料应尽可能选用在压实后有足够强度的土石料。

路堤的填料按土石性质和颗粒分为块石类、粗粒土和细粒土。此外，还可按填料的渗水性分为渗水土和非渗水土两类。非渗水土主要指细粒土，包括粉砂、黏砂。从工程应用的角度，按填料的性质及实用性，可将各种土石分成5组，见表2–7。

表2–7　填料的工程分类

填料		组成	说明
组别	性质		
A	优质填料	硬块石，级配良好的漂石土，卵石土，碎石土，砾石土，砂砾，砂砾和粗中砂	
B	良好填料	不易风化的硅质或钙质胶结的软块石，级配不良的漂石土，卵石土，碎石土，砾石土，砂砾，砂砾和粗中砂；细粒土含量在15% ~ 30%的漂石土，卵石土，碎石土和粒石土，细砂，黏砂，砂粉土和砂黏土	
C	可使用填料	易风化的泥质胶结的软块细粒土含量在15% ~ 30%的漂石土，卵石土，碎石土，砂砾土，粉砂，粉土，粉黏土	
D	不应填料	风化严重的软块石，黏粉土，黏土	如使用，需改良
E	严禁实用填料	有机土	有机质含量大于5%

（3）路堤基床

基床表层填料应符合以下要求：

1）I级铁路应选用A组填料（砂类土除外），当缺乏A组填料时，经技术经济比选后可采用级配碎石或级配砂砾石。

2）Ⅱ级铁路应优先选用A组填料，其次为B组填料。对不符合要求的填料，应采取土质改良或加固措施。

3）填料的颗粒粒径不得大于150mm。

基床底层填料应符合以下要求：

Ⅰ级铁路应选用A、B组填料，否则应采取土质改良或加固措施；Ⅱ级铁路可选用A、B、C组填料，当采用C组填料时，在年平均降水量大于500mm地区，其塑性指数不得大于12，液限不得大于32%，否则应采取土质改良或加固措施；填料的最大粒径不应大于200mm，或摊铺厚度的2/3。

基床的压实标准：对细粒土、粉砂、改良土应采用压实系数和地基系数作为控制指标；对砂类土（粉砂除外）应采用相对密度和地基系数作为控制指标；对砾石类、碎石类应采用地基系数和孔隙率作为控制指标；对块石类应采用地基系数作为控制指标。

高度小于 2.5m 的低路堤，基床表层厚度范围内天然地基的土质及其密度应符合有关规定。基床底层厚度范围内天然地基的静力触探比贯入阻力值：Ⅰ级铁路不得小于 1.5MPa，Ⅱ级铁路不得小于 1.2MPa；天然地基容许承载力 $[\sigma]$：Ⅰ级铁路不得小于 0.18MPa，Ⅱ级铁路不得小于 0.15MPa，否则应进行换填、改良或加固处理。

（4）路堑基床

Ⅰ级铁路基床表层土质不满足要求时，应进行换填处理；*n* 级铁路基床表层土质不满足要求时，应采取换填或土质改良等措施。

基床底层厚度范围内天然地基的静力触探比贯入阻力值：Ⅰ级铁路不得小于 1.2MPa，Ⅱ级铁路不得小于 1.0MPa；天然地基容许承载力 $[\sigma]$：Ⅰ级铁路不得小于 0.15MPa，Ⅱ级铁路不得小于 0.12MPa，否则应进行加固处理。

不易风化的硬质岩石基床，路基面应设 4% 人字排水坡，凹凸不平处应以混凝土或级配砂砾石、级配碎石填平。

（5）基床加固措施

路基基床加固措施应根据土质及其密实度、降水量、地下水类型及其埋藏深度、加固材料来源等确定，经比选后可采用就地碾压、换土或土质改良、复合地基、加强防排水、设置土工合成材料等措施（见表 2–8）。在水文地质条件复杂及易产生冻害地段，应对基床部分采取防水或防冻害措施。

表 2–8 基床加固的措施

措施	主要内容
就地碾压	路堑基床表层和低路堤基床表层范围内天然地基土符合填料要求
换土或土质改良	当基床土不能满足现行规范对路堤基床、路堑基床填料及压实度的要求时，I 级铁路的基床表层采取换填处理，I 级铁路的基床底层和Ⅱ级铁路的基床可采用换填或在土中加入石灰、水泥、砂、粉煤灰等掺合料进行土质改良或地基处理
加强防排水	当基床土受水影响时，应增设地面或地下排水设备，拦截、引排或降低、疏干基床范围内的水
设置土工合成材料	降水量大且基床土为亲水性强的填料时，可全断面铺设隔水、防渗土工合成材料
综合措施	当并存的诸因素均可诱发基床病害时，可采用上述措施的组合

3. 路堤

（1）地基

路堤是以填筑方式构成的。为确保工磨稳定、可靠、经济，堤身填筑中不能产生坍塌、破坏和遗留隐患，路堤竣工铺轨以后，在自重和附加应力作用以及自然、人为因素的影响下，不出现过大的变形，在路堤工程中，必须十分重视天然地基的性状。

1）稳定斜坡上地基表层的处理，应符合下列要求：①地面横坡缓于 1：10 时，路堤可直接填筑在天然地面上，但路堤高度小于基床厚度的地段，应清除地表草皮；②地面横坡为 1：10 ～ 1：5 时，应清除草皮。③地面横坡为 1：5 ～ 1：2.5 时，原地面应挖台阶，台阶宽度不应小于 1m。当基岩面上的覆盖层较薄时，宜先清除覆盖层再挖台阶。当覆盖层较厚且稳定时，可予保留，即在原地面挖台阶后填筑路堤。

2）地面横坡陡于 1：2.5 地段的陡坡路堤，必须检算路堤整体沿基底及基底下软弱层滑动的稳定性，抗滑稳定安全系数不得小于 1.25，否则应采取防渗加固措施。陡坡路堤靠山侧应设排水设置，并采取防渗加固措施。

3）基底有地下水影响路堤稳定性时，应采取拦截引排至基底范围以外或在路堤底部填筑渗水填料等措施。

4）地基表层为松散土层，其天然密度小于规定值时，若松土厚度不大于 0.3m，应将原地表碾压密实；若松土厚度大于 0.3m，应将松土翻挖，分层回填压实或采取其他地基加固措施，碾压后的密度应满足规定。

5）地基表层为软弱土层，其标准贯入击数 N 值小于 4 或静力触探比贯入阻力 P_s 小于 1MPa 时，应根据软弱土层的性质、厚度、含水量、地表积水深度等，采取排水疏干、挖除换填、抛填片石或砂砾石等地基加固措施。

6）软土及其他类型厚层松软地基的路基需进行路基稳定性、沉降检算，当稳定安全系数、工后沉降不满足现行规范对沉降值的规定时，应进行地基处理。地基处理设计应符合《铁路特殊路基设计规范》（TB10035—2006）的有关规定。

（2）路堤填料

路堤基床以下部位填料，宜选用 A、B、C 组填料，限制使用 D 组填料，主要是由于这些土遇水易于崩解软化，强度剧烈降低，膨胀土还具有吸水膨胀、失水收缩和反复变形的特性。当选用 D 组填料时，除应做好排水工程防止地表水和地下水浸入堤身外，还应采取加固或改良措施，如土中加入石灰、水泥等掺合料，渗水土与黏土分层填筑等。严禁使用 E 组填料。

一次铺设无缝线路的Ⅰ级铁路，路堤与桥台、路堤与硬质岩石路堑连接处的过渡段基床表层填料与压实标准与相邻基床表面相同，基床表层以下应选用 A 组填料，压实标准应符合相应的规定。当过渡段浸水时，浸水部分的填料还应满足渗水土的要求。铺设非无缝线路的Ⅰ、Ⅱ级铁路的桥头路堤及Ⅰ、Ⅱ级铁路的涵洞两侧路堤填料应采用渗水土填料填筑。

路堤浸水部位的填料，应采用渗水土填料。

路堤宜用同一种填料填筑，以免产生不均匀沉降。不同性质填料混杂填筑，会使其接触面形成滑动面或在路堤内造成水囊。如条件困难，不得不采用性质不同的填料填筑路堤时，应分层填筑，每一水平层全宽应以同一种填料填筑。填料的最大粒径不宜大于 300mm 或摊铺厚度的 2/3。

渗水土填在非渗水土上时，非渗水土层顶面应向两侧设 4% 的人字排水坡。

非渗水土填在渗水土上时，接触面可为平面。当上下两层填料的颗粒大小相差悬殊时，应在分界面上铺设厚度不小于 30cm 的垫层。

（3）路堤的边坡和坡率

路堤边坡形式和坡率应根据填料的物理力学性质、边坡高度、轨道和列车荷载及地基工程地质条件等确定。

当地基条件良好，边坡高度不大于表 2–9 中规定的范围时，其边坡形式和坡率应按表 2–9 选用。路堤边坡高度大于表 2–9 中规定的范围时，其超出的下部边坡形式和坡率，应根据填料的性质由稳定分析计算确定，最小稳定安全系数应为 1.15 ~ 1.25，边坡形式宜用阶梯形。

表 2–9　路堤边坡形式和坡率

填料名称	边坡高度（m）			边坡坡率			边坡形式
	全部高度	上部高度	下部高度	全部高度	上部高度	下部高度	
细粒土、易风化的软块石土	20	8	12	–	1∶1.5	1∶1.75	折线形
粗粒土（细砂、粉砂除外）、碎石土、卵石土、漂石土、不易风化的软块石土	20	8	12	–	1∶1.5	1∶1.75	折线形
硬块石土	8	–	–	1∶1.3	–	–	直线形
	20	–	–	1∶1.5	–	–	直线形

为避免排水沟或取土坑水流冲刷沟壁和由于水的浸润作用而影响路堤的稳定性，或为防止在未设置排水沟、取土坑的地段开垦农田而影响路堤的稳定性，路堤坡脚外应设置不小于 2m 宽的天然护道。在经济作物区高产田地段，应考虑以农业为基础的方针，尽可能少占田地，当能保证路堤稳定时，可设宽度不小于 1m 的人工护道或设坡脚墙。

4. 路堑

路堑是在天然地面上以开挖方式建成的路基，它是线路通过山岭与丘陵地区的一种常见路基形式。由于是开挖建筑，地质条件对路基的稳定有决定性影响。路堑边坡高度不宜超过 30m，对严重风化、岩体破碎的石质路堑、特殊岩土和土质路堑的边坡高度更应严格控制，并采取可靠的支挡防护措施。路堑设计应减少对天然植被和山体的破坏，防止诱发地质灾害。

路堑边坡的稳定因素与路堤边坡的不同之处在于：

土质条件不同。路堑边坡由天然土体构成，所以在确定检算方法和土的计算指标时，应从土体的实际情况出发，对于有薄弱面的路堑，其边坡的稳定与薄弱面产状、强度有极大关系，所以不能完全沿用路堤边坡的稳定检算方法。

在路堑中常有地下水出露。由于路堑的开挖，地下水位下降，产生水头差，因此当地下水自边坡渗出时就形成渗透压力。这种情况在路堤中仅见于河滩路堤及滑坡地区的路堤基地，而在路堑中较为常见。

在路堤设计中边坡断面的形式和构造一般较为简单，而在路堑中，路堑的边坡常可视为和堑顶天然坡面组合在一起的复合边坡的一部分。这样在进行堑体稳定性分析时，常需把堑顶的坡面土体与开挖边坡一并考虑。

（1）土质路堑

土质路堑边坡形式及坡率应根据工程地质水文地质条件、土的性质、边坡高度、排水措施、施工方法，并结合自然稳定山坡和人工边坡的调查及力学分析综合确定。

当土质路堑边坡高度小于 20m 时，边坡坡率可按表 2-10 设计。

表 2-10　土质路堑边坡坡率

土的类别		边坡坡率
黏土、粉质黏土、塑性指数大于 3 的粉土		1 : 1 ~ 1 : 1.5
中密以上的中砂、粗砂、砾砂		1 : 1.5 ~ 1 : 1.75
漂石土、块石土、卵石土、碎石土、圆砾土、角砾土	胶结和密实	1 : 0.5 ~ 1 : 1
	中密	1 : 1 ~ 1 : 1.5

路堑边坡高度大于 20m 时，其边坡形式及坡率按《铁路路基设计规范》中的有关规定并结合边坡稳定性分析计算确定，最小稳定安全系数应为 1.15 ~ 1.25。

在碎石类土、砂类土及其他土质路堑中，应在侧沟外侧设置平台，其宽度应视边坡高度和土的性质决定，不宜小于 1m。当边坡全部设防护加固工程时，可不设平台。对不同地层组成的较深路堑，宜在边坡中部或不同地层分界处设置平台，并在平台上设置截水沟或挡水墙，平台宽度不宜小于 2m。在年平均降水量小于 400mm 的地区，边坡平台上可不设截水沟，但应设置向坡脚方向不小于 4% 的排水横坡，平台宽度不宜小于 1m。

对土和风化岩石共同组成的路堑，若覆土层很薄，平台不宜设在土石分界处，而宜设在边坡中部。

（2）岩质路堑

岩质路堑边坡形式及坡度应根据工程地质水文地质条件、岩性、边坡高度、施工方法，并结合岩体结构、结构面产状、风化程度和地貌形态以及自然稳定边坡和人工边坡的调查综合确定。必要时可采用稳定分析方法予以检算。

边坡高度不大于 20m 时，边坡坡率可按表 2–11 的规定设计。

表 2–11 岩质路堑边坡坡率

岩石类别	风化程度	边坡坡率
硬质岩	未风化、微风化	1 : 0.1 ~ 1 : 0.3
	弱风化、强风化	1 : 0.3 ~ 1 : 0.75
	全风化	1 : 0.75 ~ 1 : 1
软质岩	未风化、微风化	1 : 0.03 ~ 1 : 0.75
	弱风化、强风化	1 : 0.5 ~ 1 : 1
	全风化	1 : 0.75 ~ 1 : 1.5

软质岩、强风化及全风化的岩质路堑，可根据岩性及边坡高度设置平台和排水设施。

边坡高度大于 20m 的硬质岩路堑，根据岩体结构、结构面产状、岩性，并结合施工影响范围内既有建筑物的安全性要求，可采用光面、预裂爆破技术。

边坡的高度大于 20m 的软弱松散岩质路堑，当岩层风化破碎、节理发育时，根据边坡工程地质条件，结合机械化施工的工艺特点，采用分层开挖、分层稳定和坡脚预加固技术。

边坡加固技术主要有以下几种：

1）分级稳定及坡脚预加固技术。从上到下分级开挖，分级加固防护，下部坡脚采用锚固桩进行预加固，再开挖施工。

2）分层稳定及边坡脚预加固技术。根据防护加固结构类型的不同，分为两种形式：①土钉墙分层开挖、分层加固技术，从上到下分层开挖，分层施工钉墙，及时加固开挖后的边坡，其关键是墙身中部和坡脚的稳定；②挂网喷护及预应力锚索桩加固技术，上部设分层开挖、分层加固的挂网喷护，下部设先加固再分层开挖、分层加固的预应力锚索桩及桩间喷护复合结构。

三、路基排水和防护

1．路基排水

路基应有良好、完善的排水系统。排水设备应布置合理，与桥涵、隧道、车站等排水设备衔接配合，有足够的过水能力。

设计路基排水设备时，应与水土保持及农田水利的综合利用相结合。城市地区的路基排水应与地方排灌和排污系统密切配合。

（1）路基地面排水

1）地面水对路基稳定性的影响

为了使路基经常处于干燥、坚固稳定的状态，必须及时修建好地面排水设施，使地面水迅速排离路基范围，防止地面水停滞下渗和流动冲刷而降低路基的稳定性。

地面水渗入路基土体，会降低土的抗剪强度，并成为地下水的补给来源；地面水的流动，也是路基边坡面冲刷与坡脚冲刷的原因；地面水渗入含易溶盐的土（如黄土）产生溶蚀作用形成陷穴；由于气温的变化，地面水也常为寒冷地区产生冻害的一项重要原因。由此可知，地面水对路基稳定性会产生严重危害。对路基有危害的地面水，应采取措施拦截引排至路基范围以外。

2）排除路基地面水的一般原则和要求

排除路基地面水应遵循下述原则和要求：为保证路基的稳定，应尽快通过水沟汇集、排离路基范围内的地面水，且水沟位置应设在离路基土体尽可能近的位置，以充分发挥其排水效果。具体位置按《铁路路基设计规范》规定设置；应选择最短的水流通道、地质较稳定的地带设置水沟；水沟断面应满足流量要求。水沟断面形状常采用梯形。

3）排除路基地面水的设备

路基地面水排水设备包括排水沟、侧沟、天沟、跌水、急流槽及缓流井等。

排水沟用于排除路堤范围内的地面水。当地面较平坦时，应设于路堤两侧，当地面较陡时，应设于迎水一侧。当有取土坑时，可用取土坑代替排水沟。排水沟均应设置在路堤天然护道外。

侧沟是路堑地段用于排除路面和路堑边坡坡面的地面水的设备，设于路基两侧或一侧（半路堑）。

天沟用于排除山坡迎水方向流向路堑的地面水。

如水沟的沟底纵向坡度很大时，可修建跌水、急流槽和缓流井等排水设施，以降低沟内流速，降低动能。

跌水是主槽底部呈台阶状的急流槽，其构造可有单级和多级两类，每级高差为 0.2 ~ 2m，利用台阶跌水消能。一般应作铺砌防护。

缓流井是用片石、混凝土材料筑成的，衔接两段高程相差较大路堑的排水设施。

急流槽纵坡大，水流急，出口设有消力池、消能槛等消能装置。沟底纵坡可达 1：2。设在路堑边坡上的急流槽又称吊沟。

天沟、侧沟、排水沟、边坡平台截水沟等各类排水沟的出口，应将水引排至路基以外，以防止水流冲刷路基。

地面横坡明显地段，排水沟、天沟可在上方一侧设置。若地面横坡不明显，宜在路基两侧设置。

路堑顶部无弃土堆时，天沟内边缘至堑顶距离不宜小于 5m。当沟内进行加固防渗时，不应小于 2m。

地面排水设置的纵坡，不应小于 2‰；地面平坦地带或反坡排水地段，仅在困难情况下，可减少至 1‰。

侧沟、天沟、排水沟的横断面，应有足够的过水能力。其尺寸除需按流量计算外，还可采用底宽 0.4m，深 0.6m。干旱少雨地区或岩质路堑中，深度可减少至 0.4m。位于反坡排水或小于 2‰路线坡道的路堑侧沟，其分水点的深沟可减少至 0.2m。边坡平台截水沟尺寸，可采用底宽 0.4m，深度 0.2 ~ 0.4m。

侧沟靠线路一侧边坡可采用 1：1，外侧边坡与路堑边坡相同。当有侧沟平台时，外侧边坡可采用 1：1。在砂类土中，两侧边坡采用 1：1 ~ 1：1.5。天沟、排水沟的边坡应根据土质及边坡高度确定，黏性土可采用 1：1 ~ 1：1.5。

需按流量设计的侧沟、天沟，其横断面应按 1/25 洪水频率的流量进行计算，沟顶应高出设计水位 0.2m。

天沟不应向路堑侧沟排水。当受地形限制需修建急流槽向侧沟排水时，应在急流槽的进口进行加固，出口处设置消能设备及防止水流冲刷道床的挡水墙。急流槽下游的侧沟应加大断面，应按 1/50 洪水频率流量确定。

下列情况的侧沟、天沟和排水沟应采取防止冲刷或渗漏的加固措施，必要时可设垫层：位于松软土层影响路基稳定性的路段；流速较大，可能引起冲刷的地段；路堑内易产生基床病害地段的侧沟；有集中水流进入天沟、排水沟的地段。

在深长路堑和反坡排水困难的地段，宜增设桥涵建筑，将侧沟水尽快引排至路基外。

路堑侧沟的水流不得流经隧道排出。当排水困难且隧道长度小于 300m，洞外路堑的水量较小，含泥量小时，经研究比较可经隧道引排。

（2）路基地下排水

1）地下水对路基稳定性的危害

路基范围内的地下水及其活动，往往给路基的稳定性带来很大的危害。例如，对于一般的黏性土及泥质岩石的路堑，由于地下水的存在，增加了路基土体中的水含量，降低了其抗剪强度，在列车荷载及其他外力的作用下，产生路基病害或严重变形；地下水浸湿基床土将引起翻浆冒泡、冻胀路肩隆起等病害；地下水在边坡中的活动，可引起表土滑动；路基傍山的土体中地下水的活动是促进滑坡、崩塌等山体变形的重要原因之一。因此，对路基范围内的地下水，必须予以足够的重视，及时采取排除措施。

2）路基地下排水设备的主要类型

对路基有危害的地下水，应根据地下水类型、含水层埋藏深度、地层的渗透性等条件，选用适宜的排除地下水的设备。

当地下水位较高或无固定含水层时，可采用明沟、排水槽、渗水暗沟、边坡渗沟、支撑渗沟等；当地下水位较低或为固定含水层时，可采用渗水隧洞、渗井渗管或仰斜式钻孔等。

明沟是兼排地面水及地下水的排水设备。底沟一般应挖至不透水层。若不透水层太深，底沟置于透水层内，则沟底及水沟边坡不应用透水材料做护层，以免沟中水渗入土中。

排水槽也是一种兼排地面水和地下水的设备。排水槽侧壁有渗水孔，侧壁外最好填一层粗砂、细砾石或炉渣组成的反滤层。渗水孔在槽壁的上部，槽内水面以下的槽壁是不透水的，以免水反渗入土中。

渗水暗沟又称盲沟，是一种地下排水设施，用于拦截、排除较深含水层内的地下水，疏干滑体或降低地下水位，渗沟采用明挖施工。

渗水暗沟可分为有管渗沟和无管渗沟两种。埋设预制管节而成的渗沟称为有管渗沟，就地砌筑的矩形断面渗沟称为无管渗沟。深埋的渗沟为便于检查、修理，其断面应较大，便于工作人员进出。渗沟较长时还应每隔适当距离设置检查井。沟顶应回填夯实，以免地面水渗入。按渗沟作用和设置部位，又可分为截水渗沟、边坡渗沟和支撑渗沟等。

渗水暗沟、渗水隧洞的横断面图尺寸应根据埋置深度、施工和维修条件确定，结构尺寸应由计算确定，其纵坡不应小于 5‰，条件困难时不应小于 2‰。

截水和引水渗沟按其深度分为浅埋渗沟和深埋渗沟，浅埋渗沟的深度一般为 2 ~ 6m，深埋渗沟的深度一般大于 6m。

浅埋渗沟可以引出低洼湿地或泉水出露地带或地下凹槽地层处的地下水，并使其循最短通路排出，以疏干其附近的土体或降低地下水位。位于路堑沟下或侧沟旁的浅埋沟可以降低路堑范围的地下水和疏干附近的土体，视需要布置在路基一侧或两侧。

渗沟的底部设置排水通道，排水孔应设在冻结深度以下不小于 0.25m 处，通常采用矩形盖板（边墙及其底用 M7.5 浆砌片石砌筑，盖板用 C15 混凝土预制），圆管（用 C15 混凝土预制）或无管，可用无纺土工纤维做反滤层。

对于浅埋渗沟，矩形沟尺寸一般为 0.3m × 0.4m，圆管内径一般用 0.3 ~ 0.5m。对于深埋渗沟，为了便于进入检查和维修，矩形沟尺寸可用 0.8m × 1.2m，圆管内径可用 1.0m，盖板上或圆管上所留进水缝隙或孔眼的大小及间距以及反滤层的选择，可根据渗沟水流量和所用填充材料的颗粒组成计算确定。

截水沟只需在渗流上游一侧沟壁进水，下游侧沟壁应不透水，可用黏土或浆砌片石做成隔渗层。截水的渗水暗沟的基底宜埋入隔水层不小于 0.5m。

渗沟顶部覆以单层干砌片石，表面用水泥砂浆勾缝，其上再用大于 0.5m 的土夯填到与地面齐平。

渗水暗沟的渗水部分可采用砂、砾石、无砂混凝土、土工织物做反滤层。反滤层的层数、厚度和颗粒级配要求应根据坑壁土质和反滤层材料经计算确定。砂砾石应筛选清洗，其中粒度小于 0.15mm 的颗粒含量不得大于 5%。

无砂混凝土块反滤层的厚度可采用 10 ~ 20cm。当坑壁土质为黏性土或粉细砂时，在无砂混凝土块板外侧，应加设 10 ~ 15cm 厚的中粗砂或土工织物反滤层。

土工织物反滤层可采用无纺土工织物。当坑壁土质为黏性土或粉细砂时，可在土工织物与坑壁土之间增铺一层 10 ~ 15cm 厚的中砂。

渗水暗沟内应采用筛选洗净的卵石、碎石、粗砂或片石充填；仰斜式钻孔内应设置相应直径的渗水管，渗水管可选用带孔的PVC、PP/PE塑料管、钢管、软式透水管、无砂钢筋混凝土管或混凝土管等。

渗水暗沟每隔30 ~ 50m、渗水隧洞每隔120m和平面转折、纵坡变坡点等处，宜设置检查井。兼起渗井作用的检查井井壁应设置反滤层，检查井内应设检查梯，井口应设井盖。当深度大于20m时，应增设护栏等安全设备。

渗沟的出水口一般采用端墙，其下部留出与渗沟排水管孔径一致的排水孔。端墙基础应埋入当地冻结深度以下的较坚实稳定的地层内。在端墙以外，应紧接一段有铺砌的排水沟，其长度由设计确定。

无砂混凝土渗沟是用无砂混凝土壁板、钢筋混凝土横撑、钢筋混凝土盖板和普通混凝土基础等组成的。无砂混凝土是由水泥、粗集料（砾石或角砾）及水拌制而成的。用无砂混凝土制作的各种圬工体具有透水孔隙，在排水渗沟中用无砂混凝土做沟壁，以代替施工困难的反滤层和渗孔设备，具有透水性能和过渡能力好，施工简便及节省材料等优点。无砂混凝土具有一定的强度，可以省去渗沟内部的填充料。使用时应注意其所处的地层条件及制作工艺。

边坡渗沟用于疏干潮湿的边坡和引排边坡局部出露的上层滞水或泉水，并起支撑边坡的作用，适用于边坡不陡于1∶1的土质路堑边坡，也可用于加固潮湿的容易发生表土坍滑的土质路堤边坡。边坡渗沟的平面形状可做成条带形、分岔形和拱形等。对于较小范围的局部湿土或泉水出露处，宜用条带形布置，对于较大范围的局部湿土，宜用分岔形布置。当边坡表土普通潮湿时，宜用拱形与条带形相结合的布置。一般其宽度大于1.3 ~ 1.5m。

边坡渗沟应垂直嵌入边坡。渗沟基底埋置在边坡潮湿土层以下较干燥而稳定的土层内，按潮湿带的厚度做成具有2% ~ 4%泄水坡的阶梯形。

边坡渗沟断面通常采用矩形，其宽度不宜小于1.2m。其外周设置反滤层。渗沟内用筛洗干净的小颗粒渗水材料填充。渗沟顶部一般用单层干砌片石覆盖，其表面大致与边坡齐平。必要时可在干砌片石表面用水泥砂浆勾缝。边坡渗沟下部的出水口一般采用干砌片石垛，其作用是支挡渗沟内部的填充料并将渗沟中集引的土中水或地下水排入路堑侧沟或路堤排水沟内。

支撑渗沟主要起支撑作用，兼起排出地下水和疏干壤中水的作用。支撑渗沟通常采用成组的条带形布置，断面采用矩形，宽度一般为2 ~ 3m，各条渗沟之间的距离一般为8 ~ 15m。一般深度为数米到十几米，应布置在地下水露头和壤中水发育处，并顺滑动方向修筑。沟底必须置于滑面以下的稳定土层或基岩内。可以顺滑面的形状做成阶梯形，最下一个台阶的长度宜较长，以增加其抗滑能力，基底应铺砌防渗。

支撑渗沟的填充部位宜用密度较大的石块干砌。填充料与沟壁之间可视沟壁土层的性质设置或不设反滤层。渗沟顶部可用单层干砌片石覆盖，其表面用水泥砂浆勾缝，以防止地面水流入。

支撑渗沟可视地下水及土质条件布置成多种形式，支撑渗沟可单独使用，也可和抗滑挡墙联合使用。

渗水隧洞又称泄水隧洞。它用于截排或引排埋藏较深的地下水，或与立式渗井（渗管）群配合使用，以排出具有多层含水层的复杂地层中的地下水。

平孔排水又称水平钻孔排水，是用平卧钻机，向滑体含水层打倾斜角不大的平孔，然后在钻孔内插入带孔的钢管或塑料管，用以排出地下水而疏干土体。立面上可布置成一层或多层。平孔位置必须在地下水位以下，隔水层顶板之上，尽量扩大其渗水疏干范围。平孔的间距，视含水层渗透系数和要求疏干的程度而定，一般采用 5 ~ 15m。

当滑体中地下水埋藏较深或多个含水层时，可将大口径竖井（直径可达 3.5m）和水平钻孔配合使用，以降低地下水和疏干其附近的土体。

集水渗井或渗管的顶部应用隔渗材料覆盖，预防淤塞，圆形集水渗井也可采用无砂混凝土结构以代替设置反滤层和填充渗水材料。

地下各种排水渗沟、渗水隧洞及渗井等设备中，常用反滤层来防止含水地层中的细粒土被渗流带走，淤塞排出地下水的建筑。目前常用的反滤层有卵砾石（或砂）反滤层、无砂混凝土块板反滤层及土工织物反滤层。土工织物具有一定的强度、柔韧性和连续性，它可直接铺设在需要设置反滤层的地方，如支撑渗沟、边坡渗沟的两侧和基底台阶部分。

2. 路基防护

（1）路基坡面防护

路基坡面的地表水流沿山坡流动，流速一般不大，它与边坡坡度及坡面状态有关。缓坡、粗糙或有草木生长时流速小，反之就大。路基坡面的地表水流的破坏作用，表现为对坡面的洗蚀，最初只是冲走细小颗粒并搬运到坡脚或侧沟中，久而久之，则形成纹沟、鸡爪沟、冲沟，进而破坏路基过坡的稳定性。因此对路基坡面地面水流的洗蚀应及时进行坡面维护，并修筑排水设备，保证排水畅通。坡面防护应根据边坡的土质、岩性、水文地质条件、边坡坡度与高度等，选用适宜的防护措施。

1）植物防护

植物防护是指直接在路基边坡上种草、植树或铺草皮来防护边坡。

在坡面播种草种适用于坡度缓于1∶1.25的土质或严重风化的基岩风化层边坡。若土质不宜种草，可先铺一层厚度为5 ~ 10cm的种植土。种草成活后，可抵御流速为0.4 ~ 0.6m/s的水流的冲刷作用。

植树护坡时，应选用根系发达易于成活的树种，如灌木。当边坡上有不利于灌木生长的砂石类土时，可填铺一层种植土。

2）坡面的补强及加固

对于不宜采用植物防护的边坡，如炭质页岩和浅变质的泥岩等易风化的岩质边坡，可采用抹面、喷浆、勾缝、灌浆等方法防护，以防止坡面水流的洗蚀和风化剥落。

抹面是将二合土（石灰、炉渣）、三合土（水泥、石灰、炉渣）或水泥砂浆摊铺在边坡上，经压实、提浆、抹面而成的防护层。它适用于易风化但未尚严重风化的，无地下水且坡面干燥的岩石边坡。

对于不同岩性的边坡，用锚杆铁丝网喷混凝土防护。混凝土厚8 ~ 10cm。材料配合比和水灰比，一般应通过试喷确定。护面设有伸缩缝和泄水孔。应注意喷射混凝土护面适用于堑坡稳定、地下水不发育、边坡较干燥但陡峻的边坡。砂浆抹面施工较简单，而喷射混凝土护面水泥用量较省，较可靠。

由于土工合成材料的发展，无纺土工织物可用于坡面防护。对于不适于植物生长的边坡可采用无纺土工织物多层合坡面防护。国外采用这种复合防护结构取得了良好的效果。其结构为紧贴坡面铺设无纺土工织物用以排水，保证边坡稳定，其上铺设隔水的土工薄膜，防止水的渗入且具有一定保温作用，亦可两层合为一层采用复合土工膜代替，同时兼起以上两种作用，最上面铺设沥青土工膜作为保护层保暖、防水。

3）砌石护坡

对缓于1∶1的各种土质、土夹石及岩质边坡，坡面受地表水流冲蚀产生冲沟、泥流、小型表层溜坍，均可采用砌石护坡防护。砌石防护有以下几种（见表2-12）。

表2-12 砌石防护的类型

类别	内容
单层干砌片石	干砌片石适用于边坡缓于1∶1.25的土质或土夹石边坡并经常有少量地下水渗出的情况，厚度一般为0.3m。当边坡土质为粉土质土、松散砂和砂黏土等易被冲蚀的土时，干砌片石应设不小于0.1m厚的碎石或砂砾垫层。其基础应砌至侧沟底

续表

类别	内容
浆砌片石护坡	浆砌片石护坡适用于当地石料来源丰富，坡度缓于 1∶1 的土质或岩质边坡。浆砌片石的厚度一般为 0.3 ~ 0.4m。边坡高度大于 20m 时，应在中部设置不小于 1m 的平台。当这种护坡的面积较大时，可在护坡中增设肋以增强其刚度。浆砌片石护坡应设置泄水孔及伸缩缝，并在合适的位置设台阶踏步以利维修
浆砌片石骨架护坡或混凝土骨架护坡	为节约片石及水泥，常用浆砌片石骨架或混凝土骨架，其内铺草皮或三合土，四合土捶面代替浆砌片石或混凝土。如草皮和捶面护坡易脱落，也可用方格形或拱形的浆砌片石骨架进行加强
浆砌片石护墙	浆砌石护墙是由厚 0.4 ~ 0.5m 的浆砌片石做成的实体或带孔窗式的护坡。护墙厚度有等截面和变截面两种。前者墙高一般不超过 10m；后者墙高单级不宜超过 12m，如需加大高度，可做成二级或三级护墙，并设置宽度不小于 1.0m 的平台。顶宽一般取 0.4m。墙高时常设耳墙以增强其稳定性。耳墙宽为 0.5m 或 1.0m。护墙的基础，为防止冻害，应置于冻结线以下。墙底地基的承载力要求在 $30N/cm^2$ 以上。为了增加护墙的抗滑稳定性，墙底往往做成 0.2∶1 或 0.1∶1 的倾斜反坡。浆砌片石护墙可用于不陡于 1∶0.5 的各种土质及易风化剥落的岩石边坡及缓于 1∶0.3 的路堑边坡，采用实体护墙；缓于 1∶0.75 的边坡可有孔窗式护墙，窗内可捶面或干砌片石充填铺砌。如边坡岩石较完整且比较陡时，可用肋式护墙；如边坡岩石下部较完整而上部要防护时可用拱式护墙。护墙与挡土墙的最大区别是护墙不能承受土压力

路基边坡坡面防护工程类型及适用条件见表 2-13。

表 2-13 坡面防护工程常用类型及适用条件

防护类型	方法	适用条件	注意事项
植物防护	种草或喷植草	土质边坡，坡度缓于 1∶1.25	当边坡较高时，可用土工网、土工网垫与种草结合防护
	铺草皮	土质和强风化、全风化的岩石边坡，坡度不陡于 1∶1	草皮可为天然草皮，亦可为人工培植的土工网草皮
	种植灌木	土质和全风化的岩石边坡，坡度不陡于 1∶1.5	树种应为根系发达、枝叶茂盛、适合当地迅速生长的低矮灌木
喷护	喷掺砂水泥土，厚度为 6 ~ 10cm，材料为砂、水泥、黏性土	易受冲刷的土质堑坡，坡度不陡于 1∶0.75	材料配合比和水灰比，一般应通过试喷确定

续表

防护类型	方法	适用条件	注意事项
喷护	喷浆，厚度大于或等于5cm，材料为砂、水泥、砾石	易风化但未遭强风化、全风化的岩石堑坡，坡度不陡于1∶0.5	材料配合比和水灰比，一般应通过试喷确定
	喷混凝土，厚度大于或等于8cm，材料为砂、水泥、砾石	易风化但未遭强风化、全风化的岩石堑坡，坡度不陡于1∶0.5	
挂网喷护	锚杆铁丝网（或土工格栅）喷混凝土或喷浆，锚固深度为1.0～2.0m，网距20～25cm，其他要求同喷护	喷混凝土或喷浆防护的岩石边坡，当坡面岩体破碎时，加强防护的稳定性而采用	锚孔深度应比锚固深度20cm，其他要求同喷护
干砌片石护坡	一般厚度为30cm，其下设大于或等于10cm的厚砂砾石垫层	土质路堤边坡，有少量地下水渗出的局部堑坡，局部土质路堑坡，坡度不陡于1∶1.25	基础应选用较大的石块，应自下而上地进地栽砌，接缝要错开，缝隙要填满塞紧
浆砌片石护墙	厚度为30～40cm，水泥砂浆砌筑	易风化的岩石边坡和土质边坡，坡度不陡于1∶1	
浆砌片石或混凝土骨架护坡	骨架宜用方格形，也可采用人字形、拱形。方格内铺种草皮、喷植草或干砌片石等	土质和全风化的岩边坡，当坡面受雨水冲刷严重或潮湿时，坡度不陡于1∶1	护坡四周需用浆砌片石镶边，混凝土骨架视情况在节点处加锚杆，多雨地区骨架宜做成截流沟式
浆砌片石护墙	等截面厚度为50cm，变截面顶宽40cm，底宽视墙高面定	土质和易风化剥落的岩石边坡，坡度不陡于1∶0.5	等截面护墙高不宜超过6m，当坡度较缓时，不宜超过10m，变截面护墙，单级不宜超过12m，超过时宜设平台，分级砌筑

（2）路基冲刷防护

沿河的路基，受河流的变迁及冲刷的威胁，尤其到了每年的洪水涨水季节，由于水流对路基的冲刷乃至冲毁，给生命财产及行车安全造成了巨大的灾害，故应根据河流的特性、水流性质、河道地貌、地质等因素，结合路基位置，选用适宜的坡面防护、导流或改河工程。

我国目前采用的路基边坡和河岸冲刷的直接防护措施有植物防护、干砌片石护坡、浆砌片石护坡、混凝土护坡、抛石、石笼、大型砌块和浸水挡土墙等。

按冲刷防护应用范围分，路基冲刷防护可分为直接防护和间接防护。

1）直接防护

铺草皮。选择适宜加固土质的草皮叠砌，草皮成活生成根系错结，从而起到防止冲刷的作用。

片石护坡。片石护坡包括干砌片石护坡和浆砌片石护坡两类。片石护坡的基础设置需考虑最大冲刷深度。

混凝土板及混凝土柔性板块。为抵御强烈水流、波浪或流水的作用，可采用边长较大的混凝土块板进行砌筑防护，板块可设置必要的构造钢筋预制。铺设时板下设置砂砾垫层。其适用条件与浆砌片石相同，但造价较高。

石笼护坡。石笼护坡具有较好的强度与柔性。在河床的地层较好且水流中夹有大量泥沙的情况下，石笼中的空隙很快被淤满而形成整体。其缺点是石笼的金属网易锈蚀损坏，使石笼解体。一般镀锌铁丝可用 8 ~ 12 年，普通铁丝可用 3 ~ 5 年。我国南方地区，可采用竹编石笼护坡，较镀锌铁丝经久耐用。石笼护坡常用于缺乏大石料地区，水流中有滚石者不易采用。一般在枯水季节施工较方便。

2）间接防护

除上述防止路基冲刷的直接防护措施以外，还可采用改移河流轴线的方法来达到防止冲刷的目的。其措施有改河、修建导流建筑物等。改河导治水流防止冲刷的工程量比较大，只在十分必要时选用。而导流建筑物按其平面上的形式分，常用的有丁坝（也称挑水坝）和顺坝两种。

路基冲刷防护工程常用类型及适用条件见表 2-14。

表 2-14 路基冲刷防护工程常用类型及适用条件

防护类型	方法	适用条件		注意事项
		容许流速（m/s）	水流方向、河道地貌等	
植物防护	铺草皮	1.2 ~ 1.8	水流方向与线路近乎平行，不受各种洪水主流冲刷的浅滩地段路堤边坡防护	
	种植防护林、挂柳		有浅滩地段的河岸冲刷防护	
干砌片石护坡	单层厚 0.25 ~ 0.35m，双层厚: 上层 0.25 ~ 0.35m，下层 0.25m	2 ~ 3	水流方向较平顺的河岸滩地边缘，不受主流冲刷的路堤边坡，无漂浮物和滚石的河段	应设置垫层

续表

防护类型	方法	适用条件		注意事项
		容许流速（m/s）	水流方向、河道地貌等	
浆砌片石护坡	厚 0.3 ～ 0.6m	4 ～ 8	主流冲刷及波浪作用强烈的路堤边坡	有冻胀变形的边坡上应设置垫层，有水流、流冰、滚石时，应适当加厚
混凝土护坡	厚 0.08 ～ 0.2m			
抛石	石块尺寸根据流速、波浪大小计算，不宜小于 0.3m	3	水流方向较平稳，无严重局部冲刷的河段，已浸水的路堤边坡与河岸	抛石厚度不应小于石块尺寸的 2 倍
石笼	镀锌铁丝制成箱形或圆形，笼内装石块	4 ～ 5	受洪水冲刷但无滚石河段和大石料缺乏地区	
大型砌块	2m × 2m × 2m 3m × 3m × 3m	5 ～ 8	受主流冲刷严重的河段	常与脚墙配合使用
浸水挡土墙	–	5 ～ 8	峡谷急流和水流冲刷严重的河段	

四、特殊地段路基

1. 软土地区路基

（1）软土的特点

我国的软土分布十分广泛，滨海平原、河口三角洲、湖泊盆地周围及山间谷地等均有分布。在软土地基上修筑路基，若未加处理，则会发生路基失稳或沉降过大，导致路基病害的产生，甚至影响行车正常运行。

软土是指在静水或缓慢的流水环境中以细颗粒为主的近代沉积物，具有含水率大（$\omega \geqslant \omega l$）、孔隙比大（$e \geqslant 1.0$）、压缩性高（$a_{0.1\sim0.2} \geqslant 0.5\text{MPa}^{-1}$）、强度低（$p_s <$ 0.8MPa）、渗透性小等特点的呈流塑到软塑状态的饱和黏性土。工程上将软黏性土、淤泥质土、泥炭质土及泥炭等强度低、压缩性高、孔隙比大的软弱土层统称为软土。

（2）软土地基加固措施

当路堤高度超过极限高度时，软土地基必须进行加固和处理。国内常用的加固措施有以下几种类型。

1）改变路堤本身的结构形式

这种方法包括反压护道、铺设土工织物等。该类方法施工简便易行，但不适用于高路堤。反压护道是指在路堤两侧填筑一定宽度和高度的护道，以防止地基破坏，保证路基稳定的一种措施。

反压护道施工简便，施工中需要控制填土速率，且占地面积大，土方量大，仅适用于非耕作区和取土不困难的地区；为了保证护道本身的稳定，其高度不能超过极限高度。护道高度宜采用路堤高的 1/3 ~ 1/2；宽度应根据稳定性检算确定；如果砂料来源方便，路堤及两侧反压护道下可同时设置砂垫层，以利于地基排水，加速地基固结，增强路基的稳定性；反压护道施工时，应与路堤一起按全宽同时填筑，切忌先填路基，后填护道，以免施工中发生坍塌。

2）排水固结，提高软土地基的强度

排水固结法适用于淤泥质土、淤泥、冲填土等饱和黏性土地基。饱和软黏土在荷载作用下，孔隙水慢慢被排出，土的孔隙比减小，孔隙水压力逐渐消散，有效应力提高，土的强度增加。这类方法有排水砂井、塑料排水板和排水砂垫层等。

排水砂井是利用各种打桩机具击入钢管，或利用高压射水、爆破等方法在地基中获得按一定规律排列的孔眼（具有一定深度和直径），灌入中、粗砂而成的。由于砂井在饱和软黏土中起排水通道的作用，故称排水砂井。砂井顶面应铺设砂垫层或砂沟，以构成完整的地基排水系统。

软土地基设置砂井后，改善了地基的排水条件，缩短了排水距离，因而地基承受附加荷载后，排水固结过程显著加快，进而使地基强度得以提高。用砂井加固软土地基，对于提高地基承载力是有效的。当路堤较高、软土层较厚，用其他方法（如反压护道）难以满足路基稳定性要求时，改用砂井加固能获得较好的效果。

砂井加固地基时，用砂量大，当砂料来源困难时，造价较高。

排水砂垫层是在路堤底部的地基表面铺设一层较薄的砂层，以使软土顶面增加一个排水面，在逐级加荷作用下促使地基土排水固结，提高强度。砂垫层厚度较薄，它对于基底应力的分布及沉降量无明显影响，但可加速沉降的发展，缩短其过程。

砂垫层施工简易，不需要特殊施工机具，具备砂料即可实施。但需放缓填土施工速度，使地基有充分的时间排水固结，故工期较长；砂垫层适用于施工期长，路堤高度在极限高度的 2 倍以内，软土表面无渗透性很低的隔水层的情况，如果软土层较薄，底部有透水层，效果会更好；砂垫层的厚度与路堤高度、软土层厚度等有关，一般为 0.6 ~ 1.0m。

3）人工地基

人工地基是在软土地基内设置各种材料制成的桩，构成复合地基，或将地表松软土层换成性能良好的土料，以提高地基承载力，保证路基稳定的一种方法。加固区由天然地基土体和增强体两部分组成，加固区整体是非均质和各向异性的。根据地基中增强体的方向可分为纵向增强体和横向增强体复合地基。纵向增强体复合地基根据桩材性质分为散体材料桩复合地基和柔性桩复合地基。

换土是以人工、机械或爆破等方法将地基软土挖除，换填上砂、砾或强度较高的黏土等材料并分层压实。此法改善了地基的性质，效果甚佳。但仅适用于软土层较薄，其上无覆盖层的情况。在液性指数较大的软土中，可采用抛石挤淤的措施强迫换土，施工简便迅速，效果较好。抛石挤淤一般用于软土层厚度为 3 ~ 4m 的情况。抛填片石的大小视软土稠度而定，但一般直径不宜小于 0.3m。抛填时应由路堤中部开始，渐次向两旁展开，以使淤泥挤向两旁，在片石露出水面后用重型夯滚反复碾压，其上铺设反滤层，再行填土。

碎石桩是利用碎石材料做桩料，依靠振动沉管机、水振冲器等在软土地基层内做成的。碎石桩与桩之间的土体形成复合地基，碎石桩对地基起加固、置换作用。由于桩与桩之间土的共同作用，提高了地基承载力，降低了土层的压缩性。碎石桩的直径较大，常用 0.5 ~ 1.0m。桩材一般用未风化的干净砾石或轧制碎石，粒径宜为 20 ~ 50mm，含泥量不大于 10%。

加固土桩是利用某种专用机械将软土地基内局部范围的软土主体用无机结合料加固、稳定，使桩与桩之间的软土形成复合地基。改良后的加固土桩起置换作用和应力集中效应，减少了地基的总沉降。加固土桩可采用水泥、生石灰和粉煤灰等材料。

水泥土搅拌桩是利用水泥（或水泥石灰拌合物）等材料作为固化剂，与软土地基搅拌、混合，由固化剂和软土间产生一系列物理化学反应，使软土硬结成具有整体性、坚硬性和水稳定性的生成物。从而提高了地基强度，增大了变形模量。因该法在土中掺入了水泥，对土进行了改性，其强度主要受工程地质条件及水泥掺入量两个因素控制。当地质条件一定时，水泥土的抗压强度基本随水泥掺入量的增大而提高。水泥土在土建工程的地基处理中，按施工方法分为水泥浆搅拌法（浆喷）和粉体喷射搅拌法（粉喷）两种。可根据土质及厚度选择合适的方法。粉喷适用于处理深度不大于 15m、含水量一般为 30% ~ 60% 的淤泥、淤泥质土、软黏性土及粉土等;浆喷处理深度不宜大于 20m。

水泥粉煤灰碎石桩是在碎石桩的基础上加进一些石屑、粉煤灰和少量水泥，加水拌合，用振动沉管打桩机等机具制成一种具有一定黏结强度的桩，桩与桩之间通过褥垫层形成复合地基。水泥粉煤灰碎石桩适用于处理软黏性土，对淤泥质土应按地区经验或通过现场试验确定其适用性，处理深度不宜大于 25m。

2．其他特殊地区路基

（1）滑坡地段路基

滑坡是山区常见的不良物理地质现象。在一定的地形地质条件下，由于破坏力学平衡的各种自然或人为因素的影响，山坡上的不稳定土（岩）体在重力作用下，沿着山坡内部某一软弱面（带）做整体的、缓慢的、间歇性移动的现象称为滑坡。

滑坡经历形成、发展，直至最后破坏的过程。对于经典黏土层，在外界（如爆破、地震、开挖、加载等）作用下，斜坡岩土某一部分下滑力超过阻抗力时，就会有位移，开始形成滑坡，如果外力作用是短暂的、不连续的，那么滑体在形变过程中会使滑带土的应力重新分布，如果重新形成的应力小于滑带土的长期极限强度，滑带的变形就会很快稳定下来，否则，滑坡体就会以某一速率发生移动，其持续时间依岩土性质而异。随着滑带土抗剪强度的降低以及滑体前沿抗滑作用的充分发挥，当下滑力大于抗阻力时，滑体就会整体下滑。滑坡的发育过程比较复杂，一般可分为蠕动阶段、挤压阶段、滑动阶段、剧滑阶段和固结阶段（相对稳定阶段）。外表特征一般是先出现后缘裂缝，随即出现剪切裂缝，最后出现前沿鼓胀裂缝。滑坡的滑动面常与自然地层中的软弱结构面、地表水的下渗路径及地下水活动层等有关。滑动面多呈折线形，只有在较均匀的土层中才呈圆弧形。滑坡的稳定性与降雨（累积降水量和降水强度）、抗剪强度随时间的变化（降低）及位移速度等因素有关。

治理滑坡常采用抗滑挡土墙、抗滑桩、预应力锚索结构等工程措施。

（2）膨胀土地区路基

膨胀土的矿物成分主要是蒙脱石，为一种高塑性黏土，一般承载力较高，具有吸水膨胀、失水收缩和反复胀缩变形、浸水承载力衰减、干缩裂隙发育等特性，性质极不稳定。常使建筑物产生不均匀的竖向或水平的胀缩变形，造成位移、开裂、倾斜甚至破坏，且往往成群出现，尤以低层平房严重，危害性很大，裂缝特征有外墙垂直裂缝，端部斜向裂缝和窗台下水平裂缝，内、外山墙对称或不对称的倒八字形裂缝等；地坪则出现纵向长条和网格状的裂缝。一般于建筑物完工后半年到5年出现。

膨胀土属于《铁路路基设计规范》中规定的D组填料，不宜用于路堤的填筑。由于在膨胀土地区往往缺乏其他材料，且考虑到膨胀土路堑的弃土也不易处理，因此，研究膨胀土做路堤填料的可能性与技术条件很有必要。

根据调查，我国既有线用膨胀土填筑的铁路路堤在竣工初期一般状态是良好的，但经过第一个雨季之后便逐渐发生变形和失稳现象，并随着时间的延长和各个雨季影响的反复胀缩作用而越演越烈。首先是边坡表面大量开裂并发生限于边坡范围内的浅层溜坍，深度一般为 1 ~ 1.5m。其次是路堤顶部的基床逐渐吸水软化，道床翻浆冒泥并形成道砟陷槽，以致路基长期下沉，轨道不能保持平顺。最后水分逐渐侵入路堤内部使有些地段的堤身发生整体滑动，严重时还可能造成列车颠覆事故。

膨胀土除具有一般黏土所共有的物理化学性质外，最重要的特性是多裂隙性、超固结性、强膨胀性与收缩性、强度衰减性、快速崩解性以及风化分带性。

解决膨胀土的问题，应着重从影响其物理、力学性质变化的内在因素和外在因素上考虑，从而通过改变土的力学性质达到处理的目的，并应做好路基加固、防护工程和排水设施。

（3）黄土地区路基

黄土是在第四纪干旱、半干旱气候条件下，陆相沉积的一种特殊土，其主要特征如下：颜色以黄色为主，为淡黄、灰黄、棕黄或棕红色；具有多孔性，有肉眼能看到的大孔隙，孔隙比一般为 0.7 ~ 1.1；颗粒成分以粉粒（0.005 ~ 0.075mm）为主，约占 50% ~ 75%，一般不含粗大颗粒；富含碳酸钙成分及其结核，并含有少量中溶盐和易溶盐；一般无明显层理，有堆积间断的剥蚀面和埋藏的古土壤层；具垂直节理，在天然状态下边坡能保持直立；天然状态下含水率低，遇水易崩解、剥蚀；表层多具湿陷性，易产生潜蚀形成陷穴等。

黄土在世界上分布较广，覆盖着全球大陆面积的 2.5% 以上。在北美洲，它占据着密西西比河和密苏里河流域的大片面积，在新西兰的东部和南部，法国的北部和东部、中欧中部、阿尔卑斯山麓和多瑙河流域各处的低地，东欧平原、波兰到伏尔加河流域均有分布。最典型的黄土则分布在我国西北部的广大地区。

我国的黄土分布面积估计有 $63 \times 10^4 km^2$，约占全国陆地面积的 6.6%。其主要集中分布于黄河中游的甘肃、陕西、山西的大部分地区以及河南、河北、山东、宁夏、新疆、辽宁等省（自治区）的部分地区；在经纬度上，主要分布在北纬 33° ~ 47°，东经 75° ~ 127° 之间。在黄土分布地区的山区、丘陵、高原、平原、河流阶地等地貌单元均有黄土分布，其覆盖厚度为几米到几十米，甚至达到近 200m。

黄土路基无论是路堑还是路堤，当基床土为老黄土或其他古土体，且其液限大于 32%，塑性指数大于 12 时，在一定条件下极易产生基床变形（如降水量大于 500mm/a 等）。这主要是由于黄土抗变形能力差及其湿陷性造成的。

由于基床变形，造成黄土路基基床的道砟陷槽并逐渐向深处和边坡发展。雨季时经常鼓破边坡，大量泄水，致使边坡连同路基坍滑，造成颠覆列车的事故。

因此，在年平均降水量大于 500mm 的地区，基床土应优先采用新黄土填筑，施工时采用重型碾压机具，按压实标准碾压，确保质量。对湿陷性黄土必要时采取提高表层土的密度或灌水预先浸湿或重锤夯实的措施，近年来采用的各种柔性封闭层、土工织物垫层、灰土垫层、灰土桩、石灰桩或换填好土等土质改良措施也取得了明显的效果。

（4）多年冻土地区路基

温度等于或低于0℃且含有固态水的土石均称冻土。受季节性气候影响，冬夏呈周期性冻结和融化的冻土称季节性冻土；冻结状态保持3年或3年以上的不融冻土称多年冻土。

全球多年冻土区面积约为$35 \times 10^6 km^2$，约占陆地面积的25%。多年冻土分布在西伯利亚、阿拉斯加和加拿大北部等广阔地区。此外，南极和格陵兰的无冰川覆盖地段和冰盖边缘地下以及南美和中亚的高山地区也有分布。

我国的多年冻土地区面积约为$215 \times 10^4 km^2$，约占国土面积的22.3%（与季节性冻土共占国土面积的75%），位居世界第三，主要分布于我国东北的大兴安岭、小兴安岭、松嫩平原北部、西部高山、青藏高原、横断山、祁连山、太白山，并零星地分布在季节冻土区内的一些高山上。我国东北地区分布有约$38.39 \times 10^4 km^2$的多年冻土，属“低海拔、高纬度”多年冻土。而青藏高原具有世界屋脊之称，是我国乃至世界上面积最大的多年冻土区，冻土面积达$147 \times 10^4 km^2$，占我国总冻土面积的70%；位于北纬32.5°～35.7°，平均海拔超过4000m，具有“低纬度、高海拔”的特征。

多年冻土地区的路基，一般应采取保护冻土的措施。试验和观测表明，在多年冻土相对稳定地段，路堤填土达到一定高度后，基底冻土上限就会上升。这一最低高度称为基底上限的临界高度，只要路堤高度超过了这一临界高度，基底可不作任何处理，按一般地区路基设计，青藏高原地区少冰冻土、多冰冻土地段路基，按标准断面设计。在富冰冻土、饱冰冻土含土冰层地段上修筑路堤的最小临界高度，在我国东北地区为1.5～2.0m，西北地区为1.0～1.5m，青藏高原地区为0.5m。

在富冰、饱冰冻土及地下冰地段，若路堤高度小于保温需要的最小高度时，则应采取措施防止路基变形。常用的措施有基底全部换填（底部换填至少0.5m厚的渗水土，基底潮湿时，全部换填砾石或碎石类土）和基底部分换填。路堑地段为防止病害发生或者采用展开式路堑，清除边坡上全部冰体或者采取边坡坡面保温措施。

季节性冻土地区的路基，一般采用换填法、物理化学法、保温法、排水隔水法等措施防治冻害。

（5）风沙地区路基

风沙地区路基是沙漠、大风和风沙流地区路基的总称。我国幅员辽阔，沙漠和沙漠化土地分布很广，尤其集中在西北及华北北部地区。受地理位置和大气环境的影响，这些地区的风力十分发育。风与沙的结合构成了沙的吹蚀、搬运和沉积的自然现象。当铁路通过这些地段时，这些自然现象就变成了自然灾害。因此，风沙铁路路基容易受到风蚀和沙埋的危害。

路基两侧防护体系按防火带、设防带和植被（包括林带）保护带布设。当靠近路基采用易燃的防沙材料时，在路基坡脚外5m范围内应采用卵、砾石或黏性土铺设防火带。设防带是采用工程防沙或植被防沙布防的地段，以保证流沙不能穿越该区而掩埋路基。植被（包括林带）保护带是在外围防止和减少流沙的措施，兼起改善生态环境的作用。该保护段禁止樵采和放牧。

第二节　铁路桥梁施工

一、桥梁基本知识

1．桥梁基本组成

桥梁组成部分的划分与桥梁结构体系有关。常见的简支梁桥，通常由上部结构、下部结构和支座三部分组成。

（1）上部结构

上部结构是指桥梁位于支座以上的部分，包括桥跨结构和桥面构造两部分。桥跨结构是指桥梁中直接承受桥上交通荷载的、架空的主体结构部分；桥面构造是指为保证桥跨结构正常使用而需要建造的各种附属结构或设施。

桥跨结构的形式多样。对梁桥而言，其主体结构是梁；对拱桥而言，其主体结构是拱；对悬索桥而言，其主体结构是缆。

铁路桥桥面构造是指铁路桥的道砟、轨枕、钢轨、伸缩装置、排水防水系统、人行道、栏杆等。

（2）下部结构

下部结构是指桥梁位于支座以下的部分，也叫支承结构。它包括桥墩、桥台以及墩台的基础，是支承上部结构、向下传递荷载的结构物。桥梁墩台的布置是与桥跨结构相对应的，桥台设在桥跨结构两端，桥墩则分设在两桥台之间。桥台除起到支承和传力作用外，还起到与路堤衔接、防止路堤滑塌的作用。为此，通常需要在桥台周围设置椎体护坡。墩台基础是承受由上至下的全部荷载（包括交通荷载和结构重力）并将其传递给地基的结构物。它通常埋入土层之中或建筑在基岩之上，时常需要在水中施工。

（3）支座

在桥跨结构与墩台之间，还需要设置支座，以连接桥跨与桥梁墩台，提供荷载传递途径，适应结构变位要求。支座提供的约束影响上部结构的受力行为，因此，可视支座为上部结构的一部分。

除此之外，根据具体情况，与桥梁配套建造的附属结构物可能有挡土墙、护坡、导流堤、检查设备、台阶扶梯、导航装置等。

2. 桥梁常用术语

桥梁的常用术语，见表 2–15。

表 2–15 桥梁的常用术语

术语	主要内容
跨度	跨度也叫跨径，表示桥梁的跨越能力。对于多跨桥梁，最大跨度称为主跨。一般而言，跨度是表征桥梁技术水平的重要指标。桥梁结构相邻两支座间的距离 L_1 称为计算跨径。桥梁结构的分析计算以计算跨径为准。对于梁式桥，设计洪水位线上相邻两桥墩（或桥台）间的水平净距 L_0 称为桥梁的净跨径。各孔净跨径之和称为总跨径，它反映桥位处泄洪能力的大小。铁路采用标准跨径 L_K（也称单孔跨径）设计，既有利于桥梁制造和施工的机械化，标准梁一般制作成本低，质量也较好，又有利于桥梁养护维修和战备需要。铁路桥梁标准跨径是指计算跨径（从 4 ~ 168m，共 18 级，常用的为 20m、24m、32m、48m、64m、96m 等），梁的实际长度要比标准跨径稍微大一些
桥长	两桥台侧墙或八字墙尾端之间的距离 L_T 称为桥梁的全长。它标志桥梁工程的长度规模。两桥台台背前缘（对于铁路桥，指桥台挡砟前墙）之间的距离 L 称为桥梁总长。它仅作为划分特大桥、大桥、中桥、小桥和涵洞的一个指标
正桥与引桥	对规模较大的桥梁工程，通常包含正桥与引桥两部分。正桥是指桥梁跨越主要障碍物（如通航河道）的结构部位。一般，它采用跨越能力较大的结构体系，需要深基础，是桥梁工程中的重点。引桥是指连接正桥和路的桥梁区段，其跨度一般较小，基础一般较浅
桥下净空高度	设计洪水位或设计通航水位对桥跨结构最下缘的高度差 H 称为桥下净空高度。桥下净空高度应大于通航及排洪要求所规定的值。铁路桥梁的轨底至桥跨结构最下缘的垂直高度 A 称为桥梁建筑高度。铁路桥梁线路设计中所确定的轨底高程与通航及排洪要求所规定的净空高度之差，为容许建筑高度。显然，桥梁建筑高度不得大于容许建筑高度

3. 桥梁分类

桥梁有各种不同的分类方式，每一种分类方式均反映出桥梁在某一方面的特征。按工程规模划分，有特大桥、大桥、中桥、小桥等，见表 2–16。

表 2–16 桥梁按跨径分类 单位：m

桥涵分类	公路桥涵		铁路桥涵
	多孔跨径总长 L	单孔跨径 L_k	桥长 L
特大桥	$L>1000$	$L_k>150$	$L>500$
大桥	$100 \leqslant L \leqslant 1000$	$40 \leqslant L_k \leqslant 150$	$100<L \leqslant 500$
中桥	$30<L<100$	$20 \leqslant L_k<40$	$20<L \leqslant 100$
小桥	$8 \leqslant L \leqslant 30$	$5 \leqslant L_k<20$	$L \leqslant 20$

按桥跨结构所用的材料来划分，有钢桥，钢筋混凝土桥，预应力混凝土桥，结合梁桥，用砖、石、素混凝土块等砌体料建造的拱桥，木桥等。由于钢材具有匀质性好、强度高、自重小等优点，钢桥具有较大的跨越能力，在跨度上一直处于领先地位。钢筋混凝土桥和预应力混凝土桥的建造费用较低，养护维修方便，是目前应用最为广泛的桥梁，在中、小跨度内已逐步取代钢桥，在大跨度范围内也具有较强的竞争力。结合梁桥主要是指钢梁与钢筋混凝土桥面板组合形成的梁桥或加劲梁。工程上常把混凝土桥和砖石桥统称为圬工桥，其取材方便，构造简单，尤其适用于跨度不大、取材方便的山区拱桥。除临时性桥梁和林区桥梁外，一般不采用木桥。

按桥梁用途分，有铁路桥、公路桥、城市道路桥、公路铁路两用桥、人行与自行车桥、输水桥及农用桥等。

按结构体系分类，有梁桥、拱桥和索桥三种最基本的结构体系，以及由两种基本体系或一种基本体系与梁、塔、斜索等构件组成的组合体系。

按桥跨结构与桥面的相对位置划分，有上承式桥、下承式桥和中承式桥。桥面布置在桥跨结构顶面的，为上承式桥；相应地，布置在下面的称为下承式桥，布置在中间的称为中承式桥。桥面位置的选择与容许建筑高度和实际需要有关。在同一座桥中，桥跨结构与桥面的相对位置有所变化。

按桥梁的平面形状划分，有直桥、斜桥、弯桥。绝大部分桥梁为直桥或正交桥，其纵轴线方向同水流方向（或所跨越的线路方向）基本正交。斜桥是指水流方向（或所跨越的线路）同桥的轴线不呈直角相交的桥。由于斜桥所提供的桥下净空的有效宽度比直桥所提供的小，为提供同样的桥下有效宽度，斜桥的跨度就需要加大，因此不宜使桥梁斜交过甚。在水面上呈曲线形状的桥称为弯桥或曲线桥。当桥位于线路的曲线区段、跨度不大时，可将多跨直线梁按折线布置，仅让桥面适应曲线要求。若跨度较大，则应改变桥梁的平面形状，使桥跨结构本身呈曲线状。

按预计使用时间的长短划分，有永久性桥梁和临时性桥梁。永久性桥梁是指用钢材、混凝土和石材等耐久材料所修建的桥梁。临时性桥梁也称为便桥，是指为了使线路早日开通，对使用寿命不作长久打算的桥。其材料可用木材、钢材和制式设备（如万能杆件等），孔径和跨度可以不考虑洪水影响；当造桥物资不充足时，还可以对桥上行车提出一些限制。

按照桥梁建成后能否移动，可分为固定式桥梁和开启桥。绝大部分的桥梁在建成后不可移动，称为固定式桥梁；在特殊情况下，为同时满足线路高程要求和河流通航要求，也修建开启桥或活动桥。开启桥是指一部分桥跨结构（通常为钢梁）可以提升或转动（平转或竖转）的桥梁，而升高或转动的目的则是在桥下可通过较高的船舶。与固定式桥梁相比，开启桥的总造价较低，但其交通量受限制，且维修管理费较高。

4．桥梁结构体系

（1）梁桥

梁桥是古老的结构体系之一。梁作为承重结构，主要是以其抗弯能力来承受荷载的。在竖向荷载作用下，其支承反力也是竖直的；简支的梁部结构只受弯矩、剪力，不承受轴向力。

常用的简支梁的跨越能力有限，跨度通常不超过 40m，为加大跨度，悬臂梁和连续梁得到发展。它们都是利用增加中间支承来减少跨中弯矩。为更合理地利用材料并分配内力，加大跨越能力，悬臂梁采用铰接或简支跨（称为挂孔）来连接其两个端头，其为静定结构，受力明确，计算简便，但因结构变形在连接处不连续而对行车和桥面养护产生不利影响，近年来已很少采用。连续梁因桥跨结构连续，克服了悬臂梁的不足，是目前采用得较多的梁式桥型。

梁桥分实腹式和空腹式。实腹梁的截面形式多为 T 形、I 形和箱形等，空腹梁主要是指桁架式桥跨结构。梁的高度和截面尺寸可在桥长方向保持一致或随之变化。对中小跨度的实腹式梁，常采用等高度 T 形梁（混凝土）或 I 形梁（钢）；跨度较大时，可采用变高度（在中间支承处增大梁高）的箱形截面预应力混凝土连续梁（钢构）桥或钢桁架梁，并配合悬臂方法施工。

（2）拱桥

拱桥的主要承重结构是具有曲线外形的拱圈。在竖向荷载作用下，拱圈主要承受轴向压力，但也受弯矩、剪力。拱趾处的支承反力除竖向反力外，还有较大的水平推力。

根据拱的受力特点，多采用抗压能力较强且经济合算的圬工材料（石材等）和钢筋混凝土来修建拱桥。因拱是有推力的结构，对地基的要求较高，故一般宜建于地基良好之处。按照静力学分析，拱又分成单铰拱、双铰拱、三铰拱和无铰拱。因铰的构造较为复杂，通常采用无铰拱体系。

随着施工方法的进步，除常采用的有支架施工方法外，现还可采用悬臂施工、转体施工、劲性骨架等无支架施工新技术，这对拱桥在更大跨度范围内的应用，起到了重要的促进作用。

（3）悬索桥

悬索桥主要由索（又称缆）、塔、锚碇、加劲梁等组成。对跨度较小（通常小于300m）、活载较大且加劲梁较刚劲的悬索桥，可以视其为缆与梁的组合体系。但大跨度悬索桥的主要承重结构为缆，组合体系的效应可以忽略。在竖向荷载作用下，其悬索受拉，锚碇处会产生较大的竖向（向上）和水平（向河心）力。悬索通常用高强度钢丝制成圆形大缆，加劲梁多采用钢桁架或扁平箱梁，桥塔可采用钢筋混凝土或钢。因悬索的抗拉性能得以充分发挥且大缆尺寸基本上不受限制，故悬索桥的跨越能力一直在各种桥型中名列前茅。不过，由于结构的刚度不足，悬索桥较难满足当代铁路桥的要求。

在修建跨度相对较小（通常不大于300m）的悬索桥，两岸用地受到限制或出于景观需要而无法布置锚碇时，可采用自锚式悬索桥。其特点是，将大缆的两端固定在加劲梁的两端，省略了大体积的锚碇，但导致梁的材料用量增加，同时增加了施工难度。

（4）组合体系桥

组合体系桥是指承重结构采用两种基本结构体系或一种基本体系与某些构件（塔、柱、斜索等）组合在一起的桥。在两种结构体系中，梁经常是其中一种，与梁组合的，则可以是拱、缆或塔、斜索。代表性的组合体系有刚架桥，T形刚构桥和连续刚构桥，梁、拱组合体系，斜拉桥几种。

二、桥梁结构

1．梁式桥

（1）钢筋混凝土简支板梁桥

板桥的承重结构就是矩形截面的钢筋混凝土或预应力混凝土板，其主要特点是构造简单，施工方便，而且建筑高度较小。从力学性能上分析，位于受拉区的混凝土材料不但不能发挥作用，反而增大了结构的自重，当跨度稍大时就显得笨重且不经济，故简支板梁桥的跨径一般不大，通常在 10m 左右。

图 2–4 所示为铁路式简支梁桥的横截面图。一般跨度 $L \leqslant 6$m 的梁，由于跨度小，梁高也低，为了使截面形式简单，便于施工制作，采用板式截面。由于板底的支承面很宽，每片都不致发生侧向倾覆，因而两片板之间不需要任何横向联结。

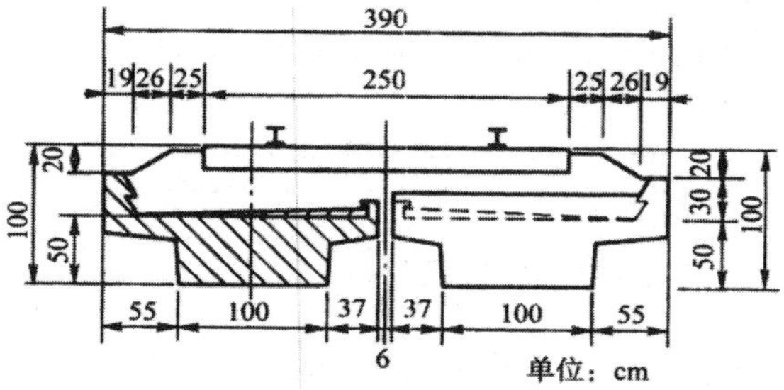

图 2–4　铁路式简支梁桥横截面示意图

（2）钢筋混凝土简支肋梁桥

对于跨度 $L \leqslant 8$m 的梁，由于跨度增大，梁高也增大，若再用板式截面，则受拉区混凝土截面显著增加。为了节省材料和减轻梁重、便于架设和提高跨越能力，必须改用肋板式梁桥截面，肋板式梁桥的横截面分为 Π 形和 T 形两种基本类型。

1）Π 形截面

Π 形梁每片有两个肋、两肋之间设有横隔板以保证共同受力。Π 形梁稳定性较好，故在运送时不需设临时支撑，梁安装就位后，两片梁不用连接就可铺轨通车，减少现场工作量，加快铺架速度，但 Π 形梁与 T 形梁相比，制造较麻烦，且单片梁有 4 个支点，容易出现“3 条腿”现象，悬空的支座会承受反复发生锤击作用而使结构受损，而且会使整个梁部产生斜弯曲或扭转。此外，这种梁的梁肋数目较多，梁底宽度也较大。

设计经验证明，跨度较大时 Π 形梁桥的混凝土和钢筋用量都比 T 形梁桥大，而且构件也重。故 Π 形梁桥一般用于 L=6 ~ 12m 的小跨径桥梁，应用有限。基于上述原因，目前已较少采用这种截面。

2）T 形截面

由若干个 T 形截面梁组成的桥统称为 T 形梁桥。T 形梁克服了 Π 形梁“3 条腿”的现象。但 T 形梁在运输中需设临时支撑，安装就位后，必须把横隔板连接起来，使两片梁形成整体，才可架设下一孔梁，故增加了现场工作量。

图 2-5 所示为我国铁路钢筋混凝土 T 形梁截面。梁高 190cm，道砟槽底板（即桥面板）为梁上翼缘，跨中部分梁肋宽（也称梗宽或腹板厚）30cm，梁的端部由于受到较大的剪力，肋宽增加到 49cm。梁肋下缘，则因布置受拉钢筋的构造需要而增宽到 70cm。这种梁也是分为两片预制，每片梁为单肋。由于单片梁易于侧向倾覆，储运时需在两侧加临时支撑。在工地架设就位后，两片梁要用横隔板连接成整体。横隔板的两半分别与每一片梁预制在一起。因此，在工地只要将横隔板在接头处连接起来即可。T 形梁的预制模板较简单，施工也比较方便。

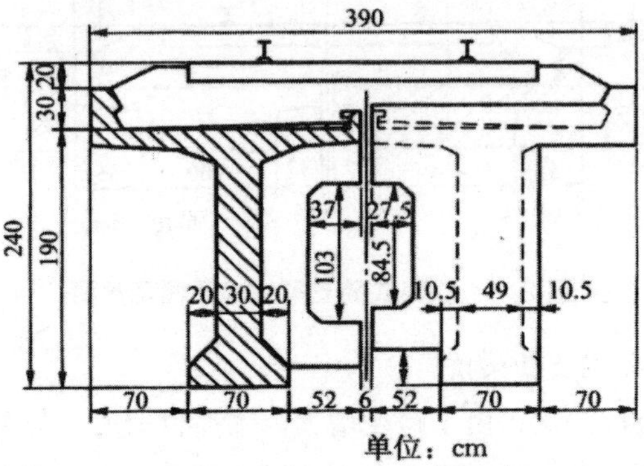

图 2-5　T 形梁截面示意图

（3）钢筋混凝土简支箱形梁桥

横截面呈一个或几个封闭箱形的梁桥称为箱形梁桥。这种结构除梁肋和上部翼缘板外，在底部尚有扩展的底板，因此它能提供承受正、负弯矩的混凝土受压区；箱形梁桥的另一重要特点是，在一定的截面面积下能获得较大的抗弯惯性矩，而且抗扭刚度也特别大，在偏心活载作用下各梁肋的受力比较均匀。因此，箱形截面能适用于较大跨径的悬臂梁桥和连续梁桥，也可用于全截面均参与受力的预应力混凝土简支梁桥。显然，对于普通钢筋混凝土的简支梁桥来说，底板除徒然增加重力外并无其他益处，故不宜采用。

（4）预应力混凝土简支梁桥

当混凝土简支梁桥跨度增加时，就需要采用预应力混凝土梁。与钢筋混凝土梁相比，预应力混凝土梁主要有以下优点：

采用高强度钢筋，可节约一定的普通钢筋；预加压应力可大幅度提高梁体的抗裂性，并增加梁的耐久性；由于利用高标号混凝土，截面尺寸减小，梁体自重减轻，可以增大跨越能力，也有利于运输和架设；混凝土全截面受压，既充分发挥了混凝土抗压性能的优势，也提高了梁的刚度。

（5）其他形式的预应力混凝土简支梁

1）整孔无砟无枕预应力梁

整孔无砟无枕预应力混凝土梁截面形式有 *n* 形和箱形两种。无砟无枕梁是直接搁置在桥面上的。为保证轨道的准确位置和高程，目前采用的措施为，在灌注梁体混凝土时（为减少二次灌注混凝土数量，制梁时应设置张拉反拱度），在整个承轨台范围内（含 200mm 空隙）预留深 50 ～ 70mm 的槽沟，待梁体预应力完后，再按设计强度灌注第二次混凝土（应设徐变反拱度）并抹平，以利于安装钢轨弹条扣件。此扣件左面调整量为 14mm，上下调整量为 30mm（–5 ～ +25mm）。

2）串联式预应力混凝土梁

串联梁与厂制整体式预应力混凝土梁比较，主要区别在于前者有 16 条横向胶接缝。通过实验证明，胶接缝对梁体破损强度毫无影响，而对梁的抗裂性能稍有影响，其原因不在于胶接缝本身，而在于与胶接缝邻近的砂浆薄层。胶接模拟梁的动载疲劳试验表明，胶接梁经过 200 万次反复荷载作用后，胶接工作状态仍然良好。多年来运营考验及动静载试验证实了串联梁整体性能良好，纵横刚度和强度均满足运营要求。我国铁路桥梁领域首次采用拼装移动式加强型支架造桥机（简称支架式造桥机）施工的 56m 预应力混凝土简支箱梁，于 1996 年 2 月成功地架设在南昆铁路大桥上，是当时最大跨度和最大张拉吨位的预应力混凝土简支梁。

2. 钢桥

（1）钢桥的结构型式

钢桥的结构型式很多。一座钢桥采用什么样的结构型式，主要是由桥址的水文、地形和地质情况决定的。

最简单的是简支梁，简支梁在桥梁的两端各有一组支点。跨度小的用简支钢板梁，跨度大的用简支钢桁梁。

在地质条件较好的地区造桥，可以用连续梁，连续梁除在桥梁的两端有一组支点之外，在梁的中部还设有一组或几组支点。中部设一组支点者为两跨连续梁，设两组支点者为三跨连续梁。连续梁也分连续钢板梁和连续钢桁梁，后者使用得较多。连续梁的跨度可以比简支梁做得大，遭破坏后，损失不及简支梁大，修复也比较容易，缺点是不允许各个支点有不均匀的沉陷，因此要求地质条件要好。

三跨连续梁在中跨内设两个铰就形成悬臂梁。悬臂梁对地质条件的要求比简支梁要宽些，支点沉陷对悬臂梁的影响小。但在荷载作用下铰处会出现折角，路面不平。

在高山、峡谷中建桥，如两岸地形、地质条件允许，常修建钢拱桥。钢拱桥两端支点有水平推力，因此要求地质条件要好。除有推力的拱桥外，还有刚性梁柔性拱和系杆拱。这种拱没有水平推力，对地质条件的要求和简支梁相同。拱肋常采用桁架或箱形截面。箱形钢梁抗扭能力强且节约材料，现代用得比较多。箱形梁可以单独使用，做成简支钢箱梁桥或连续钢箱梁桥，也可以和其他结构联合使用。

和推力拱桥相似的有斜腿刚构桥。在斜腿刚构桥斜腿的支点上也有水平推力，其对地质条件的要求和钢拱桥一样。

近年来，发展得很快的有斜拉桥和悬索桥。这两种桥型的地区适应性较广，跨越能力较大，在公路上用得较多，而铁路上用得较少。其主梁多采用扁平钢箱梁或桁梁。

（2）钢桥的结构及构造

钢桥的结构型式多种多样，常见的有板梁桥（包括上承式钢板梁桥和下承式钢板梁桥）、桁架梁桥和箱形梁桥，还有一种钢梁和混凝土桥面板联合作用的结合梁桥。钢拱桥的横肋可以做成箱形，也可以做成桁架肋。悬索桥和斜拉桥的钢梁也是箱梁和桁梁并存，我国多采用扁平钢箱梁。

1）上承式焊接钢板梁桥

以前，钢板梁多采用铆接，现已不用。现常用焊接板梁桥。其主要承重结构是两片工字形截面的板梁，桥的自重及活载由这两片板梁承担。在这两片板梁之间有许多构件起着联系作用，使它成为一个稳定的空间结构。上部连接件与板梁上翼缘组成一个水平桁架，称为上平纵联，在下面的简称为下平纵联。在两板梁之间布置有交叉杆，与上下横撑及主梁的加劲肋和一部分腹板组成一个横向桁架，简称为横联。

2 块翼缘板（盖板）、1 块腹板，用 4 道翼缘角焊缝连起来，就形成 3 块板截面的焊接板梁。随着跨度的加大，截面内力增大，常需要使用厚钢板。但由于厚钢板性能较差，限制了这种截面的使用范围。在其能够采用的情况下，因简支梁在端部范围弯矩较小，可以将翼缘的截面减小，这种做法或使端部的盖板宽度（较跨中段）收窄或使厚度减小。对于这两种情况，都需将跨中段盖板端头刨成过渡段，使过渡段末端截面和靠端部段一样，而后进行对接焊。对接焊所在位置按其疲劳强度进行验算，若能通得过，则这一设计就能使用。

当跨度大时，常需要在其跨中段采用多层盖板的截面。对于简支梁靠端段，随着弯矩的减小，可以将外层盖板截断，其理论截断点位置根据弯矩包络图确定。对于外层盖板实际截断点所在截面，其所余截面的疲劳强度（因为邻近这一截段点）急剧降低，必须进行疲劳验算。按现行标准设计，为使这里的疲劳强度降低较少，要求将外层盖板端头按 1：4 斜率削尖削薄（但留一钝头），在外层盖板尖端用角焊缝对焊，而后将焊缝连同基材打磨平顺。这将耗费不少的能源和制造工时。另一种做法是让受拉的外层盖板延伸到弯矩更小之处才中断，构造细节可以简化。这种做法容易保证质量，也可以节省制造工时，虽然多费一些钢材，但总造价却不见得提高。设计时应注意的是，位于外层盖板实际截断点和理论截断点之间的角焊缝，其安全传递的力应该能使外层盖板在理论截断点分担起它所应承受的应力。此外，也可以用两排或三排高强度螺栓做外层盖板的板端连接，而让外层盖板的纵向连接角焊缝中止在其邻近的高强度螺栓连接处。疲劳强度试验证明，这种做法疲劳强度较高。

竖向加劲肋的作用主要是防止腹板因剪力过大失稳，为此，它的长度应尽可能等于腹板高度。为使各相邻的焊缝彼此间留出一定空隙，竖向加劲肋在其和腹板之间相贴的一侧要截角，借以使竖向肋焊缝和翼缘焊缝分开。按照德国的设计要求，肋的竖向焊缝端要绕过肋的截角处，使两道竖直焊缝彼此相连。疲劳试验证明，这种做法具有较高的疲劳强度。我国浪江桥纵梁也曾使用过，但在该桥纵梁腹板出现裂缝之后，在我国就不再采用。

竖向加劲肋应该支持上承焊接板梁的盖板，以免上盖板因桥面受载时下挠而反复扭转，并使腹板跟着反复弯曲。在竖向加劲肋上端截角尺寸不大时，腹板能自由弯曲变形的区段窄，弯曲应力大，易于疲劳（铆接板梁的盖板有翼缘角钢帮助抗扭，腹板弯曲应力要小得多）。用肋支持上盖板的方法如下：若加劲肋成对设置，要求两肋均以其伸出肢（主要是其外端）顶紧上盖板；若加劲肋只在腹板一侧设置，要求将伸出肢与上盖板焊接。

若将平纵梁节点板直接焊接于梁的下盖板，则不论是用纵向对接焊还是用纵向搭接的角焊，盖板疲劳强度降低都很厉害。这是因为节点板沿应力方向的焊接长度大，节点板所分担的应力多，焊缝接头使盖板出现了很大的应力集中。浪江桥的经验表明，只要将平纵联节点板栓接于翼缘，这一问题就可解决。

2）铁路下承式焊接板梁桥

铁路下承式板梁桥的主要承重结构也是两片工字形截面的板梁，称为主梁。在两片主梁之间，设置有纵梁和横梁组成的桥面系，桥面不是搁置在主梁上，而是搁置在纵梁上。由于纵梁高度较主梁高度小得多，因此大大缩小了建筑高度（自轨底至梁底）。

由于桥面是布置在两片主梁之间的，列车在两片主梁之间通过，因此要求两片主梁之间的净空能满足桥梁净空的规定。桥梁净空的宽度为 4.88m，下承式板梁桥（标准设计）两片主梁中至中的距离为 5.4m。

为了使下承式板梁桥成为一个空间稳定结构，在其主梁之下同样也设有下平纵联。由于要满足桥梁净空的要求，无法设置上平纵联，故在横梁与主梁之间，加设肱板。肱板一方面对主梁上翼缘起支撑作用，保证上翼缘的稳定；另一方面与横梁连成一体，可起横联的作用。

下承式板梁桥与上承式板梁桥相比，在结构方面增加了桥面系，用料较多，制造也费工，且由于宽度大，无法整孔运送，增加了装运与架梁的工作量。因此，铁路桥梁采用板梁桥时尽可能不采用下承式而采用上承式。但是，由于下承式板桥具有较小的建筑高度，在某些条件下仍有必要。例如，对跨线铁路桥，当桥上线路标高不宜提高而又要求桥下有一定的净空时，采用上承式板梁桥不能满足建筑高度要求，此时可考虑采用下承式板梁桥。

3）结合梁桥

用剪力键或其他方法将混凝土桥面板与其下的钢板梁结合成的整体结构称为结合梁桥。在结合梁桥中，混凝土桥面参与钢板梁上翼缘受压，提高了桥梁的抗弯能力，从而可以节省用钢量或降低建筑高度。试验证明，结合梁桥承受超载的潜力比非结合梁要大。由于这些原因，公路桥梁工程中，结合梁桥已获得广泛的使用。

4）桁架桥梁

桁架桥梁在工程上应用十分广泛。桁架是用节点板把多个杆件连接在一起而形成的平面杆系结构，若干个平面桁架彼此相连可形成一个稳定的空间杆系结构。桁架由上下弦杆和腹杆组成，各杆件基本上都是轴向受力杆件（“二力”杆，有限元分析中将其归于杆单元）。上下弦杆分别以其轴向受拉或受压形成一个抵抗矩以平衡外力弯矩，腹杆用以承剪，受力明确。桁架各杆件和节点板在工厂制造，质量有保证，然后在工地上用不大的起重设备就可组装成大跨桥梁结构（当然，也可用其他施工方法），施工十分方便。桁架桥的另外一个优点是它可以在布置高低不同的桥面上，在建设公铁两用桥、汽车交通与城市轻轨并用的桥梁以及两层多车道的城市桥、桁架桥方面尤具竞争优势。大跨拱桥的拱肋及斜拉桥、悬索桥的主梁也常用桁架做成。

（3）钢箱梁桥

钢箱梁桥抗扭、抗弯刚度大，特别适于曲线桥及承受较大偏心荷载的直线桥；箱梁高度可做得较低，适于桥跨净空受限的桥梁；由于其质量轻，在不影响桥下空间的情况下，较易架设，所以还适用于跨线桥。

钢箱梁铁路和公路桥均有所应用，但目前为数不多。随着交通事业的不断发展，小跨钢箱梁也会不断地发展起来。钢箱梁的结构特点和板梁桥基本相似，只是更简单，它的上、下翼缘板取代了板梁桥复杂的平纵联。箱梁在纵向上每隔 3 ~ 4m 设一横隔板，代替板梁的横联。钢箱梁的翼板多设纵向加劲肋，腹板较高时也设加劲肋，加劲肋常用 6 ~ 8mm 的薄板制成。

箱梁是一种闭口截面，其扭转内力和扭转剪力要按闭口截面计算，这是和板梁桥完全不同的。

3. 拱桥

（1）拱桥的基本组成及特点

拱桥和其他桥梁一样，也是由桥跨结构（上部结构）及下部结构两部分组成的。

一般的上承式拱桥，桥跨结构由主拱圈（肋、箱）（简称主拱）及拱上建筑（又称拱上结构）构成。主拱圈是主要承载构件，通过它把荷载传递给墩台及基础。由于主拱圈是曲线形，一般情况下车辆无法直接在弧面上行驶，所以在行车道系与主拱圈之间需要有传递荷载的构件和填充物，这些主拱圈上的行车道系和传载构件或填充物统称为拱上建筑。

拱桥的下部结构包括桥墩、桥台和基础，用以支承桥跨结构，将桥跨结构的全部荷载传至地基。桥台还起与两岸路堤相连接的作用，使路桥形成一个协调的整体。

拱桥的主要优点为跨越能力较大，耐久性好，养护、维修费用少，外形美观，构造较简单。

拱桥的主要缺点如下：自重较大，相应的水平推力也较大，要求有庞大的墩、台和良好的地基；随着跨径和桥高的增大，增大了拱桥的施工困难，提高了拱桥的总造价。另外，拱桥的施工工序较多，需要的劳动力多，建桥时间也较长；由于拱桥水平推力较大，在连续多孔的大、中桥梁中，为防止一孔破坏而影响全桥的安全，需要采用较复杂的施工工艺，或设置单向推力墩，这会增加造价；上承式拱桥的建筑高度较高，当用于城市立体交叉及平原区的桥梁时，因桥面标高提高，而使两岸接线的工程量增大，或使桥面纵坡增大，既增大造价又对行车不利。

（2）拱桥的分类

拱桥的型式多种多样，构造各有差异，可以按照不同的方式来进行分类。按照主拱圈所使用的建筑材料分，可以分为圬工拱桥、钢筋混凝土拱桥及钢拱桥等；按照拱上建筑的形式分，可以分为实腹式拱桥及空腹式拱桥；按照拱轴线的形式分，可分为圆弧线拱桥、抛物线拱桥和悬链线拱桥等；按照桥面的位置分，可分为上承式拱桥、下承式拱桥和中承式拱桥；按照有无水平推力分，可分为有推力拱桥和无推力拱桥等。

1）按照结构体系分类

拱式桥跨结构按照静力图式可以分为简单体系拱桥和组合体系拱桥。

在简单体系拱桥中，一般不考虑行车系结构（上承式拱桥的拱上建筑或中、下承式拱桥的拱下悬吊结构）参与主拱一起受力，主拱以裸拱形式作为主要承重结构，可以做成上承式的、下承式的（无系杆拱）或中承式的，均为有推力拱，拱的水平推力直接由墩台或基础承受。

按照主拱的静力特点，简单体系拱桥又可以分成三铰拱、两铰拱和无铰拱三种。

三铰拱属外部静定结构。由于温度变化、支座沉陷等原因引起的变形不会在拱内产生附加内力，计算时无须考虑体系弹性变形对内力的影响。当地基条件不良，又需要采用拱式桥梁时，可以采用三铰拱。但由于铰的存在，使其构造复杂，施工较困难，维护费用增大，而且减小了结构的整体刚度，降低了抗震能力，同时由于拱的挠度曲线在拱顶铰处有转折，对行车不利，因此三铰拱一般较少采用。

两铰拱属外部一次超静定结构。由于取消了拱顶铰，使结构整体刚度较三铰拱大。在墩台基础可能发生位移的情况下或坦拱中采用，较之无铰拱可以减小基础位移、温度变化、混凝土收缩和徐变等引起的附加内力。目前，世界最大跨径的两铰拱桥是日本的外津桥，跨径为 170m。

无铰拱属外部三次超静定结构。在自重及外荷载作用下，拱内的弯矩分布比两铰拱均匀，材料用量省。由于无铰，结构的整体刚度大、构造简单、施工方便、维护费用少，因此在实践中使用最广泛。但由于无铰拱的超静定次数高，温度变化、材料收缩、结构变形，特别是墩台位移会在拱内产生较大的附加内力，所以无铰拱一般希望修建在地基良好的条件下，这使它的使用范围受到一定限制。不过，随着跨径的增大，附加内力的影响要相对减小，因而无铰拱仍是国内外拱桥上采用最多的一种构造形式。

2）按照主拱的截面形式分类

主拱的横截面形式很多，通常可分为下面几种类型（见表 2–17）。

表 2–17　按照主拱的截面形式分类

类别	主要内容
肋拱桥	为了节省材料，减轻结构自重，以较小的截面积获得较大的截面抵抗矩，将整块的矩形实体截面划分成两条（或多条）分离式的、截面高度较大的肋，肋与肋之间由横系梁相连，形成了由几条肋组成的肋拱桥。肋拱桥的拱肋可以是实体截面、箱形截面或桁架截面。肋拱桥材料用量一般比板拱桥经济，但构造比板拱桥复杂

续表

类别	主要内容
板拱桥	板拱桥主拱圈的横截面是整块的实体矩形截面。板拱桥是最古老的拱桥形式，由于它构造简单，施工方便，至今仍在使用。但是由于在横截面积相同的条件下，实体矩形截面比其他形式截面的截面抵抗矩小，在有弯矩作用时，材料的强度未得到充分利用。故采用板拱是不太经济的。一般在地基条件较好的中、小跨径圬工拱桥中采用板拱形式，或在拱桥跨径不大的时候（一般不大于 100m），为了减小拱圈的截面高度、便于施工和获得美观的造型，也采用板拱截面形式
箱形拱桥	将实体的板拱截面挖空成空心箱形截面，则称为箱形拱或空心板拱。由于截面挖空，使箱形拱的截面抵抗矩较相同截面积的板拱的截面抵抗矩大得多，从而大大减小弯矩引起的应力，节省材料较多，对于跨径较大的拱桥效果更为显著。另外，它是闭口截面，抗扭刚度、横向整体性和结构稳定性都比较好
双曲拱桥	主拱圈的横截面由一个或数个横向小拱组成，使主拱圈在纵向及横向均呈曲线形，故称为双曲拱桥。双曲拱截面的抵抗矩比相同截面积的实体板拱圈要大，因此可节省材料，结构自重轻，特别是它的预制部件分得细，吊装质量轻，在公路桥梁上曾获得过较广泛的应用，最大跨径达 150m。但由于其截面组成划分过细，整体性能较差，且应力集中严重，建成后出现裂缝较多，目前已较少使用

4．悬索桥

（1）悬索桥的基本类型

1）按主缆的锚固形式分类

悬索桥按主缆的锚固形式分，有地锚式和自锚式两类。

绝大多数悬索桥，特别是大跨度的悬索桥，都采用地锚方式锚固主缆，即主缆的拉力由桥梁端部的重力式锚碇或隧道式锚碇传递给地基。因此，在锚碇处一般要求地基具有较大的承载力，最好有良好的岩层做持力地基。

悬索桥有时也可以采用自锚的形式锚固主缆，而不需单独设置锚碇。自锚式悬索桥的主缆拉力直接传递给它的加劲梁来承受。主缆拉力的垂直分力（一般较小）可以抵消边跨端支点的部分反力，从而减小加劲梁的端支点反力，但水平分力则以轴向压力的方式传送到加劲梁中。因此，自锚式悬索桥的跨度不宜过大，否则，为了抵抗巨大的主缆水平分力，加劲梁的截面将非常庞大而很不经济。另外，这种桥一般必须先架设加劲梁，然后安装主缆，实践中因施工困难、风险大等原因而极少采用。

自锚式悬索桥的优点是适宜用于两岸地基承载力较差，特别是软土的桥位，用于城市闹区跨河桥梁，可以避免影响景观或无法布置的庞大的主缆锚碇建筑物。

2）按孔跨布置形式分类

图 2–6 所示为按悬吊的孔跨数分类的悬索桥结构布置形式。其中，三跨悬索桥结构最为合理，是大跨度悬索桥最为常用的桥型。单跨悬索桥常常是由地形条件或线路平面条件决定的，它应用于边跨地面较高，采用桥墩来支承边跨的梁体结构比较经济，或者道路的平面线形受到限制，不得不由曲线进入大桥边跨的情况。

当只有一岸的边跨地面较高或线路有平面曲线进入时，也可以采用两跨悬索桥的形式，即一个边跨与主跨的加劲梁是悬吊的，另一边跨的梁体是由桥墩支承的。

(a)单跨悬索桥　　(b)三跨悬索桥

图 2–6　悬吊孔跨数不同的悬索桥

（2）悬索桥构造简介

1）桥塔

桥塔也称主塔，它是支承主缆的主要构件，分担主缆所受的竖向荷载，并传递到下部的塔墩和基础。另外，在风荷载和地震荷载的作用下，还可对全桥的总体稳定提供安全保证。按采用材料分，桥塔有混凝土塔和钢塔，因混凝土塔价格较低，一般都采用混凝土桥塔。按桥塔外形分，在横桥向一般有刚构式、桁架式和混合式三种结构型式。刚构式简洁明快，可用于钢桥塔或混凝土桥塔，桁架式和混合式由于交叉斜杆的施工对混凝土桥墩有较大影响，只能用于钢桥塔。

2）主缆

主缆通过塔顶的鞍座悬挂于主塔上并锚固于两端锚固体中。主缆的布置形式一般是采用每桥两根，平行布置于加劲梁两侧吊点之上。

现代大跨度悬索桥多采用平行钢丝主缆，它是由平行的高强、冷拔、镀锌钢丝组成的。钢丝直径大都在 5mm 左右。视缆力大小，每根主缆可以包含几千乃至几万根钢丝。为便于施工安装和锚固，主缆通常被分成束股编制架设（一般每根主缆可分成几十乃至几百股，每股内的丝数大致相等），并在两端锚碇处分别锚固。为了保护钢丝，并使主缆的形状明确，主缆的其余区段则挤紧成规则的圆形，然后缠以软质钢丝捆扎并进行外部涂装防腐。

3）吊索

吊索是将加劲梁上的竖向荷载通过索夹传递到主缆的受力构件。其下端通过锚头与加劲梁两侧的吊点连接，上端通过索夹与主缆连接。现代悬索桥一般采用柔性较大且易于操作的钢丝绳索或平行钢丝索作为吊索，吊索表面涂装油漆或包裹高密度聚乙烯护套防腐。

立面布置上，传统的悬索桥都是竖直的，斜向吊索是英国式悬索桥的一大特点。斜吊索和竖直吊索相比，索力较大，因此可以提高悬索桥整体震动时的结构阻尼。但多数人认为斜吊索在抗疲劳强度方面不如竖直吊索。

吊索与索夹的连接方式一般分为四股骑跨式和双股销铰式两种。其中，前者不宜采用平行钢丝索，而后者对钢丝绳索与平行钢丝索都能适应。

4）加劲梁

加劲梁的主要功能是提供桥面和防止桥面发生过大的挠曲变形和扭曲变形，它直接承担竖向活载，也是悬索桥承受风荷载和其他横向水平荷载的主要构件，所以必须具有足够的抗扭刚度或自重以保持在风荷载作用下的气动稳定性。加劲梁所承担的活载及本身的恒载通过吊索和索夹传至主缆。加劲梁的变形从属于主缆，它的刚度对悬索桥的总体刚度贡献不大，因而梁高通常不必做得太大。

加劲梁一般都采用钢结构，混凝土结构由于自重太大，从耗材、造价、工期等方面考虑，当跨径大于 200m 时就不再采用。钢加劲梁的截面形式主要有美国流派的钢桁梁和英国流派的扁平钢箱梁，钢箱梁的抗风性能较好，风的阻尼系数仅为桁架式的 1/2 ~ 1/4；耗钢量也较少。但钢桁梁在双层桥面的适应性方面远较钢箱梁优越，因此它适合于交通量较大的或公铁两用的悬索桥。

5）锚碇

锚碇是主缆的锚固体，用于固定住主缆的端头，防止其走动。锚碇又可分为重力式锚碇（或称锚台）和隧道式锚碇两种。

重力式锚碇依靠锚固体的巨大自重来抵抗主缆的垂直分力，水平分力则由锚固体与地基之间（包括侧壁）的摩阻力或嵌固阻力来抵抗，从而实现对主缆的锚固。锚碇中预埋有锚碇架，它是由钢锚杆和支撑架构成的，主缆束股通过锚头与锚杆连接，再由锚杆通过支撑架分散至整个混凝土锚体。

隧道式锚碇是先在两岸天然完整坚固的岩体中开凿隧道，将锚旋架置于其中后，用混凝土浇筑而成的，这是利用岩体强度对混凝土锚体形成嵌固作用，达到锚固主缆的目的，因而其锚碇混凝土用量较重力式锚碇大大节省，经济性能更为显著。但迄今为止，大部分悬索桥都由于缺乏可利用的坚固的山体岩壁，而一般采用重力式锚碇。

6）鞍座

鞍座分为塔顶鞍座（亦称主鞍座）和散索鞍座。

塔顶鞍座位于主缆和塔顶之间，其上座设有索槽用以安放主缆。刚性桥塔上的主鞍座，一般在上座下面设一排辊轴，用来调整施工中主缆在塔顶两侧的水平分力使之接近平衡。辊轴下面设下座底板。柔性塔和摇柱塔上的主鞍座仅设上座，它将通过螺栓与塔固定。

散索鞍座是主缆进入锚碇之前的最后一个支承构件。置于锚碇的前墙处，起着支承转向和分散大缆束股使之便于锚固的作用。与塔顶主鞍座不同的是，散索鞍座在主缆因活载作用或温度变化而产生长度变化时，其本身能够随主缆同步移动，以调节主缆的长度变化。其结构又有摇柱式和滑移式两种基本类型。

5. 刚架桥

（1）T 形刚构桥

T 形刚构桥是一种墩和梁固结的、具有悬臂受力特点的梁式桥，最早采用钢筋混凝土结构。该结构从墩上伸出较短的悬臂，跨中用简支挂梁组合而成，因墩上在两侧伸出悬臂，形同 T 字，故称此名。由于钢筋混凝土梁式结构承受负弯矩，不可避免地会在顶面出现裂缝，因而钢筋混凝土 T 形刚构桥不可能做成较大的跨径，目前已经很少采用。由于悬臂梁承受负弯矩，现在 T 形刚构桥几乎都是预应力混凝土结构，分为跨中带剪力铰和跨中带挂孔两种基本类型。

（2）连续刚构桥

连续刚构桥是预应力混凝土大跨梁式桥的主要桥型之一，它综合了连续梁和 T 形刚构桥的受力特点，恒载、活载负弯矩卸载作用基本与连续梁接近。结构静定次数高，对常年温差、基础变形、日照温度均较敏感，对地基要求高。

连续刚构体系保持了连续梁的结构刚度大、变形小、动力性能好、主梁变形挠曲线平缓、有利于高速行车等优点。另外，墩梁固结节省了大型支座的昂贵费用，减少了墩及基础的工程量，并改善了结构在水平荷载（例如地震荷载）作用下的受力性能，即各柔性墩按刚度比分配水平力。对柔性墩的设计必须考虑上部梁体变形（转动与纵向位移）对它的影响。目前，在大跨径的预应力混凝土梁式桥中，已成为主要桥型，最大跨径已达 330m（重庆石板坡大桥）。

其他刚构桥有单跨刚构桥、斜腿刚构桥和 V 形墩刚构桥等（见表 2–18）。

表 2–18　其他刚构桥的类型

型式	主要内容
斜腿刚构桥	受力形式接近拱桥，可获得较大的跨径或较小的梁高
V 形墩刚构桥	内部高次超静定，外部接近连续梁
单跨刚构桥	主要用于中小跨度的跨线桥，建筑高度小

6. 斜拉桥

（1）斜拉桥的受力特点

斜拉桥由斜索、塔柱和主梁组成。它是利用由索塔引出的用高强钢材制成的斜索将主梁多点吊起，拉索的竖向分力使主梁受到一个向上的弹性支承反力，将主梁的恒载和车辆荷载传至塔柱，再通过塔柱基础传至地基。这样，跨度较大的主梁就像一根多点弹性支承（吊起）的连续梁一样工作，从而可使主梁尺寸大大减小，结构自重减轻，这样可以降低梁跨的截面弯矩，大大提高桥梁的跨越能力。此外，斜拉索的水平分力对主梁产生的轴向预压力作用可以增强主梁的抗裂性能，节约高强钢材的用量。

（2）斜拉桥的分类

1）按主梁截面材料分类

按主梁截面材料可将斜拉桥分为钢梁、预应力混凝土梁、钢—混凝土结合梁（叠合梁）、钢—混凝土混合梁斜拉桥。钢主梁自重轻，跨越能力大，但造价高，并且钢材的耐腐蚀性和耐疲劳性是此种主梁的重要问题。混凝土主梁的自重大，跨越能力低，但造价低，施工比较成熟。其中，钢—混凝土结合梁（叠合梁）是指主梁结构腹板、底板为钢结构，桥面板为混凝土结构，这种结构的主梁可以降低主梁的自重，发挥钢材和混凝土各自的受力性能，但这种结构的难点在于钢梁和混凝土桥面板结合部分的应力、耐久性和抗腐蚀性能问题的解决。钢—混凝土混合梁斜拉桥是指主跨为钢结构，边跨为混凝土结构。这种结构可以减轻主跨自重，增加跨越能力，同时可以降低全桥造价，但此种结构的问题在于在钢梁和混凝土梁结合部分的处理。

2）按孔跨布置分类

斜拉桥孔跨布置主要可分为双塔三跨式、单塔双跨式和多塔多跨式三种形式。在特殊情况下，斜拉桥也可以布置成单塔单跨式或者混合式。

3）按拉索在空间的布置分类

斜拉索按其所组成的平面，通常分为单索面、双索面和多索面，其中双索面又可分为平行双索面和空间双索面两种。多索面往往应用于超宽桥面（桥宽超过 40m）的斜拉桥。

4）按索间距分类

根据斜索在主梁上的间距，有稀索（对于钢梁，间距为 30 ~ 60m，对于混凝土梁，为 15 ~ 30m）与密索之分。在早期的斜拉桥中都为稀索体系（超静定次数少），现代斜拉桥则多为密索体系。密索优点如下：索距小，主梁弯矩小；索力较小，锚固点构造简单；锚固点附近应力流变化小，补强范围小；利于伸臂架设；易于换索；

拉索断面纤细，美感度提高。斜拉桥采用悬臂法架设时，索间距宜为 5 ~ 18m。混凝土主梁因自重大，索距应密些，一般不大于 10m。较大的索距适合于钢（12 ~ 20m）或钢—混凝土组合主梁（9 ~ 18m）。

5）按斜索在索平面内的布置分类

按斜索在索平面内的布置，又可以分为辐射形、竖琴形和扇形三种形式。斜拉索的倾角一般为 25° ~ 65°。最小不小于 21°。

辐射形布置的斜拉索沿主梁为均匀分布，而在索塔上则集中于塔顶一点。这样各斜拉索都有可能最大倾角，故斜拉索的垂直分力对主梁的支承效果也大。由于索力主要由垂直力的需要而定，因此斜索拉力较小，索用量最省，与竖琴形布置相比，辐射形布置可节省拉索材料 15% ~ 20%，而且辐射索使结构形成几何不变体系，对变形及内力分布都有利。这种做法的缺点是，有较多数量的斜索汇集到塔顶，将使锚头拥挤，构造处理较困难；塔身从顶到底都受到最大压力，自由长度较大，塔身刚度要保证压曲稳定的要求。

竖琴形布置中的斜拉索成平行排列，因此各索倾角相同，外形最美观，具有很好的韵律感；各对斜索分别连接在塔的不同高度上，索与塔的连接构造易于处理；由于倾角相同，各索的锚固构造相同，塔中压力逐段向下加大，有利于提高塔的稳定性。但是各对索拉力的差别将在塔身各段产生较大的弯矩；由于是几何可变体系，对内力及变形的分布较不利，但是可以用边跨内设置辅助墩的办法来加以改善。竖琴形布置时斜拉索倾角较小，索的总拉力大，故钢索用量较多。

扇形布置的斜拉索是不相互平行的，是介于辐射形和平行形之间的拉索布置形式，一般在塔上和梁上分别按等间距布置，兼顾了以上两种形式的优点而减少了其缺点，因此有较多的斜拉桥采用这种形式。

6）按结构体系分类

按照塔、梁、墩相互结合的方式，斜拉桥的结构体系可划分为飘浮体系、半飘浮体系、塔梁固结体系和刚构体系。

7）按拉索的锚拉体系分类

按拉索的锚拉体系不同而形成自锚式斜拉桥、地锚式斜拉桥和部分地锚式斜拉桥三种结构体系。

（3）混凝土斜拉桥的构造

混凝土斜拉桥构造的主要内容，见表 2–19。

表 2–19 混凝土斜拉桥的构造

项目	内容
拉索	拉索是混凝土斜拉桥的重要组成部分，必须具备抗疲劳性能、耐久性和良好的抗腐蚀性。拉索的造价占全桥总造价的 25% ~ 30%。每一根拉索都包括钢索和锚具两大部分。钢索承受拉力，设置在钢索两端的锚具用来传递拉力
拉索端部的锚具	锚具必须能顺畅地将索力传递给索塔和主梁。常用的拉索锚具有热铸锚、镦头锚、冷铸锚及夹片群锚等
主梁	梁式桥主梁的不少截面形式都可用于斜拉桥，但由于梁在跨间支承在一排或两排斜索支点上，因此要求截面的抗扭刚度比较好，而且便于斜索与主梁的连接，因此一般不用 T 形截面
主塔	斜拉桥的索塔主要承受通过拉索传递给塔柱的巨大压力和弯矩。斜拉桥主塔结构形式、高度、截面尺寸以及塔底的支承形式，应根据桥位处地质情况、环境条件、斜拉桥的跨度、桥面宽度、斜拉索布置以及建筑造型等因素决定。斜拉桥索塔的布置形式分为沿桥纵向的布置形式和沿桥横向的布置形式，其中后者又因索面的布置位置不同而有所差异。桥塔的纵向形式一般为单柱形，也可考虑 A 形和倒 Y 形塔，后者刚度较大，能抵抗较大的弯矩。横桥向的塔柱形式有单柱式、双柱式、门架式、A 形、倒 Y 形、花瓶形（折线 H 形）和钻石形等

三、桥梁支座

1. 按支座变形的可能性划分

（1）固定支座。固定支座主要承担桥跨结构支承处横桥向、顺桥向的水平力和竖向反力，并约束相应的线变位。

（2）单向活动支座。它在承担竖向反力的同时，能约束横桥向、顺桥向水平位移中的一个方向的线位移。

（3）多向活动支座。它仅承担竖向反力，容许横桥向、顺桥向两个方向发生线位移。其中，梁式桥主要用固定支座和单向活动支座。

上述支座通常布置情况：简支梁桥一般一端采用固定支座，另一端采用活动支座，连续梁一般每一联中的一个桥墩设固定支座。支座的设置应有利于墩台传递水平力。

2. 按支座所选材料划分

支座按所选材料分类，见表 2–20。

表 2–20 支座按所选材料分类

类别	主要内容
钢支座	该支座传力是通过钢的接触面间滚动、摇动和滑动来实现其变位和转动功能的。其特点是承载能力高，铁路桥常采用钢支座。它按材料又分为两类：铸钢支座和新型钢支座

续表

类别	主要内容
橡胶支座	它主要通过橡胶板来实现传力。支座位移则通过聚四氟乙烯板的滑动或橡胶的剪切应变来实现，而支座转角则是通过橡胶的压缩变形来实现的
聚四氟乙烯支座	该支座是滑动支座，它是在普通板式橡胶支座上按照尺寸大小粘贴一层厚 2 ~ 4mm 的聚四氟乙烯板来和不锈钢板作为支座的相对滑动面，钢对钢的滑动系数相比其摩擦系数要小许多
铅芯橡胶支座	它是一种抗震支座，相当于在一般板式橡胶支座的中心放入铅棒，而铅棒能改善橡胶支座的阻尼性能
钢筋混凝土支座	它主要由钢筋混凝土这种材料来承担传力，有摆柱式支座和混凝土铰两类

3．按支座结构形式划分

（1）弧形支座。它是将平板支座上、下摆的平面接触改为弧面接触。反力能集中传递，梁端也能自由转动。

（2）摇轴支座。摇轴支座由上摆、底板和两者之间的辊子组成，将圆辊多余部分削去使其成为扇形，就形成摇辊。

（3）辊轴支座。为了克服摇轴支座的缺点，跨度更大的梁可采用该类型的支座。辊轴支座适用于各种大型桥梁。

（4）板式橡胶支座。该类型支座构造较为简单，从外形上看它就是一块放在上、下部结构之间的矩形黑色橡胶板。其活动机理是，利用橡胶的不均匀弹性压缩实现转角变位，利用其剪切变形实现水平位移。中小跨度公路桥一般采用板式橡胶支座，应用范围较广。

（5）四氟板式橡胶支座。它是由四氟板构成的一种板式橡胶支座。

（6）盆式橡胶支座。它是在板式橡胶支座的基础上，将钢部件与橡胶部件组合而成的一种橡胶支座。通常的盆式橡胶支座处于无侧限受压状态，从而其抗压强度不够高，加之位移量取决于橡胶剪切变形和支座高度，而位移量越大要求支座做得越厚，因此板式橡胶支座的承载能力和位移量受到相应的限制。大跨度连续梁桥一般采用盆式橡胶支座。

（7）球形支座。球形支座是在盆式橡胶支座的基础上发展起来的一种新型桥梁支座。其特点是传力可靠，转动灵活，它不但具备盆式橡胶支座承载能力大、允许支座位移大等优点，而且能更好地适应支座大转角的需要。

还有一些划分为特殊用途的支座，如拉力支座、减震支座和水平限位支座。拉力支座是既能承受压力又能承受拉力的支座。减震支座是一种应用在地震多发区的新型桥梁支座。它是利用阻尼和摩擦耗能，使桥梁阻尼增大，消减最大地震力峰值，减缓强烈地震力的动力反应和冲击作用。常用的减震支座有盆式橡胶支座和辊轴减震支座两种。当斜拉桥或者悬索桥在跨径很大时，为减轻结构自重，其主梁常常设计成相当纤细的结构，尤其当采用悬浮体系时，其主梁便具有自振周期长、隔振性能好的力学特性。为了保持这种优良动力特性，对于承受横向荷载（风力，地震作用）的主梁，不仅要求能限制主梁横向位移的约束而且还要求这种约束具有一定的弹性。鉴于此，限位支座应运而生，通常它由固定在塔身上的限位块和芯部具有高阻尼粘弹性的橡胶块以及靠在主梁侧壁的钢板构成。这种限位支座装置不仅能限制主梁的横向位移，同时对悬浮的主梁也能起到在纵方向上的“迟滞”的阻力作用。

四、桥梁墩台

1. 梁桥桥墩的类型与构造

（1）墩台的基本类型

桥梁上最常用、最基本的墩台类型，总体上可分为重力式墩台和轻型墩台两种。

1）重力式墩台

重力式墩台的主要特点是靠自身重力来平衡外力而保持稳定。因此，墩台台身比较厚实，可以不用钢筋，采用复合材料强度等级的石材或片石混凝土建成。它适用于地基良好的大、中跨径桥梁，或流水、漂流物较多的河流中。在砂石料供应的地区，小桥也往往采用重力式墩台。其主要缺点是圬工体积较大，因而其重力和阻水面积也较大。

2）轻型墩台

一般而言，轻型墩台的墩（台）自身承载面较小，而相对这一截面的长细比比较大，整体刚度较小，受力后允许在一定范围内发生弹性变形。所用的建材通常以钢筋混凝土和少筋混凝土为主，但也有一些轻型墩台通过演算后可以用圬工材料浇筑。这种墩台外形轻巧美观，是目前公路桥梁中广泛采用的墩台形式之一，特别是在较宽较大的城市立交桥和高架桥中。

（2）梁桥桥墩

梁桥桥墩按其构造，可分为实体桥墩、空心桥墩、柱式桥墩、柔性排架桩墩及框架式桥墩等，按墩身截面形状可分为矩形、圆端形、尖端形及各种空心界面组合成的墩。

实体桥墩是目前我国铁路桥梁中较为常见的一种桥墩形式。它主要依靠自身较大的质量、较大的截面尺寸和建筑材料的抗压性能，以承受竖直方向和水平方向的荷载。通常采用抗压性能较好而抗拉性能较差的石砌或混凝土圬工建造。它们具有坚固耐久，施工较简易，养护工作量较小，砂石材料往往可就地取材等优点，同时对船、漂流物、山坡落石、滚石的撞击、磨损或冰压力的作用等的抵御能力较强。缺点是工程量大、自重大，因而对地基承载力的要求也较高，基础工程量也往往随之增大。

1）实体桥墩

按墩身横截面形式的不同，常见的实体桥墩可分为矩形墩、圆端形墩和圆形墩等（见表2–21）。

表2–21　实体桥墩的分类

类别	主要内容
圆端形墩	圆端形墩截面是矩形两端各接一个半圆，施工较麻烦，但其对水流干扰较小，即使水流稍有偏斜，也能顺利通过。另外，圆端形桥墩身横桥向长，顺桥向短，对承受船撞击、流水、横向地震等力有利，因此它是水中桥墩使用最广泛的一种形式
矩形墩	与其他几种实体桥墩相比，矩形桥墩的圬工量最省，立模、浇筑也最为方便，但缺点是对水流的阻力特别大，使流水紊乱，并会引起桥墩附近较深的局部冲刷。因此，矩形桥墩一般适用于无水或静水处的桥梁。靠近岸边的以及基础建于完整坚硬的岩层上、桥孔无压缩、水流不急的桥墩，亦可考虑采用。对于高出设计水位部分的桥墩，因对水流无影响，也往往采用矩形截面
圆形墩	与圆端形桥墩比较，圆形桥墩不受水流斜交角的限制。当水流急转弯、水流方向不稳定或水流与桥梁斜交角较大时，最好采用圆形桥墩。由于圆截面任何一个方向的尺寸都是相同的，不能像其他截面的桥墩那样，根据桥墩纵向和横向的不同内力与使用要求而采用不同的尺寸，这就必然要增大工程量，对于曲线桥，圆形桥墩工程量增加更为突出。同时，圆形桥墩也将增大桥墩的阻水面积，故对于水流方向与桥梁基本正交的桥墩，不宜采用圆形桥墩。圆形桥墩圬工较多，但其流水特性较前两种好，常用于河流急弯、流向不固定或与水流斜交角大于15°的桥梁

实体桥墩由墩帽、墩身和基础组成。

当桥面较宽时，为了节省桥墩圬工，减轻结构自重，可在墩帽下设置托盘过渡，称为托盘式墩帽，或者让墩帽挑出墩身一定长度，称为悬臂式墩帽。悬臂式墩帽的悬臂长度和宽度根据上部结构的形式、支座的位置及施工荷载的要求确定。悬臂的受力钢筋需经过计算确定。一般要求悬臂端墩帽的混凝土强度等级要高些，悬臂端部高度不小于0.3 ~ 0.4m。

墩帽的作用一是安放桥梁支座，直接支撑桥梁结构，承受很大的支撑反力，并将桥跨结构传来的集中力均匀地分散给墩身，故要求墩帽有一定的厚度；二是为架梁和养护维修提供必要的工作面。

2）空心桥墩

重力式（实体）桥墩的缺点是结构粗笨，墩身及基础的圬工量大，墩身材料强度难以发挥和利用。为减轻质量，节省圬工量，近几年来，随着铁路建设向山区发展，要求建造许多高墩，而空心桥墩是高墩中较好的结构形式，结合滑动模板的使用，空心桥墩得到迅速发展。据不完全统计，目前我国建成的空心高墩达 400 个以上。

墩高在 30m 以上的可做成厚壁混凝土空心墩，它比实体桥墩节省圬工 20% ~ 30%。墩高在 50m 以上的，可采用钢筋混凝土空心墩，可节省圬工 50% 左右。空心墩的横截面多为圆形，便于滑动模板施工，也有圆端形和矩形。

空心桥墩的刚度比实体桥墩差，故在受船、排筏、漂流物撞击、磨损或冰压力等外力作用时更易发生破坏。

空心桥墩中每隔一定高度设置一段横隔板，对空心结构的抗扭有明显作用，但实验证明一般空心桥墩所受扭矩很小。另外，设置横隔板对滑模施工比较困难，因此目前的趋势是尽量不设或少设。对于 40m 以上的高桥墩或壁厚与半径之比小于 1：10 时应按 6 ~ 10m 的间距设置横隔板。

3）桩柱式桥墩和双柱式桥墩

桩柱式桥墩亦称排架式桥墩，墩身是利用基础的桩延伸出地面的桩柱，顶帽就是连接桩柱的帽梁。它的特点是构造简单，用料少，施工进度快，但纵向刚度小，故地面以上高度常受到墩顶位移的限制，一般用于地基松软，桥跨不大，桥墩不高（8 ~ 10m），水流流速不大的情况。

双柱式桥墩亦称刚架式桥墩，它是用钢筋混凝土做成刚架，基础可为桩基或其他形式，墩身做成双柱式。这种形式圬工较省，多用于横向较宽的双线桥或一般引桥中，如南京、九江长江大桥的引桥都采用了双柱式桥墩。它的使用高度一般在 30m 以内，也有个别的采用多层刚架而达 40 多米。

4）柔性桥墩

桥墩轻型化的另一途径是将重力式桥墩改为柔性的轻型桥墩（亦称柔性桥墩）。它是近 10 年来发展起来的一种新型桥墩。桥墩做得既高又细，在桥式布置上采取了一定的结构措施，使柔性桥墩承受较小的纵向水平力。

我国目前采用的柔性桥墩桥梁将一般标准设计的简支梁两端用固定支座与墩台分组联结，每隔若干孔设一活动支座，在每一联中设一刚性墩台。刚性墩台应布置在地势较高和地基较好的地方，这样能降低墩身高度而增大刚度。此外，刚性墩台本身也应尽量节约材料。

在我国新建铁路线上，已有数十座柔性桥墩桥梁建成，其墩身高度为 10 ~ 20m。当墩身高度为 20 ~ 40m 时，可采用上半部为柔性，下半部为刚性的半柔半刚桥墩。柔性桥墩桥梁是我国近年来桥墩设计的一项革新，很有发展前途。

5）框架式桥墩

对于城市桥梁或风景区的桥梁既要考虑墩身的轻巧，又要考虑能有利于上部结构的受力，以期达到造价与性能的最优比。另外，还要将结构上的轻巧合理和艺术造型上的美观统一起来，给人以艺术与美的享受。综合以上因素创造出 X 形、V 形等优美的立面形式的框架式桥墩。

框架式桥墩采用钢筋混凝土或预应力混凝土压挠和挠曲构件组成平面框架代替墩身支承上部结构，必要时可做成双层或更多层的框架，这类桥墩比空心桥墩更进一步轻型化。V 形框架式桥墩斜撑与水平面的夹角，依桥下净空要求和总体布置确定，通常采用大于 45° 的角。斜撑的截面形式可采用矩形、工字形和箱形等。V 形框架式桥墩的支座可布置在 V 形斜撑的顶部或底部。支座布置在斜撑的顶部，斜撑是桥墩的一个组成部分；支座布置在斜撑的底部或采取斜撑与承台刚结而不设支座时，斜撑与主梁固结，斜撑成为上部结构的一个组成部分，其受力大小依结构的图式和主梁与斜撑的刚度比确定。

X 形、Y 形框架式桥墩的结构特点与 V 形框架式桥墩类似。

2. 梁桥桥台的类型与构造

（1）实体式桥台

实体式桥台有多种形式。常见的类型有矩形桥台、U 形桥台、T 形桥台、埋式桥台等耳墙式桥台。

1）矩形桥台与 U 形桥台

矩形桥台的形状简单，施工方便但工程量大，目前已较少采用。当填土不高，桥跨较小且桥面不宽时可考虑采用。

当桥面较宽或桥跨较小，填土较低时，采用 U 形桥台较为节省。此种形式的桥台的优点是地基承载应力均匀、施工简便、外观整洁、适应性广；缺点是圬工量大，台后填土易积水，如用于高台填土时，翼墙受土压或冻胀，易与台身脱离断裂。

2）T 形桥台

T 形桥台在铁路桥中使用较多，从经济性考虑，它适用于填土高度 H=4 ~ 12m 的桥梁。通常 T 形桥台的纵向长度是根据锥体填土的构造要求和锥体填土的坡脚不超出桥台前缘的条件确定的。当填土较高时，台长随之加长，导致圬工量增大，故有时将锥体适当伸入台前一部分。

T 形桥台是由矩形桥台挖去后端两侧的一部分演变而成的，这样会使工程量大为减少。由于 T 形桥台的后墙较窄，道砟槽带有钢筋混凝土悬臂。为节省圬工和改善受力状态，其后墙做成仰斜式，桥台采用在路堤填土内深埋的布置。此外，基础襟边做成前宽后窄的形式，以均匀分布基底应力。T 形桥台的应用广泛，尤其适用于较长的桥跨和较高路堤的桥台。

T 形桥台的不足之处主要是台身长度是按台身与锥坡的构造要求确定的，而不是按受力条件来考虑的。这样，当填土高度较高时，台身长度会很长，使桥台的工料费有所增加。在条件允许的情况下，可以采用在后墙上开洞以节省圬工或使锥体填土伸出前墙面以减小台身长度等措施来弥补这一缺陷。

3）埋式桥台

埋式桥台是指部分台身埋在锥体护坡中，这样对高桥台可减少台长。我国铁路部门现行埋式桥台标准适用于跨径为 16m、20m、24m、32m 的钢筋混凝土梁和预应力混凝土梁桥，锥形护坡填土根据跨径不同为 8 ~ 20m，台身宽一般为 3m，但曲线上的桥台，当台身为浆砌片石、截面强度不满足要求时，横向应予以加宽。

按结构形式，桥台还可分为带翼墙和不带翼墙两大类。翼墙位于桥台两侧，多采用八字形和一字形。翼墙的作用是挡住桥台两侧的路基填土，保证桥头路基稳定，并引导水流顺畅地进入桥孔。

另外，在我国铁路桥梁的建设中，还曾经修建过十字形桥台、工字形桥台等埋式桥台。但都由于其在受力性能、施工工艺、材料使用上存在种种缺陷而逐渐被淘汰。

4）耳墙式桥台

耳墙式桥台是用两片钢筋混凝土耳墙代替台尾一部分实体圬工与路堤相连，从而缩短实体台身长度而能较多地节省圬工。但两片耳墙位于地面较高部位，其施工工艺要求较高。如施工质量不好，在耳墙与台身连接的跟部较易产生裂缝，为此也要求耳墙不易做得太长。当填土高大于 7m 时，此类桥台的锥体往往也伸出前墙形成埋式桥台。

（2）轻型桥台

轻型桥台主要是针对公路桥梁与城市桥梁荷载较小的特点而设计的。在地质条件较差的地区，如果按重力式桥台设计，地基承载力往往无法满足要求，基础沉降也会大大超限。因而可以利用钢筋混凝土结构的抗弯能力来减少圬工体积而使桥台轻型化。轻型桥台的形式很多，其主要特点是利用钢筋混凝土结构本身的抗弯能力来减少圬工体积而使桥台轻型化。

1）薄壁轻型桥台

薄壁轻型桥台常用的形式有悬臂式、扶壁式、撑墙式及箱式等。在一般情况下，悬臂式桥台的混凝土数量和用钢量较高，撑墙式与箱式桥台的模板用量较高。薄壁轻型桥台的优点与薄壁墩类同，可依据桥台高度、地基强度和土质等因素选定。

2）支撑梁轻型桥台

单跨或孔跨不多的小跨径桥，在条件许可的情况下，可在轻型桥台之间或台与墩之间设置 3 ~ 5 根支撑梁。支撑梁设在冲刷线或河床铺砌线以下，梁与桥台设置锚固栓钉，使上部结构与支撑梁共同支撑桥台承受台后土压力。此时桥台与支撑梁及上部结构形成四铰框架来受力。

支撑梁轻型桥台的基础将视为作用于弹性地基上的梁计算。基础材料一般用 C15 混凝土。当基础长度大于 12m 时必须配置钢筋。支撑梁应对称于桥中心线布置，中心距为 2 ~ 3m。支撑梁也可用混凝土或块石砌筑，以达到节约钢筋的目的，但截面尺寸不应小于 40×40cm。

支撑梁轻型桥台的台帽内的预埋栓钉应与上部结构互相锚固。为了保证支撑梁牢固地埋入土中，一般埋置深度不小于 1.5m，在有冲刷的河流上，还应用片石铺砌河床。在基础能嵌入风化岩层 15 ~ 20cm 时，也可不设下部支撑梁。台身前墙与翼墙之间一般设沉降缝分离。轻型桥台可采用八字式和一字式翼墙挡土，如地形许可也可做成耳墙，形成埋置式轻型桥台并设置溜坡。

3）框架式桥台

框架式桥台是一种呈框架式结构的柱基础轻型桥台，其材料以钢筋混凝土和预应力钢筋混凝土为主。框架式桥台可充分发挥材料的力学性能，以框架结构本身的抗弯能力来达到减轻自重的目的。因此，框架结构适用于地基承载力较差、台身较高、跨径较大的梁桥，其构造形式有双柱式、多柱式、墙式、排架式和板凳式等。

双柱式桥台一般用于填土高度小于 5m 的情况。当桥梁较宽时，可采用多柱式。为了减少桥台的水平位移，也可先填土后钻孔。当填土高度大于 5m 时，可采用墙式，墙厚一般为 0.4 ~ 0.8m，设少量钢筋。台帽可做成悬臂式或简支式，需要配置受力钢筋。墙式框架桥台的盖梁基本安置于填土表面，要求基底土质良好，填土必须分层夯实，避免沉陷，才有可能建成经济的轻型结构，否则将易于产生危害，如沉陷、滑坡等。

墙式桥台常用钻孔灌注桩做基础，桩径一般为 0.6 ~ 1.0m，桩数根据受力情况结合地基承载力决定。桩的间距及承台尺寸要求应符合有关规定。墙式台身一般只在台身与台帽、台身与承台连接处配置少量钢筋，台较高时，应设置横系梁加强。

4）锚定式桥台

锚定式桥台主要是由台身、挡墙、拉杆及锚定板组成。挡墙是用来挡住路堤的土，它所受的土压力由埋置在路堤内的锚定板和钢拉杆提供的抗拔力来平衡。由于土压力不作用于桥台上，使桥台受力大大减轻，因而台身可以做得很轻巧。

目前国内已建成的锚定式桥台有分开式和整体式两种类型。

分开式桥台的台身与锚定结构分开，台身仅起桥墩作用，承受桥跨传来的竖向压力和水平力，而土压力全部由锚定结构承受，两者的受力与变形互不干扰。即使锚定板出现较大的位移，也不致影响桥梁的正常运营。但这种形式的缺点是桥台结构需要两套基础，构建较多，施工工艺复杂，安装操作也不够方便。

整体式桥台是将桥台和挡土墙合为一体，桥台台身兼起桥墩和挡土墙的作用。全部水平力由锚定板抗拔力来平衡，台身只承受竖向荷载。与分开式相比，整体式的构造简单，施工方便，工程数量较省，但受力不太明确，台顶位移难以较精确地估算。

锚定板桥台采用锚定结构承受压力，改变了重力式桥台靠自重来平衡土压力的受力状态，使桥台向轻型发展。其显著的优点是台身自重轻，对地基承载力要求低；由于构建较轻，便于预制和运输，为施工工厂化和机械化创造了有利条件；其经济效果明显，既能大量地节省圬工，又能大幅度地降低造价。因此，锚定式桥台是一种很有发展前途的结构形式。

5）框架式组合桥台

若桥台和挡土墙刚结则形成框架式组合桥台。框架式组合桥台可以减少土的推力，并保持一定的距离，在地震区常采用这种桥台。这类桥台有多种布置方案，基本点是框架结构将承受弯矩、轴向力及附带产生的剪力。基底可以连成整体也可以单独支撑柱脚，截面紧凑，尽量保持填土的自然坡度，减少挡土作用，用梁板支撑桥面、横杆、立柱组成桥台骨架。框架的长度由地形确定，组合式桥台越长，梁的材料数量需要就越多，两桥台及挡土墙的材料数量相应地有所减少。

6）承拉桥台

通常情况下，桥台都是在支撑梁端承受着压力。但在某些特殊情况下，根据受力的需要，要求桥台不仅要有承压的功能还要有承拉的功能。

第三章　铁路隧道与铁路车站施工

第一节　铁路隧道施工

一、铁路隧道构造

1. 铁路隧道净空

（1）直线隧道净空

限界是一种规定的轮廓线，这种轮廓线以内的空间是保证列车安全运行所必需的。建筑限界是建筑物不得侵入的一种限界。

1）机车车辆限界

机车车辆限界是指机车车辆最外轮廓的限界尺寸。要求所有在线路上行驶的机车车辆停在平坡直线上时,沿车体所有部分都必须容纳在此限界范围内而不得超越。

我国对全国铁路线上正在运行的各种型号的机车和车辆，均做了全面的调查和统计，把它所需要保证的横断面规定为机车车辆限界，它能满足各种型号的机车和车辆在横断面尺寸上的最大需要。同时，还考虑了列车装载货物的不同情况，令全国的列车装载货物，包括规定所允许的最大超载货物，装载后都不允许超过车辆限界。

2）基本建筑限界

基本建筑限界是指全国铁路线上所有的建筑物和设备都不允许侵入的轮廓线。其目的是保证机车车辆的安全运行及建筑物和设备不受损坏。

3）隧道建筑限界

隧道建筑限界是指包围基本建筑限界外部的轮廓线，即要比基本建筑限界大一些，留出少许空间，用于安装通信信号、照明、电力等设备以及减少高速列车运行对隧道衬砌结构产生的活塞风压力。

4）直线隧道净空

直线隧道净空是指隧道衬砌的内轮廓线所包围的空间。直线隧道净空要比隧道建筑限界稍大一些，除满足界限要求外，还考虑了在不同的围岩压力作用下，衬砌结构的合理受力形状(拱部采用圆弧形,边墙采用直墙式或曲墙式)以及施工方便等因素。

隧道净空是根据隧道建筑限界确定的，而隧道建筑限界是根据基本建筑限界确定的，基本建筑限界又是根据机车车辆限界确定的。

（2）曲线隧道的净空

曲线隧道的净空除满足直线隧道净空要求以外，还需要进行加宽。

1）加宽原因

车辆通过线路曲线地段时，转向架中心点沿线路运行，而车辆本身是一个刚体，不能随线路弯曲而发生变形，仍保持其矩形形状，故车辆两端向曲线外侧偏移（$d_{外}$），中间向曲线内侧偏移（$d_{内1}$），如图 3–1 所示。

由于曲线外轨超高，车辆向曲线内侧倾斜，使车辆限界上的控制点在水平方向上向内移动了一个距离 $d_{内2}$，如图 3–2 所示。

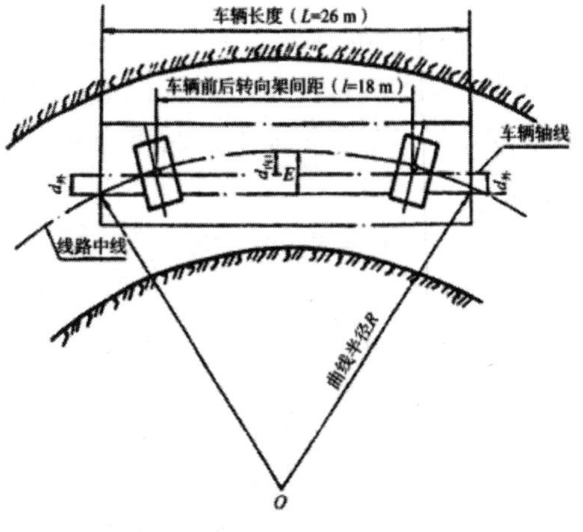

图 3–1 车辆轴线与隧道线路中线的关系示意图

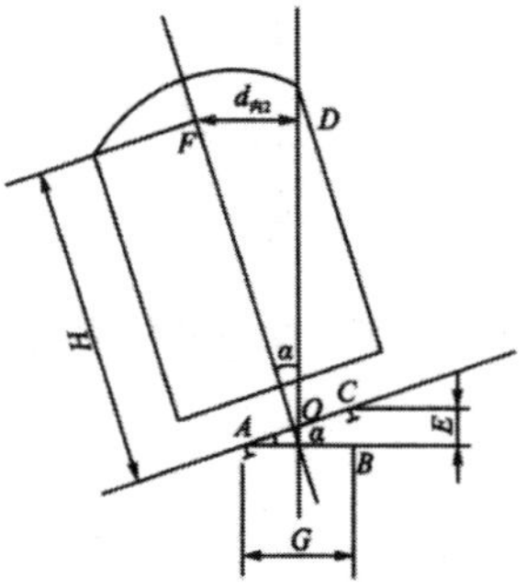

图 3–2 车辆运行情况示意图

2）加宽值

①单线曲线隧道加宽值

内侧加宽值为

$$W_1=d_{内1}+d_{内2}$$

外侧加宽值为

$$W_2=d_{外}$$

总加宽值为

$$W=W_1+W_2=d_{内1}+d_{内2}+d_{外}$$

②双线曲线隧道加宽值

双线曲线隧道的内侧加宽值 W_1 及外侧加宽值 W_2 与单线曲线隧道加宽值的计算相同。双线曲线隧道除两侧需要加宽以外，两线的中心线间距也要由规定的直线间距加大一个水平距离。这是因为当两线列车交会时，外线车辆中部向内偏移而内线车辆两端向外偏移，使行车安全空间被压缩，所以两线间的线间距必须也随之加大，才能保证行车的安全。此外，如果外线的超高值大于内线的超高值，则两线上行驶的车辆顶部互相靠近，也减小了行车安全空间，因而两线的距离必须再加大。

双线隧道总加宽值为

$$W=W_1+W_2+W_3$$

③加宽值的计算

车辆中间部分向曲线内侧的偏移量 $d_{内1}$ 如图 3–3 所示。

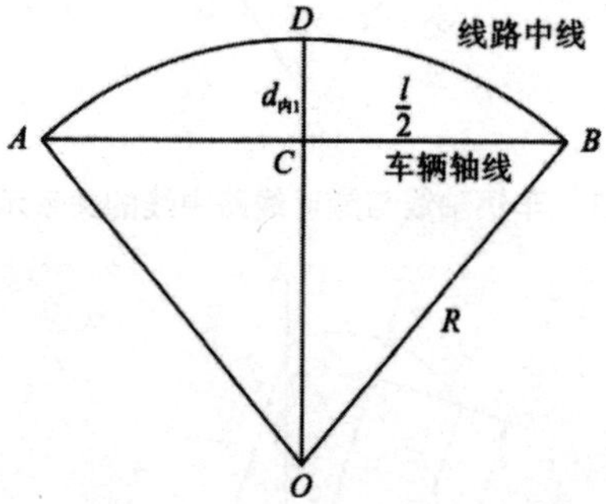

图 3–3　车辆中间部分向曲线内侧的偏移示意图

由图 3–3 中的几何关系可知

$$(R-d_{内1})^2+\left(\frac{l}{2}\right)^2=R^2$$

简化此式得

$$d_{内1}^2-2Rd_{内1}+\frac{l^2}{2}=0$$

令

$$d_{内1}^2\approx 0$$

则

$$d_{内1}=\frac{l^2}{8R}$$

式中 l——车辆转向架中心距，取 18m；

R——曲线半径，m。

则

$$d_{内1}=\frac{18^2}{8R}\times 100=\frac{4050}{R}\ (\mathrm{cm})$$

车辆两端向曲线外侧的偏移 $d_{外}$为

$$d_{外}=\frac{L^2-l^2}{8R}$$

式中 L——标准车辆长度，我国为 26m。

$$d_{外}=\frac{26^2-18^2}{8R}\times 100=\frac{4400}{R}\ (\mathrm{cm})$$

外轨超高使车体向曲线内侧倾移 $d_{内2}$，则有

$$\frac{d_{内2}}{h}=\frac{H}{L}\ (L\text{ 取 }150\mathrm{cm})$$

$$d_{内2}=\frac{H}{150}h\ (\mathrm{cm})$$

式中 H——隧道限界控制点自轨面起的高度，cm；

h——曲线外轨超高值，cm。

（3）曲线隧道与直线隧道衬砌的衔接方法

1）实施办法

《铁路隧道设计规范》规定，位于曲线地段的隧道，其断面加宽除圆曲线部分按上述计算值加宽外，缓和曲线部分可分两段加宽，即

自圆曲线终点至缓和曲线中点，并向直线方向延伸 13m，这一段按圆曲线加宽断面（按 W 值）进行加宽。

缓和曲线的其余半段，并自缓和曲线终点向直线方向延伸 22m，这一段按圆曲

线断面加宽值的一半（按 *W*/2）进行加宽，如图 3–4 所示。

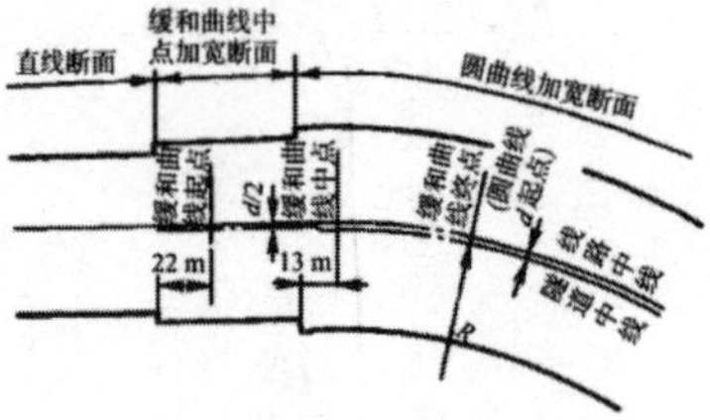

图 3–4　曲线地段隧道断面加宽示意图

上述规定的理由如下：当列车由直线进入曲线，车辆前面的转向架进入缓和曲线的起点以后，由于曲线外轨已经开始有超高，车辆随之开始向内倾斜，车辆后端点亦开始偏离线路中线，所以车辆前端的转向架到车辆后端点的范围内，应该予以加宽，但可取一半加宽，此长度为转向架间距 18m 加转向架中心到车辆后端点的距离 4m，故为 22m；当车辆的一半进入缓和曲线中点时，其车辆后端偏离中线，所以应按前端的转向架所在曲线的半径及超高值决定加宽值，此时前端的转向架中心已接近圆曲线，故车辆后半段，即车长之半 26m/2=13m 的范围内，应按圆曲线的加宽值 *W* 予以加宽。

位于曲线车站上的隧道，断面加宽值应根据现场线路具体要求计算确定。

当隧道位于反向曲线上且其间夹直线长度小于 44m 时，重叠部分按两端不同的曲线半径分别计算内外侧加宽值，取其中较大者。

2）不同加宽地段衬砌断面的衔接方式

隧道衬砌施工中，对不同宽度衬砌断面的衔接，可采用：①直角台阶的错台法；②自加宽断面终点向不加宽断面延伸 1m 范围内逐渐过渡的顺坡法（渐变）。

2．隧道衬砌

（1）洞身衬砌结构类型

隧道开挖以后，为了保持围岩的稳定性，一般需要进行支护（衬砌）。依照不同的地质条件或按照不同的围岩级别，洞身衬砌分为直墙式和曲墙式两种。

1）直墙式衬砌。适用条件：适用于地质条件比较好，以垂直围岩压力为主而水平围岩压力较小的情况。主要适用于Ⅱ、Ⅲ级围岩，个别情况也适用于Ⅳ级围岩（Ⅳ级围岩的衬砌结构形式是以曲墙式为主，个别情况是指在一座隧道内，大部分为Ⅳ级以下围岩，仅个别地段是Ⅳ级围岩。为施工方便，该段也可采用直墙式）。结构形式：由衬砌上部拱圈、两侧竖直边墙和下部铺底三部分组成。改进类型：在地质条件较好时，为了节省圬工，直墙式衬砌在构造上可采取若干改进措施。例如，①在Ⅱ级围岩中采用大拱脚喷混凝土（或砂浆）边墙衬砌；②在Ⅰ、Ⅱ级围岩中采用柱式或连拱式边墙（统称为花边墙）。柱式选墙是做成一排均匀间隔的立柱，其高度一般不宜小于3m，其间是孔洞，柱间间隔不宜大于3m，表面喷3 ~ 5cm厚的混凝土，连拱墙衬砌则把边墙部分做成连拱形式。

2）曲墙式衬砌。适用条件：适用于地质条件比较差，有较大水平围岩压力的Ⅳ级及以上的围岩。结构型式：由顶部拱圈、侧面曲边墙和底部仰拱（或铺底）组成。除在Ⅳ级围岩无地下水且基础不产生沉陷的情况下可以不设仰拱，只做平铺底外，一般均设仰拱，以抵抗底部围岩压力和防止衬砌沉降，使衬砌形成一个环状的封闭整体结构，以提高衬砌的承载力。

隧道衬砌的构造与围岩的级别和施工方法是密切相关的，洞身衬砌结构类型归纳起来有以下3种（见表3-1）。

表3-1　洞身衬砌结构类型

种类	内容
装配式衬砌	装配式衬砌是用预制块现场拼装而成的。复合式衬砌虽然在我国被广泛地采用，但是，它工序复杂，施工进度受到一定的限制。随着社会不断地向着工业化和机械化发展，隧道施工也提出向工业化和机械化改进。于是，出现了装配式的隧道衬砌。这种衬砌是把若干工厂或现场预制的构件运入坑道内，再用机械把它们拼装成一环接着一环的衬砌
复合式衬砌	目前大都采用外衬和内衬两层，最常用的外衬是喷锚支护，内衬是整体式混凝土衬砌。在两层间设置防水层的一种永久性防水结构。复合式衬砌是与喷锚支护和新奥法施工结合起来应用的。在洞壁表面上先喷射一层混凝土，有时也同时安装锚杆，凝固以后形成一个薄层的柔性支护结构（称初期支护）。它既能容许围岩有一定的变形，又能限制围岩产生过大变形。在施工时，定期量测支护的变形，把这些变形信息反馈到施工和结构的设计中去，据以确定内衬的最佳施作时间以及内衬的适宜厚度。在外衬变形终止或基本稳定以后，再施作内衬，通常为整体式混凝土衬砌（称二次衬砌）
喷锚支护	采用混凝土喷射机，将掺有速凝剂的混凝土拌合料高速喷射到清洗干净的岩石表面凝结（当围岩不够稳定时，可加设锚杆或钢筋网）而形成支护结构，简称喷锚支护。采用喷锚支护可充分发挥围岩的自承能力，控制围岩的变形，并有效地利用洞内净空，提高作业安全性和作业效率，并能适应软弱和膨胀地层中隧道的开挖，还可用于整治塌方和隧道衬砌的破损

（2）衬砌材料

修建隧道衬砌的材料，应具有足够的强度和耐久性，在某些环境中，还必须具有抗冻、抗渗和抗腐蚀性。此外，还应满足就地取材，降低造价，施工方便及易于机械化施工等要求。常用的铁路隧道衬砌材料有混凝土和钢筋混凝土、喷射混凝土（简称喷混凝土）、片石混凝土、料石或混凝土块。

3. 洞门与明洞

（1）洞门

1）洞口位置的选择

隧道位置选定以后，其长度由两端洞口的位置来确定。隧道长度是指进出口洞门墙外表面与线路内轨顶面标高线交点之间的距离。

洞口是隧道进出的咽喉，又是隧道施工中的主要通道。洞口位置选择是否合理，将对隧道的施工工期、造价、运营安全等有很大的影响，所以在隧道线路设计中，洞口位置的选择是一项很重要的工作。

隧道洞口位置的选择要在保证安全的基础上，贯彻“早进晚出”的原则，即在决定隧道洞口位置时，为了确保施工、运营的安全，宁可早一点儿进洞，晚一点儿出洞，这样做，虽然隧道修长了一些，却较安全可靠。当然，这并不意味着进洞越早越好，出洞越晚越好，而应当从安全等方面比较确定。理想的洞口位置应选择在地质良好，地势开阔，施工方便的地方，且技术、经济合理，但在实际工程中难以完全满足这些要求。

2）洞门的作用

隧道两端洞口处应设置洞门。洞门的作用有以下 4 个方面（见表 3–2）。

表 3–2 洞门的作用

作用	主要内容
稳定边坡、仰坡	由于边坡上的岩体不断受到风化，坡面松石极易脱落滚下。边坡太高，难以自身稳定，仰坡上的石块也会沿着坡面向下滚落，有时会堵塞洞口，甚至砸坏线路轨道，对行车造成威胁。修建洞门就可以减小引线路堑的边坡高度，缩小正面仰坡的坡面长度，从而使边坡及仰坡得以稳定
减少洞口土石方开挖量	洞口段范围内的路堑是依照地质条件以一定的边坡而开挖的。当隧道埋深较大时，开挖量就很大。设置隧道洞门，起到挡土墙的作用，可以减少土石开挖量
装饰洞口	洞口是隧道唯一的外露部分，是隧道正面的外观。修建洞门也可以算是一种装饰。在城市附近、风景区的隧道，尤其应当配合当地的环境，予以艺术处理
引离地表流水	地表流水往往汇集在洞口，如不予以排除，将会漫及线路，危及行车安全。修建洞门，可以把流水引入侧沟，保证洞口的正常干燥状态

3）洞门的形式

洞门的主要形式，见表 3-3。

表 3-3　洞门的形式

种类	内容
端墙式洞门	包括端墙和洞门顶排水沟。适用于较为稳定的Ⅰ～Ⅲ级石质围岩。其作用是可以抵抗山体的纵向推力及支持洞口正面上的仰坡，保持其稳定，洞门顶水沟用来将从仰坡流下来的地表雨水汇集后排走
环框式洞门	适用于洞口石质坚硬稳定，Ⅰ级围岩，且地形陡峻无排水要求的位置。它具有加固洞口和减少洞口雨后滴水的作用
柱式洞门	适用于地形较陡，Ⅲ、Ⅳ级围岩，仰坡有下滑可能的位置。设置翼墙式洞门又受地形、地质条件的限制
台阶式洞门	适用于洞门位于靠山侧坡地区，洞门一侧边仰坡较高时。其作用是减少洞门圬工及仰坡开挖数量，起美化作用
翼墙式（八字式）洞门	由端墙、翼墙、排水沟组成。适用于洞口地质条件较差，Ⅳ～Ⅵ级围岩，山体纵向推力较大，地形开阔的位置。其主要作用是支持洞口正面上的仰坡，保持其稳定，抵抗山体的纵向推力，增加洞门的抗滑和抗倾覆能力。两侧面保护路堑边坡起到挡土墙的作用，将地表水引至路堑侧沟内排走

（2）明洞

以明挖法施工修建的隧道，或在露天修建而有回填土覆盖的衬砌结构，称为明洞。

1）适用条件

洞顶覆盖层较薄，难以用暗挖法修建隧道的地段。受塌方、落石、泥石流等威胁的隧道洞口或路堑地段。线路之间形成立体交叉，但又不宜做立交桥时，通常宜修建明洞。

2）明洞的类型

①拱式明洞。拱式明洞的结构形式与一般隧道基本相似，也是由拱圈、边墙和仰拱或铺底组成的。它的内轮廓也和隧道一致。但是，由于它周围是回填的土石，得不到可靠的围岩抗力的支持，因而结构的截面尺寸要略大一些。

当边坡塌方数量较大，落石较多，基础条件较好时，常常需要修筑拱式明洞来防护。拱式明洞结构坚固，可以抵抗较大的推力，其适用范围较广。

②棚洞。山坡的塌方、落石数量较少，山坡路堑外侧低下，不能适当地安置拱形明洞的庞大外墙时，可以修建棚洞。棚洞的类型有盖板式棚洞、刚架式棚洞、悬

臂式棚洞。棚洞是一种框架结构。顶上不是拱圈而是平的梁板，内墙一般为重力式墩台结构，抵抗山体的侧向压力。它的基础必须放在稳固的基岩上。若是边坡坡度较陡，地面水不大，坡面稳定而坚实，采用重力式内墙开挖量太大时，也可以用钢筋混凝土锚杆挡土墙的形式。外墙不受侧向压力而仅承受梁和盖板的竖向荷载时，可以根据落石的严重与否以及地质情况，采用立柱式、连拱墙式或钢架结构。当外侧基岩较浅，地基基础承载力较大时，可采用立柱式外墙。当外侧基岩较深，修建坚固的基础工程太大时，可以采用长腿式或连拱式外墙，或做成钢架结构。

二、隧道围岩分级与围岩压力

1．围岩分级

围岩是指隧道开挖后其周围产生应力重分布范围内的岩体（或土体）或隧道开挖后对其稳定性产生影响的那部分岩体（或土体）。

隧道是地下工程，其稳定程度与周围岩体的性态有密切的关系，所以要研究围岩的特征。隧道的围岩特征状态是千变万化的，如从松散的流沙到坚硬的花岗岩，从完整的岩体到极破碎的断裂构造带等，都会因在其中修建隧道而表现出不同的稳定性（所谓稳定性，即在隧道开挖后不加支护的情况下其自身的稳定程度，可分为：充分稳定、基本稳定、暂时稳定、不稳定）。

根据长期的工程实践，人们认识到，各种围岩的物理性质之间存在着一定的内在联系和规律，因而可将稳定性相似的一些围岩划归为一级，并将全部围岩划分为若干级，这就是围岩分级。

（1）围岩分级影响因素

目前，国内外隧道围岩分级考虑了三个基本因素：岩性、地质构造和地下水（见表 3–4）。

表 3–4　围岩分级影响因素

影响因素	主要内容
地质构造	岩体的完整性或结构状态，如软弱结构面的分布与形态、风化程度、节理发育程度、块度等，其分级指标在围岩分级中占有重要地位
地下水	大量实践证明，地下水也是影响洞室稳定性的一个重要因素。地下水既能影响应力状态，又能影响围岩强度。一般情况下，地下水在如下四个方面起作用，即动水压力作用、静水压力作用、对含有可溶盐的溶解作用以及对软弱结构面的软化或泥化作用
岩性	如根据岩石的强度和变形性质（抗压强度、弹性模量、弹性波速等），可将岩石分为硬岩、软岩、膨胀岩等

（2）基本分类

围岩分级的目的如下：作为选择隧道施工方法的依据；进行科学管理及正确评价经济效益；确定结构荷载（松散荷载）；确定衬砌结构的类型及尺寸；作为制定劳动定额、材料消耗标准等的基础。

围岩分级的方法有多种，它是在人们不断实践和对围岩的地质条件逐渐加深了解的基础上发展起来的。不同国家、不同行业根据各自的工程特点和目的提出了各自的围岩分级方法。

在我国现行的《铁路隧道设计规范》（TB10003—2016）中，明确规定了要采用以围岩稳定性为基础的分级法和按弹性波速度的分级法。

影响围岩稳定性的因素很多，除了工程地质条件，还有工程结构条件。该分级法主要考虑了围岩的结构特征和完整状态、岩石强度和地下水等工程地质条件中三个方面的因素，把围岩分为6级，依其稳定性由好到差为Ⅰ、Ⅱ、Ⅲ、Ⅳ、Ⅴ、Ⅵ。

2．围岩压力及其分类

（1）围岩压力

人们对围岩压力的认识，是从开挖坑道后围岩的变形和坍塌的现象开始的。在隧道开挖、衬砌施工实践中，人们从支护结构的变形、开裂等现象进一步认识到围岩压力的存在。

在坚硬稳定的岩层中开挖坑道时，一般是不需要支护的，可是爆破时会发生围岩松动及暴露后受到风化，故仍需要修筑支护结构；在破碎的岩层或松软地层中修筑隧道，开挖坑道时，围岩由于扰动失去稳定而产生变形、松弛、错动、挤压、断裂、下沉或坍陷等现象。

围岩压力是指引起地下开挖空间周围的岩体和支护结构变形或破坏的作用力。它包括由地应力引起的围岩应力以及围岩变形受阻而作用在支护结构上的力。从狭义上来理解，围岩压力是指围岩作用在支护结构上的压力。

（2）围岩压力分类

围岩压力按作用力发生的形态，一般可分为四种类型（见表3–5）。

表3–5　围岩压力按作用力发生的形态分类

类别	主要内容
形变压力	形变压力是由于围岩变形受到与之密贴的支护（如锚喷支护等）的抑制，而使围岩与支护结构共同变形过程中，围岩对支护结构施加的接触压力，所以形变压力除与围岩应力状态有关外，还与支护时间和支护刚度有关

续表

类别	主要内容
膨胀压力	当岩体具有吸水膨胀崩解的特征时，由于围岩吸水而膨胀崩解所引起的压力称为膨胀压力。它与形变压力的基本区别在于它是由吸水膨胀引起的
松动压力	由于开挖而松动或坍塌的岩体以重力形式直接作用在支护结构上的压力称为松动压力。松动压力按作用在支护上力的位置不同，分为竖向压力、侧向压力和底压力
冲击压力	冲击压力是在围岩中积累了大量的弹性变形能之后，由于隧道的开挖，围岩的约束被解除，能量突然释放所产生的压力（通常是由“岩爆”引起的）。由于冲击压力是岩体能量的积累与释放问题，所以它与弹性模量直接相关。弹性模量较大的岩体，在高地应力作用下，易于积累大量的弹性变形能，一旦遇到适宜条件，它就会突然猛烈地大量释放

所有这些现象统称为围岩压力现象。为了阻止围岩的移动和崩落，以保证坑道具有设计的建筑限界和净空，就需要架设临时支撑或修筑永久性支护结构。这种衬砌结构承受的压力，即围岩压力。它是作用于隧道支撑或衬砌结构上的主要荷载之一。

（3）围岩的成拱作用

在工程实践中人们发现，当隧道在多裂隙围岩（包括一般土层）中埋置较深时，作用在支护结构上的围岩压力远远小于其上覆层自重所造成的压力。这一现象可以用围岩的“成拱作用”来解释。在上述条件下，当坑道开挖后，如果任意让其变形、松动或坍塌，这个破坏范围内松动或坍塌的岩体称为“坍落拱”，而在坑道上方形成一个相对稳定的拱形洞穴，人们常称为“天然拱”或“平衡拱”。它上方的一部分岩体承受着上覆地层的全部重力，如同一个承载环一样，并将荷载重力向两侧传递下去，这就是围岩的成拱作用。

（4）影响围岩压力的因素

影响围岩压力的因素很多，一类是工程地质因素，主要包括原始应力状态、岩石的力学性质、岩体的结构面等；另一类是工程结构因素，包括施工方法、支护设置时间、支护本身的刚度、坑道形状和尺寸、埋置深度等。其中起决定作用的是围岩的地质条件，它是内因，其对围岩压力的影响已在围岩分级中述及。现将其他因素（都是外因）分析如下（见表 3–6）。

表 3–6 外因分析

影响因素	主要内容
坑道的尺寸与形状因素	围岩压力是随着坑道尺寸的增大而增大的，当坑道有引起应力集中的形状，即有明显的拐角时，围岩压力相对较大

续表

影响因素	主要内容
时间因素	不论何种围岩，在坑道开挖后的暴露时间均是越短越好。从另一个方面讲，就是要修筑永久性衬砌并使之能提供所需的支护力的时间不宜过迟，否则衬砌要受到较大的松动围岩压力作用。按照一般混凝土衬砌的修筑方法，从开挖到做完衬砌并使之具有一定的强度，往往需要较长的时间，因此衬砌结构一开始就要受到很大的松动围岩压力，衬砌结构就要做得相对厚些。而采用喷射混凝土技术来支护围岩，可使围岩的暴露时间较短，能及时制止围岩的变形，防止变形过大而产生较大的松动压力，充分利用围岩自身的承载能力
支护因素	有支护坑道的围岩压力要比无支护坑道的小；支护及时的坑道的围岩压力要比支护晚的小；支护与坑道周边密贴得越好围岩压力越小；支护的刚度较小（即柔性支护）时，坑道的围岩压力相对较小
坑道的埋深因素	当坑道的埋置深度在一定范围内时，围岩压力随着埋深的增大而增大；当坑道埋深超过此范围时，围岩压力基本不受埋深变化的影响
超挖回填因素	衬砌背后的超挖部分在施工时回填不密实，使围岩得不到很好的支护而继续松动，严重时会造成围岩坍塌，引起衬砌裂损
爆破因素	采用爆破法开挖对围岩的稳定极为不利，尤其是对地质条件较差的围岩，爆破的扰动很大能造成围岩压力过大、岩体松动甚至塌方。因此，在隧道施工中应严格控制爆破用药量，提倡采用光面爆破、预裂爆破等先进的爆破技术

第二节 铁路车站

一、会让站、越行站

1. 会让站和越行站的作业设备

会让站设在单线铁路上，主要办理列车的到发、会车、越行，也办理少量的客、货运业务。越行站设置在双线铁路上，主要办理同方向列车的越行，必要时办理反方向列车的转线，也办理少量的客、货运业务。会让站和越行站的主要设备有到发线，通信、信号设备及旅客乘降设备、办公房屋等。

2. 会让站和越行站的布置图形

会让站布置图形按其到发线的相互位置可分为横列式和纵列式两大类。越行站也可分为横列式和纵列式布置图形，但纵列式利少弊多，一般采用横列式。

（1）会让站布置图形

1）横列式图形

会让站宜设两条到发线，使车站具有三交会的条件；当列车对数较少时（一般平行运行图不超过 12 对，远期发展不大），仅为提高通过能力办理列车会让的车站，可设一条到发线。为使运输秩序出现非常情况时影响范围不致过大，便于运行调整，设置一条到发线的会让站连续布置不应超过两个。

当会让站只设一条到发线时，其到发线宜布置在站房对侧。其优点是便于利用正线接发通过列车，车站值班员可不跨越线路，也不被停留在到发线上的其他列车隔开，在基本站台上就可以办理正线列车通过作业；经由正线接发的旅客列车可停靠在基本站台而不经过侧向道岔，列车运行平稳，旅客感觉较舒适。但若旅客列车较多，且有交会通过列车以及短期内有增设第二条到发线的可能，则应将到发线设在站房同侧，保证旅客列车停靠基本站台，方便旅客进出站；同时摘挂列车停靠基本站台时，不影响通过列车，并避免在铺设第二条正线时拆迁站台等造成废弃工程。

横列式会让站设两条到发线时，两条到发线应分设正线两侧。优点主要是正线顺直，接发通过列车方便；便于三交会；上、下行旅客列车都可停靠基本站台，不影响正线列车通过作业；较两条到发线设于正线一侧时站坪长度短，工程量小，在单线发展为双线时拆迁工程也较小。该图适用于行车量较大的会让站。

会让站一般不设中间站台。若旅客乘降较多且远期发展快时，可设中间站台，其位置应设在旅客站房对侧到发线外侧。

2）纵列式图形

纵列式会让站是将两条到发线纵向排列，并向逆行方向错移一个货物列车到发线有效长度。该布置方式有利于组织列车不停车会车，提高区间通过能力；适应重载列车到发的需要；便于车站值班员与司机交接行车凭证。缺点是站坪长度长、工程投资大；车长与值班员联系走行距离长；列车会车不灵活，特别是在三交会情况下；车站值班员瞭望信号确认进路不便。因此，该类型弊多利少，只在山区因地势陡峭狭窄地段，按照横列式布置引起巨大工程，且对运营不利时采用。

（2）越行站布置图形

越行站一般采用横列式布置图形，如图 3-5 所示。

其优点是站坪长度短，工程量小；车站值班员对两端咽喉区有较好的瞭望条件，便于管理；无中部咽喉，可减少扳道员；到发线使用灵活，站场布置紧凑。

越行站一般应设两条到发线，以便双方向列车有同时待避的机会。若上、下行无同时待避列车，地方客、货来量较少，或地形困难以及其他条件限制的个别越行站，也可设 1 条到发线。

横列式越行站设两条到发线时，两条到发线一般分设于正线两侧，如图 3–5（a）所示。优点是正线顺直，接发通过列车方便；上、下行旅客列车作业后有待避列车时，不影响正线的通过；便于远期发展等。适用于上、下行均有同时待避列车的越行站。若两条到发线布置于正线同一侧，则一个方向待避列车在到发线接、发车时，存在着与另一个方向发、接车交叉，这不仅影响行车安全，而且还会降低区间通过能力。因此，新建或改建越行站时，宜采用两条到发线设于正线两侧的布置图。

横列式越行站若设一条到发线时，到发线一般应设于两正线中间，如图 3–5（b）所示。优点是上、下行停站旅客列车一般接入正线，列车运行平稳，旅客舒适，且不需扳动道岔，有利于行车安全；车站值班员接发下行通过列车时，办理作业方便，不会被待避列车阻挡；任何一方待避列车进入到发线时，均不与另一方向正线的行车产生交叉干扰，且接发列车进路灵活，使用效率高，并可推迟第二条到发线的铺设期限。缺点是两正线变换线间距时，上行正线在站内需设反向曲线，瞭望不便，影响列车运行速度。

若采用到发线布置在两正线一侧站房对侧的图形，如图 3–5（c）所示，则不需变更正线的间距，但存在着下行方向待避列车的到、发，与上行方向列车的发、到在车站两端咽喉的正线上交叉，降低区间通过能力，危及行车安全，布置图形缺点明显，不宜采用。

在越行站上，为满足转线和反方向接、发列车的需要，或因区间线路施工、线路临时发生故障及其他情况下采取运行调整措施，必须是一条线路上运行的列车转入另一条线上运行，车站两咽喉区的正线应设置渡线。在一般越行站上，两端咽喉正线间应各设一条渡线，宜布置成“八”字形。优点是可增加客车停靠基本站台的机会，有条件时每端可再预留 1 条渡线。

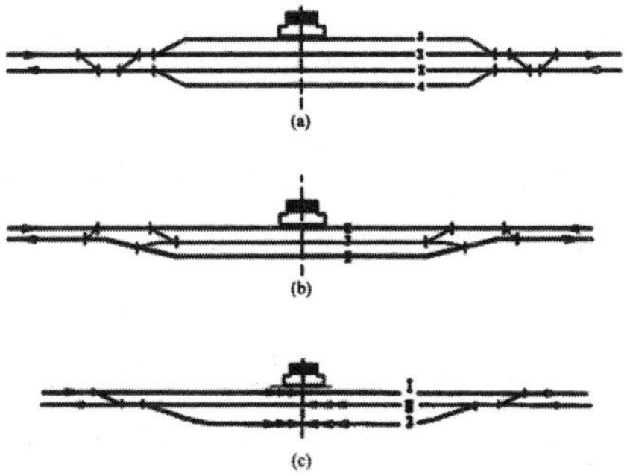

图 3–5 横列式越行站布置图形

二、中间站

1. 中间站作业

中间站的作业主要包括：①列车的通过、会让和越行，在双线铁路上还办理调整反方向运行列车的转线作业；②旅客乘降和行李、包裹的收发与保管；③货物的承运、装卸、保管与交付；④摘挂列车向货场甩挂车辆的调车作业。

有的中间站如有工业、企业线接轨或加力牵引起讫点以及机车折返时，还需办理工业、企业线的取送车，补机的摘挂、待班和机车整备、转向等作业。

另外，在客货运量较大的个别中间站，还有始发、终到旅客列车及编组始发货物列车的作业。

2. 中间站的设备

为了办理列车的到发、运行调整和客、货运业务，中间站应设置相应的行车、客运、货运等设备。

列车到发线和货物装卸线，必要时还应设有调车用的牵出线和安全线；为旅客服务的站房、站台、站台间的跨越设备（天桥、地道或平过道）和雨棚等；为货运服务的货物堆放场、货物站台、仓库、雨棚、装卸设备及货运办公房屋等；信号及通信设备；个别车站为机车整备、转向、给水作业而设置的有关设备等；必要时还设有存车线和调车线。

（1）车站线路

1）到发线

①到发线数量

中间站的到发线数量不仅与列车对数有关，而且与车站性质和本站作业量有密切关系。

单线铁路中间站应设两条到发线，以使车站具有三交会的条件。这样可以保持良好的运行秩序，对提高作业效率和加速车辆周转都是必要的，也能适应某些特殊车辆（如水槽车、机械化养路的工程车和轨道车以及不能继续运行而必须摘下的车辆）停留的需要。

双线铁路中间站应设两条到发线，以使双方向列车有同时待避的机会。但作业量大的车站，零摘和摘挂列车的作业时间一般较长，可设三条到发线。

②到发线进路

中间站的到发线可设计为单进路或双进路。单进路是指到发线固定一个运行方向的列车（上行或下行）使用。双进路的到发线却可供上、下行两个方向的列车使用。到发线按双进路设计，机动性大，但需增加信号联锁设备。单线铁路到发线一般均应按双进路设计，以使列车办理运行调整有更大的灵活性。双线铁路原则上应按上、下行分别设计为单进路，但有时为增加在调整列车运行上的灵活性以及方便摘挂列车作业，个别到发线也可按双进路设计。

③超限货物列车通行

站内正线应保证通行超限货物列车。此外，在区段内选定 3 ~ 5 个满足超限货物列车会让与越行要求的中间站。上述车站除正线外，单线铁路应另有一条线路，双线铁路上、下行应各有一条线路能通行超限货物列车。

2）牵出线

中间站是否设置牵出线应根据衔接区间正线数、行车密度、车站调车作业量以及货场设置位置等因素确定。

双线铁路中间站，行车速度高、密度大，应设置牵出线。单线铁路中间站路段设计速度大于 120km/h 或平行图列车对数在 24 对以上，以及调车作业量大时，应设置牵出线。

设置牵出线的中间站，应保证牵出线上的调车作业与接发车作业互不干扰；当调车作业繁忙，且在货场一侧有多条到发线时，可根据需要将邻靠货场的一条到发线直接接通牵出线而不影响其他到发线的接车。

当中间站上有岔线，且符合调车作业条件时，应利用岔线进行调车作业。不设牵出线的单线中间站，可利用正线调车。当利用正线、岔线调车时，为避免调车作业越出站界，进站信号机可适当外移，但不应超过 400m。其平纵断面及视线条件应符合调车作业的要求，在困难条件下，曲线半径不应小于 300m，坡度不应大于 6‰，在特别困难条件下，坡度不应大于正线的限制坡度，且不应大于 12‰。

牵出线一般设在直线上，困难条件下，可将牵出线设在半径不小于 1000m 的同向曲线上，特别困难时半径不应小于 600m。近办理摘挂、取送车作业的货场或其他厂、段的牵出线，在特别困难条件下，半径不应小于 300m。但不得将牵出线设在反向曲线上。

牵出线宜设在不大于 1‰的坡道上，困难条件下可设在不大于 6‰的坡道上。

牵出线的有效长度应满足调车作业量的需要，一般不短于该区段运行货物列车长度的一半。当受地形限制或本站作业量不大时，至少应满足每次能牵出 10 辆车，有效长度不小于 200m 的要求。

3）货物线

为了办理货物的装卸作业，中间站应铺设货物线，货物线数目和长度与货物装卸量有关，应根据需要确定。为了便于车站的正常运营工作，中间站的货物线一般铺设 1 ~ 2 条，其长度除应满足平均一次来车的长度外，还应保证货物线两侧有足够的货位。

通过式货物线取送车、调车都很方便，对列车摘挂作业有利，一般应优先采用。尽头式布置能节省工程量，搬运可少跨越线路，货物线有效利用率高，作业比较安全。因此，在地形困难和有大量牲畜、散装粗杂货物装卸的车站，可采用尽头式或混合式布置（仓库站台线为通过式，装卸牲畜或散装粗杂货物的线路为尽头式）。

中间站货物线与到发线间的间距，在线间无装卸作业时，一般不小于 6.5m；线间有装卸作业时，一般不小于 15m。集装箱、长大笨重货物、散堆装货物装卸线的间距，应根据装卸机械类型、货位的布置、通道的宽度以及相邻线路的作业性质等因素确定。

4）安全线

安全线为进路隔开设备之一，是防止列车或机车车辆进入另一列车或机车车辆进路的一种安全设备。其有效长度一般应不小于 50m。坡度宜设为平道或面向车挡的上坡道。

有下列情况之一者，应设置安全线：

在区间内两条铁路平面交叉；在区间内各级铁路线、岔线与正线接轨；各级铁路线、岔线与站内正线接轨；岔线与车站到发线接轨；进站信号机制动距离内为超过 6‰ 的下坡道时，为满足相对方向同时接车和同方向同时发、接列车的需要，应在车站接车方向的末端设置安全线。

设置安全线时，应尽量避免将其尽端设在高填方、桥头或设备及建筑物附近，以防发生机车车辆脱轨时造成更大损失。

（2）客运设备

为了保证安全、迅速地输送旅客，中间站应设有旅客站房、旅客站台、站台间的跨线设备及雨棚等。

1）旅客站房

旅客站房是办理售票、候车和行包、邮件承运、交付及保管的地方。中间站的旅客站房可根据车站等级、客流量确定其规模。中间站由于客货运量小，作业简单，往往将站长室、行车运转室合并于旅客站房内。设计时，站房规模通常根据旅客最高聚集人数确定。最高聚集人数系指设计年度内车站全年最高月份中一昼夜候车室内瞬时出现的最高候车（含送客者）人数的平均值。设计年度一般取运营后十年的运量。客运专线铁路车站应按高峰小时发送量确定其使用面积，日均不宜小于 $0.2m^2$/ 人。

中间站站房属于中、小型站房。其最高聚集人数中型站房可达 600 ~ 3000 人，小型站房在600人以下。小型站房约占铁路站房的70%，一般采用标准设计。小型站房布局通常采用候车与营业合一的综合候车室形式。

2）旅客站台

为便于旅客上、下车及行李的装卸，应修建旅客站台。旅客站台按其与站房和车站到发线的相互位置可分为基本站台和中间站台。靠近站房一侧的为基本站台，设在线路中间的为中间站台。中间站台的位置，一般设在站房对侧的到发线和正线之间（一般与基本站台夹两条线路）。这种布置具有站台使用率高、旅客乘车方便、摘挂列车在站作业方便等优点。

不论是单线铁路还是双线铁路，中间站均应设置基本站台，以便利旅客乘降、车站值班员接发车作业和摘挂列车停靠站台装卸货物。旅客站台的长度应根据旅客列车长度、摘挂列车编组情况确定，一般不短于300m，约有11辆车能停靠站台。在人烟稀少的地区或客流量较小的车站，站台长度可适当缩短。

旅客站台的宽度应根据同时在站台上乘降的旅客人数、行包运送方式及在站台上设置的各项设备等因素确定。基本站台的宽度在旅客站房范围以内不应小于8m，困难条件下不应小于6m。中间站台的宽度单线铁路不应小于4m，双线铁路不应小于5m。设天桥、地道和雨棚时，站台边缘到建筑物边缘的距离不应小于2.5m。路段设计行车速度不小于120km/h时，邻靠有通过列车正线一侧应再加宽0.5m。

旅客站台的高度有高出轨面0.3m、0.5m和1.25m三类。0.3m的站台，造价低，便于列检和不摘挂车检修作业，不影响超限货物列车和高速旅客列车的通行。但旅客上、下车不方便，特别是由于线路养护时常抬道，造成站台高度往往还不足0.3m。1.25m的旅客站台与客车车厢底面基本等高，便于旅客上、下车。但车站工作人员跨线及列检不便，且邻靠站台的线路不能通过超限货物列车，旅客列车也不能以高速行驶。因此，在常速铁路中间站上，旅客站台高度一般高出轨面0.5m；邻靠正线及通行超限货物列车线路旁侧的站台应高出轨面0.3m；在高速铁路和城际客运专线的中间站上，旅客站台高度一般应高出轨面1.25m。

3）站台间的跨线设备

站台间的跨线设备一般有天桥、地道、平过道三种。

路段设计速度在120km/h及以下时，设有中间站台的车站，中间站台与基本站台间宜在车站中部设置一处平过道相连接；当设有旅客天桥时，可根据需要在车站中部设置一处平过道。路段设计速度大于120km/h时，为保证行车安全，车站内不应设置平过道，跨越线路应采用立体交叉。当站内有天桥时，也可在车站中部设一处平过道。平过道的宽度应根据其使用情况而定，专供车站工作人员行走时采用

1.5m，通过非机动车辆时可采用2.5m，通过机动车辆时可采用3.5m。

在旅客乘降人数较多的大型中间站，旅客上下人数多，为确保安全，可根据需要修建天桥或地道等立体跨线设备，由于天桥遮挡行车视线，占用站台面积较多，一般优先选用地道。天桥、地道的宽度一般不小于3m。

（3）货运设备

货运设备的主要内容，见表3–7。

表3–7　货运设备的内容

项目	内容
货物站台	中间站货物站台一般高出轨面1.1m。如有仓库，货物站台的宽度为仓库宽度加两边过道宽度；如无仓库，一般不宜小于12m。站台长度按需要计算确定。为方便车辆上下站台，站台端部斜道坡度不宜陡于1：10
货物仓库	中间站小型货场货物仓库宽度一般采用9 ~ 12m，运量较大时可采用15m，长度根据需要堆积货物的面积计算确定。为方便装卸作业，仓库应设在货物站台上。仓库墙壁外侧至站台边沿的宽度，在铁路一侧一般不小于3m，在场地一侧一般不小于2m
堆放场	堆放场主要用于堆积长大、散堆装和粗杂货物，其面积可根据运量分品种计算确定。堆放场地面一般与路基面平，有时也可做成与轨枕顶平。为了便于装卸，货位一般与装卸线平行布置。货堆之间的通道宽度为0.5 ~ 0.7m，货堆边缘距公路边缘的安全距离为0.5m，距装卸线钢轨外侧在有装车时不少于2m，仅卸车时不少于1.5m

3．中间站布置图

（1）中间站布置图形

在单线或双线铁路上，由于地形或运营条件不同，中间站的到发线与到发线、到发线与正线的相互位置存在差异，形成了横列式和纵列式两类布置图形。

中间站一般都采用横列式布置图形。横列式布置具有站坪长度短，工程投资少，在紧迫导线地段可缩短线路长度；车站值班员对两端咽喉有较好的瞭望条件，便于管理；无中部咽喉，可减少扳道人员；摘挂列车调车时走行距离短，节省运营费用；到发线使用灵活，站场布置紧凑等优点。

（2）货场

1）货场位置

货场是联系产、运、销的重要环节，也是促进工农业生产、为地方服务的重要设施。中间站的货场位置一般有站同左（Ⅰ象限）、站同右（Ⅱ象限）、站对右（Ⅲ象限）、站对左（Ⅳ象限）四个位置。中间站的货场位置应结合主要货源、货流方向、环境保护、城市规划及地形、地质条件等因素予以综合选定。为便于摘挂列车的调车作业，货场应尽量设在到发线顺运行方向的前端（Ⅰ、Ⅲ象限）。当有矿材、建材、煤炭等大宗散堆货物或其他季节性货物装卸并经常组织整列或成组列车到发的车站上，应考虑在站房对侧布置连通两端咽喉区的长货物线。此外，若受当地条件限制，货场位置与货源集散方向不一致时，应有安全方便的通货场道路。

2）货场布置

货场设在站房同侧的横列式布置图，其优点是便于车站工作人员管理货场；车站线路向站房对侧发展不受限制；如地方货源货流在站房同侧（多数情况如此），还有利于收、发货人取送货物，无须跨越铁路。其缺点是接人站房对侧线路的摘挂列车进行调车作业时，不可避免地要与正线交叉。

如货源货流在站房对侧，或货物的集散方向虽在站房的同侧但因地形条件限制同侧不宜设置货场，以及站房对侧摘挂作业比重较大时，可考虑将货场设于站房对侧。这种布置可以避免接人站房对侧线路的摘挂列车作业与正线交叉，货场发展又不受城镇限制。但如果地方货源货流在站房同侧，则会增加收、发货人的搬运距离，且需横越铁路，很不方便，需设置跨越铁路线的专门通道。另外，为了不影响车站横向发展，货物线与到发线间的距离应预留将来能加铺线路的空地。

三、区段站

1. 区段站概述

区段站的主要任务是为邻接的铁路区段供应及整备机车或更换机车乘务组，并为无改编中转货物列车办理规定的技术作业。此外，还办理一定数量的列车解编作业及客、货运业务。在设备条件具备时，还进行机车、车辆的检修业务。区段站可按照作业性质及作业量和到发线的相互位置两个方面进行分类。

（1）按作业性质及作业量分类

1）无解编作业区段站。这种区段站只办理无改编中转列车有关作业，没有列车改编任务，或仅担任摘挂列车的整编作业。

2）有解编作业区段站。这种区段站除办理无改编中转列车有关作业外，还担任区段、摘挂列车和少量直通、直达列车的解编作业。

（2）按到发线的相互位置分类

1）横列式区段站。这种区段站是上、下行到发场平行布置在正线一侧，调车场并列于到发场一侧。

2）纵列式区段站。这种区段站是上、下行到达场分设在正线两侧，并逆运行方向全部错移，在其中一个到发场一侧设一个双方向共用的调车场。

3）客货纵列式区段站。这种区段站是客运运转设备（主要指旅客列车到发场）与货运运转设备（主要指货物列车到发场）纵向配列。

2. 区段站的作业和设备

（1）区段站的作业

从区段站作业的数量和性质以及设备的种类和规模来看，各类专业车站的主要作业及基本设备在区段站上都有不同程度的体现。根据所担负的任务，区段站一般办理客运业务、货运业务和运转作业。

1）客运业务

区段站客运业务与中间站所办理的客运业务基本相同，只不过数量较大。

2）货运业务

区段站货运业务与中间站所办理的货运业务大致一样，但作业量往往较大。在某些区段站上还进行保温车的整备及牲畜车的供水作业。

3）运转作业

运转作业的主要内容，见表 3–8。

表 3–8　运转作业

项目	内容
机车业务	区段站机车业务以更换货物列车机车和乘务组为主，有些车站还更换旅客列车机车和乘务组。当采用循环交路时，在机务段所在的区段站上，机车不入段，仅在站内到发线上或其附近进行检查、整备作业。当采用长交路时，有的区段站无须更换机车，仅更换机车乘务组或进行部分整备作业
车辆业务	区段站车辆业务主要办理列车的技术检查和车辆的检修（摘车修和不摘车修）业务。在少数设有车辆段的区段站上，还办理车辆的段修业务。区段站所办理的作业，在数量和规模上都远比中间站复杂，在办理的各种列车中，以无改编中转货物列车为主，它成为区段站行车组织的重要环节，也成为研究区段站通过能力的核心
与旅客列车有关的运转作业	主要办理通过旅客列车的接发作业。有的车站还办理局管内或市郊旅客列车的始发、终到作业以及个别车辆的甩挂作业
与货物列车有关的运转作业	主要办理无改编中转列车的接发和有关作业。对区段和摘挂列车，要进行解体和编组作业。同时还办理向货场、工业企业专用线取送作业车等。有些区段站对部分改编中转列车，还要办理变更运行方向、变更列车质量或换挂车组等作业。某些区段站还担当少量始发、直达列车的编解任务

（2）区段站的设备

为了保证上述作业的完成，在区段站上应设有以下各项设备。

1）客运业务设备

客运业务设备主要有旅客站房、旅客站台、雨棚及跨线设备等。

2）货运业务设备

货运业务设备主要指货场及其有关设备，如装卸线、存车线、货物站台、仓库、雨棚、堆放场及装卸机械等。

3）运转设备

供旅客列车使用的运转设备，主要有旅客列车到发线，必要时设客车车底停留线。

供货物列车使用的运转设备，主要有货物列车到发线、调车线、牵出线（有时设小能力驼峰）、机车走行线及机待线等。

4）机务设备

机务设备主要是指机务段或机务折返段内对机车进行各项整备、检修、转向等作业的线路和相关设备。当采用循环交路时，在到发场或其附近，应设有机车整备设备。当采用长交路轮乘制时，可设机车运用段或机务换乘点。

5）车辆设备

主要是指列车检修所、站修所或车辆段（大的区段站上设有）内对到发的车辆进行检修的相关设备。

除上述各项设备外，还有信号、通信、给水、用水、电力、照明、技术办公房屋以及与城镇道路的平（立）交设备等。

（3）区段站的布置图

区段站图形的选择是一项重要而复杂的工作。图形的选择要讲求经济效益，满足运输需求，节省工程投资，管理方便，利于铁路、城市及工农业的发展。区段站的布置图，主要是根据与车站通过能力直接有关的设备的相互位置来确定的，也就是根据正线、旅客列车到发线（场）及上、下行货物列车的到发线（场）相互位置的不同来确定的。

分析区段站布置图形主要目的如下：

1）对于车站运营而言，通过研究分析，找出各项设备的薄弱环节，制定合理运用各项设备及改善工作组织的方案，系统优化，提高区间通过能力。

2）对新建段站而言，通过研究分析，选择具有一定通过能力且布局合理的布置图；对改（扩）建区段站而言，通过研究分析，提出正确、可行和合理的改（扩）建方案。

由于受到车站周边地形、所服务城市的规划、车站的运量与运输性质等因素的影响，形成多种多样的车站布置图形。区段站的布置形式可以归纳为三大类，即横列式、纵列式和客货纵列式。一般情况下，区段站应采用横列式图形或纵列式图形，有充分依据时可采用客、货纵列式图形。

区段站图形应根据引入线路数量、运量、运输性质、车站作业特点和客货机车交路，在满足运输需要及技术经济合理的条件下，结合城市规划和地形、地质条件进行选择。

四、编组站

1．编组站概述

列车的解编作业是编组站的主要工作。我们可以将列车的解编作业划分为列车的到达、解体、集结、编组和出发5个连续的作业过程。这些作业过程，在编组站的到达场、编组场和出发场（或到发场和编组场）内进行，它们是列车解编的主要场地。

调车设备是编组站的核心设备。调车设备的数量与规模及其与到达场、出发场和调车场的相互位置，就构成了不同形式的编组站布置图。

2．编组站的任务与作业

编组站是一个编组列车的工厂，这决定了编组站的任务与作业（见表3–9）。

表3–9　编组站的任务与作业

项目	内容
无改编中转货物列车作业	该作业主要是换挂机车和列车技术检查作业，为列车运行和编组站运转提供性能良好的铁路机车
改编货物列车作业	该作业主要包括解体列车的到达作业和解体作业以及始发列车的集结、编组和出发作业，这是编组站的主要作业
车辆检修作业	该作业主要包括在到发线上进行车列的技术检查及不摘车维修；在列检或调车过程中发现车辆损坏需要摘车倒装后送车辆段或站修所修理；根据任务扣车送车辆段维修
部分改编中转货物列车作业	部分改编中转货物列车除进行无改编中转货物列车的作业外，有时还要变更列车质量、变更列车运行方向或进行成组甩挂少量调车作业，一般在到发场或通过场进行
机务作业	这项作业与区段站相同，包括机车出入段，段内整备及检修作业
本站作业车的作业	本站作业车是指到达本站及工业企业线或段管线内进行货物装卸或倒装的车辆。其作业过程比改编中转列车增加了送车、装卸及取送车三项作业，重点是取送车作业
其他作业	客运作业，包括旅客乘降及换乘；货运作业，包括货物装卸、换装，保温车加冰、加盐，牲畜车上水、清除粪便等；军用列车供应作业，为了减少对编组站作业的干扰，确保主要任务完成，应尽量不在编组站办理或少办理客、货运业务

3．编组站的主要设备

为完成以上各项作业，编组站应设置以下设备：

（1）调车设备。调车设备是编组站的核心设备，包括调车驼峰、调车场、牵出线等，用以办理列车的解体和编组。

（2）运转设备。运转设备主要是接发货物列车的到发线，用以办理货物列车的到达和出发作业。

（3）机务设备。机务设备主要是指机务段。编组站一般均设机务段，且规模较大，供本务机车和调车机车办理检修和整备作业。

（4）车辆设备。车辆设备包括列检所、站修所、车辆段，对到发的车辆进行检修和维护。

（5）货运设备。一般而言，编组站不设专门的货运设备，按照具体的情况主要有货场、整倒装设备、加冰设备、牲畜和鱼苗车的换水设备等。

（6）其他设备。这里主要包括客运设备和站内外连接线路设备。

4．编组站的分类

编组站根据其在路网中的位置、作用和所承担的作业量，可分为路网性编组站、区域性编组站和地方性编组站（见表3–10）。

表3–10　编组站的分类

类别	主要内容
区域性编组站	一般位于铁路干线交会的重要地点，承担较多中转车流改编作业，编组较多的直通和技术直达列车的大中型编组站。一般衔接3个及以上方向或编组3个及以上去向列车，编组3个及以上的技术直达列车和直通列车。日均出、入有调中转车达4000辆以上，设有单向混合式、纵列式或双向混合式的站场，其驼峰设有自动或半自动控制设备
地方性编组站	一般位于铁路干支线交会点、铁路枢纽地区或大宗车流集散的港口、工业区，承担中转、地方车流改编作业的中小型编组站。它一般编组两个及以上去向的直通和技术直达列车。日均出、入有调中转车达2500辆，设有单向混合式、横列式布置的站场，其驼峰设有半自动或其他控制设备
路网性编组站	一般位于路网、枢纽地区的重要地点，承担大量中转车流改编作业，编组大量技术直达和直通列车的大型编组站。一般衔接3个及以上方向或编组3个及以上方向的列车，编组两种及以上去向的技术直达列车，或技术直达和直通列车去向之和达到6个，日均出、入有调中转车达6000辆以上，设有单向纵列或双向纵列式、混合式的站场，其驼峰有自动或半自动控制设备

若在一个铁路枢纽内设有两个或以上的编组站，则应根据作业分工和作业量，将其分为如下两种：

（1）主要编组站。主要担当路网上中转车流改编任务，以解编直达、直通列车为主。

（2）辅助编组站。协助主要编组站作业，以解编地区小运转车流为主，个别情况也编组少量直达列车。

编组站还可根据布置图形的布置进行分类。

5. 编组站的布置图形

编组站布置图形分为单向和双向两类。上、下行改编车流共用一套调车设备完成解编作业的编组站图形，称为单向布置图。设有两套调车设备分别承担上、下行改编车流解编作业的编组站图形，称为双向布置图。一般情况下，两个调车驼峰应彼此相对设置。

按车场相互排列位置的不同，编组站图形又可分为横列式、纵列式和混合式三种。上、下行到发场与调车场并列配置的称为横列式布置图。所有主要车场顺序排列的称为纵列式布置图。部分主要车场纵列而另一部分车场横列的称为混合式布置图。

我国编组站布置图的基本类型有单向横列式、单向纵列式、单向混合式、双向横列式、双向纵列式、双向混合式 6 种。

设计时应根据引入线路数量、作业量及其性质、工程条件和城市规划等要求，通过全面比较，选择合理的图形，并根据需要预留发展余地。

我国铁路现场对编组站图形，习惯上称为“几级几场”布置图。所谓级，是指同一调车系统中到、调、发车场纵向排列的车场数，即车站中轴线上纵向排列的车场数。一级就是指车场横列，二级就是指到、调纵列，三级就是到、调、发车场顺序纵列。场是车场，即全站主要车场的总数。

6. 编组站的调车设备

（1）调车工作

铁路车站的行车组织工作中，为解体或编组列车而进行的机车车辆调动（如摘挂、取送车辆等）都称为调车工作。调车工作是铁路运输过程的重要组成部分，是编组站日常运输生产的主要活动。调车作业的效率与安全，与车站的调车设备和技术设施紧密相关。调车工作按使用设备分为牵出线调车和驼峰调车两种。

1）牵出线调车

牵出线调车是最基本的调车作业方式，牵出线是一项重要的调车设备。即使在驼峰编组站上，也还有许多调车项目，如车列的编组、转线、车辆的摘挂和取送等需使用牵出线进行调车。

2）驼峰调车

驼峰是利用车辆自身的重力和驼峰的高度并辅以机车推力来解体车列的一种调

车设备。调车时，调车机车先将车列推上峰顶，摘开车钩后车辆就自行溜放。这是编组站解体车列的一种主要方法。

（2）驼峰

1）驼峰的分类

驼峰按日均解体作业量可以分为三类：大能力驼峰、中能力驼峰和小能力驼峰（见表 3–11）。

表 3–11 驼峰按日均解体作业量分类

类别	主要内容
大能力驼峰	日均解体车数 4000 辆以上，调车线不少于 30 条，设 2 条溜放线，应设有推峰机车遥控、钩车溜放速度系统和溜放进路自动控制系统。建在路网性和区域性编组站上
中能力驼峰	日均解体车数 2000 ~ 4000 辆，调车线在 16 条以上，设 1 ~ 2 条溜放线，宜设有推峰机车遥控、钩车溜放速度系统和溜放进路自动控制系统。建在区域性或路网性编组站上
小能力驼峰	日均解体车数 2000 辆以下，调车线 5 ~ 16 条，宜设 2 条溜线，应配有置溜放进路自动控制系统，宜配置驼峰机车信号，有条件时可采用推峰机车遥控系统、钩车溜放速度自动或半自动控制系统

驼峰根据设备条件的不同，可以分为简易驼峰、非机械化驼峰、机械化驼峰、半自动化驼峰和自动化驼峰。

2）驼峰的平纵断面

驼峰的范围是指峰前到达场（在不设峰前到达场时为牵出线）与调车场之间的一部分线段，主要包括推送部分、峰顶平台和溜放部分。

推送部分是指待解体车列的第一钩车位于峰顶平台始端时，车列全长所在的线路范围。其中，由到达场出口咽喉的最外方道岔警冲标到峰顶平台始端的线段叫推送线。设计该部分的目的是使车辆得到必要的势能，并使车钩压紧，便于摘钩。

溜放部分是指从峰顶（峰顶平台与溜放部分的边坡点）至计算点的线路范围，该长度叫作驼峰计算长度，其末端叫作驼峰的计算停车点。驼峰调车场的调速制式不同，计算点也不同。其中，由峰顶至第一分路道岔始端的这段线路称为溜放线。

峰顶平台是指推送部分与溜放部分连接处所设的一段平坦地段。峰顶平台包括压钩坡和加速坡两条竖曲线的切线长，不包括竖曲线的切线长时叫净平台。

3）驼峰调速设备

驼峰调车场的调速工具是提高驼峰的改编能力，保证作业安全所必需的设备。目前，我国铁路上常用的调速工具有手闸、制动铁鞋、车辆减速器和减速顶等。

7. 编组站与区段站的异同

（1）从技术作业上比较

编组站和区段站都要办理列车的接发、解编，机车的供应或换挂，列车的技术检查及车辆的检修等。但是，区段站主要是办理中转列车的作业，解体和编组的列车数量少，而且大多是区段列车或摘挂列车。编组站的主要作业则是大量办理列车的解体和编组，其中多数是直达列车和直通列车（即区段站上的中转列车）。

（2）从车站设备上比较

编组站的设备一般与区段站一样，即客货运运转、客货运业务、机务、车辆等设备。但某些编组站，如位于大城市郊区的编组站，可能不设客、货运设备，而且作为编组站主要设备的调车场和调车设备的规模和能力比区段站大得多。

（3）从地理位置上比较

编组站通常设在几条主要干线的会合处，也可设在有大量货运量的大城市、港口或大工矿企业附近。

五、铁路枢纽

1. 铁路枢纽的定义与功用

（1）铁路枢纽的定义

在铁路网的交会点或终端地区，由各种铁路线路、专业车站以及其他为运输服务的有关设备组成的总体，称为铁路枢纽。铁路枢纽是铁路网的一个重要组成部分。

（2）铁路枢纽的作用

铁路枢纽是客货流从一条铁路转运到各接轨铁路的中转地区，也是所在城市客货到发及联运的地区。

在铁路枢纽内，除各种车站办理的有关作业外，在货物运转方面，有各铁路方向之间的无改编列车和改编列车的转线，以及担当枢纽地区车流交换的小运转列车的作业。在旅客运转方面，有直通、管内和市郊旅客列车的作业。在货运业务方面，办理各种货物的承运、装卸、发送、保管等作业；此外，还供应运输动力、进行机车车辆的检修等作业。可以说，铁路枢纽与工农业生产的发展，城市和国防建设以及各种交通运输工具之间的分工与协作，都有密切的关系。

因此，为完成以上任务，枢纽内需要配备成套的技术设备，在统一指挥下协调工作。

2. 铁路枢纽的分类

铁路枢纽按其在铁路网上的地位和作用可分为路网性铁路枢纽、区域性铁路枢纽和地方性铁路枢纽（见表 3-12）。

表 3-12 铁路枢纽的分类

类别	内容
区域性铁路枢纽	凡其承担的客、货运量和车流组织主要为一定的区域范围服务的枢纽都属区域性铁路枢纽。这种枢纽一般都位于干线和支线的交叉处或衔接的大、中型城市，办理管内的通过车流和地方车流，设备规模不大，如太原、蚌埠、柳州等枢纽
路网性铁路枢纽	凡其承担的客、货运量和车流组织任务涉及整个铁路网的枢纽都属路网性铁路枢纽。这种枢纽一般都位于几条铁路干线交叉或衔接的大城市，办理大量的跨局通过车流和地方车流，设有较多的专业车站，其设备的规模和能力都很大，如北京、郑州、徐州、武汉、沈阳、上海等枢纽
地方性铁路枢纽	凡其承担客、货的运量和车流组织主要为某一工业区或港湾等地方作业服务的枢纽都属地方性铁路枢纽。这种枢纽一般都位于大工业企业和水陆联运地区，办理大量的货物装卸和小运转作业，如大同、秦皇岛等枢纽

3. 铁路枢纽的设备

在铁路枢纽内，一般具有下列设备：

（1）铁路线路。包括引入正线、联络线、环线、直径线、工业企业专用线等。

（2）车站。包括客运站、货运站、编组站、工业站、港湾站等。

（3）疏解设备。包括铁路线路与铁路线路的平面和立交疏解、铁路线路与城市道路的跨线桥和平交道口以及线路所等。

（4）其他设备。包括机务段、车辆段、客车整备所等。

在枢纽设备中，编组站是组织列车运输的核心。枢纽内编组站的数目和配置，应根据车流量、车流性质及方向、引入线路情况和路网中编组站的分工，结合当地条件全面比选确定。

枢纽内的大型客运站一般只设一个。枢纽内客运站的数目、分工和配置，应从方便旅客运输出发，根据客运量、客流性质、既有设备情况、运营要求、城市规划和当地交通运输条件等因素比选确定。枢纽内的货运站是铁路组织货源、货流的基地，又是城市货物运输的集散点。

联络线是衔接枢纽范围内的车站与线路的线路。联络线的主要作用是分散枢纽内主要干线及专业车站上的列车流，以增加枢纽的通过能力，缩短列车运行距离，使列车以最短路径通过枢纽，消除折角列车运行，尽可能地不变更列车运行方向，减轻车站的作业负荷和交叉干扰，增强枢纽运营作业的机动灵活性。

4．铁路枢纽布置图

（1）枢纽布置图与车站布置图的区别

铁路枢纽是由铁路新线建设和城市及工业发展等原因逐步形成和发展起来的。因此，枢纽所在地区的政治与经济特征、在地理网中的位置、城市和工业建设的要求等对它所承担的运输生产任务有着密切的关系。

枢纽布置图形成的因素比较复杂，必须根据各个枢纽的具体条件，确定合理的布置图形、根据枢纽范围内专业车站和铁路线路在总图结构上的特征，并结合一定的车流条件，可有多种形式的枢纽图形。

（2）枢纽布置图的类型

在铁路网上，当需要修建几个专业车站以及连接这些车站的联络线、进站线路等设备时，即形成了三角形、十字形、顺列式、并列式、环形、混合型和尽端式铁路枢纽等（见表 3–13）。

表 3–13　枢纽布置图的类型

型式	主要内容
一站铁路枢纽	一站枢纽是铁路枢纽布置图中最简单的一种，一般由一个综合性车站和 3 ~ 4 条引入线路组成
三角形铁路枢纽	三角形铁路枢纽是至少有三个铁路方向引入，并设有几个专业车站和必要的联络线而形成的枢纽
十字形铁路枢纽	十字形铁路枢纽布置图的主要特征是两条铁路线路近似正交，在枢纽中心有呈“十字”形的交叉疏解布置，车站设在各引入线上，根据车流状况和车站布置修建必要的联络线
顺列式铁路枢纽	顺列式铁路枢纽布置图的主要特征是枢纽内所有车站顺序纵列布置在枢纽内同一条伸长的通道上
并列式铁路枢纽	并列式铁路枢纽布置图的主要特征是编组站与客运站平行布置，衔接铁路线先按线路方向引入枢纽，再按列车种类（客、货）分别引入平行布置的编组站和客运站
环形铁路枢纽	环形铁路枢纽布置图的主要特征是引入线路方向较多，用环形线路将所有引入线路方向连接起来形成一个整体，各种专业车站布置在环形、半环形上或自环形引出伸入城市中心附近，利用联络线将车站与环线连接
混合型铁路枢纽	混合型铁路枢纽是在路网发展、城市改建、车辆条件和自然条件等因素影响下逐步发展而形成的，这种枢纽结构是多种多样的
尽端式铁路枢纽	尽端式铁路枢纽位于铁路网起点或终点，一般设在大港湾、大工业区或采矿区等有大宗货流产生及消失的地区

第四章　铁路养护与施工

第一节　铁路养护

一、线路养护

1. 线路设备检查

线路设备检查主要包括静态检查和动态检查。

（1）线路静态检查

设有检查监控车间的工务段，应由检查监控车间有计划地对工务段管辖线路设备进行月度周期性检查，线路车间参加月度周期性检查并负责检查监控车间检查内容以外的检查工作。未设检查监控车间的工务段，应由线路车间组织检查监控工区有计划地对线路车间管辖线路设备进行月度周期性检查，组织线路工区参加月度周期性检查并进行检查监控工区检查内容以外的检查工作。

线路静态检查应积极采用轨道检查仪，按下述要求进行检查，并认真分析检查结果，对超过临时补修管理值的处所应及时处理。

1）正线线路和道岔，每月应检查 2 次（当月有轨检车检查的线路可减少 1 次）；其他线路和道岔，每月应检查 1 次。轨距、水平、三角坑应全面检查，轨向、高低及设备其他状态应全面查看，重点检查，对伤损钢轨、夹板和焊缝应同时检查。

2）曲线正矢，每季应至少全面检查 1 次。

3）对无缝线路轨条位移，每月应观测 1 次；对钢轨焊接接头的表面质量及平直度，每半年应检查 1 次。

4）对严重线路病害地段和薄弱处所，应经常检查。

（2）线路动态检查

线路动态检查是采用轨道检查车检查线路，以了解和掌握线路局部不平顺（峰值管理）和线路区段整体不平顺（均值管理）的动态质量。

线路动态检测周期一般根据运量和线路状态确定。其中，铁道部和铁路局均要对线路进行动态检查。

1）铁道部线路动态检测。铁道部采用轨道检查车对允许速度大于 120km/h 的线路及其他主要繁忙干线进行定期检查，对于检测中发现的问题，应及时通知有关单位，检查后及时将检测报告提交有关单位，每月末（或年底）向铁道部提报月度（或年度）检测、分析报告（含轨检车线路评分统计报告表）。

2）铁路局线路动态检测。铁路局采用轨道检查车对允许速度大于 120km/h 的线路每月检查不少于 2 遍（含铁道部轨道检查车检查），对年通过总重不小于 80Mt 的正线 15 ~ 30 天检查 1 遍，对年通过总重为 25 ~ 80Mt 的正线每月检查 1 遍，对年通过总重小于 25Mt 的正线每季检查 1 遍，对状态较差的线路可适当增加检查遍数。对于检测中发现的问题，应立即通知工务段，检查后向有关单位通报检查结果，每月上旬（或年初）向铁道部提报上月（或上年度）检查、分析报告（含轨检车线路评分统计报告表）。

2. 线路维修

（1）维修分类

对于线路设备维修可分为综合维修、经常保养和临时补修（见表 4–1）。

表 4–1　维修分类

类别	主要内容
临时补修	以小型养路机械为主要作业手段，及时对线路几何尺寸超过临时补修容许偏差管理值及其他不良处所进行的临时性整修，以保证行车安全和平稳
经常保养	根据线路变化情况，以养路机械为主要作业手段，对全线进行有计划、有重点的经常性养护，以保持线路质量处于均衡状态
综合维修	根据线路变化规律和特点，以全面改变轨道弹性、调整轨道几何尺寸和更换、整修失效零部件为重点，以大型养路机械为主要作业手段，按周期、有计划地对线路进行的综合性维修，以恢复线路完好技术状态

（2）维修计划

工务段应根据铁路局下达的年度计划，编制年度分月维修计划，下达各线路车间（机械化维修车间）。其主要内容包括：线路、道岔综合维修数量；经常保养工作的重点安排；各项技术指标；劳力和主要材料计划。

线路车间（机械化维修车间）应根据工务段下达的年度分月维修计划和各项技术指标，编制月度维修计划。其主要内容包括：综合维修及经常保养的主要项目、数量、地点、材料和人工数；工作量调查、验收的人工数；日常巡查的主要内容、材料和人工数；临时补修人工数；天窗计划。

检查监控车间（工区）应根据有关规定和要求编制月度检查计划。其主要内容包括：检查的项目、范围、数量及时间；使用的仪器、量具、材料和人工数。

检查监控工区、机械化维修工区、线路工区的日作业计划，由工长负责调查与编制。

（3）维修内容

线路综合维修的基本内容主要包括：根据线路、道岔状态起道、拨道和改道，全面捣固。混凝土枕地段，捣固前撤除所有调高垫板；混凝土宽枕地段，垫砟与垫板相结合。调整线路、道岔各部位尺寸，拨正曲线。清筛枕盒不洁道床和边坡，整治道床翻浆冒泥，补充道砟，整理道床。更换、方正和修理轨枕。调整轨缝，整修、更换和补充轨道加强设备，整治线路爬行，锁定线路、道岔。矫直、焊补、打磨钢轨，综合整治接头病害。有计划地采用打磨列车对钢轨、道岔进行预防性或修理性打磨。整修、更换和补充连接零件，并有计划地涂油。整修路肩，疏通排水设备，清除道床杂草和路肩大草。修理、补充和刷新线路标志，整修道口及其排水设备，收集旧料。其他病害的预防和整治。

3. 线路大修

（1）大修范围

线路设备大修工作分为线路大修、成段更换再用轨（整修轨）、成组更换道岔和岔枕、成段更换混凝土枕、道口大修、隔离栅栏大修、其他大修（未涵盖的线路设备大修项目列为其他大修）、线路中修。在无路基病害、一级道砟、道床污染较轻、使用大型养路机械按周期进行修理的区段，通过有计划地进行边坡清筛，应取消线路中修。

1）线路大修

线路大修分为普通线路换轨大修和无缝线路换轨大修。无缝线路换轨大修按施工阶段可分为铺设无缝线路前期工程和铺设无缝线路。

普通线路换轨大修的主要内容如下：清筛道床，补充道砟，改善道床断面，整治基床翻浆冒泥和超过 15mm 的冻害，石灰岩道砟应结合大修有计划地更换为一级道砟；校正、改善线路纵断面和平面；更换Ⅰ型混凝土枕、失效轨枕和严重伤损混凝土枕，补足轨枕配置根数，有计划地将木枕成段更换为混凝土枕；全面更换新钢轨、桥上钢轨伸缩调节器、连接零件、绝缘接头及钢轨接续线，更换不符合规定的护轨；成组更换新道岔和新岔枕；安装轨道加强设备；整修路肩、路基面排水坡，清理侧沟，清除路堑边坡弃土；整修道口及其排水设备；抬高因线路换轨大修需要抬高的道岔、桥梁，加高挡砟墙；补充、修理并刷新由工务管理的各种线路标志、信号标志、位移观测桩及备用轨架；回收旧料，清理场地，设置常备材料。

铺设无缝线路前期工程的主要内容如下：清筛道床，补充道砟，改善道床断面，整治基床翻浆冒泥和超过 15mm 的冻害，石灰岩道砟应结合大修有计划地更换为一级道砟；校正、改善线路纵断面和平面；更换 I 型混凝土枕、失效轨枕、严重伤损混凝土枕，补足轨枕配置根数，有计划地将木枕成段更换为混凝土枕（另列件名）；抽换轻伤有发展的钢轨，更换失效的连接零件；均匀轨缝，螺栓涂油，锁定线路；整修路肩、路基面排水坡，清理侧沟，清除路堑边坡弃土；整修道口及其排水设备；抬高因线路换轨大修需要抬高的道岔、桥梁，加高挡砟墙；补充、修理并刷新由工务处管理的各种线路标志、信号标志、位移观测桩及备用轨架；回收旧料，清理场地，设置常备材料。

铺设无缝线路的主要内容如下：焊接、铺设新钢轨，更换连接零件、桥上钢轨伸缩调节器及不符合规定的护轨，铺设胶接绝缘钢轨（接头）并按设计锁定轨温锁定线路，埋设位移观测桩；整修线路，安装轨道加强设备；整修道口；回收旧料，清理场地，设置常备材料。

2）成段更换再用轨（整修轨）

更换再用轨（整修轨）普通线路：包括更换再用轨（整修轨）、连接零件、绝缘接头及钢轨接续线，更换不符合规定的护轨；更换失效轨枕、严重伤损混凝土枕；整修线路，安装轨道加强设备；整修道口及其排水设备；回收旧料，清理场地，设置常备材料。

更换再用轨（整修轨）无缝线路：包括清筛道床，补充道砟，改善道床断面，整治基床翻浆冒泥，石灰岩道砟应结合大修有计划地更换为一级道砟；校正、改善线路纵断面和平面；更换失效轨枕、严重伤损混凝土枕，补足轨枕配置根数，有计划地将木枕成段更换为混凝土枕；焊接、铺设再用轨（整修轨），更换连接零件，更换不符合规定的护轨，铺设胶接绝缘钢轨（接头）并按设计锁定轨温锁定线路，埋设位移观测桩；整修线路，安装轨道加强设备；整修路肩、路基面排水坡，清理侧沟，清除路堑边坡弃土；整修道口及其排水设备；补充、修理并刷新由工务管理的各种线路标志、信号标志及备用轨架；回收旧料，清理场地，设置常备材料。

3）成组更换道盆和盆枕

铺设新道岔和岔枕；铺设无缝道岔时，含焊接钢轨、铺设胶接绝缘钢轨（接头）并按设计锁定轨温锁定道岔，埋设位移观测桩；更换道砟；整修道岔及其前后线路，做好排水工作；回收旧料，清理场地。

4）成组更换混凝土枕

全面更换混凝土枕及扣件，螺栓涂油，整修再用枕螺旋道钉；清筛道床，补充道砟，整治基床翻浆冒泥和超过15mm的冻害；整修线路，安装轨道加强设备；整修路肩、道口及其排水设备；封闭宽枕间的缝隙；回收旧料，清理场地，设置常备材料。

5）道口大修

整修道口平台；更换道口铺面、护轨；改善防护设备；清筛道床，更换失效轨枕、严重伤损混凝土枕，整修线路及排水设备；回收旧料，清理场地。

6）隔离栅栏大修

更换隔离栅栏网；更换或整修隔离栅栏立柱；回收旧料，清理场地。

（2）大修设计

线路设备大修施工必须编制年度、季度和月度施工计划，以正式批准的设计文件和施工计划为依据。

线路设备大修设计工作应由专业大修设计单位承担。设计单位在勘测设计中，应征集有关工务段的意见，以供设计参考。大修设计文件的编制，应以铁路局工务处批准的“大修设计任务书”或“大修计划件名表”为依据，并由铁路局工务处审批。工作量小、技术较简单的件名可由基层单位设计和编制预算，报铁路局工务处审批。设计任务书包括任务范围、施工单位及施工期限、基本技术要求、投资控制额、提出设计文件的日期等内容。

设计文件由设计说明书、设计图表和施工预算三部分组成（见表4–2）。

表4–2　设计文件的组成

项目	内容
设计说明书	应按照不同的工程性质，分别说明工程名称及施工地段的起讫里程；原有设备状态及主要技术标准，病害情况和原因分析；设计依据；主要工程内容、数量及采用的技术标准，对施工的技术要求，如因特殊情况有不符合大修技术条件的项目时，应说明原因和解决办法；有关施工方法、质量要求、安全措施及其他注意事项；旧轨料使用数量；有关附属工程和施工单位的配合要求
设计图表	主要图表包括纵断面设计图、平面拨量表、曲线表、水准基点表以及各项工程数量表（如轨料数量计算表、补充道砟数量计算表、轨枕抽换补充数量表、路基整修工程数量表、道口及桥梁整修表等）。铺设无缝线路应有无缝线路铺设位置配轨图表、锁定轨温范围、预留轨缝表及有关设计计算书
施工预算	应根据设计说明书、设计图表、工程数量、施工方法和有关规定定额进行编制。在施工过程中，由于各种原因引起预算总额的变动或更改设计标准和方案时，应由施工单位提出变更理由，报原设计单位签署意见后，由原批准单位批准

（3）大修施工

线路设备大修施工应由专业队伍承担，并有固定的生产人员作为基本队伍。

1）施工设施

大修施工单位必须具备如下设施：铁路局应根据近、远期规划，统筹安排，修建必要的大修基地。大修基地应有足够的配线和场地，具备必要的生产和生活设施，交通便利；配备与大修施工任务相适应的施工机械、交通运输工具、通信设备和相应的检修设施；配备宿营车辆等必要的流动生活设施。

2）施工组织

线路设备大修施工单位应依据设计文件进行现场调查和施工测量，研究制定施工方案；按工程件名及批准的施工计划编制施工组织设计。其主要内容包括：设备现状；施工技术条件和技术标准；工程数量及材料供应；施工方法、劳动组织、机具使用和施工配合；按工序编制施工进度图表；保证施工安全、质量和进度的措施；施工临时设施；职工生活安排。

线路设备大修施工必须认真贯彻执行安全第一、预防为主的方针，严格执行各项施工作业标准，科学组织施工，确保施工安全、质量和进度。

施工单位应按照设计文件、有关技术标准和施工工艺流程组织施工，合理控制施工和慢行长度；施工负责人应深入现场，加强领导，落实安全责任制；线路设备大修施工实行安全监督制度。负责设备管理的工务段，必须派人常驻施工工地，加强与施工单位的联系，相互配合，密切协作，协助检查施工安全和施工质量。工务段应对施工全过程进行监督，发现施工安全隐患及质量问题时应责令施工单位立即纠正，危及行车安全时有权责令其停止施工。

3）施工制度

大修施工单位必须建立施工三检制、巡查养护制、工序交接制、隐蔽工程分阶段施工制、岗前培训制、安全检查分析制等制度（见表 4–3）。

表 4–3　施工制度

制度名称	主要内容
巡查养护制	施工现场应设置巡养人员，对施工地段进行巡查和养护，发现并及时消除危及行车安全的处所
施工三检制	在每次开工前、施工中和线路开通前，施工负责人应组织有关人员分别按分工地段对施工准备、施工作业方法和线路设备状态进行检查
隐蔽工程分阶段施工制	每阶段完成后，施工单位应会同接管单位共同检查，并填写记录，确认符合设计要求，方准开始下一阶段施工

续表

制度名称	主要内容
岗前培训制	新工人上岗前必须经过安全教育和技术培训，经考试合格方准上岗。采用新工艺、使用新设备时，必须首先制定安全保证措施和操作规程，并对职工培训后方准进行操作和调试
工序交接制	前一工序应给后一工序打好基础，在前一工序完成后，应由施工负责人组织工序负责人进行交接
安全检查分析制	施工安全工作应抓早、抓小、抓苗头、抓薄弱环节，应定期加强检查，重点加强季节性、节假日和工地转移前后的检查，及时消除隐患。应组织开展事故预想活动，预防事故的发生。对事故苗头和事故应及时分析、处理，吸取教训

二、路基养护

1．路基维修

（1）维修范围

路基维修工作包括路基设备的计划维修、小型病害整治、经常保养和巡守工作。

1）计划维修。工作范围主要包括整修各种排水设备；修补边坡植被；整修各种防护、加固设备；修理路基范围内的河岸防护、河流调节等建筑物；整修路基安全设备（栏杆、检查梯、检查台阶等清除或固定危石；修补坡面岩石裂缝；修补隔离栅栏。

2）小型病害整治。小型病害是指技术不太复杂、整治工程量较小（圬工 $100m^3$、土石方 $500m^3$ 以下）的病害。包括：堑坡、山坡上的危岩；岩（土）体裂缝；边坡溜坍、风化剥落；基床下沉外挤、基床翻浆冒泥；河岸冲刷；排水不良等。

3）经常保养。工作范围主要包括少量修补边坡植被；清除零星坍体及设备上的土石堆积；清除坡面的零星活石、松动孤石及危树（属无主树，林务管理的树及影响电力线、通信线的危树除外）；清除防护加固设备坡面的杂草，疏通各种路基建筑物的泄水孔；夯填砌体与土体间离缝；勾补脱落损坏的灰缝；夯填（填塞）影响坡面稳定的土质坡面裂缝（岩石裂缝）；整平土质路肩；清除路堤肩缘下的弃碴弃土；处理路肩低洼处的积水；清除排水设备内的淤积物及杂草；勾补脱落损坏的灰缝；修补沟内及沟帮外缘的漏水部位；保持水沟出入口畅通；经常保持路基防护栏杆、检查梯（井）等检查设备及线路隔离栅栏的完整牢固，按期涂漆防锈及加固修补；负责路基范围内的崩塌、落石、滑坡、泥石流等病害处所的报警装置中土建设施的检修保养；做好路基禁耕范围内的水土保持工作，提出路基坡面、堤脚及堑顶植被防护计划，由林务部门安排绿化；修筑、整修上山下河检查小道；其他临时修补工作。

4）巡守工作。对威胁行车安全的病害处所，应设专人看（巡）守。看（巡）守工作分为常年看（巡）守、临时看（巡）守和巡山巡河。

（2）维修计划

1）计划编制

工务段在每年秋检后，根据路基设备状态和病害情况编制路基维修年度（分季）建议计划，于11月15日前报送铁路局（公司），由铁路局（公司）编制年度计划下达工务段，工务段下达领工区，领工区根据年度计划编制全年的季度分月计划，工区工长现场调查后编制每月作业计划。

为保证月计划的完成，工长应会同班长及看（巡）守人员一道，编制日班作业计划和看（巡）守人员小修补计划。

2）编制原则

路基维修计划的编制原则主要有如下5个方面（见表4–4）。

表4–4　路基维修计划的编制原则

序号	主要内容
1	维修计划的编制应以每年秋检设备状态评定为依据，贯彻“预防为主”的方针，通过维修控制病害的发生和发展。计划编制前应充分进行现场调查，听取领工区、工区的意见，力求使计划符合实际
2	排水设备每年维修一遍，其他设备根据具体情况安排计划，以保持其经常完好状态
3	对已发生的病害应分轻重缓急，掌握施工时机，合理安排工期，力求做到治早治小
4	维修应与大修密切配合，暂时安排不上大修的病害地段应进行维修并加强巡守工作，保证行车安全
5	维修工作应充分利用人力和设备，改善劳动组织及管理水平，不断提高劳动生产率。 工务段每月25日前（统计至20日）和每季度末前，应将当月或当季维修工作完成情况报铁路局（公司）工务处

（3）路基检查

为及时掌握设备状态和病害情况，工务段对管内的路基本体及其排水、防护和加固设备应进行定期检查、经常检查、汛期检查和特殊检查。

1）定期检查

定期检查是指每年进行的防洪（春季）大检查和设备（秋季）大检查。

防洪（春季）大检查：工务段长应于每年春融、汛期之前组织路基设备全面检查工作，并参加对管内重点路基设备和重点路基病害、危险处所的检查。工务段根据检查结果提出当年防洪预抢（紧急处理）工程和调整当年大修计划的申请件名；修订防洪预案；落实度汛措施；填写路基病害登记簿。

设备（秋季）大检查：工务段长应于每年秋季组织路基设备全面检查工作。掌握管内路基病害（按有关规定划分）情况；分析病害发生原因、发展规律并拟订整治对策；编制次年路基维修计划；提出次年度大修工程和防洪工程的申请计划；填报路基病害秋检报表，编制次年汛期危险地点一览表。在秋检中，还应按有关规定进行路基设备的状态评定及病害分级。铁路局（公司）工务处应派员重点参加检查，并运用“铁路工务管理信息系统”路基秋检软件对秋检资料进行汇总、分析，提出总结报铁道部。

2）经常检查

经常检查由工务段长或主管副段长、路基技术人员、领工员、工长、看（巡）守人员负责执行。工务段长或主管副段长、技术人员应对重点病害地段进行检查，每季度不得少于一次；领工员每季度对管内路基设备应全面检查一次，重点地段不得少于两次，雨季应酌情增加检查次数；工长每月应全面检查一次，重点地段不得少于两次，雨季应增加检查次数，严密监视病害的发展；看（巡）守人员应执行工务段规定的检查区段巡回图，并有计划地登山下河进行检查。经常检查应做好记录，并由主管技术人员进行资料登记、建立病害数据库、提出病害整治方案。

3）汛期检查

工区应建立汛期检查制度、划分责任区段。每个责任区段由 2 ~ 3 人组成检查小组，负责全面检查该区段的所有路基设备及各种病害。对检查出的问题，需处理的应立即处理，处理不了的问题，应逐级上报。

汛期检查由工长负责组织，一般在雨后或每月底进行，遇大雨、暴雨和连续降雨时，应特别加强检查，注意路基及其附属设备损坏和排水不畅等病害。对检查中发现的问题，工长应优先列入次月的经常保养计划。

4）特殊检查

对于严重路基病害，除进行定期检查和经常检查外，还应进行特殊检查。特殊检查一般由铁路局（公司）路基检定队或工务段进行，必要时可由铁路局（公司）报请铁道部组织检查。

2. 路基大修

（1）大修范围

路基大修工作范围主要包括：治理路基维修工作范围以外的各种路基病害，如滑坡、边坡溜坍、崩坍落石、风化剥落、陷穴、基床下沉外挤与翻浆冒泥、河岸冲刷、水浸路基、排水不良、沙害、冻害、雪害、泥石流等。

恢复及改善路基设备的技术状态，如加宽路基、改善边坡，增设、接长、翻修路基附属设备。

（2）大修计划

路基大修应以一处病害地段为长度单位，以主要病害的处理立项，并将同一处所的其他路基病害安排在拟订件名内整治。在线路大修时，应综合考虑排水不良、基床病害、路基宽度不足等方面的治理，线路大修与路基大修协调进行，以提高工程效果。

路基大修计划确定分为调查、申报、复查和立项 4 个阶段（见表 4–5）。

表 4–5 路基大修计划的阶段

阶段	内容
调查	工务段应在当年春（秋）检中认真进行现场病害调查，并详细核对历史资料，根据病害登记簿及重点病害观测记录，分析其成因及发展变化过程
申报	根据秋检资料和路基大修工作范围，优先安排整治 A 级路基病害的原则，工务段填写“路基大修工程申请书”，于 9 月 25 日前向铁路局（公司）提出次年度计划申请
复查	铁路局（公司）根据工务段报送的申请书，结合平时掌握的设备状态及病害情况于 11 月底前完成现场核查、初定整治方案、估算投资等工作
立项	根据复查结果，按轻、重、缓、急，确定件名，纳入铁路局（公司）次年度设备大修计划

（3）大修设计

路基大修设计工作原则上应由专业设计单位承担。工程量不大，技术不复杂的件名，也可在专业设计单位技术管理下由工务段编制设计文件。大修设计文件的编制应以铁路局（公司）批准的大修工程申请书或设计任务书为依据进行。

大修工程设计时，一般的件名可以直接进行施工设计；技术复杂或投资大（100 万元及以上）的件名设计，应先提出初步设计和概算，经铁路局（公司）审查（必要时组织专家评审）同意后再进行施工设计。

大修设计文件是指导施工和进行经济核算的主要依据，必须深入调查、精心设计、认真编制。设计文件由设计说明书、设计图和预算三部分组成（见表 4–6）。

表 4–6 设计文件的的组成

名称	主要内容
设计说明书	概述设计依据、病害情况及病因分析、工程及水文地质概况、原有设备的技术状态、设计内容、施工方法、质量要求、安全措施及其他注意事项

续表

名称	主要内容
设计图	按照不同的工程需求确定图表内容（平面图、断面图及建筑物的结构详图、工程数量表、材料表），按规定的图幅、比例绘制，各种标注要清晰、规范、正确，各工程项目必须反映完全
预算	根据设计文件和施工组织方案，按照铁道部、铁路局（公司）规定的预算定额和编制办法进行编制。预算内容包括编制说明、汇总表、详细表、劳材数量分析表、材料运杂费表、工程数量计算表及汇总表等。预算费用由直接费、施工管理费、勘测设计费、其他工程费、小型机具购置费、单项独立费（必要时列）等部分组成

设计文件编制完后，经铁路局（公司）工务处审查批准后方可交付施工。设计文件的分发单位及份数由各铁路局（公司）自定。

（4）大修施工

路基大修工程，原则上应由铁路局（公司）工务系统专业工程单位施工。任务量大、技术复杂时，可以委托或发包给路内外其他单位施工，由施工单位与代建单位签订工程施工合同并报铁路局（公司）核备。对于工作量小而又分散的工程，若工务段具有施工条件和能力，则可由工务段施工。

1）施工准备阶段

施工单位接到设计文件后，应熟悉设计文件内容，编制施工组织设计（含组织措施、施工工艺、施工方法和施工步骤）；做好施工进度、劳动组织等具体安排和施工运输要点的申请、材料机具的准备；工程开工前，应进行技术交底（必要时设计人员参加），使施工人员做到心中有数。

工程开工前，施工单位应与工务段签订施工安全协议，明确施工地段的行车、设备安全管理责任，对于工程范围内受影响的设备，应与设备管理单位联系并签订相应的协议，明确职责，确保工程顺利进行，并应根据施工合同的工期要求制订施工计划，编制季、月度计划以及日班作业计划，并按规定的时间及时向有关部门提报路料运输和施工慢行及封锁计划。

2）施工阶段

施工单位应严格按照设计文件的要求和有关路基施工规范的规定施工，不得擅自变更设计内容或简化施工程序。路基大修工程需封锁线路施工时，施工单位应在开工前将施工方法、封锁时间、人员分工、质量要求及安全注意事项向职工交底，做好充分准备，以便统一指挥。

施工单位必须做好各种施工记录，加强劳材定额消耗的管理。施工负责人每日应将施工内容、完成工程数量、质量安全情况、用料品种规格及数量、施工中发现的问题和处理经过详细地填入施工日志簿内。隐蔽工程的埋藏深度、断面尺寸、地基地质及地下水等情况均应作详细记录，并经监理签认。

为保证工程质量、消除安全隐患，工务段必须对施工进行监管。技术人员及领工员有权检查管内各施工单位的路基大修工程施工，发现问题后及时向施工单位指出并督促整改。遇有重大问题时，工务段应及时报告铁路局（公司）工务处。

3）竣工阶段

路基大修工程竣工后，施工单位应做好以下工作：

全部恢复因施工拆除或损坏的建筑物；将施工记录、竣工图等资料按铁路局（公司）规定的格式和份数整理成册，报请交验；对技术复杂及采用新工艺、新技术的大修工程做好施工技术总结；及时清理施工现场，运走各种施工机具及施工余料余土；彻底清筛道床污染地段；在地下隐蔽设备起始位置设置明显的地面标志。

第二节　铁路施工

一、轨道施工

1．有砟轨道轨排换铺法

（1）轨排拼装

有砟轨道轨排采用固定式拼装作业线拼装，有挡肩轨枕轨排由散枕，翻一道枕，上锚固板，翻二道枕，灌浆锚固（无预埋尼龙套管时），翻三、四道枕，匀枕，散扣件，布轨，预上扣件，扣件紧固，质量检查，吊轨排等工序组成；无挡肩轨枕轨排由散枕、匀枕、散扣件、布枕、上扣件、质量检查、吊轨排等工序组成。

1）有挡肩轨枕轨排拼装

散枕：人工配合 17m 的 12.5t 龙门吊将组装一节轨排所需的轨枕吊到拼装台位，四根一组散开。

翻一道枕：将台位的轨枕翻转 90° 使所有轨枕侧面向上，此工序由人工用木棍配合撬棍撬拨。

上锚固板，翻二道枕：将螺旋道钉预插在锚固板上，带锚固板翻二道枕，使轨枕底面朝上。

硫黄锚固砂浆熬制：硫黄锚固砂浆配合比由试验确定，道钉锚固后的抗拔力不低于 60kN。锚固用材料必须符合《铁路轨道施工及验收规范》要求。硫黄锚固砂浆采用机械熬制，按选定的配合比，称好各种材料的一次溶制量，先倒入砂子，加热到 100 ~ 120℃时，再倒入水泥，加热到 130℃，加入硫黄和石蜡，继续搅拌加热到 160℃，熔浆由稀变稠成液胶状，即可使用。在熔制过程中，火力要控制好，火势不得过猛，应不断搅拌。

灌浆锚固脱模：将熔制好的硫黄锚固砂浆从枕底孔灌入道钉孔内，每孔需一次灌注到位。全部浇注后，经过约 1min 冷却凝固，即翻三、四道枕脱模。

匀枕，散扣件：将轨枕按设计间距匀开对齐，随即在轨枕承轨槽面两侧散布扣件，清除承轨槽上杂物，在锚固孔顶面和螺旋道钉圆台及其以下四周均匀涂上绝缘防锈涂料，道钉螺纹杆涂上机油，散胶垫。

布轨：吊轨前应检查钢轨型号、长度是否与设计一致，并将钢轨长度正负误差值写在轨头上，以便配对使用，按轨排表要求吊配轨、画轨枕间距线，于钢轨内侧用白油漆画点作为固定轨枕的位置，利用龙门吊及铁扁担吊运钢轨，送至组装作业线上方缓缓下落，人工配合使之落入承轨槽内。同时，根据轨排表控制左右两股钢轨接头相错量，再次校正轨枕间距，对超限者进行调整。

预上扣件：各种零件应安装齐全、位置正确，并戴上螺帽手拧 3 丝以上。

扣件紧固：采用电动扳手紧固，固定轨距，扭矩设定为 100 ~ 120N · m 以确保达到设计要求。

质量检查：每节轨排拼装完后由质检员详细检查扣件是否齐全，安装位置是否正确，轨距、扣件扭力是否符合规范要求。合格的轨排贴上合格标签，并按轨排表使用色泽醒目的油漆编号并标出轨排中心位置，以便铺设。

吊装轨排：经检查合格的轨排按装车表装车或吊至轨排存放区存放。

2）无挡肩轨枕轨排拼装

无挡肩轨枕轨排拼装的步骤及内容，见表 4–7。

（2）机械铺轨

轨排采用滚筒列车运输，每组 6 排，每列轨排组数由桥与桥间距离决定。轨排在轨排场吊装于滚筒列车并加固好后，用机车牵引至前方站，前方站至铺轨工地由机车推进，由滚筒列车拖拉至铺轨机内进行铺设。

1）倒装轨排

将装在滚筒列车上的轨排直接送到铺轨工地，由滚筒列车上的卷扬机设备将整组轨排（6 层）拖拉至铺轨机腹内。在小半径曲线地段拖拉时，在轨排列车边缘上加挂转向滑轮，以便将轨排顺利拖进铺轨机内，或铺轨机退至直线地段再进行拖拉。

表 4-7　无挡肩轨枕轨排拼装

步骤	主要内容
散枕	人工配合 17m 的 12.5t 龙门吊将组装一节轨排所需的轨枕吊到拼装台位，四根一组散开
匀枕、散扣件	将轨枕按设计间距匀开对齐，清除承轨槽上杂物，随即在轨枕承轨槽面放好绝缘橡胶垫板，摆好绝缘轨距块
布轨	吊轨前应检查钢轨型号、长度是否与设计一致，并将钢轨长度正负误差值写在轨头上，以便配对使用。按轨排表要求吊配轨、画轨枕间距线，于钢轨内侧用白油漆画点作为固定轨枕的位置，利用龙门吊及铁扁担吊运钢轨，送至组装作业线上方缓缓下落，人工配合使之落入承轨槽内。同时，根据轨排表控制左右两股钢轨接头相错量，再次校正轨枕间距，对超限者进行调整
上扣件	用专用工具将弹条扣上，应安装齐全、位置正确
质量检查	每节轨排拼装完后由质检员详细检查扣件是否齐全，安装位置是否正确。合格的轨排贴上合格标签，并按轨排表使用色泽醒目的油漆编号并标出轨排中心位置，以便铺设
吊装轨排	经检查合格的轨排按装车表装车或吊至轨排存放区存放

2）铺轨机对位

铺轨机自行至已铺轨排最前端的第三根轨枕时制动、对位。铺轨机走行速度以 5km/h 为宜，对位时速度控制在 1km/h。在下坡地段铺轨时，要采取防溜措施。

3）吊、落轨排

吊轨小车及铁制扁担退至机腹内预定位置，落下吊钩，钩好一排轨并吊起，吊轨小车前行，将轨排由机腹送至机臂前端，轨排平稳下落，待离砟面 30 ~ 40cm 时，两侧人员稳住轨排，对正中线，前端暂停下落，后端继续下落，与已铺轨排的前端对位安装夹板。同时，根据铺轨时的轨温，插入相应的轨缝片。待螺栓拧紧后，铺轨机摆头使轨排前端对正线路中线，必要时辅以人力，用撬棍或拨道器左右拨正，以使轨排中心与线路中线吻合，垫高前端轨排接头以便与下一节轨排连接，完全落下轨排，取出吊钩。

4）吊铺下一节轨排

一排轨铺完后，铺轨机吊轨小车退回铺轨机腹内。铺轨机前进，驶入新铺的轨排，再次对位，重复以上工序，继续铺设下一轨排。一组轨排全部铺设完后，将滑轨推回 2 号车，拖入下一组轨排，再按上述工序铺设，直至铺完整列轨排。

每班铺轨结束后，将最后铺轨的轨排编号、实际到达里程回报轨排项目队，以校正轨排表。

（3）换铺长钢轨

换铺长钢轨工作是在第一次大养后线路达到基本稳定时进行。

1）长钢轨运输及卸车

长钢轨采用长钢轨铺轨机组配套的枕轨运输车组运输，运输车前端配有过渡车（上有滚道）和下道装置。其工艺如下：

根据施工进度安排，将长轨条采用内燃机车推送长钢轨运输车到达换铺现场，运到指定地点并对位；用钢丝绳将对称的一对长钢轨轨端系牢，钢丝绳另一端固定在已铺好的线路钢轨上；利用机车反向牵引方法，将长轨条按放送位置由前往后依次放送到位。长钢轨运输车后退，长钢轨经过渡车上的滚道和下道装置卸到线路两侧；卸轨时应先确定长轨端头位置，并用机车将位置对好，将长轨前端分别用夹具夹住要卸的两根轨条，开始以不大于 5km/h 的速度退车，按此顺序循环，直至将长轨卸完，卸轨过程中要统一指挥，防止扭曲变形。

2）长钢轨换铺

长钢轨卸好之后，利用两台换轨台车进行换轨，换轨台车分Ⅰ、Ⅱ号，配有牵引车和引导架，两台台车之间用钢丝绳柔性连接。Ⅰ号用于换新轨，Ⅱ号用于收工具轨。其施工工艺如下：

待长轨卸完后，机车带长轨运输车返回基地，工地开始换轨。先用活动扳手解开工具轨的扣件；将Ⅰ、Ⅱ号换轨台车从运输车上卸下；将新轨一端放于Ⅰ号换轨台车上，牵引台车前行到待换工具轨接头处，将工具轨一端放于Ⅱ号换轨台车上；牵引台车前行，直至新轨一端能与既有轨接头相连，新轨逐渐落槽，工具轨逐渐放于道心。

2. 有砟轨道长轨条铺轨机组法

（1）作业流程

铺轨机组铺设长钢轨时的作业流程如下：

1）履带式钢轨拖拉机提前进入铺轨现场；铺轨机组主机由机车推送到线路待铺处。

2）放下履带式牵引装置，固定好作业车一位转向架；松开绑固好的各作业机构，使主机和车载龙门吊达到作业状态。

3）机车推送枕轨运输车组至铺轨现场并与主机连挂；两台车载龙门吊接力作业，不断运送轨枕到作业车轨枕传送装置上。

4）钢轨推送装置在卷扬机、导向滚轮组的协助下推送枕轨运输车组上的长钢轨至作业车前端。

5）履带式钢轨拖拉机夹持长钢轨前行，每隔 10m 在钢轨底下放一对滚筒，将长钢轨拖卸于道床两侧，轨距约为 3m。

6）机组在履带式牵引装置牵引下进行布枕收轨作业，实现边走边铺；在动力车下方进行扣件的初安装和紧固作业。

7）铺完一列轨料后，机车牵引枕轨运输车组回基地并推送另一列满载车组至铺轨现场；重复第 3）~ 6）步。

8）转场。机车牵引铺轨机组主机转场作业。

（2）准备工作

预铺 15cm 底层道砟后验收道床，设置铺轨线路中心线；长钢轨基地装长钢轨及钢筋混凝土枕；履带式钢轨拖拉机提前进入铺轨现场；铺轨机组由机车推送到线路待铺处，在距已铺轨的轨端约 0.5m 处停车，连接好机组的液压管路，启动发动机，液压系统建压；支起作业车前端液压支腿，自力放下作业车前端的履带式牵引装置，收起作业车前端液压支腿，使作业车前端支撑于履带式牵引装置上；将作业车前端转向架固定于作业车车体上，松开机组转动过程中固定好的车载龙门吊、分轨收轨装置、布枕匀枕装置等作业机构，使铺轨机组达到铺轨作业状态；对各机件进行认真检查，以确认各机件工作状态良好，并做好检查记录；枕轨运输车组由机车推送进入铺轨现场，将枕轨运输车组与铺轨机组动力车连挂并摘开机车，安装铺轨机组与枕轨运输车组之间的轨桥。

（3）长钢轨拖卸

1）卸开枕轨运输车组上的长钢轨锁紧装置（每次只允许松开所要拖拉的一对长钢轨），松开钢轨间隔铁并取掉所要拖拉的长钢轨前的挡。

2）长钢轨由动力车上的卷扬机从枕轨运输车组上拖出，并通过动力车上的分轨装置向车体两侧分出，进入钢轨推送装置。

3）钢轨推送装置驱动钢轨，通过导向滚轮组将钢轨推送到作业车的履带式牵引装置前端。

4）履带式钢轨拖拉机对位后，将钢轨固定在拖拉架的钢轨夹持器上，拖拉机向前拖拉钢轨。钢轨拖拉过程中，在长钢轨底下的道砟上每 10m 左右放置一对滚筒。

5）当长钢轨拖拉至剩下约 10m 时，拖拉机应放慢拖拉速度（小于或等于 15m/min），当长钢轨尾端拖出长钢轨对位器前最后一个导向框架之后，拖拉机速度再次减慢。此时通过无线对讲与拖拉机司机联络对位，直到长钢轨尾端与已铺设钢轨轨端基本对齐。

6）通过以上操作，将长钢轨预铺于道床上，轨距约为 3m。

（4）布枕收轨

车载龙门吊将枕轨运输车组上的轨枕转运到作业车的传送链上，由传送链传送轨枕给布枕机构；操控作业车上分收轨装置的液压缸，变换导向滚轮装置的空间位置，使其由分轨状态转换为收轨状态；通过各个分收轨装置，逐步将钢轨收入承轨槽；操控长钢轨对位器，夹持长钢轨将待铺钢轨轨端与已铺钢轨轨端对位，并用专用无孔夹板将两根钢轨连接在一起；人工控制布设第一、第二根轨枕，并调整轨枕间距，然后转换控制模式，铺轨机组的轨枕布放系统转为自动控制模式，开始均匀地布放轨枕并收轨。铺轨机组的布枕及匀枕装置在自动控制模式下作业时，计程装置也同时开始工作，向布枕、匀枕机构发出脉冲信号，匀枕机构自动调整轨枕间距。作业车上的液压平砟机构下降至道砟面，实现平砟功能。随着铺轨机组前行，预铺于道砟上的长钢轨通过钢轨导向滚轮组（收轨状态）和长钢轨就位器等，准确放置于承轨槽内，实现铺轨机组的边走边铺；长钢轨入槽前在作业车下匀枕装置后部进行橡胶垫板的放置；长钢轨就位后，在动力车下可以进行轨道扣件等的初始安装工作，上紧扣件（初装量约为10%）。检查线路，铺一列轨；一对500m的长钢轨铺设完后铺轨机组进入下一个铺设循环。

（5）工地转移

铺轨机组转场发运前仍需按操作规程要求进行班后例行检查，做好保养工作及记录；铺轨机组后退使履带式牵引装置退至轨端前约0.5m处，作业车前端的液压支腿将作业车前端支起，操纵液压控制系统，将履带式牵引装置翻起，并固定于作业车的前端；收起作业车前端的液压支腿，使作业车前端转向架恢复落座到轨道上，并解开转向架的固定装置，液压系统卸载；将两台车载龙门吊分别固定于作业车和动力车上；整理各种机具、垫木、配件集装框等，拆除动力车与枕轨运输车组的连接轨桥，并固定好各机件，铺轨机组达到挂运状态；对铺轨进行发运前的安全检查，做好检查记录并签字确认，以保证机组符合挂运要求，由机车牵引转场。

3．无砟轨道钢轨铺设

无砟轨道铺轨应在无砟道床施工完毕，经验收合格并达到规定强度后方可施工，无砟轨道宜采用钢轨纵向推送直接入槽的方法（简称纵向推送法），必要时也可采用工具轨换铺的方法（简称工具轨换铺法）。

（1）纵向推送法

1）主要铺轨设备

无砟道床长轨条铺轨机组是由机车、轮胎式钢轨引导车、钢轨推送车及长钢轨运输车组等组成的。

2）施工工艺

纵向推送法的施工工艺，见表4-8。

表4-8　纵向推送法施工工艺

步骤	主要内容
钢轨的装载	拆下上层钢轨安装托梁一端的插销，把装载上层钢轨的托梁转动腾出空间，装载下层的钢轨并压紧。转动装载上层钢轨的托梁；安装插销。装载上层钢轨并压紧，安装钢轨挡
设备编组进场	与机车连挂，运送到施工现场，铺轨列车在施工地段运行限速5km/h。当到达离已铺轨道端部500m时，机车减速到3km/h以下，在接近轨头10m处应一度停车，然后以0.5km/h的速度对位。在已铺钢轨端部安放铁鞋和止轮器，推送车前转向架的前轮与钢轨的接触点离轨端550mm以内停车，整列车制动
长钢轨牵引	首先，启动设备，启动步骤如下：开动柴油机；液压系统建压；然后，取出首车上钢轨挡，松开待拖拉的一对钢轨的压紧块；之后，开动卷扬机，钢丝绳从换向轮开始，经过推送机构，到达待拖钢轨前端，安装钢轨夹具；最后，用卷扬机把钢轨端头拖到推送机构的辊轮前端
长钢轨推送	①取下钢轨夹具；启动推送机构，推送钢轨；当钢轨端头离推送前端辊轮约15m时，钢轨变形装置上抬并靠到钢轨底部，当钢轨端头离道床面约200mm时，在钢轨底部放置一对地面滚筒，停下推送机构。②启动轮胎式钢轨引导车，钢轨与轮胎式钢轨引导车连接，启动推送机构，同时轮胎式钢轨引导车前行。③随轮胎式钢轨引导车之后，每隔10m左右在钢轨底下放置一对地面滚筒。④当钢轨尾端至推送机构时，松开推送机构，缓解列车，列车后退，直到钢轨尾部落到地面滚筒（地面）上，列车停止
长钢轨落槽	①取下钢轨对接装置，两组斜楔分别与已铺钢轨和刚铺的钢轨安装好；液压缸与斜楔装好，启动液压缸，对接钢轨，安装钢轨连接器，拆下钢轨对接装置，放到车上。②轮胎式钢轨引导车后退到对接位后前行，从钢轨底下取出地面滚筒，放到引导车上
安装扣件	长钢轨落槽后，宜每隔5～8根枕安装一组扣件，接头前后两根枕扣件应安装齐全。铺轨列车通过后，随后补齐扣件

（2）工具轨换铺法

1）主要铺轨设备

无砟道床长轨条铺轨机组是由机车、长钢轨运输车及换轨车组等组成的。

2）施工工艺

工具轨铺设：采用小型机械设备和人工配合的方式，将工具轨铺至无砟道床上，并安装扣配件。

长钢轨运输及卸车：长轨运输采用长钢轨运输车组运输，运输车前端配有过渡车（上有滚道）和下道装置。长轨单元焊处钢轨搭接量宜控制在0～150mm，锁定焊处钢轨搭接量宜控制在 1.5 ~ 2m。

更换长钢轨：长钢轨卸好之后，利用两台换轨小车进行换轨，换轨台车分 Ⅰ、Ⅱ号，配有牵引车和引导架，两台台车之间用钢丝绳柔性连接。工号用于换新轨，Ⅱ号用于收工具轨。其施工工艺如下：长轨卸完后，机车带长轨运输车返回基地，工地开始换轨，首先用活动扳手解开工具轨的扣件，然后将 Ⅰ、Ⅱ号换轨台车从运输车上卸下，之后将新轨一端放于 Ⅰ 号换轨台车上，牵引台车前行到待换工具轨接头处，将工具轨一端放于Ⅱ号换轨台车上，最后牵引台车前行，直至新轨一端能与既有轨接头相连，新轨逐渐落槽，工具轨逐渐放于道心。

4. 有砟轨道分层上砟整道

（1）重点整道

随铺轨机后，组织劳力对所铺线路进行拨正荒道、找水平等工作，以尽快提高线路质量，确保工程列车运行安全，重点整道后的线路列车运行速度应达到 15km/h。

1）拨正荒道：人工用拨道器按线路中心桩将轨道拨到正确位置使线路方向基本达到直线平直，曲线圆顺，轨道中心与线路中心偏差在 2cm 范围内。

2）串砟整道：视轨顶实际状态，用起道机起道，将轨下道砟串实、找平，消灭三角坑及反超高，做好桥头、箱涵、道口两侧线路顺坡，防止压伤钢轨及压断轨枕。

（2）大型机械铺砟整道

1）大机铺砟整道的施工方案

上砟整道作业分铺轨前的预铺部分道砟（不少于 15cm 厚）及铺轨后的重点补砟、整道、大型养路机组作业等。铺轨前预铺砟采用汽车自砟场或存砟点运输进行上砟、摊铺压实。铺轨后进行 4 次分层补砟，线路经过六捣五稳整道，尽快提高线路质量，确保列车运行安全，以满足列车开通速度达到设计目标值的要求。铺轨后的补砟主要采用 K13 风动卸砟车运输，自动卸砟。道砟由采石场装车直接运至线路上或在道砟存放场采用 ZL50 装载机装车后运至线路上。线路的起拨捣稳作业采用 MDZ 机组对线路进行六捣五稳作业。

大型机械化整道作业由布砟、起拨捣、动力稳定、整形 4 部分组成。道床布砟采用 K13 风动卸砟车，大养机整道作业 5 次后线路即可达到初期稳定状态要求，此时可进行线路锁定等作业，再进行 1 次加强捣固作业。

2）施工方法及作业流程

布砟列车布砟后，大养机组运行至作业地点，配砟整形车将道砟收拢，通过其肩犁向道心补砟，填满轨枕盒，使道砟配置高度低于钢轨头，高于轨枕不大于 10cm，随后捣固车对线路进行起道、拨道、捣固、夯拍作业。捣固车作业时，应有两人在机前沿线路前进方向清除障碍，并在 400 ~ 600m 范围内安装激光发射仪，08–32 型捣固车根据输入的资料进行光电转换，自动控制对线路的起拨捣作业。两人在机后用万能道尺对整道后的线路进行检查。

线路每次捣固作业完成后，都要用 WD–320 型动力稳定车对道床进行动力稳定以稳定、密实道床，从而全面提高线路质量及开通速度。动力稳定是通过液压缸滚轮夹住钢轨，红外线控制水平方向，机械振动传给钢轨附加荷载使道床达到密实。稳定车走行速度为 0.6 ~ 0.9km/h，由道床下层至道床上层，稳定作业速度逐渐降低。

线路经 08–32 型起拨道捣固车捣固、WD–320 型动力稳定车稳定后，即用 SPZ–200 型配砟整形车对道床按设计道床断面形状进行整形，第一、二次作业主要清除轨枕面上的道砟，并拢道砟于轨枕盒内，夯实砟肩，第三次作业时清扫拢砟，夯实砟肩。

第五遍整道作业完成后，若线路达到初期稳定状态要求，即可进行应力放散、线路锁定。利用轨检小车对轨向、高低、水平、轨距、扭曲进行检测；用道床刚度仪对枕下道床刚度、道床横向阻力进行检测。检测合格即可进行应力放散及锁定；不合格地段，要追加大机养道作业次数，直到合格。另外，还要进行轨道标高的测量，以确定精细整道的工作量。

精细整道：①对锁定完的线路还要进行精细整道，以最终使轨道线路达到稳定阶段，轨面设计标高、道床密度、道床刚度、道床横纵向阻力、轨道几何形态能够符合规定要求。②锁定好的线路由大养机组进行最后一次整道，既要对轨道水平、方向进行整正，又要对轨道标高进行微量调整，并对道床断面进行整修。③在精细整道过程中，大养机组必须在实际锁定轨温 –20 ~ 15℃范围内作业，以保证锁定轨温不变，防止发生胀轨跑道现象。

5. 工地钢轨焊接

（1）施工方法

现场长钢轨焊接可采用移动式接触焊轨机焊接，工地长钢轨焊接分为单元轨节焊接和锁定焊接两个阶段。

单元轨节的焊接是将已铺设的长钢轨焊接成长度为 1000 ~ 2000m 的单元轨节；锁定焊接是将单元轨节和单元轨节在设计锁定轨温范围内焊接，形成跨区间无缝线路。

（2）施工工艺

1）焊接设备组装调试、钢轨型式试验

按照组装程序进行设备组装及全面调试。确认设备一切正常后将待焊轨按照规定的检验要求焊接进行型式试验，确定焊接参数合格后即可开始正式施工。

2）钢轨接头除锈、打磨

在钢轨接头端面及两侧钢轨与焊机导电钳口部位间 500mm 范围内采用手提式砂轮机打磨，打磨后钢轨表面应有金属光泽，不得有锈蚀，对母材的磨耗不得超过 0.2mm。若打磨后的待焊时间超出 24h 或有油水沾污，则必须重新打磨。

3）钢轨焊接前设备检查

焊接前应按照焊机使用说明检查主机、冷却系统、液压系统、电气控制系统是否正常；检查动力电压、水温、水位、油温、油位钳口上的焊砟及其他碎屑、推瘤刀上的焊接飞溅物是否清除。焊接参数是否符合试验结果。一切正常之后，在操作司机、工长签字确认后方可进行焊接工作。

4）钢轨焊接

准备工作完成后，用机车或轨道车推送移动式焊轨车运行到焊接接头处，特制集装箱将二位端前墙向上旋转到与顶棚平齐并锁定。起吊机构连同焊机沿轨道向外移动至端墙外平台；吊臂驱动液压缸伸长降下旋转臂，将焊机降至接近钢轨，利用转盘转动，使焊机进入焊接工作位置；确保两钢轨间隙位于导轴上标记的正下方，降低焊机直到压在钢轨上。

焊机机头上的两对钳口将两钢轨轨头夹紧，自动对准系统接头两侧各 500mm 范围内在水平和纵向两个方向上自动精确地对准（两端钢轨在纵向同时被相对抬高 0.6 ~ 0.8mm/m）。两钳口在通以 400V 的直流电压后形成两个高压电极，提高焊接电流。启动焊接，激活自动焊接工序；分别进入预闪阶段，稳定的高压闪光阶段（该阶段应锁定钢轨夹紧选择开关，防止在焊接周期结束时焊机再次夹紧钢轨），低压闪光阶段，加速闪光阶段，顶锻阶段。顶锻完成以后整个焊接过程结束。随后钢轨夹紧装置快速松开两钳口，在焊机头内的推瘤刀立即进行推瘤，从而完成一侧钢轨的焊接作业。

焊机机架张开到最大位置，起升焊机直至完全离开钢轨焊接接头，去除推瘤焊砟，清洁焊机内部，然后将焊机调整到另一侧完成钢轨焊接。在完成一组焊接接头后，每间隔三根轨枕上紧扣件，焊机前行到下一个焊接接头处作业。

5）焊后接头正火

正火时接头温度应降低到 500℃以下，然后用氧气 – 乙炔加热器将焊缝加热到 850 ~ 950℃，再自然冷却。正火温度采用红外线测温仪控制。

6）钢轨焊后调直、打磨

钢轨焊缝正火后，待温度降低到 300℃以下，对钢轨进行调直。焊后打磨可以分成粗打磨和精细打磨。粗打磨是利用手提式砂轮机对焊缝及附近轨头顶面、侧面、轨底上面和轨底进行打磨。焊缝踏面部位在常温下不能打亏，打磨时不得横向打磨，打磨面应平整有光泽，不得发黑、发蓝。精细打磨时，用钢轨打磨小车、扁平锉或细砂皮纸纵向打磨，打磨后，平直度在焊缝两侧各 500mm 范围内轨顶面为 0 ~ 0.2mm/m，轨头内侧工作面为 0 ~ 0.2mm/m，轨底为 0 ~ 0.5mm/m。

7）焊接接头超声波探伤

每个钢轨焊头均进行超声波探伤，探伤前将焊缝处温度降到 40℃以下，可以用浇水法进行冷却，但浇水时钢轨温度不高于 250℃。先在经打磨过的焊接钢轨轨底、轨腰、轨头上均匀涂抹探伤专用油，然后用探头进行探伤，不得有未焊透、过烧、裂纹、气孔、夹砟等有害缺陷。

8）数据的记录及分析

每完成一个接头的焊接、除瘤、打磨、探伤后，应对相关数据、信息等资料进行收集、整理并分析、存档。

二、路基施工

1. 路基施工准备工作

要保证工程项目能够如期高质量地完成，任何一项工程在正式开工前，都必须做好必要的施工准备工作。路基施工前，必须根据工程的实际情况做好组织准备、物资准备和技术准备工作，使各项施工活动能正常进行。在施工过程中，所有的施工活动都必须严格按照有关施工规范进行，以确保工程质量，最后得到质量优良的路基实体。

开工前的组织准备工作主要是建立健全工程管理机构和施工队伍，明确各自的施工任务，制定施工过程中必要的规章制度，确定工程应达到的目标等。组织准备是其他准备工作的开始。

路基施工要消耗大量的人工、材料和机具，因此开工前应进行所需材料的购进、采集、加工、调运和储备工作，同时要检修或购置施工机械，做好施工人员的生活、后勤保障准备。劳动力、机械设备和材料的准备工作是路基施工组织计划的重要组成部分。

路基施工前的技术准备工作包括施工调查、核对设计文件、线路复测、清理施工场地以及试验段施工等工作，同时应做好施工防排水工作。此外，路基土石方调配方案，也需在开工前做好。

（1）进行施工调查

路基工程的施工调查除调查全线或全段共同需要的项目外，还应根据工程特点着重调查收集下列内容的资料，并写出调查报告：殊土地区和特殊条件下路基的地质情况、河道情况、地下水位、冻结深度、风沙或泥石流季节等；核对土石的类别及其分布，进行填料初步复查和试验；大量石方爆破地段的地形、地貌、地质和附近居民、建筑物、交通与通信设施情况；大型土石方施工机械的运输及组装场地；农作物收割、播种季节及平均产量和办理用地、补偿工作所需的资料；办理房屋、道路、管线、线路等拆迁补偿工作和清理施工场地所需的资料；修建各项临时工程和施工防排水的措施；新技术、新材料等特别需要的资料。

（2）接受施工图表

施工图表是铁路施工单位进行铁路施工的重要依据，只有在接到施工设计文件和图表后才能照图开始施工。路基工程必须按照批准的设计文件施工，如需变更，应按铁道部现行的变更设计处理办法执行。路基施工图表的内容见表4–9。

表4–9　路基施工图表

内容	用途
路基横断面图	路基施工应根据横断面图进行
填挖高度、路基面宽度、边坡表	了解路基填筑高度、开挖高度、路基面宽度和路基边坡坡度
土石方数量表	了解路基土石方量
加固工程表	了解路基加固地段的地点、加固类型

需要特别指出的是，施工单位接到设计文件后，应组织有关技术人员进行审核，及时到施工现场核对。如发现误差，应与设计人员联系，更正设计错误。必要时，会同设计单位、建设单位（监理单位）进行图纸会审，共同解决设计文件中的差、错、漏等问题。会审会议必须做好相应的会议纪要，并尽快发放到参加会议的各方代表手中。会议纪要是竣工资料的重要组成部分，具有与施工图表一样的法律效力。

（3）测量放线

线路中线是线路施工的平面控制系统，也是铁路路基的主轴线，在施工时必须保持定测时的位置。由于定测以后往往要经过一段时间才进行施工，定测时所钉设的桩点不可避免地会丢失或被移动。因此，在线路施工开始之前，必须进行一次中线复测，把定测时的中线恢复。同时，还应检查定测资料的可靠性，这项工作称为线路复测。它包括钉好百米标桩、边桩和加桩，钉好圆曲线和缓和曲线，核对地面标高和原有水准基点，并增设施工时需要的临时水准基点等。

由于在施工阶段对土石方的计算要求比设计阶段准确，横断面要求测得密些，所以需要设置加桩。

修筑路基之前，需要在地面上把标志路基的施工界线桩钉出来，作为线路施工的依据，这些标桩称为边桩。测设边桩的工作称为路基边坡的放样，具体来说就是要沿线路中线桩两侧用桩标志出路堤边坡坡脚和路堑边坡坡顶的位置，作为填土或挖土的边界。路基工程的填挖方都是根据边桩起坡的，因此，正确确定边桩的位置对整个施工十分重要。边坡放样的方法很多，常用的有图解法和逐步接近法。

（4）清理施工现场

清理施工现场的主要内容，见表 4-10。

表 4-10　清理施工现场

项目	内容
改移线路	对于施工用地范围内的各种管线，如水渠、通信电缆、电网等，必须在工程开工前与相关部门取得联系，尽快进行线路的改移。临时运输道路、施工管道等均应满足开工需要。当利用原有公路运输大型机械时，应先进行实地检查，当其路基、桥梁宽度和载重等级以及最小曲线半径不适应时，应采取临时加宽或加固措施
拆迁建筑物	新建铁路经过的地区，常常需要对建筑物进行拆迁，如房屋、水井、坟墓等。必须事先明确搬迁、拆除或防护方案的完成期限，以保证在工程开工之前，拆迁工作已全部办妥。同时，对拆迁户应按照国家有关规定给予补偿。修筑路基可能对当地环境产生不良影响，如取土、弃土、爆破、尘埃、噪声以及开挖填筑涉及原有的灌溉、蓄水系统时，如果不妥善处理，均可能造成不良后果。因此，在修建路基时，应重视农田水利、节约用地，并注意环境保护
征租土地	铁路用地及界内设施的拆迁、补偿必须遵守《国家建设征用土地条例》的有关规定。通常的办法是依据设计规定的路基用地范围与取、弃土用地范围划定用地界限计算征地数量；同时依施工设备、料场、生产和生活房屋等计算租地数量。向政府土地管理机关报送征、租地计划，经批准后按政府统一定价补偿
砍伐树木	路堤基底及路堑顶面范围内的树木以及有可能影响行车安全的树木，应在施工前予以砍伐或移植。若路基内留有树木，则会因腐朽或发育降低土体密度和强度，对基床的影响尤其大；在填方地段，树墩还有碍于土的压实作业。在挖方地段砍伐，应拔出树墩和主根。在填方地段砍伐，主根以上填筑高度大于基床厚度时，可留置露出地面不大于 0.2m 且不侵入路基基床部分的树墩；主根以上填筑高度等于或小于基床厚度时，应拔除树墩主根。在森林地带或有风沙、雪害及洪水冲刷的线路上砍伐和移植树木时，应根据当地条件进行特殊处理

续表

项目	内容
干燥场地	与湿润土壤相比，干燥土壤更容易挖掘和运送，用它做材料所建造的路基工程的质量也更加稳定。因此，在工程开工之前，应当对施工场地作必要的处理，使之先行干燥。干燥场地最主要的是修建良好的排水设备，做到地面排水和地下排水两不误

（5）试验段施工

高速铁路、一级铁路、特殊地区铁路以及采用新技术、新工艺、新材料的路基，在正式施工前，应采用不同的施工方案和施工方法铺筑试验段并进行相关的试验分析，从中选出最佳施工方案和施工方法以指导大面积路基施工。所铺筑的试验段应具有代表性，施工机械和工艺过程要与以后全面施工时相同。通过试验段施工可确定不同压实机械压实各种填料的最佳含水量、适宜的分层厚度、相应的碾压遍数、最佳机械配置和施工组织方法等。

2. 土质路堤施工

为保证路堤具有足够的强度、良好的稳定性及耐久性，应选用符合要求的填料，采用合理的方法来填筑路堤。在土质路堤的施工过程中，尤其要重视对填土的压实。

（1）路堤基底的处理

路堤填筑前，应按基底的土壤性质、基底地面所处的自然环境状态，结合对基底的稳定性要求等，采取相应的方法和措施对基底进行处理，其作用是保证路堤的稳定，使之不致产生滑移和过度沉陷等现象。基底处理所涉及的因素很多，影响最大的因素有 4 个，即基底土的土质、路堤高度、地下水、坡度。具体的处理方法可视具体情况采取相应措施，见表 4–11。

表 4–11　路堤基底处理方法

顺序	路基及基底情况	原地面横向坡度	基底处理方法
1	基底土密实	<1：10	路堤可直接修筑在天然地面上
2	不填不挖及路堤高度低于 1.2m 的地段	<1：10	应清除草皮
3	在稳定的斜坡上	1：10 ~ 1：5	应清除草皮
		1：5 ~ 1：2.5	原地面应挖成台阶，台阶宽度不小于 1m
		>1：2.5 或基底下有松软底层时	应检算路基顺基底下软弱层滑动的稳定性，当稳定性不够时，应在路堤下方设计支挡建筑物或采取其他措施，施工中按照设计文件规定办理

续表

顺序	路基及基底情况	原地面横向坡度	基底处理方法
4	基底有地下水		采取拦截引排措施将地下水引排至路堤基底范围以外，如果处理有困难，则以渗水或不易风化的岩石填筑在路堤底部
5	基底为耕土或松土	松土厚度不大于0.3m	应先将原地面夯实再行填筑
		松土厚度大于0.3m	应将松土翻挖，分层回填压实
6	经过水田、池塘或洼地时		应根据具体情况，采取排水疏干，挖除淤泥，抛填片石或砂砾石等处理措施，保持基底稳定

（2）路堤填料的选择及鉴别

1）土的可松性

天然土体或岩石在施工过程中的变化，一般可以概括为3种状态，即开挖前的自然状态，挖掘、装运后的松散状态和压实后的密实状态。自然状态下的土，经过开挖以后，其体积因松散而增大，以后虽经回填压实，仍不能恢复成原来的体积，这种性质称为土的可松性。

由于土方工程量是以自然状态下土的体积计算的，所以在计算土方调配、土方施工机械及土方运输工具数量时，应考虑土的可松性。土的可松性可用松方系数、压缩系数和沉陷系数来表示。

2）填料的选择

填料选择的好坏是决定能否形成坚固、稳定的路堤的重要因素。根据填料的颗粒组成、颗粒形状及塑性指标进行分类，可将填料分为岩块、粗粒土以及细粒土三大类。岩块是指粒径大于20mm的颗粒含量大于全重50%的填料，包括块石和碎石。粗粒土是指粒径大于20mm的颗粒含量大于全重的50%的土，包括砾石和砂类土。细粒土是指粒径小于0.1mm的颗粒含量大于全重50%的土，包括粉土和黏性土。

为便于工程施工时的选择应用与管理，增强填料适用性，根据填料本身的风化程度及级配的优劣，将其归纳为5个组，具体如下：

A组为优质填料，包括硬块石、碎石土、粗砂、中砂、级配良好的漂石土等。

B组为良好填料，包括软块石、碎石土、粗砂、中砂、级配不好的漂石土等。A、B两组填料在填筑路堤时可以任意使用。

C 组为可使用的填料，包括粉砂、粉土、滑石类土等。该组填料在使用时应限制其使用范围或对其作特殊处理。例如，白垩土及滑石类土，仅允许用于基底干燥且不受水浸的较低路堤，并在使用时进行个别设计，采取措施保持路基本体不致受水影响。又如，带有草皮的表层土，不得填于高度在 1.2m 以内的路堤。当路堤高于 1.2m，且地面横向坡度小于 1∶5 时，可将其打碎用于路堤下层。

D 组为不应使用的填料，包括黏粉土、风化严重的软块石等。原则上一般在路基工程中不采用这一组别的填料，在不得不使用 D 组填料时，应按设计要求采取改良土质、加强压实以及做好防排水工程、加固坡面护坡等措施。

E 组为严禁使用的填料，主要是指有机土，如淤泥及淤泥质土、含石膏及其他易溶盐类含量超过容许限度的土。该组填料绝对不得用于路堤填筑。

3）填料的鉴别

填料的鉴别主要有两种方式：一种是野外鉴别，另一种是实验室分类。野外鉴别主要适用于工地的现场作业。对于岩块和粗粒土，一般用手触感觉（手感）、目视观察（目测）等简易方法鉴别。对于细粒土的鉴别就要相对复杂得多，它分为 4 个步骤，即摇震反应、韧性试验、干强度试验和光泽反应，通过以上简易试验，可以对细粒土进行野外鉴别定名。建筑材料在使用之前必须经过严格的试验，得到符合规范要求的指标以后方可使用，填料也不例外。填料的实验室分类是按照下列各项试验进行的：筛分法、液限及塑限试验、对特殊土辅以专门的鉴别试验、计算 C_u（不均匀系数）和 C_c（曲率系数）值，据此判别填料级别。

（3）土质路堤填筑

路堤本体各部分以及填筑的护道均应分层填筑并压实到规定的密度。“分层填筑”和“压实达到标准”是对路堤填筑的基本要求，对于在不同条件下保证其实现的作法要求，则应根据不同的情况分别考虑。同时，压实层的铺填厚度和压实的遍数应通过试验合理确定。

1）填筑方法

铁路列车运行对线路平顺性的要求很高，路堤填筑质量直接关系到列车运行的舒适度和安全度。要保障路堤的填筑质量，就应严格按照横断面、全宽度、逐层、水平铺填并夯实路基。

分层填筑时，原则上最好采用同一种类的填料，从下而上逐层填筑、碾压密实，如原地面不平，则应由最低处分层填起。

当必须使用不同类土填筑路堤时，不得将两种及两种以上填料混杂混填，因为采用混杂填筑不能保证填料种类的特点以及压实的均匀性，且易于在路堤内形成水囊，降低路基施工质量。故一般采用下列填筑方式：

将渗水性较强的土填于渗水性较弱的土层上时，在渗水性弱的土层面，应做成向两侧 1% ~ 4% 的横坡以利排水。

将渗水性较弱的土填于渗水性较强的土层上时，在渗水性强的土层面，应保持水平坡面或做成凸形。如果两类填料的颗粒大小相差悬殊，则应在层间设置相应的垫层，以防止上层细粒土落入下层内。

当分层填筑不适宜时，一般将渗水性较弱的土层填在堤心部分，顶部及两侧填筑渗水性较强的土，通常称这种路堤为“包心路堤”。当下层堤心部分为含水量较大的土，而以渗水性较弱的一般黏性土包在外层时，应在坡脚设置滤水趾，以促进堤心土体的固结。

填筑涵管两侧路堤缺，应从涵管的两侧不小于涵管孔径 2 倍的宽度内，对称水平分层填筑，以免涵管两侧因受力不均而产生位移、开裂等现象。

为了避免桥台背后的填土因水浸或受冻对桥台产生附加推力，在台后下方不小于 2.0m、上方不小于 2.0m 加桥台高的范围内，应以渗水土填筑。确有困难时，除严寒地区外，亦可采用一般黏性土填筑。对于各类土的填筑，均应严格夯实。采用一般黏性土做填料时，其密度要求达最佳密度的 90%。

2）施工注意事项

在填筑路堤时，应注意以下内容：

施工前，必须对地基进行复查核对及处理，并随即填筑。发现地基范围内有泉眼、坑穴或局部松软等，应慎重处理，不得随意填塞。

路堤填料的选择应满足“路堤填料选择”的要求。填料的挖、装、运、铺及压实应连续进行，以防止填料的物理、化学特征（如级配、塑性、液限、风化程度、含盐量等）随时间或在作业过程中丧失或转变，应使路堤上的实际填料尽可能与选定的相符。在作业过程中，对细粒土和粉砂、黏砂填料，应避免其含水量的不利变化；对粗粒土和软块石，应防止产生颗粒的分解、沉积和离析。

对分层填土的厚度和要求夯压的次数应严格控制。填土厚度应均匀，以保证每一填层各深度的压实密度均匀一致。压实层面应碾压或夯压至大致平整，以保持上一层填土厚度均匀，局部凸凹差不大于 30mm。压实密度及其均匀性应经检验符合要求后方可在其上继续填筑。逐层检验控制填筑是为了确保整个路堤的密实度符合要求。为适应机械化施工的发展，需采用并不断研究快速检测技术。一般层厚以 30cm 为宜。

在完工的路堤结构顶面上，除压实、平整和运铺底砟的机械外，不应行驶其他大型机械和车辆，以防止路拱外形受损及路基面上产生坑槽积水。

当土质不良时，可以采取向土中加入掺合料的办法，以改善和提高填料的稳定性、防水或排水性、压实性和强度。当采用掺合料改良土质时，应先摊平土料，再散布掺合料，用犁、耙或其他方法充分拌合，经检查无明显的不均匀现象方可使用。应特别注意的是，掺料土所含成分的均匀性是改良土质能否达到预期效果的关键。检查均匀性一般以观察其色泽为主，也可采取其他野外鉴别方法；当设计对掺料土均匀性有指标要求时，还需按其指定的试验方法检测控制。

3）填土压实

天然结构的土，经过挖、运、填等工序后变为松散状态，必须将路基填土碾压密实，保证路堤获得必需的强度和稳定性。如果路基压实不好，基础不稳，就会影响轨道的平顺性。因此，压实工作对路基施工是至关重要的。

填土的压实方法有碾压、夯实和振动。平整场地等大面积填土工程多采用碾压法，对较小面积的填土工程则宜采用夯实法和振动压实法。相应的压实机械也可以分为碾压式、夯击式和振动式三大类型。此外，运土工具中的推土机、铲运机以及汽车也可用于路基压实。

碾压法是利用机械滚轮的压力压实土壤，使之达到所需的密实度。碾压机械有平碾、羊足碾和气胎碾等。平碾又称光碾压路机，是一种以内燃机为动力的自行式压路机。平碾按重力等级分为轻型（30 ~ 50kN）、中型（60 ~ 90kN）和重型（100 ~ 140kN）三种，适于压实砂类土和黏性土。

夯实法是利用夯锤自由下落的冲击力来夯实土壤，分人工夯实和机械夯实两种。人工夯实所用的工具有木夯、石夯等；常用的夯实机械有夯锤、内燃夯土机和蛙式打夯机。夯实机械具有体积小、质量轻、对土质适应性强等特点，在工程量小或作业面受限制的条件下尤为适用。

振动压实法是将振动压实机放在土层表面，借助振动机构使压实机振动，土的颗粒发生相对位移而达到紧密状态。用这种方法振实非黏性土效果较好。振动碾是一种振动和碾压同时作用的高效能压实机械，比一般平碾提高工效 1 ~ 2 倍，适用于对爆破石砟、碎石类土、杂填土或轻亚黏土的压实。

路基的压实作业，在操作时应遵循“先轻后重、先慢后快、先边后中”的原则。

所谓先轻后重，是指开始时先使用轻型压路机进行初压，随着被压实层密度的增加，逐渐改用中型或重型压路机复压。

所谓先慢后快，是指压路机碾压速度随着碾压遍数的增加可以逐渐加快。这是因为初压作业时，土壤较松散，以较低的速度进行碾压，可以使碾压的作业时间长一些，作用深度大一些，土壤的变形也就充分一些，以利于发挥压路机的压实功能，避免因碾压过快造成推拥土壤或陷车。随着碾压遍数的增加而加快碾压速度，有利于提高压路机的作业效率和表层的平整度。

所谓先边后中，是指碾压作业始终坚持从路基两侧开始，逐次向线路中心碾压的原则，以保证路基的设计拱形和防止路基两侧坍塌。

另外，在碾压过程中，应始终保持压路机行驶方向的直线性。到达一碾压地段的尽头时应迅速而平稳地换向，并使左右相邻两压实带有 1/3 的重叠量，以保证碾压质量。对于压不到的边角，应辅以人力或小型机具夯实。

影响填土压实质量的因素有很多，其中最主要的有土的含水量、分层厚度、压实机械以及压实遍数。

①土的含水量。路堤施工前，对筑路用的土应由试验人员进行试验和测定，以决定最佳含水量和密度。在施工中还必须经常量测实际填土密实度（一般是用土壤湿度密度仪或核子湿度密度仪进行测定），以便及时发现问题进行纠正。土的最佳含水量、最佳密度参考值见表 4–12。

表 4–12　土的最佳含水量、最佳密度参考值

顺序	土的种类	变动范围	
		最佳含水量（%）	最佳密度（g/cm^3）
1	砂土	8 ~ 12	1.80 ~ 1.88
2	粉土	16 ~ 22	1.61 ~ 1.80
3	亚砂土（黏砂土）	9 ~ 15	1.85 ~ 2.08
4	亚黏土（砂黏土）	12 ~ 15	1.85 ~ 1.95
5	重亚黏土	16 ~ 20	1.67 ~ 1.79
6	粉质亚黏土	18 ~ 21	1.65 ~ 1.74
7	黏土	19 ~ 23	1.58 ~ 1.70

填筑路堤用土的含水量需严格控制，应等于或接近最佳含水量。这是因为细粒土和粉砂、黏砂填层的压实密度是以压实系数 K 值（即达到按规定试验方法测定的填料最大密度的百分比值）为标准的，而最大密度是在最佳含水量时进行压实试验所得到的密度。当含水量小于或大于最佳值时，即使其他压实条件相同，密度也将小于其最大值，甚至达不到要求值。因此，在施工时填层的实际含水量应尽量接近其填料的最佳含水量。

当填料含水量高于限值时，应采取排水疏干、松土晾干等措施；当含水量过低时，应洒水湿润，也可先挖弃表层土，取用含水量适当的底层土。

②分层厚度。压实机械的压实作用，随土层深度的增加而逐渐减小。在压实过程中，土的密实度也是表层较大，随深度加深而逐渐减小，超过一定深度后，虽经反复碾压，土的密实度仍与未压实前一样。各种压实机械的压实影响深度与土的性质、含水量有关，所以每层铺土厚度应根据土质、压实的密度要求和压实机械的性能确定。

③压实机械。不同的压实机械，适用于不同土质、土层厚度等条件，这是选择压实机械的主要依据。表 4-13 中列出了各种土质适宜的压实机械。正常条件下，对于砂性土的压实效果，振动式较好，夯击式次之，碾压式较差；对于黏性土，则宜选用碾压式或夯击式，振动式较差甚至无效。不同压实机械，在最佳含水量条件下，适应于一定的最佳压实厚度以及通常的压实遍数。

表 4-13　各种土质适宜的压实机械

名称	最大有效压实厚度（实厚）（m）	碾压行程次数				适宜的土类
		黏性土	亚黏土	粉砂土	砂黏土	
人工夯实	0.10	3 ~ 4	3 ~ 4	2 ~ 3	2 ~ 3	黏性土与砂性土
牵引式光面碾	0.15	–	–	7	5	黏性土与砂性土
羊足碾（2 个）	0.20	10	8	6	–	黏性土
自动式光面碾 5t	0.15	12	10	7	–	黏性土与砂性土
自动式光面碾 10t	0.25	10	8	6	–	黏性土与砂性土
气胎路碾 25t	0.45	5 ~ 6	4 ~ 5	3 ~ 4	2 ~ 3	黏性土与砂性土
气胎路碾 50t	0.70	5 ~ 6	4 ~ 5	3 ~ 4	2 ~ 3	黏性土与砂性土
夯击机 0.5t	0.40	4	3	2	1	砂性土
夯击机 1.0t	0.60	5	4	3	2	砂性土
夯板 1.5t 落高 2m	0.65	6	5	2	1	砂性土
履带式	0.25	6 ~ 8		6 ~ 8		黏性土与砂性土
振动式	0.40	–		2 ~ 3		砂性土

④压实遍数。填土压实后的密实度与压实遍数有关。土在一定的含水量条件下，开始压实时土的密实度急剧增加，经过一定的压实遍数后，接近土的最大干密度。在此之后虽经反复压实，其密度也不再变化。因此，对不同的土，各类压实机械的

压实遍数也不同，对压实后的密实度要求不同，各类压实机械的压实遍数也不同。

4）预留沉降量

预留沉降量也称为沉落量，是在填筑路堤时，考虑到施工时和竣工后路堤本体的压缩与固结，根据堤高、填料种类及压实条件，并结合地基情况、施工季节、延续时间以及施工观测等具体情况而采取的适当抬高路堤的措施。由于影响预留沉降量的因素很复杂，不宜机械地规定。因此，必须在施工过程中从维修和使用的角度出发，按照工程实际需要与可能适当取值。

土质路堤的预留沉降量，就当前沿用的常规施工的技术条件下，仍然必须保证。《铁路路基施工规范》对路堤预留沉降量的取值如下：当路堤高度小于 20m 时，可按平均堤高的 0 ～ 2.5% 预留沉降加高量（注：路堤高度变化在 4m 以内的地段方可按该段堤高的平均值预留沉降加高量）；当路堤高度大于 20m 时，除按设计加宽外，可按平均堤高的 0 ～ 1.5% 预留沉降加高量；对于很低的或加强压实的以及观测表明已沉降稳定的路堤，均可不加或少加（小于堤高的 0.5%）沉降量。在地基较坚硬地段，填筑级配良好不易风化的块石且用重型机械碾压的路堤，预留沉降量可控制在堤高的 0 ～ 0.5%。只要在施工中保持了分层填筑、填塞空隙，填石路堤的沉降量是较小的。

预留沉降量的路堤，仍保持设计坡脚不变，而将施工边坡略陡于设计边坡，路基面不小于设计宽度，即路堤施工坡度应按加沉落土后的路基面宽度仍符合设计宽度的原则进行检算。对中心高度大于 12m 的路堤，应在施工期间选定代表性断面进行沉降观测，以便能够根据观测结果合理、准确、有效地确定或调整预留沉降量。观测点宜分别埋设在路堤基床以下部分堤高的 1/2 处、2/3 处和基床底面。根据观测结果，可适当调整预留沉降量。当填筑至基床底面时，沉降曲线表明沉降已趋稳定，预留沉降加高量可减少或只按基床高度加高。

路堤交付铺轨时，预留沉降加高的路基面应保持平顺。

在不适宜预留沉降高度的地段，如站场，应考虑加强压实以提高填层密度，或采取预压加速沉降等措施。交付铺轨时，预留沉降加高的路基面应保持平顺，必要时，预留沉降高度应作适当调整。路基面的抬高，应向邻接的填挖交界或桥台以及预留沉降量较小的地段顺坡递减，递减的纵坡不宜大于线路的最大限制坡度，困难条件下不得超过最大限制坡度加 2‰。

3．土质路堑施工

（1）路堑开挖方法

路堑开挖是将路基范围内设计标高之上的天然土体挖除并运到填方地段或其他指定地点的施工活动。深长路堑往往工程量巨大，开挖作业面狭窄，常常是一段路基施工进度的控制性工程，因此应因地制宜，以加快施工进度、保证工程质量和施工安全为原则，综合考虑工程量、路堑深度和长度、开挖作业面、地形与地质情况、土石方调配方案、机械设备等因素，制定切实可行的开挖方式。根据路堑深度和纵向长度，开挖时可按下列几种方法进行。

1）单层横挖法

单层横挖法是从路堑的一端或两端按路堑横断面全高和全宽，逐渐地向前开挖，挖出的土石，一般是向两头运送。这种开挖方法，因工作面小，仅适用于短而浅的路堑，可一次性挖到设计标高。

2）多层横挖法

如果路堑较深，可以在不同高度上分成几个台阶同时开挖，每一开挖层都有单独的运土出路和临时排水措施，做到纵向拉开，多层、多线、多头出土。这种开挖方法称为多层横挖法。这样能够增加作业面，容纳更多的施工机械，形成多向出土以加快工程进度。

3）分层纵向开挖法

分层纵向开挖法是开挖时沿路堑纵向将开挖深度内的土体分成厚度不大的土层，在路堑纵断面全宽范围内纵向分层挖掘。这种施工方法适宜于宽度和深度均不大的长路堑。

4）通道式纵挖法

通道式纵挖法是开挖时先沿线路纵向分层，每层先挖出一条通道作为机械运行和出土的线路，然后逐步向两侧扩大开挖，直到设计边坡。这种施工方法为纵向运土创造了有利条件，适宜于路堑较长、较宽、较深而两端地面坡度较小的情况。

5）纵向分段开挖法

如果所开挖的路堑很长，则可在一侧适当位置将路堑横向挖穿，把路堑分为几段，各段再采用纵向分层或纵向拉槽开挖的方式作业，这种开挖路堑的方法称为纵向分段开挖法。这种挖掘方式可增加施工作业面，减少作业面之间的干扰并增加出料口，从而大大提高工效，适用于傍山的深长路堑的开挖。

（2）路堑开挖注意事项

根据以往的经验，路堑开挖中发生的问题，多数是水造成的，因此，在路堑的施工过程中，无论采用哪种开挖方法，均应保证在开挖过程中及竣工后的顺利排水。为了及时将水排出，开挖底面要经常保持一定的纵向排水坡度，这样做不但对排水有利，而且对运输也有利。保证纵向坡度的办法有：

1）路堑设计有纵向坡度时，下坡端直接挖到底，使其纵向坡度与设计坡度一致；

上坡端挖至能保持从线路纵向坡度反方向排水为限，剩余部分再从下坡端开挖。

2）路堑设计为平坡时，两端都挖成向外的下坡，最后挖除剩余部分成平坡。

路堑开挖时，要经常检查路堑边坡与设计边坡是否一致。每挖到一定深度或接近变坡点位置时，应恢复中线并抄平，及时掌握开挖底面的标高。尤其是当开挖深度接近路基面时，更应勤加检查，以免造成超挖欠挖现象。

弃土堆的位置，应按有关规定做好规划，严格按规划施工。要避免因弃土太近，增大坡顶压力，造成边坡坍塌现象，因此，要求弃土堆内侧坡脚至堑顶边缘之间，一般应留有 2 ~ 5m 距离（称为隔带）。

4. 石质路基施工

（1）石质路堤施工

填石路堤是指用挖方地段的石方弃碎或其他来源的石料填筑的路堤，它的填料性质、填筑方法、压实标准及边坡的防护等与土质路堤有很大的差异。

1）用不易风化的石块填筑路堤

填石路堤的基底处理与土质路堤相同。在路堤靠近路基面部分，因受列车动力作用的影响大，路基面下 0.3m 内不得使用大于 15cm 的石块，以免轨枕受力不均被折断；在路基面下 1.2m 以内应分层填筑，石块要整平、排紧，大面向下，石块间的空隙用小石块填塞，使之稳定密实；路基底部（路堤 $H/3$ 以下部分，一般采用 3 ~ 5m）分层铺填；其他部分则先码砌两侧边坡，然后在两侧码砌边坡之间，用倾填的办法进行填筑。填腹工作紧随着边坡的码砌进行，随码随填。

倾填石块，要求 25 ~ 40cm 的石块不得少于 80%。根据落差、高度、岩石性质及石块摔碎情况，可在倾填时掺入 15 ~ 25cm 的石块约 20%。小于 15cm 的石块或大于 40cm 的大片石及长条状的石块，均不宜填入。

路堤边坡面层应以较大的石块码砌。码砌厚度下部 2m，自下而上逐渐减薄为 1m，边坡码砌的方法有两种：台阶式和栽砌式。

2）用易风化的石块填筑路堤

原则上，暴露在大气中风化速度较快的石块不宜做填石路堤的填料，必须用这种强风化石料或软质岩石填筑路堤时，应先检验 CBR 值是否符合土质路堤的填土质量要求，CBR 值符合要求的按土质路堤技术要求进行填筑，不符合要求的不得使用。

所谓 CBR 试验，是将规定的探头贯入土中，在一定的贯入深度时，以其对应的荷载强度和 CBR 基准比较，来确定地基承载能力的相对值。CBR 基准是用美国加州的一种具有代表性的未筛碎石进行多次试验而得到的，并将其平均值定为 100%。CBR 试验的贯入探头直径为 50mm，和铁路道砟的尺寸相近。试验将探头贯入土中的过程和道砟在列车荷载的作用下挤陷入基床表面的现象极为相似，所以将 CBR 试验应用于铁路路基压实的质量管理是比较合理的。

施工时，应分层填筑，每层厚度约为 50cm，块石应大面向下，摆放平稳，间隙以小石块、石屑填塞。对可压碎的风化石块，应尽量分层压实。

（2）石质路堑开挖

由于岩石坚硬，石质路堑的开挖往往比较困难，这对路基的施工进度影响很大，尤其是工程量大而集中的山区石方路堑更是如此。因此，采用何种开挖方法以加快工程进度，是石质路堑开挖需要解决的重要问题。通常，应根据岩石的类别、风化程度、节理发育程度、施工条件及工程量等选择爆破法、松土法或破碎法进行开挖。

爆破法是利用炸药爆炸的能量将土石炸碎以利挖运或借助爆炸的能量将土石移到预定位置。用这种方法开挖石质路堑具有工效高、速度快、劳动力消耗少、施工成本低等优点。对于岩质坚硬、不可能用人工或机械开挖的石质路堑，通常要采用爆破法开挖。爆破后用机械清方，是非常有效的路堑开挖方法。

根据炸药用量，爆破法分为中小型爆破和大型爆破，其中使用频率最高的是中小型爆破，大型爆破的应用则受多种因素的限制。例如，开挖山岭地带的石方路堑时，如果岩层不太破碎，路堑较深且线路通过突出的山嘴，则采用大型爆破开挖可有效提高施工效率；如果路堑位于页岩、片岩、砂岩、砾岩等非整体性岩体上，则不应采用大型爆破开挖，尤其是路堑位于岩石倾斜朝向线路且夹有砂层、黏土层的软弱地段及易坍塌的堆积层时，禁止采用大型爆破开挖，以免对路基稳定性造成危害。

松土法是充分利用岩体的各种裂缝和结构面，先用推土机牵引松土器将岩体翻松，再用推土机或装载机与自卸汽车配合将翻松的岩块搬运到指定地点。松土法避免了爆破作业的危险性，而且有利于挖方边坡的稳定和附近建筑设施的安全。凡能用松土法开挖的石方路堑，应尽量不采用爆破法施工。随着大功率施工机械的应用，松土法越来越多地应用于石质路堑的开挖，而且开挖的效率也越来越高，能够用松土法施工的范围也不断扩大。

破碎法是利用破碎机凿碎岩块，然后进行挖运等作业。这种方法是将凿子安装在推土机或挖土机上，利用活塞的冲击作用使凿子产生冲击力以凿碎岩石，其破碎岩石的能力取决于活塞的大小。破碎法主要用于岩体裂缝较多、岩块体积小、抗压强度低于 100MPa 的岩石，由于开挖效率不高，只能用于前述两种方法不能使用的局部场合，作为爆破法和松土法的辅助作业方式。

三、桥梁施工

1．混凝土简支梁桥施工

（1）概述

混凝土简支梁桥的施工方法可以分成就地浇筑和预制安装两类。

就地浇筑法无需预制场地，并且不需要大型吊运设备，梁体的主筋也不中断。但是，工期较长，需要支架，施工质量不如预制安装法容易控制，而且由收缩和徐变引起的预应力损失也较大。

预制安装法施工的优点是，上、下部结构可平行施工，工期较短；混凝土收缩和徐变的影响较小，质量容易控制；有利于组织文明生产。但是这种方法需要设置预制厂和拥有必要的运输和吊装设备，预制块件需要进行连接或接缝处理。

随着吊运设备的不断提高、预应力工艺的逐步完善，预制安装的施工方法已在国内得到普遍推广。对于采用施工标准设计中的中、小跨径的简支梁桥，现已广泛采取整片（梁）预制和整片架设的制造和施工方法。

（2）混凝土简支梁桥的预制

1）模板和支架

模板是用于浇筑混凝土、形成结构形状和尺寸的临时性板件，而支架（也叫雁架）是用于在现浇施工过程中支承梁的临时性结构。支架不仅控制梁体尺寸精度，影响施工进度和混凝土浇筑质量，还影响施工安全。因此，模扳和支架应满足以下要求：①具有足够的强度、刚度和稳定性，能可靠地承受施工过程中可能产生的各种荷载；②可保证被浇筑结构的设计形状、尺寸及各部分相对位置的准确性；③构造和制作力求简单。装拆既要方便又要尽量减少对构件的损伤，以提高装、拆、运的速度和增加周转使用的次数。

按制作材料划分，桥梁施工常用的模板有木模板、钢木结合模板、钢模板；按模板的装拆方法划分，有零拼式模板、分片式模板和整体装拆式模板等。

木模板通常采用零拼式或分片装拆式，其周转使用率不高，耗费木材，不宜大量采用。如果将零拼的木板用大头螺栓连接在钢支架上，在木板上再钉一层薄铁皮，就形成钢木结合模板，这种模板可节约木材，降低成本，而且具有较大的刚度和紧密稳固性，可用于要求不太高的混凝土结构。

为保证混凝土造型和外观质量，分片装拆式和整体装拆式钢模板的应用越来越普遍。分片装拆式钢模板侧模一般由厚度为 4 ~ 8mm 的钢板、角钢做成的水平竖直肋、支托竖向肋的支撑、斜撑、固定侧模用的顶横杆和底部拉杆以及安装在钢板上的镇撑架等构成。底模通常用 12 ~ 16mm 的钢板制成，它通过垫木支撑在底部钢梁上。在拼装钢模板时，所有紧贴混凝土的接缝内都用止浆垫使接缝密闭不漏浆，止浆垫一般采用柔软、耐用和弹性大的 5 ~ 8mm 橡胶板或厚 10mm 的泡沫塑料。

近年来，在较大跨度的整孔箱梁（如用于秦沈客运专线和东海大桥）预制中，为提高生产效率、保证混凝土浇筑质量和降低劳动强度，开始采用整体装拆式液压钢模板系统。箱梁的内外模板采用折臂伸缩技术，拆、装及定位采用液压技术，内模板可在模板上自动走形。

在模板就位前，应在模板内面涂刷脱模剂；拆模后应及时进行处理。

就地浇筑桥梁时，需要在梁下搭设临时支架来支撑模板、浇筑的结构重力以及其他施工荷载。对于装配式的桥梁施工，有时也需要搭设简易支架墩作为吊装过程中的临时支承结构。

2）钢筋工作

施工前应对进场的钢筋通过抽样试验进行质量鉴定，合格的才能使用。抽样试验主要做抗拉极限强度、屈服点和冷弯实验。

钢筋的整直工作根据钢筋直径的大小采用不同的方法。对于直径在 10mm 以上的钢筋一般用铁锤整直，对于直径不到 10mm 的钢筋，常用手摇或电动绞车通过冷拉整直（伸长率不大于 1%），这样还能提高钢筋的强度和清除铁锈。

经锤直的钢筋可用钢丝刷或喷砂枪喷砂除锈去污，也可将钢筋在沙堆中来抽动以除锈去污。钢筋经整直、除去锈污后，即可按图纸要求进行下料工作。

为了使成型的钢筋比较精确地符合设计要求，在下料前应计算图纸上所标明的折线尺寸与弯着处实际弧线尺寸的差值，同时还应计算钢筋在冷弯过程中的伸长量。

下料后钢筋可在工作平台上用手工或电动弯筋器按规定的弯曲半径弯制成型，钢筋的两端亦应按图纸完成所需的标准弯钩。如钢筋图中对于弯曲半径未作出规定，则宜以钢筋直径的 15 倍为半径进行弯制。对于较长的钢筋，最好在接长以后再弯制，这样较易控制尺寸。

钢筋的主要连接方法有搭接法、闪光接触对焊、电弧焊（如搭接焊、帮条焊、坡口焊、熔槽焊等）、电扎压力焊、气压对焊和套管法等。搭接法现较少采用，焊接接头的传力性能较好，且省钢材，应用较多。除焊接外，还可采用机械连接方式，如套管挤压、锥螺纹、墩粗或滚扎螺纹套管接头等。

钢筋接头在构建截面内应尽量错开布置，且受拉主钢筋的接头截面积不得超过受力钢筋总截面积的 50%。装配式构件连接处受力钢筋的焊接头可不受此限制。

装配式 T 梁的焊接钢筋骨架应在坚固的焊接工作台上进行。骨架的焊接一般采用电弧焊，先焊成单片平面骨架，再将它组拼成立体骨架。组拼后的骨架需有足够的刚性，焊缝需有足够的强度，以便在搬运、安装和浇筑混凝土的过程中不致变形、松散。

实践表明，装配式简支梁焊接钢筋骨架焊接后在骨架平面内还会发生两端上翘的焊接变形。因此，还应结合骨架在安装时可能产生的挠度，事先将骨架拼成具有一定预拱度的形式，再行施焊。

对于绑扎钢筋的安装，应事先拟订安装顺序。对梁肋内钢筋，一般先放箍筋，再装下排主筋，后装上排钢筋。在钢筋安装工作中，为了保证达到设计及构造要求，应注意下列几点：①钢筋的接头应按规定要求错开布置；②钢筋的交叉处应用铁丝绑扎结实，必要时，亦可用焊接；③除设计有特殊的规定外，梁中箍筋应与主筋锤直。箍筋弯钩的叠合处，在梁中应沿纵向至上面并交错布置；④为了保证混凝土保护层的厚度，应在钢筋与模板间间隔、错开设置水泥浆块、混凝土垫块、塑料垫块或钢筋头垫块；⑤为保证及固定钢筋相互间的横向净距，两排钢筋之间可使用混凝土块，或用短钢筋扎接固定；⑥为保证钢筋骨架有足够的刚度，必要时可以增加装配钢筋。

3）混凝土工作

混凝土工作包括混凝土配制、运送、浇筑、养护和拆模。

混凝土一般应采用机械搅拌，上料的顺序一般是先石子、次水泥、后砂子。人工搅拌只用于方量不大的塑性混凝土或半干性混凝土。不管采用机械或人工搅拌，都应使石子表面砂浆饱满，拌合料混合均匀、颜色一致。人工拌合在铁板或其他不渗水的平板上进行，先将水泥和细骨料拌匀，再加入石子和水，搅至材料均匀、颜色一致。如需掺加添加剂，应先将添加剂调成溶液（对可溶性添加剂），再加入拌合水中，与其他材料搅匀。在整个施工过程中，要注意随时检查和校正混凝土的流动性或工作度（又叫坍落度），严格控制水泥比，不得任意增加用水量。混凝土添加剂（外加剂）是指能明显改善混凝土的物理化学性能，提高混凝土的强度和耐久性的外加制品，其种类较多，使用情况各异。例如，为提高干性或半干性混凝土的和易性，减少混凝土的单位用水量，提高混凝土强度并且节约水泥量，可在混凝土中掺加高效早强减水剂；为延缓混凝土的初凝时间，可掺加缓凝减水剂；为提高泵送混凝土的流动性，可掺加泵送剂；其他用于防水、防冻抗咸等的添加剂。

混凝土应以最少的运送次数、最短的距离迅速从搅拌地点运送到浇筑位置。当采用车辆运输时，要防止道路不平整导致混凝土因颠簸震动而发生离析、泌水和灰浆流失现象，一经发现，必须在浇筑前再次搅拌。采用泵送混凝土时，输送管道的定位及接头应牢固可靠，防止“爆管”。当输送距离较远时，需注意管道两端混凝土坍落度的变化。夏季或冬季施工时，管道应有降温或保暖措施，防止堵管。

混凝土的浇筑方法直接影响到混凝土的密实性和整体性，对混凝土的质量影响很大。因此，必须根据混凝土的拌制能力、运距、浇筑速度、气温及振捣能力等因素，认真制定混凝土的浇筑工艺。当构件的体积较大，一次连续浇筑不能完成时，需预定结合缝，分次浇筑。在一次连接浇筑中，当构件的高度较大时，为保证混凝土能振捣密实，应采用分层浇筑法。浇筑层的厚度与混凝土的坍落度及振捣方式有关，在常规情况下，用插入式振捣器振捣时，浇筑层厚度为振捣器作用部分长度的1.25倍；用平板式振捣器振捣时，浇筑厚度不超过20cm。薄腹T梁或箱梁的梁肋，当用侧向附着式振捣器振捣时，浇筑厚度一般为30 ~ 40cm。采用人工捣固时，视钢筋疏密程度，通常取浇筑厚度为15 ~ 25cm。

分层浇筑时，应在下层混凝土开始凝结之前将上层混凝土浇筑捣实完毕。在此情况下，上、下层浇筑时间间隔不宜超过1h（当气温在30℃以上时）或1.5h（当气温在30℃以下时），也可由试验资料来确定容许的时间间隔。

如果在浇筑上层混凝土时下层混凝土已经凝结，则要待下层混凝土具有不小于1.2MPa强度，经将结合面凿毛处理后才可继续浇筑上层混凝土，当要求结合面具有不渗水性时，应在前层混凝土强度达到2.5MPa后，再浇筑新混凝土。

对大体积（各向尺寸在2m以上）混凝土，需在制订浇筑方案时注意混凝土水化热的不利影响。水化热会产生混凝土内外温差，这可能导致较大的温度应力并引起混凝土开裂。施工中可以采用的技术措施包括：选择优质混凝土原材料及优质混凝土配合比，选择合理的结构形式和分缝分块方式，采用水管冷却（在混凝土内埋设水管，通过低温水循环排出混凝土内部热量）等方法降低混凝土温度，或采用外部保温方式减少混凝土内外温差。

混凝土中水泥的水化作用过程，就是混凝土凝固、硬化和强度发育的过程。它与周围环境的温度、湿度有着密切的关系。当温度低于15℃时，混凝土的硬化速度减慢；而当温度降至-2℃时，硬化基本上停止；在干燥的气候下，混凝土中的水分迅速蒸发，一方面使混凝土即停止硬化。因此，混凝土浇筑后需进行适当的养护以保持混凝土硬化发育所需要的温度和湿度。

目前在桥梁施工中采用最多的是自然气温（5℃）下的自然保护方法。此方法是在混凝土终凝时，在构件上覆盖塑料薄膜、草袋、麻袋等，定时洒水，以保持构件经常处于湿润状态。自然养护法的保养时间与水泥品种以及是否掺用外加剂有关。一般情况下，用普通硅酸盐水泥的混凝土的保养时间为7天以上；用矿渣水泥、火山灰水泥的为14天以上。每天浇水的次数以能使混凝土保持充分潮湿为度。在一般气候条件下，当温度高于15℃时，前三天内白天每隔1～2h浇1次水，夜间至少浇水2～4次，在以后的养护期间可酌情减少。在干燥的气候条件下，或在大风天气中，应适当增加浇水次数。

自然养护法比较经济，但混凝土强度增长较慢、模板占用时间长，特别是在低温下（5℃以下）不能采用。为了加速模板周转和施工进度，在预制工厂内，可采用蒸汽养护混凝土；在现场，可添加早强剂（通常3～4天养护后即可拆模）。

混凝土经过养护当强度达到设计强度的50%时，即可拆除梁的侧模；达到设计吊装强度并不低于设计标号的70%时，就可移梁或进行下道工序，如施加预应力。

4）预应力工作

①材料和设备

一种预应力锚固张拉体系通常只适合于一种或两种预应力钢筋，并且有专门的张拉设备、接长设备（连接器）和孔道成型方式。

预应力钢筋主要包括钢绞线（常用者为7丝）、钢丝（光面钢丝、螺旋肋钢丝和刻痕钢丝）和精轧螺纹钢筋。7丝钢绞线的抗拉强度最大可达1860MPa，各类钢丝的抗拉强度在1470～1771MPa之间，精轧螺纹钢筋的最大抗拉强度可达到930MPa。

锚具、夹具是用来锚固预应力钢筋的装置。在后张法结构中，能保持预加力并将其传递给混凝土的永久性锚固装置，称为锚具；在施加预应力过程中，能将千斤顶（或其他张拉设备）的张拉力传递给预应力钢筋的临时或永久性锚固装置，称为夹具。对大多数预应力体系而言两者并无本质区别。

国外的预应力体系包括：法国Freyssinet体系，主要生产可锚固12根钢丝或钢绞线的锥形锚系列及锚固多根钢绞线的群锚系列；瑞士VSL体系，主要生产钢绞线群铺系列；德国Dywidag体系，以生产粗钢筋预应力体系而著名；瑞士BBRV体系，主要生产钢丝束墩头锚系列。

国内生产的预应力张拉锚固体系包括：粗钢筋应力体系，有冷乳螺纹锚（扎丝锚和精轧螺纹钢筋展张拉锚固体系；墩头锚体系，有DM型、LM型系列；锥形锚体系，有可锚固12～24丝7mm钢丝的钢丝锥形锚系列；钢绞线群锚体系，有XM型、QM型、OVM型、YM型、XYM型、BS型、TM型、STM型等。

在后张拉预应力混凝土梁桥中，钢绞线群锚体系应用广泛。

②孔道成型

在现浇或预制后张拉预应力混凝土主梁时，需要按照设计图纸位置，预留出预应力孔道，待混凝土浇筑完毕并达到规定强度后，再穿束张拉。形成孔道的材料，可采用铁皮管、橡胶棒、金属波纹管和塑料波纹管。

铁皮管用白铁皮卷制而成，其刚度小，施工中容易压瘪和穿孔。将橡胶棒放置在设计位置上，在混凝土未完全凝固前将其抽出，就形成孔道。但橡胶棒不易拔出，容易拉断二堵孔，且孔道的摩擦阻系数大。这两种成孔方式已很少采用。金属波纹管是采用约 0.3mm 厚、30mm 宽的钢带，用卷管机在现场制作的圆管或扁管（与扁平锚配合使用）。这种管子的抗渗漏、耐压、强度、柔韧性等指标优于铁皮管，一度在桥梁工程中普遍采用。近年来，塑料波纹管正成为替代金属波纹管的新一代产品。塑料波纹管是由高聚度乙烯材料挤出成型的单臂波纹管（圆管及扁管），在实际使用中需辅以各类塑料连接件。与传统的金属波纹管相比，其具有耐腐蚀性和密封性好，强度高、刚度大，抗冲击、抗渗透，摩阻系数小等优点。

③张拉

在预应力张拉前，需要完成以下工作：用压力水清孔，并观察孔道有无穿孔现象（防止漏浆或造成孔道的堵孔），吹干孔道内的水分；对较短的钢束，可用人工直接穿孔，对较长的钢束，可用卷扬机牵引穿束，对钢绞线，则采用穿束机穿束；按施工规范的要求检查千斤顶和液压泵，标定配料使用的千斤顶和液压泵，保证张拉质量和精度。

预应力张拉是预应力梁施工中的关键工序，必须严格遵循有关施工规定和操作规程。所采用的千斤顶等设备、张拉程序以及具体操作方法与预应力体系（预应力钢筋和锚具类型）有关。

④压浆

压浆就是用灰浆填满孔道内的所有空隙，其目的是防止预应力钢筋锈蚀，保证预应力钢筋与混凝土的黏结力，减少预应力损失。灰浆材料的水泥、水灰比、强度等应符合有关规定的要求。压浆所用设备为压浆泵，水泥浆自调制至压入孔道的间隔时间不得大于 40min，压浆速度应平缓而不中断，压力控制在 0.7MPa 以下。

压浆工艺有一次压浆法（用于不长的直线孔道）和二次压浆法（用于较长的孔道或曲线形孔道）。所谓二次压浆，就是按规定从一端完成一次压浆后，保持灰浆压力 30min，再从另一端重复一次压浆。从目前的过程实践来看，常规的压浆工艺很难达到使孔道密实、饱满的要求，近年来发展的塑料波纹管及真空压浆新技术，较好地解决了这一问题。其基本原理如下：在塑料波纹管孔道的一端采用真空泵对孔道进行抽真空，使之产生 -1.0MPa 左右的真空度，然后用压浆泵将水泥从孔道的另一端压入，直至充满整个孔道，并施加不小于 0.7MPa 的正压力，以确保预应力孔道的饱满和密实度。

（3）简支梁的架设

简支梁（板）的架设有起吊、纵移、横移、落梁等工序。从架梁的工艺类别来分，其架设方法有陆地架梁法、浮吊架梁法和架桥机架梁法等。每一类架设工艺中，按起重、吊装机具等的不同，又可分成各具特色的架设方法。

1）陆地架梁法

在桥面不高且场内可设置行车便道的情况下，用自行式吊车（汽车吊或履带吊）架设中、小跨径的桥梁十分方便。此法视吊装质量不同，可分单吊（一台吊车）或双吊（两台吊车）两种。其特点是机动性好，不需要动力设备，不需要准备作业，架梁速度快。

对于桥面不太高，架桥孔数又多，沿桥墩两侧设轨道不困难的情况，采用一台或两台门式吊车来架梁。此时，除吊车走轨道外，在其内侧尚应铺设运梁轨道，或者设便道用拖车运梁。梁运到后，就用门式吊车起吊、横移，并安装在预定位置。当一孔架完后，吊车前移，再架设下一孔。

2）浮吊架梁法

在海上和深水大河上修建桥梁时，可用回转的伸臂式浮吊架梁或钢制万能钢架和贝雷钢架拼装固定式的悬臂浮吊比较方便。其优点是高空作业少，施工比较安全，吊装能力也大，工效高；其缺点是需大型浮吊，费用高，周期长。

在采用浮吊架梁时，需要在岸边设置临时码头来移运预制梁。架梁时，浮吊要认真锚固，在流速不大时，可用预先抛入河中的混凝土锚来作为锚固点。

3）架桥机架梁法

联合架桥机架梁的方法适合于架设中、小跨径的多跨简支梁。其优点是不受水深和墩高的影响，并且在作业过程中不阻塞通航。联合架桥机由一根两跨长的钢导梁、两套门式吊机和一个托架（又称蝴蝶架）三部分组成。导梁顶面铺设运梁平车和托架行走的轨道。门式吊车顶横梁上设有吊梁用的行走小车，为了不影响架梁的净空位置，其立柱底部还可做成在横向内倾斜的小斜腿，这样的吊车俗称拐角龙门架。

在桥高、水深的情况下，也可以用闸门式架桥机（或称穿巷式吊机）来架设多孔中、小跨径的装配式桥梁。闸门式架桥机主要由两根分离布置的安装梁、两根起重横梁和可伸缩的钢支腿三部分组成。安装梁由四片钢桁架或贝雷桁架拼组而成，下设移梁平车，可沿铺在已架设梁顶面的轨道上行走。两根型钢组成的起重横梁支承在能沿安装梁顶面轨道行走的平车上，横梁上设有不带复式滑车的起重小车。采用闸门式架桥机时的架梁步骤与采用联合架桥机时的操作步骤基本相同。

2. 混凝土连续梁桥施工

（1）概述

在钢筋混凝土桥梁的时代，桥梁上部结构的施工方法主要是现场浇筑的施工方法。20 世纪 70 年代以来，随着桥梁类型与跨径幅度的进步和发展，形成了多种多样的施工方法，桥梁施工技术得到迅速发展，并发生了重大的变革。特别是随着预应力混凝土技术的发展，过去用于钢桥的架设方法，也逐步应用到混凝土桥。混凝土连续梁的施工方法主要有如下几种：

1）利用脚手架施工，其中有满堂支架和移动支架。

2）预制架设法，其中有梁段整体施工和悬臂拼装法。

3）逐孔施工法，即使用一套设备从桥梁的一端逐孔施工，直到对岸。

4）悬臂法，也称分段施工法，是以桥墩为中心向两岸对称、逐节接长悬臂的施工方法，分为悬臂浇筑法和悬臂拼装法两种。悬臂拼装法是利用移动式悬拼吊机将预制梁段起吊至桥位，然后采用环氧树脂胶及钢丝束预施应力连接成整体，采用逐段拼装，一个节段张拉锚固后，再拼装下一节段。悬臂拼装施工包括块件的预制、运输、拼装及合龙。悬臂浇筑采用移动式挂篮作为主要施工设备，以桥墩为中心，对称向两岸利用挂篮逐段浇筑梁段混凝土，待混凝土达到要求强度后，张拉预应力束，再移动挂篮，进行下一节段的施工。

5）顶推法。顶推法施工是沿桥轴方向，在台后开辟预制场地，分节段预制梁身并用纵向预应力筋将各节段连成整体，然后通过水平液压千斤顶施力，借助滑动装置，将梁段向对岸推进。这样分段预制，逐段顶推，待全部顶推就位后，落梁、更换正式支座，完成桥梁施工。其适用于中等跨径等截面的直线或曲线桥梁。顶推施工依照施工方法分类有单点顶推和多点顶推：单点顶推。顶推的装置集中在主梁预制场地附近的桥台或桥墩上，前方墩各支点上设置滑动支承；多点顶推。在每个墩台上设置一对小吨位的水平千斤顶，将集中的顶推力分散到各墩上。由于可利用水平千斤顶传给墩台的反力来平衡梁体滑移时在桥墩上产生的摩阻力，从而使桥墩在顶推过程中承受较小的水平力，因此可以在柔性墩上采用多点顶推法。多点顶推所需的顶推设备吨位小，容易获得。

（2）逐孔施工法

逐孔施工是中等跨径预应力混凝土连续梁中的一种施工方法，它使用一套设备从桥梁的一端逐孔施工，直到对岸。逐孔施工法有用临时支承组拼预制节段的逐孔施工法、移动支架逐孔现浇施工法及整孔吊装或分段节段施工法等。逐孔施工技术主要体现了省和快，它可使施工单一标准化、工作周期化，最大限度地减少工费的比例，降低造价。

1）逐孔施工法的主要特点

不需要设置地面支架，不影响通航和桥下交通，施工安全、可靠；有良好的施工环境，保证施工质量，一套模架可多次周转使用，具有在预制场生产的优点；机械化、自动化程度高，节省劳力，降低劳动强度，上、下部结构可以平行作业，缩短工期；通常每一施工梁段的长度取用一孔梁长，接头位置一般可选在桥梁受力较小部位；移动模架设备投资大，施工准备和操作都较复杂；宜在桥梁跨径小于 50m 的多跨长桥上使用。

2）用临时支承组拼预制节段逐孔施工

对于多跨长桥，在缺乏起重能力较大的设备时，可将每跨梁分成若干段，在预制场进行分段生产；在架设时采用一套临时支承梁来承担组拼节段的自重，并在支承梁上张拉预应力筋，同时保证将安装跨的梁与施工完成的桥梁结构按照设计的要求连接，完成安装跨的架梁工作。随后移动临时支承梁，进行下一桥跨的施工。

①节段划分

采用节段组拼逐孔施工的桥梁，为了便于组拼，通常组拼的梁跨在桥墩处接头，即每次组拼长度为桥梁的跨径。在组拼长度内，可根据起重能力沿桥梁纵向划分节段。对于桥宽为 10 ~ 12m，采用单箱截面的桥梁，分节段时在横向不再分隔。节段长一般取 4 ~ 6m，每跨内的节段通常可分以下两种类型。

桥墩节段：由于桥墩节段要与前一跨连接，需要张拉钢索或钢索接长，为此对墩顶节段构造有一定要求。此外，在墩顶处桥梁的负弯矩较大，梁的截面还要符合受力要求。

标准节段：除两端桥墩顶节段外，其余节段均可采用标准节段，以简化施工。节段的腹板设有齿键，顶板和底板设有企口缝，使接缝剪应力传递均匀，并便于拼装就位。前一跨墩顶节段与安装跨第一节段间可以设置就地浇筑混凝土封闭接缝，用以调整安装跨第一节段的准确程度，但也可不设。封闭接缝宽 15 ~ 20cm，拼装时由混凝土垫块调整。在施加初预应力后用混凝土封填，这样可调整节段拼装和节段预制的误差，但施工周期要长些。采用节段拼合可加快拼装速度，但对预制和组拼施工精度的要求较高。

②支承梁的类型

钢桁架导梁：导梁长按桥墩间跨长取用，支承在设置于桥墩上的横梁或横撑上，钢桁架导梁的支承处设有液压千斤顶用于调整高程。通过在导梁上设置不锈钢轨与放在节段下面的聚四氟乙烯板形成滑动面，方便节段在导梁上移动。为保证每跨箱梁节段全部组拼之后，钢导梁上弦符合桥梁纵断面高程要求，钢梁需设置预拱度。同时还需准备一些附加垫片，用于临时调整高程。

节段就位可从已完成的桥面上由轨道运送至安装孔，也可由驳船运至桥位用吊车安装。由于钢桁架导梁需要多次转移逐孔拼装，因此要求导梁要便于装拆和移运。

当节段组拼就位，封闭接缝混凝土达到一定强度后，张拉预应力筋与前一跨桥组拼成整体。

下挂式高架钢桁架：采用一副高架桁架吊挂节段组拼时，为了加强桁架的刚度，可采用一对或数对斜缆索加劲。高架桁架长度大于 2 倍桥梁跨径，由三个支点支撑，支点分别设置在已完成孔，安装孔的桥墩上。高架桁架可独立设有行走系统，由支脚沿桥面轨道自行驱动。吊装时，支脚落下，用液压千斤顶锚固于桥墩处桥面上。预制节段由平板车沿已安装的桥孔或由驳船运至桥后，借助架桥机前部斜缆悬臂梁吊装，并将第一跨梁的各节段分别悬吊在架桥机的吊杆上。当各节段位置调整准确后，完成该跨设计的预应力张拉工艺。在张拉过程中，逐步顶高架桥机的后支腿，使梁底落在桥墩上的液压千斤顶上。千斤顶高出支座顶面 100mm，在拆移千斤顶的前一天将支座周围加设模板并压注膨胀砂浆，凝固后，再卸千斤顶使支座受力。

在节段组拼过程中，架桥机前臂必然下挠，安装桥跨第一块中间节段的挠度倾角调整是该跨架设的关键，因此要求当一跨节段全部由架桥机空中吊起后，第一个中间节段与墩上节段的接触面应全部吻合。如在吊装中心出现节段横向偏移，而不相吻合的现象时，应在节段下方利用手拉葫芦调整；对于竖直上下方的调整，可借助架桥机下方的钢缆吊索液压缸调整。采用预制节段组拼逐孔架设的施工方法，施工速度快，安全、可靠，起吊能力可以控制在 100t 以内，所需机具设备和临时器件不多，但需有足够的预制场地。

3）用移动支架逐孔现浇施工

与在支架上现场浇筑施工相比，逐孔现浇施工的不同点在于逐孔现浇施工仅在一跨梁上设置支架，当预应力筋张拉结束后移动支架，再进行下一跨逐孔施工，而在支架上现浇施工通常需在连续梁的一联桥跨上布设支架连续施工，因此在逐孔现浇施工过程中有结构的体系转换问题，混凝土徐变对结构产生次内力。

对中小跨径连续梁桥或建造在陆地上的桥跨结构，可以使用落地式或梁式移动支架。梁式支架的承重梁支承在锚固于桥墩的横梁上，也可支承在已施工完成的梁体上，现浇施工的接头最好设在弯矩较小的部位，常取离桥墩 1/5 处。逐孔就地浇筑施工需要一定数量的支架，但比起在支架上现场浇筑施工所需的支架数量要少得多，而且周转次数多，利用效率高。逐孔现浇的施工速度也比在支架上现浇快，但相对于预制梁段组拼逐孔施工要长些，同时后支点位于桥梁的悬臂端处，现浇孔施工重力对已完成桥跨将产生较大的施工弯矩，特别是在已完成桥跨的混凝土龄期还很短的情况下。

采用落地式或轨道移动式支架逐孔施工，可用于预应力混凝土连续梁桥，也可在钢筋混凝土连续梁桥上使用，每跨梁施工周期约为两周，支架的移动较方便，但在河中架设较为困难。

当桥墩较高、桥跨较长或桥下净空受到约束时，可以采用非落地支承的移动模架逐孔现浇施工，称为移动模架法。这种施工方法近年来发展较快，由于它的机械化、自动化程度较高，给施工带来较好的经济效益。

①移动悬吊模架施工

移动悬吊模架的形式很多，其基本结构包括三部分：承重梁、从承重梁上伸出的肋骨状的横梁、吊杆和承重梁的固定及活动支承。承重梁也称支承梁，通常采用钢梁，并依据桥宽来确定采用单梁或双梁。承重梁的前段作为前移的导梁，总长度要大于桥梁跨径的两倍。承重梁是承受施工设备自重、模板和悬吊脚手架系统的重力和现浇混凝土重力的主要构件。承重梁的后段通过可移式支承落在已完成的梁段上，它将重力传给桥墩或直接落在墩顶上。承重梁的前端支承在前方墩上，导梁部分悬出，因此其工作状态呈单悬管梁。移动悬吊模架也称为上行式移动模架、吊杆式或挂模式移动模架。

承重梁除起承重作用外，在一孔梁施工完成后，作为导梁带动悬吊模架纵移至下一施工跨。承重梁的移位以及内部运输由数组千斤顶或起重机完成，并通过中心控制室操作。承重梁的设计挠度一般控制在 1/500 ~ 1/800 范围内。钢承重梁制作时要设置预拱度，并在施工中加强观测。

从承重梁两侧悬出的许多横梁覆盖桥梁全宽，横梁由承重梁上左右各 2 ~ 3 组钢束拉住，以增加其刚度。横梁的两端悬挂吊杆，下端吊住呈水平状态的模板，形成下端开口的框架并将主梁（待浇制的）包在内部。当模板支架处于浇混凝土的状态时，模板依靠下端的悬臂梁和锚固在横梁上的吊杆定位，并用千斤顶固定模板。当模板需要向前运送时，放松千斤顶和吊杆，模板固定在下端悬臂梁上，并转动该梁，使在运送时的模架可顺利地通过桥墩。

②支承式活动模架施工

支承式活动模架的构造形式较多，现列举其中一种，它由承重梁、导梁、台车和桥墩托架等构件组成。在混凝土箱形梁的两侧各设置一根承重梁，支撑模板和承受施工重力。承重梁的长度要大于桥梁跨径，浇筑混凝土时承重梁支承在桥墩托架上。导梁主要用于运送承重梁和活动模架，因此需要有大于两倍桥梁跨径的长度。当一孔梁施工完成后进行脱模卸架，由前方台车（在导梁上移动）和后方台车（在已完成的梁上移动）沿桥纵向将承重梁和活动模架运送至下孔，承重梁就位后导梁再向前移动。支承式活动模架的另一种构造是采用两根长度大于两倍跨径的承重梁分设在箱梁截面的翼线板下方，兼有支承和移运模架的功能，因此不需要再设导梁。两根承重梁置于墩顶的临时横梁上，两根承重梁间用支承上部结构模板的钢螺栓框架连接起来，移动时为了跨越桥墩前进，需先解除连接杆件，承重梁逐根向前移动。

施工中的体系转换包括固定支座与活动支座的转换。如跨中为固定支座，但施工时为活动支座，施工完成后转为固定式。每个支座安装时所留的提前量按施工时的气温，混凝土的收缩、徐变，混凝土的水化热等因素仔细计算，并在施工中加强观测。

移动模架需要一整套机械动力设备、自动装置和大量钢材，一次投资相对较高。为了提高使用效率，必须解决装配化和科学管理的问题。装配化就是设备的主要构件能适用于不同的桥梁跨径、不同的桥宽和不同形状的桥梁，扩大设备的使用面，降低施工成本。科学管理的目的在于充分发挥设备的使用能力，注意设备的配套和维修养护，如果备有专业队伍固定操作，并能持久地使用到它所适用的桥梁施工上，必将取得较好的效益。

4）整孔吊装或分段吊装逐孔施工

整孔吊装和分段吊装需要先在工厂或现场预制整孔梁或分段梁，再进行逐孔架设施工。由于预制梁或预制段较长，通常采用二次张拉法施加预应力，即在预制时先进行第一次预应力索的张拉，拼装就位后进行二次张拉。因此，在施工过程中需要进行体系转换。吊装的机具有格式吊、浮吊、龙门起重机、汽车吊等多种，可根据起吊物重力、桥梁所在的位置以及现有设备和掌握机具的熟练程度等因素确定。整孔吊装和分段吊装施工与装配式桥的预制与安装大致相同，但逐孔吊装施工应注意以下问题：

采用分段组装逐孔施工的接头位置可以设在桥墩处，也可以设在梁的 1/5 附近。前者多为由简支梁逐孔施工连接成连续梁桥；后者多为悬臂梁转换为连续梁。在接头位置处可设有 0.5 ~ 0.6m 现浇混凝土接缝，当混凝土达到足够强度后张拉预应力筋，完成连续梁桥的施工。

桥的横向是否分隔，主要根据起重能力和截面形式确定。在桥梁较宽、起重能力有限的情况下，可以采用T形梁或工字形梁截面，分片架设之后再进行横向整体化。为了加强桥梁的横向刚度，常采用梁间翼线板有 0.5m 宽的现浇接头。采用大型浮吊横向整体吊装将会简化施工和加快安装速度。

对于先简支后连续的施工方法，通常在简支梁架设时使用临时支座，待连接和张拉后期钢索完成连续时拆除临时支座，放置永久支座。为使临时支座便于卸落，可在橡胶支座与混凝土垫块之间设置一层硫黄砂浆。

在梁的反弯点附近设置接头，在有可能的情况下，可在临时支架上进行接头。结构各截面的恒载内力根据各施工阶段进行内力叠加计算。

（3）悬臂浇筑施工法

悬臂浇筑是采用移动式挂篮作为主要施工设备，以桥墩为中心，对称向两岸利用挂篮逐段浇筑梁段混凝土，待混凝土达到要求强度后，张拉预应力束，再移动挂篮，进行下一节段的施工。施工时应根据设备情况及工期，选择合适的节段长度。节段过长，将增加混凝土自重及挂篮结构重力，而且要增加平衡重及挂篮后锚设施；节段过短，将影响施工进度。悬臂浇筑每个节段的长度一般为 2 ~ 6m。

悬臂浇筑法施工是桥梁施工中难度较大的施工工艺，需要一定的施工设备及一支熟悉悬臂浇筑工艺的技术队伍。由于 80% 左右的大跨径桥梁均采用悬臂浇筑法施工，通过大量实桥施工，使悬臂浇筑施工工艺日趋成熟。

（4）顶推法架梁

顶推施工是在沿桥纵轴方向的台后设置预制场地，分节段预制，并用纵向预应力筋将预制节段与施工完成的梁体连成整体，然后通过水平千斤顶施力，将梁体向前顶推出预制场地。之后继续在预制场地进行下一节段梁的预制，循环操作直至施工完成。

1）顶推法施工过程

梁在桥头台座上（预制场地上）分段预制，预制一段，纵向向前顶进一段，跨越各中间桥墩，直达对岸。为减少顶进过程中的梁体内力，前段加导梁；为了增大跨径，可以设置临时墩，也可以用拉索加固。

在顶进过程中，梁上的每个截面都有通过墩顶承受负弯矩，处在跨中承受正弯矩的时刻。也就是说，梁上的每个截面的弯矩值都处在不断变化之中，甚至有几次正负交替。为了减小梁体前段的悬出长度和梁体前段的负弯矩，在梁前端安装导梁，导梁长度一般为 0.6 倍梁跨径。

2）顶推法施工的特点

顶推法可以使用简单的设备建造长大桥梁，施工费用低，施工平稳无噪声，可在水深、山谷和高桥墩上采用，也可在曲率相同的弯桥和坡桥上采用；主梁分段预制，连续作业，结构整体性好。由于不需要大型起重设备，所以施工节段的长度一般可取用 10 ~ 20m；桥梁节段固定在一个场地预制，便于施工管理改善施工条件，避免高空作业。同时，模板、设备可多次周转使用，在正常情况下，节段的预制周期为7 ~ 10天；顶推法施工时，施工阶段梁的受力状态与运营时期梁的受力状态差别较大，在梁截面设计和布索时要同时满足施工与运营的要求，用钢量较大；在施工时也可采取加设临时墩，设置前导梁和其他措施，用以减少施工内力；顶推法施工适用于等截面梁，当桥梁跨径较大时，选用等截面梁会造成材料用量的不经济，也增加施工难度，所以顶推法施工宜用于中等跨径的桥梁，一般以 500 ~ 600m 为宜。

3）预应力钢筋混凝土连续梁顶推安装

顶推法施工包括设置预制场地，确定预制块件，选择顶推方式，确定导梁和临时墩，梁段顶推、滑动和导向装置等内容。

①预制场地

预制场地应设在桥台桥轴线上的引道（或引桥）上，如重庆石门桥，在北岸桥头设置预制场地，预制场地为箱梁预制处，其长度应考虑梁段悬出时反压段的长度、梁段底板与腹板预制长度、导梁拼装长度和机具设备材料进入预制作业线的长度。预制场地宽度，应满足梁段两侧施工作业的需要。

预制场地上空宜搭设固定或活动的作业棚，其长度宜大于 2 倍预制梁段长度，使梁段预制作业不受大气影响。台座的轴线应与桥梁轴线延长线相吻合，台座的纵坡应与桥梁纵坡一致，其施工误差应满足规范要求。

②预制块件（顶推段）

梁段预制块件，可根据箱梁结构（单箱单室或单箱双室）及全截面顶进还是分段顶进来确定预制方案。若预制块在排架上制作，则必须在制作前消除排架的非弹性变形值。预制块件尽可能采用机械化装拆模板，底模板宜采用升降式，侧模板宜采用旋转式，芯模板宜采用易于拆卸和移动的构造方式。

预制块件应尽量标准化。预制块件应保证其尺寸误差在规范容许范围内，预制顺序要先河内后岸边，按其顶推段先后次序确定。

③导梁和临时墩

导梁设置在主梁的前端，为等截面或变截面的钢桁架或钢板梁，主梁前端装有预埋件与钢导梁栓连接。导梁在外形上，底缘与箱底应在同一平面上，前端底缘呈向上圆弧形，以便于顶推时顺利通过桥墩。导梁是顶推法的主要设施之一，应将导梁全部节间拼装并与预埋在梁前端的预埋件连接并正位后，再浇筑混凝土。采用钢桁架导梁时，应注意导梁与梁段刚度的协调，不得采用刚度过小的导梁，并减小每个节点的非弹性变形，使其梁端挠度不大于设计要求。

为减小顶推时梁的内力，可设置临时墩。临时墩需有足够的刚度来承受顶推时的水平推力，必要时打临时桩，其排架需安装剪刀撑满足其受力和稳定性要求。临时墩要考虑梁向前顶时，墩有前倾趋势，故宜将墩上支座放在墩中心线后面，使墩偏心受压产生后倾力矩，用以抵消一部分前倾力矩。临时墩有不均匀沉降时，也可以用千斤顶予以调整至沉降稳定，直至主梁达到设计高程。临时墩待连续梁顶推作业结束并落到正式支座上之后拆除。

④顶推方式

顶推方式有两种：单点或多点水平—竖直千斤顶方式和单点或多点拉杆方式。

单点或多点水平—竖直千斤顶方式：以桥台、墩为后坐力，预制梁座在桥台、墩顶垂直千斤顶上，垂直千斤顶与桥台放四氟板顶推时，以垂直千斤顶移动来带动梁向前移动。其顶进应符合下列要求：

水平千斤顶的实际总顶推力不应小于计算顶推力的 2 倍；桥台、墩顶上水平千斤顶的台背必须坚固，应能抵抗顶推时的总反力；在顶推过程中，各桥墩的纵向位移值不超过设计规定值；主梁在各墩（包括临时墩）支承处，应按要求设置滑动装置；单点或多点水平千斤顶顶推时，左右两条顶推线应横向同步运行；多点顶推时，各墩台的水平千斤顶均应沿纵向同步运行，以保证主梁的纵间轴线在设计容许偏差范围内；水平千斤顶顶进一个行程，用竖直千斤顶将梁顶高，以便拉回滑块时，其最大顶升高度不超过设计规定；采用中点水平—竖直千斤顶方式，在开始时，如因导梁杆，设置顶推装置处的反力不大，滑块与梁底打滑，不能使梁被顶进时，应采取措施（如用卷扬机拉曳）使梁前进一定距离，待顶推装置的墩、台反力具有一定数值后，再换用水平—竖直千斤顶的顶推装置。

单点或多点拉杆方式：拉杆与梁临时连接，逐步将梁向前拉出，着力点在梁后端。

带拉杆的水平千斤顶装置的水平液压千斤顶布置在桥台前端，底台紧靠桥台，让千斤顶发挥牵引作用，并用拉杆与千斤顶连接。拉杆用楔形夹具固定在底梁板或桥侧壁的锚头设备中，锚头借助专门的液压设备固定在被顶推的桥跨结构板上。千斤顶回程时，固定在液压缸上的刚性拉杆便在楔形夹具上松开，在锚头不滑动，随后重复下一个循环。

固定在桥台上的顶推装置可布置和固定在桥墩、台上，或当路基高于 10 ~ 12m 时，直接安置在路基上。

利用张拉钢筋的千斤顶顶推装置的液压千斤顶支承在梁端部的顶推范围内，沿着固定在桥墩、台上的钢束或钢丝绳运动，为了减少因弹性伸长而造成活塞的有效行程损失，常采用最大截面尺寸的高强钢筋。在转移千斤顶时，要预先把它固定在锥形锚具上。

采用单点或多点拉杆方式，要符合下列要求：设拉杆千斤顶的墩顶应设置反力台，反力台应牢固，满足顶推时的反力要求。主梁底部或侧面应按一定距离设置拉锚器，拉锚器的锚固、放松应方便、快速，拉杆的截面积和根数应满足顶推力要求。

⑤滑动和导向装置

滑动装置：水平—竖直千斤顶顶推方式的滑动装置，一般由摩擦垫、滑块（支承块）、滑板和滑道组成。摩擦垫用氯丁橡胶与钢板夹层制成后，黏附在滑块顶面。其大小应根据墩顶反力和橡胶板容许承载力计算确定。滑动块可用铸铁或高强度等级混凝土制成，其高度不宜小于正式支座高度，其尺寸亦不宜小于摩擦垫和下面滑板的尺寸。滑板有多种构造，一般宜用硬木板、钢板夹、橡胶板等黏聚四氟乙烯板组成。四氟乙烯板的面积由最大反力计算确定，对无侧限的容许应力可按 5MPa 计算，对有侧限的容许应力可按 15MPa 计算。滑道一般可用不锈钢或镀铬钢带包卷在铸钢底层上，铸钢底层应用螺栓固定在支座垫板上。滑道顺桥向长度应大于水平千斤顶行程加滑块顺桥向长度；其宽度应为滑板宽度的 1.2 ~ 1.5 倍。相邻墩（包括主墩与临时墩）滑道顶面高程的容许偏差为 ±2mm，同墩两滑道顶面高程的容许偏差为 ±1mm。

拉杆顶推方式的滑动装置由滑板与滑道组成。其构造、技术要求及滑道的宽度，应按水平—竖直千斤顶的规定实施，但滑道长度应大于三块滑板的长度。

滑动装置的摩擦系数宜由滑板和滑道的材料进行试验确定。一般在选用水平千斤顶顶推力时，对四氟滑板与不锈钢或镀铬钢滑道面，启动摩擦系数（静摩擦系数）可按 0.07 ~ 0.08、动摩擦系数可按 0.04 ~ 0.05 考虑。

当主梁底部与滑板接触时，随着梁段的顶推前进，滑道上的滑板从前面滑出后，应立即自后面插入补充，补充的滑块应涂以润滑剂，并端正插入。在任何情况下，都要保证每条顶推线各墩顶滑道上的滑块不少于两块。滑板的磨损较大，应有足够的备用滑板。

导向装置：梁段顶进时，为纠正梁体偏移，应按具体情况取下列导向装置。

楔形导向滑板的构造与滑板基本相同，但导向板系楔形，横向设在梁段两侧的反力架间。梁段通过时，利用楔形板的横向分力来纠偏。

千斤顶方式适用于梁体偏移较大时，横向装置于桥墩两侧的钢支架上，当需要纠偏时，开动一侧的千斤顶使梁横移。

⑥梁体顶进

梁体顶进的步骤：顶进准备，检查主控柜、分控柜、电路液压装置、通信及观测系统，进行调试后开机；主控柜指挥系统控制水平千斤顶同步顶进，同时控制水平千斤顶顶推力；当水平千斤顶走完一个顶程后，全桥水平千斤顶禁止液压泵回油；回油完毕进行第二次顶进；顶进中同时进行测量及横向纠偏工作。

顶进过程中应注意的问题：顶推时，如出现导梁杆件有变形，螺钉松动、导梁与主梁连接处有变形，或混凝土开裂等情况，应禁止顶推，进行处理；梁段中未压浆的各预应力钢材的锚具如有转动，应禁止顶进，并将转动的锚具重新张拉、锚固；采用拉杆方式顶推时，如出现拉杆有变形、锚碇连接螺钉有松动等情况，应及时处理；顶推时，至少应在两个墩上设置保险千斤顶，如遇到滑移故障用千斤顶处理时，起顶的反力值不得大于计算反力值的 1.1 倍，起顶高度一般为 5 ~ 10mm。

顶进过程中的施工观测项目：墩台和临时墩承受竖向荷载和水平推力所产生的竖直、水平位移，需要时，观测其应力变化；顶推过程中主梁和导梁的控制截面的挠度，需要时，观测其应力变化；观测滑动装置的静摩擦系数和动摩擦系数；观测应随时记录、整理，如超过设计规定限值，应分析原因，采取措施纠正。

⑦落梁

按照设计规定的张拉顺序，对补充的预应力钢材进行张拉、锚固、压浆。将供顶推用的临时预应力钢材按设计规定顺序拆除；落梁前，应拆除墩、台上的滑动装置。拆除时，各支点均匀顶起，千斤顶施加的顶推力按设计支点反力值控制，相邻墩各顶点的高差不得大于 5mm；同墩两侧梁底顶起高差不得大于 1mm。

第五章　项目策划

第一节　项目环境调查与分析

一、环境调查的目的

策划是在充分占有信息和资料的前提下所进行的一种创造性劳动，因此充分占有信息是策划的先决条件，否则策划就成了无本之木、无源之水。从这一基本思想出发，环境调查与分析是项目策划工作的第一步，也是最基础的一环。如果不进行充分的环境调查，所策划的结果可能与实际需求背道而驰，甚至得出错误的结论，并直接影响工程项目的实施，因此策划的第一步必须对影响项目策划工作的各方面环境进行调查，并进行认真分析，找出影响项目建设与发展的主要因素，为后续策划工作提供较好的基础。

二、环境调查的工作内容

1．环境调查的工作范围

环境调查的工作范围为项目本身所涉及的各个方面的环境因素和环境条件，以及项目实施过程中所可能涉及的各种环境因素和环境条件。工作范围应力求全面、深入和系统，具体可以包括以下内容：项目周边自然环境和条件；项目开发时期的市场环境；宏观经济环境；项目所在地政策环境；建设条件环境（能源、基础设施等）；历史、文化环境（包括风土人情等）；建筑环境（风格、主色调等）；其他相关问题。

应该强调的是，因项目本身的特点、项目策划工作的侧重点等原因，环境调查也可侧重在上述工作范围中的一部分或几部分，并进行细化，或者进行重新分类与组合，以为后续策划工作提供参考。

2．环境调查的重点

策划的对象决定了环境调查的内容，因此不同项目环境调查的内容可能差别很大，工作重点也有所不同。从总体上讲，环境调查应该以项目为基本出发点，对项目实施可能涉及的所有环境因素进行系统性的思考，以其中对项目影响较大的核心因素为调查的重点，尤其应将项目策划和项目实施所需要依据和利用的关键因素和条件作为主要的考虑对象，进行全面深入的调查。

现场环境调查往往需要进行一到三次甚至多次，而其他方面的调查则需要多次进行，有时候需要同时通过多种渠道随时查阅相关信息，因此环境调查是一项需要一定人力和时间来做的工作。

三、环境调查的工作方法

环境调查的方法有多种。一般而言，包括以下几个方面。

1. 现场实地考察

现场实地考察是环境调查的一个重要方法与途径，该种方法主要是通过调查增加对项目的感性认识，并了解有关项目的具体细节，掌握项目环境的最新情况。一般而言，对于新建项目，实地调查需要了解以下内容：市政基础设施情况、项目基地现状、项目基地对外交通情况、周边建筑风格等。对于改造项目，则更需要实地考察，尽可能地了解影响项目策划工作的每一个细节，因为文字资料中往往省却细节信息，或者在访问时，对方可能出于自己的主观判断而遗漏重要信息，这些信息对策划可能产生很大影响。在实地调查时，可借助拍照、录像等手段辅助工作。

2. 相关部门走访

相关部门是项目宏观、中观与微观背景资料的主要来源。从这些部门获取的资料具有相当的权威性和及时性，有时甚至是尚未正式发布的草案，对了解宏观背景的发展趋势具有极大的帮助作用。通过这种方式收集资料时，应注意两点准备事项：一是要提前进行联系，告知对方调查的意图、目的、时程安排以及所需要的资料等；二是制定调查表格。

（1）准备事项一

在进行相关部门走访时，大部分受访部门由于事先并不了解调查的背景以及调查的意图，往往不能在较短的时间内掌握访问人的真正目的并提供所需资料。因此，需要提前通知受访部门，告知对方调查的意图、目的、时程安排以及所需要的资料等，一般通过电话、传真、电子邮件等联系方式。需要注意的是，因为大多数被调查的部门和人员并没有义务接待访问或提供资料，因此需要通过灵活的渠道达到既定目的。对于政府投资项目的策划，可通过政府文件和手续的方式进行处理。

（2）准备事项二

除了事先联系外，环境调查还应做好充分的准备，其中最重要的是制定调查表格。表格的形式可以有多种，但内容基本包括调查的目的、内容、受访人、调查参与人、调查的问题、资料需求等。其中，调查的问题和资料需求应尽量明确，使受访人能清楚地理解并提供准确的信息。调查完毕后，应由调查人完成调查报告，根据受访人的意见和建议分析对项目策划的影响。

对项目部门调查完毕后，应进行整理，策划小组开一次碰头会，分别介绍调查情况，最终由策划小组整理出若干个重要问题，并进行排序，形成调查报告以及对策划的影响分析，作为后续策划的基础以及参考性文件。

3. 有关人员（群）访谈

另外一个较为重要的调查环节是对相关人员（群）的访谈，访谈的目的是了解项目相关人员（群）和项目的关系以及对项目的意见或建议。对此类调查对象的调查往往与对相关部门的调查相结合。一般包括以下几类人员（见表 5–1）。

表 5–1 访谈人员的分类

类别	内容
业主方相关人员	对业主方相关人员的访谈内容主要集中在项目的背景、进展状况、项目建设的目的、希望达到的目标、基本设想以及目前存在的困难等。访谈的形式可以有很多种，可以采用集中介绍的方式，也可以采用单独访谈的方式，可以是正式的形式，也可以是非正式的形式
最终用户	项目策划的重要原则之一就是“最终用户需求导向”原则，因此应充分重视对最终用户的访谈或调查。对最终用户的访谈会影响到项目策划的具体内容，如功能的布局、标准的确定、建筑面积的确定、结构形式的选择等。在最终用户已经明确的情况下，可采用访谈形式，但如果最终用户尚不明确，如尚未招商的园区，则对可能的最终用户进行分析，以典型同类用户的需求为依据，总结概括出项目最终用户的需求
有关领导	对有关领导的访谈主要是掌握项目开发的宏观背景和总体指导思想，从宏观的专业研究和管理的角度了解他们个人的意见，整理成为宏观层次的系统性思想，并以此作为确定项目发展大方向的参考性依据
有关方面专家和专业人士	如前所述，策划是一个专业性极强的工作，需要各方面的专业知识，这就决定了策划组织必须是一个开放性的组织。另外，对于某些专业性或知识性极强的内容，专家或专业人士拥有更多的知识和经验，因此对他们的访谈对项目策划大有裨益。他们的知识、建议或意见，可作为策划的重要参考依据
其他相关人员	一个建设工程项目涉及很多方面，也影响到很多不同的人群（如一个科技商务区的建设，影响到普通从业人员、经营者、管理人员、普通消费者、潜在的从业及经营人员等），因此需要对他们进行访谈，了解其对项目的关注程度和相关建议，从社会和市场的需求、期望等角度了解具体的基础条件和制约因素，进而整理成为具体的、较为完整的环境描述。其他相关人员的范围依据项目的特征而定

四、环境调查的工作成果

环境调查的最终目的是为项目策划服务，因此对环境调查所获取的成果进行系统性的分析至关重要，这是对大量的资料与信息进行分类、整理、提炼的过程，没有经过整理与分析的资料不仅对策划没有帮助，反倒会成为大量的信息垃圾，大大降低信息的价值，因此应充分关注环境调查资料的整理与分析。环境调查的主要工作成果包括环境调查分析报告及其附件。

环境调查分析报告没有固定的格式，根据策划的需要进行设定，但一般包括资料的简要论述、对比，由此得出的结论以及对策划的启示，此外还包括主要参考资料清单以及资料来源目录，重要的参考文献也可分类装订成册，作为附件，以便查阅。

第二节　项目决策与实施策划

一、项目决策策划

项目决策策划的基本内容包括以下内容。

（1）项目环境调查与分析包括对自然环境、宏观经济环境、政策环境、市场环境、建设环境（能源、基础设施等）等进行调查分析。

（2）项目定义和论证是项目决策策划的重点，用以明确开发或建设目的、宗旨和指导思想，确定项目规模、组成、功能和标准，初步确定总投资和开发或建设周期等。

（3）组织策划需要进行项目组织结构分析，明确决策期的组织结构、任务分工和管理职能分工，确定决策期的工作流程，并分析编码体系等。

（4）管理策划的任务是制定建设期管理总体方案、运行期设施管理总体方案和经营管理总体方案等。

（5）合同策划是指确定决策期的合同结构、决策期的合同内容和文本、建设期的合同结构总体方案等。

（6）经济策划需分析开发或建设成本和效益，制定融资方案和资金需求量计划等。

（7）技术策划要对技术方案和关键技术进行分析和论证，并明确技术标准和规范的应用和制定等。

（8）风险管理策划需要分析政治风险、经济风险、技术风险、组织风险和管理风险等。

总的来说，项目决策策划工作，从明确建设单位需求开始，在综合分析社会环境的基础上，进行项目定义，对项目进行总体构思和项目定位，再进一步对项目进行功能策划、经济策划、组织管理策划，最终形成对设计的要求文件，并在其中运用多种方法和手段，从技术、经济、财务、环境和社会影响、可持续发展等多个角度对项目进行可行性分析，其中有不断反馈和调整的过程，直至项目能够最终通过审核，形成对设计的要求文件。

二、项目实施策划

项目实施的策划是在建设工程项目立项之后，为了把项目决策付诸实施而形成的具有可行性、可操作性和指导性的实施方案。项目实施策划又可称为项目实施方案或项目实施规划（计划）。

因为项目总承包方还是乙方，不能代替甲方的全部管理工作，甚至于在项目总承包模式下，甲方的管理工作还需要进一步加强。

建设工程项目的其他参与单位，如设计单位、施工单位和供货单位等，为进行其自身工程项目的管理都需要编制项目的管理规划，但都只涉及项目实施的一个方面，并体现一个方面的利益，如设计方项目管理规划、施工方项目管理规划和供货方项目管理规划等。

项目实施策划内容涉及的范围和深度，在理论上和工程实践中并没有统一的规定，应视项目的特点而定，一般包括如图 5–1 所示的内容。与组织有关的内容是工程项目组织设计的核心内容。一般宜先讨论和确定工程项目组织，待组织方面基本确定后，再着手编制工程项目管理规划。项目实施的组织策划是项目实施策划的核心。

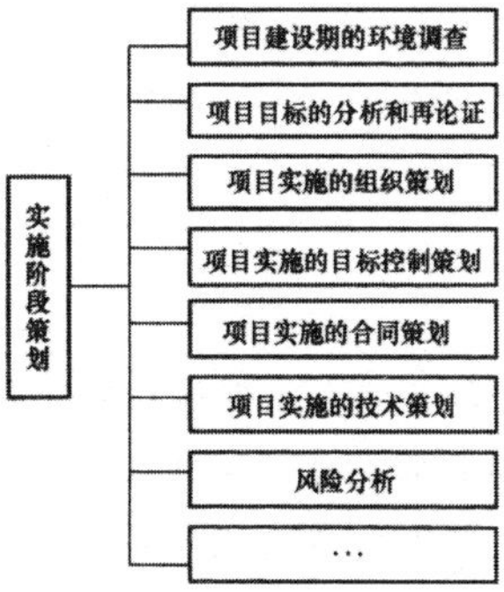

图 5–1　项目实施阶段策划的基本内容

第六章　工程项目采购管理

第一节　工程项目采购

一、采购的原则

采购的目的是通过适当的采购程序和采购方法，经济、高效地获得满足要求的采购对象。为了实现这个目的，需要通过适当的竞争性采购程序，并且要保证采购过程的公开、公平和公正，即采购的基本原则是公开、公平和公正。

世界银行在其贷款项目的工程和货物采购指南中提出，尽管项目实施所遵循的具体采购规则和程序取决于项目的具体情况，但世行对货物和工程采购的要求一般是出于以下四个方面的考虑：①项目的实施需要经济性和效率性，包括所需工程和货物的采购；②向所有合格投标人提供同样的信息和平等的机会；③促进借款国的承包业和制造业的发展；④采购过程的透明性。这些要求正是公开、公平和公正的体现，当然，最终的目的是经济和高效。基于咨询服务的特点，世行在其专门的采购指南中提出高质量服务的重要性，并将其列为采购原则的第一要素。世行的采购既有严格的原则性，又有适度的灵活性。

《中华人民共和国政府采购法》（以下简称《政府采购法》）规定，政府采购应当遵循公开透明原则、公平竞争原则、公正原则和诚实信用原则。

《中华人民共和国招标投标法》（以下简称《招标投标法》）第五条规定："招标投标活动应当遵循公开、公平、公正和诚实信用的原则。"这些原则是招标采购过程中各项活动的基本准则。

1. 公开原则

招标投标活动的公开原则首先要求招标活动的信息要公开。

采用公开招标方式的，应当发布招标公告。依法必须进行招标的项目，招标公告必须通过国家指定的报刊、信息网络或者其他公共媒介发布。无论是招标公告、资格预审公告，还是投标邀请书，都应当载明可供潜在投标人决定是否参加投标竞争所需要的信息。另外，开标的程序、评标的标准和程序、中标的结果等都应当公开。

当然，信息的公开也是相对的，对于一些需要保密的事项是不能公开的。例如，评标委员会成员的名单在确定中标结果之前就不能公开。

2．公平原则

招标投标活动的公平原则，要求招标人或评标委员会应严格按照规定的条件和程序办事，平等地对待每一个投标竞争者，不得对不同的投标竞争者采用不同的标准。招标人不得以任何方式限制或者排斥本地区、本系统以外的法人或者其他组织参加投标。

3．公正原则

在招标投标活动中，招标人或评标委员会的行为应当公正，对所有的投标竞争者都应平等对待，不能有特殊倾向。特别是在评标时，评标标准应当明确、严格，对所有在投标截止日期以后送到的投标书都应拒收，与投标人有利害关系的人员都不得作为评标委员会的成员。招标人和投标人双方在招标投标活动中的地位平等，任何一方不得向另一方提出不合理的要求，不得将自己的意志强加给对方。

公正的原则与公平的原则有共同点，也有不同点。其共同之处在于创造一个公平合理、平等竞争的投标机会。其不同之处在于二者的着眼点不同，公平原则更侧重于从投标者的角度出发，考察是不是所有的投标人都处于同一个起跑线上；而公正原则更侧重于从招标人和评标委员会的角度出发，考察是不是对每一个投标人都给予了公正的待遇。

4．诚实信用原则

诚实信用是民事活动的一项基本原则，招标投标活动是以订立采购合同为目的的民事活动，当然也适用这一原则。诚实信用原则要求招标投标各方都要诚实守信，不得有欺骗、背信的行为。例如，在投标的过程中，如果投标人假借别的企业的资质弄虚作假来投标，即违反了这一原则。由于招标投标的活动是处于订立合同的过程中，按照《中华人民共和国合同法》的规定，如果一方在订立合同的过程中违背了诚实信用的原则并给对方造成了实际的损失，责任方将承担缔约过失责任。

二、采购的方式

项目采购的方式有多种，可以根据项目采购的对象、项目的特点和要求等选择确定。《政府采购法》中规定，政府采购采用以下方式：公开招标、邀请招标、竞争性谈判、单一来源采购、询价和其他采购方式。公开招标应作为政府采购的主要采购方式。

2000年1月1日起施行的《招标投标法》规定，下列建设工程项目的勘察、设计、施工、工程监理以及与工程建设有关的重要设备、材料等的采购，必须进行招标采购:

（1）大型基础设施、公用事业等关系社会公共利益、公众安全的项目；

（2）全部或者部分使用国有资金投资或者国家融资的项目；

（3）使用国际组织或者外国政府贷款、援助资金的项目。

《招标投标法》规定的招标采购分为公开招标和邀请招标两种方式。

世界银行贷款项目中的工程和货物的采购，按照其采购指南的要求，可以采用国际竞争性招标、有限国际招标、国内竞争性招标、询价采购、直接签订合同和自营工程等采购方式。其中，国际竞争性招标和国内竞争性招标都属于公开招标，而有限国际招标则相当于邀请招标，直接签订合同则是针对单一来源的采购。

世界银行、亚洲开发银行将咨询服务招标称为征询建议书（Request for Proposal，简称RFP），咨询服务投标称为提交建议书，咨询服务投标书称为建议书，咨询服务评标称为评审建议书。

三、采购的组织

项目建设单位（业主）要将建设任务委托出去，由不同的组织去完成有关建设任务，应由专门的采购工作小组或有关部门，负责招标采购的各项工作。例如，某市机场迁建工程总投资约200亿元人民币，建设指挥部就成立了专门的招标采购部，由7～8个人组成，专门从事工程、设备、设计、咨询等的招标采购工作。

对有些业主来说，自己不具备招标采购方面的人力，可以委托专业的咨询公司——招标代理机构协助进行招标采购工作。《招标投标法》第十二条规定：“招标人具有编制招标文件和组织评标能力的，可以自行办理招标事宜。任何单位和个人不得强制其委托招标代理机构办理招标事宜。”“依法必须进行招标的项目，招标人自行办理招标事宜的，应当向有关行政监督部门备案。”

关于招标代理机构，《招标投标法》第十三条规定：招标代理机构是依法设立、从事招标代理业务并提供相关服务的社会中介组织。招标代理机构应当具备下列条件：

有从事招标代理业务的营业场所和相应资金；有能够编制招标文件和组织评标的相应专业力量；有符合规定条件、可以作为评标委员会成员人选的技术、经济等方面的专家库。

另外，对于已经获得施工总承包资格或项目总承包资格的单位，可以依法将部分建设任务分包出去，其分包单位的选择也可以通过招标方式进行。即使没有分包工作，不采取分包方式，也可能存在大量的物资采购工作。无论是否采用招标方式，都需要有一定的组织（部门或工作小组）负责这些采购工作。对于施工总承包单位或项目总承包单位，一般都有负责采购的专门人员或部门，较少采用委托代理机构进行采购的方式。

第二节　工程项目采购的基本模式

一、施工平行发包

1. 平行发包的含义

平行发包，又称为分别发包，是指发包方根据工程项目的特点、项目进展情况和控制目标的要求等因素，将工程项目按照一定原则分解，将设计任务分别委托给不同的设计单位，将施工任务分别发包给不同的施工单位，各个设计单位和施工单位分别与发包方签订设计合同和施工合同。

2. 施工平行发包

在施工平行发包模式中，业主将不同的施工任务分别委托给不同的施工单位，各个施工单位分别与业主签订合同，各个施工单位之间的关系是平行关系。

一般情况下，在通过招标选择承包人时，该部分工程的施工图已经完成，每个合同都可以实行总价合同。

对施工任务的平行发包，发包方可以根据工程项目结构进行分解发包，也可以根据工程项目施工的不同专业系统进行分解发包。

施工平行发包的特点如下。

（1）投资控制

每一部分工程的发包，都以施工图设计为基础，投标人进行投标报价较有依据；每一部分工程的发包，业主都可以按照期望的标准和要求选择满意的承包单位（如价格最低，或者进度最快，或质量可靠、信誉最好等）；对业主来说，要等最后一份合同签订后才知道整个工程的总投资，对投资的早期控制不利。

（2）进度控制

某一部分施工图完成后，即可开始这部分工程的招标，开工日期提前，可以边设计边施工，缩短建设周期；由于要进行多次招标，业主用于招标的时间较多；施工总进度计划的编制和控制由业主负责；由不同单位承包的各部分工程之间的进度计划及其实施的协调由业主负责（业主直接管理各施工单位似乎控制力度大，但矛盾集中，业主的管理风险大）。

（3）质量控制

符合质量控制上的“他人控制”原则，不同分包单位之间能够形成一定的控制和制约机制，对业主的质量控制有利；合同交互界面比较多，应非常重视各合同之间界面的定义和管理，否则对质量控制不利。

（4）合同管理

业主要负责所有合同的招标、谈判、签约，招标及合同管理工作量大；业主在每个合同中都会有相应的责任和义务，签订的合同越多，业主的责任和义务就越多；业主要负责对多个合同的跟踪管理，工作量较大。

（5）组织与协调

业主直接控制所有工程的发包，可决定所有承包商的选择；业主要负责对所有承包商的管理及组织协调，承担类似于施工总承包管理的角色，工作量大（业主的对立面多，各个合同之间的界面多，关系复杂，矛盾集中，业主的管理风险大）；业主方可能需要投入较多的人力和精力进行管理。

二、施工总承包

1．施工总承包的含义

施工总承包，是指发包人将全部施工任务发包给一个施工单位或由多个施工单位组成的施工联合体或施工合作体，施工总承包单位主要依靠自己的力量完成施工任务。当然，经发包人同意，施工总承包单位可以根据需要将施工任务的一部分分包给其他符合资质的分包人。

与平行发包相似，为减少和避免风险，一般在通过招标选择施工总承包单位时，所有的施工图都已经完成，不确定性因素减少了，有利于实行总价合同。

2．施工总承包的特点

（1）投资控制

一般以施工图设计为投标报价的基础，投标人的投标报价较有依据；在开工前就有较明确的合同价，有利于业主对总投资的早期控制；若在施工过程中发生设计变更，则可能发生索赔。

（2）进度控制

一般要等施工图设计全部结束后，才能进行施工总承包的招标，开工日期较迟，建设周期势必较长，这是施工总承包模式的最大缺点，限制了其在建设周期紧迫的工程项目上的应用；施工总进度计划的编制、控制和协调由施工总承包单位负责，而设计、施工、供货之间的进度计划协调由业主负责。

（3）质量控制

工程项目质量的好坏很大程度上取决于施工总承包单位的选择，取决于施工总承包单位的管理水平和技术水平。业主对施工总承包单位的依赖性较大。

（4）合同管理

业主只需要进行一次招标，与一家承包商签约，招标及合同管理工作量大大减少，对业主有利；在很多工程实践中，采用的并不是真正的施工总承包，而是所谓的“费率招标”，实质上是开口合同，对业主方的合同管理和投资控制不利。

（5）组织与协调

业主只负责对施工总承包单位的管理及组织协调，工作量大大减少。

三、施工总承包管理

1．施工总承包管理的含义

施工总承包管理模式的英文名称是 Managing Contractor，简称 MC，意为“管理型承包”，它不同于施工总承包模式。采用该模式时，业主与某个具有丰富施工管理经验的单位或联合体或合作体签订施工总承包管理协议，由施工总承包管理方负责整个工程项目的施工组织与管理。一般情况下，施工总承包管理单位不参与具体工程的施工，而具体工程施工需要再进行分包的招标与发包，把具体施工任务分包给分包商来完成。但有时也存在另一种情况，即施工总承包管理单位也想承担部分工程的施工，这时它也可以参加这一部分工程的投标，通过竞争取得任务。

2．施工总承包管理模式的特点

（1）投资控制

某部分施工图完成后，由业主单独或与施工总承包管理单位共同进行该部分工程的招标，分包合同的投标报价较有依据；在进行施工总承包管理单位的招标时，只确定施工总承包管理费，没有合同总造价，是业主承担的风险之一；多数情况下，由业主方与分包人直接签约，加大了业主方的风险。

（2）进度控制

施工总承包管理的招标不依赖于施工图设计，可以提前，分包合同的招标也可得到提前，从而提前开工，可缩短建设周期；施工总进度计划的编制、控制和协调由施工总承包管理单位负责，而设计、施工、供货之间的进度计划协调由业主负责。

（3）质量控制

对分包人的质量控制由施工总承包管理单位进行；对分包人来说，符合质量控制上的“他人控制”原则，对质量控制有利；各分包合同交界面的定义由施工总承包管理单位负责，减轻了业主方的工作量。

（4）合同管理

一般情况下，所有分包合同的招投标、合同谈判、签约工作由业主负责，业主方的招标及合同管理工作量大；对分包人工程款支付又可分为施工总承包管理单位支付和业主直接支付，前者对加大总包管理单位对分包人管理的力度更有利。

（5）组织与协调

由施工总承包管理单位负责对所有分包人的管理及组织协调，大大减轻了业主的工作，这是施工总承包管理模式的基本出发点；与分包人的合同一般由业主签订，一定程度上削弱了施工总承包管理单位对分包人管理的力度。

第三节　工程项目采购的发展趋势

一、采购手段和委托模式的变化

1. 采购手段的变化

随着信息技术的不断发展，利用网络平台开展采购招标的各项工作已经成为现实，并将愈来愈得到更加广泛的应用。目前，利用互联网进行招标信息和公告的发布已经非常普遍，而在网上进行资格审查、购买招标文件、递交投标文件等也已经逐渐为人们所接受，由于其具有成本低、速度快、保密性好等特点，将成为项目采购的一个重要的发展方向。

2. 工程管理和工程任务委托模式的变化

近年来，工程建设领域发生了深刻的变化，对现代工程建设管理的模式以及工程项目的任务委托和实施模式也产生了深远的影响。

近年来建筑业发生的变化主要体现在：

（1）大中型项目投资和经营的私有化进程的发展。

（2）业主方更多地希望设计和施工紧密结合，倾向于以设计＋施工（Design+Build，或称 Design+Construction，即我国所称的项目总承包）的方式发包；希望建筑业提供形成建筑产品的全过程的服务，包括项目前期的策划和开发，以及设计、施工，以至设施管理（Facility Management）的服务。

（3）建筑业在项目融资和经营方面参与程度的加剧。

（4）建筑市场的全球化进程和建筑市场竞争的加剧。

（5）从机械制造业、汽车工业引进、改变建筑产品生产组织的模式。

（6）在设计、施工、建筑材料和建筑设备的技术领域中不断出现创新。

（7）建筑公司（即我国所称的建筑施工、安装企业）功能的变化。

（8）设计事务所（设计公司）、建筑公司和咨询公司内部管理的变化。

（9）信息技术的迅速发展对建筑业的影响。

国际建筑业的以上变化对工程项目建设的委托和实施产生了深刻的影响。前面介绍过许多不同类型的承发包模式，如平行承发包、施工总承包、施工总承包管理、项目总承包、项目总承包管理和CM模式等，这些模式都局限于项目设计任务的委托和建筑施工、安装任务的发包。对于业主而言，这都属于对建筑产品订货生产的购买活动，它比工业产品购买的组织复杂得多。不熟悉工程项目开发和实施业务的业主几乎无法对付。业主方希望简化建筑产品购买的组织，而又不损害其利益，并希望建筑业能提供范围更宽的服务，由此产生了多种新颖的发包模式，如：

（1）D+D+B（Develop+Design+Build），即受委托方负责项目前期决策阶段的策划、设计和施工。

（2）D+B+FM（Design+Build+Facility Management），即受委托方负责项目的设计、施工和设施管理。

（3）F+P+D+B+FM（Finance+Procurement+Design+Build+Facility Management），即受委托方负责项目的融资、采购、设计、施工和设施管理。

二、建设工程的综合项目交付模式

1．综合项目交付（IPD）的含义

综合项目交付（Integrated Project Delivery，简称IPD）是美国建筑师协会（AIA）在2007年发布的《综合项目交付指南》中提出的一种新型管理和组织模式。IPD又称项目集成交付，指的是将人力资源、工程系统、业务结构以及实践经验集合成为一个过程的项目交付方式，在这个集成的过程中，项目的各参与方可以充分利用各自的才能和洞察力，通过在项目实施的各个阶段的合作，使项目效率最大化，给业主创造更大价值。而美国总承包商协会（AGC）等建筑业协会组织则认为，IPD是通过使用多方合同，以团队的整体表现为基础，选择项目各参与方，进行物资采购、风险/利益管理和索赔等的一种新型项目交付模式。

根据IPD的定义可知，IPD主要涵盖了四方面思想：①集成的思想，集成了人、各系统、业务结构和实践经验，促进工程建设整体（一体）化；②合作的思想，组建了一个基于信任、协作和信息共享的项目团队，使各参与方风险共担、收益共享；③全寿命周期的思想，参与各方可在各阶段共享知识；④精益的思想，最大程度地减少返工和浪费、降低成本以及缩短工期，达到最优项目目标。

2. 综合项目交付（IPD）的特点

（1）成本控制

通过面向设计师到分包商采用预制工作流并实施更高的安装精度，减小协调错误、错误装配和欠妥安装的成本影响。通过消除由于这些不必要错误所导致的项目进度延缓而产生的赔偿，减少超时劳动和额外费用。通过改善项目日程设定来加速施工流程，从而降低一般费用、保险费和运输成本。

（2）进度控制

BIM（Building Information Model）技术为各参与方的早期介入与沟通提供平台，从根本上缩短项目建设周期。项目参与方在BIM信息平台上，通过时间建模和成本建模技术，预测施工现场减速/停工时间，并改善各方基层协调、重叠和阶段划分，从而革新采购和项目进度安排。

（3）质量控制

通过IPD协议规定了各类质量的标准，其中包括可持续性、工艺质量、功能性和设计质量。业主、设计方和承包商可共同选择多个类似项目作为参照基准，以使质量目标是可度量的，再选定一个独立的评估员作为判定项目是否符合设计质量标准的仲裁者。当IPD合作团队取得超出设计期望的结果后，能够获得相关的奖金激励。

（4）信息管理

BIM的主要作用是减少和消灭项目设计、施工、运营过程中的不确定性和不可预见性，BIM通过使用建筑物的虚拟信息模型对建筑物可能碰到的各种问题进行模拟、分析、解决，从而防止例外或意外的发生。

通过提高所有项目参与人员建立、理解、传递项目信息的效率和降低出错概率，使上述减少甚至消灭项目不确定性和不可预见性的预期在经济上成为可能。

（5）合同管理

通过IPD项目参与各方制定并签署IPD多方协议，定义项目参与者的角色与责任。2009年11月，美国建筑师协会发布了IPD多方协议的合同模板。

在IPD项目的各个阶段中，各个参与者之间的协同合作关系，以及赔偿、义务及风险分配等有关的关键性条款必须进行清晰的定义与规定，这将有助于促进参与者之间的开放交流与协同合作。

IPD 项目通过合同将项目各方尽早地融入到一体化的项目团队中，使项目参与各方充分发挥自身的知识与技能优势，以项目综合价值为导向，建立协作式合作伙伴关系。

（6）组织与协调

IPD 项目模式的显著特点是组织与协调。组织与协调的工作由各参与方人员组成的 SPE 团队负责。通过组建团队的协同管理，使项目参与方能够集中在一个高效的协同流程内，相互配合、相互信任地协同工作。

为了达到这个组织协调目标，在该团队组建时，必须考虑以下问题：

在尽可能早的项目阶段中，识别、确认项目中每个参与者的角色；要充分考虑与项目相关的其他参与者与项目的关系，如项目监管者、当地公共事业单位、保险商等；能够在项目参与者充分相互理解的基础上定义项目的价值、目标及利益；确定与项目参与者的需求和约束相一致并最适合 IPD 的组织架构；清晰定义项目参与方的角色与责任。

3. 综合项目交付（IPD）与传统采购模式的比较

与传统采购模式相比较，IPD 模式的参与各方在项目前期尽早介入，具有更真实的合作伙伴关系和较高的协同性，能持续不断地优化设计方案，较传统模式具有更强的主动性、更高的效率、更低的成本、更多的收益。

此外，还有许多其他各方面的区别，如表 6-1 所示。

表 6-1　IPD 模式与传统采购模式的比较

	IPD 模式	传统采购模式
文化、思考方式	学习，持续改进； 系统思考，优化整体，培育和支持多边合作与开放共享	责备，指手画脚，个人回报最大化，拒绝承担风险；指挥、命令、控制，把工程划分为多个组成部分，个人、局部最优
管理思想	由外及内：从业主角度出发、基于系统基础上的行为模式	自上而下：主要管理合同，人、项目、成本……
决策与措施	以数据为基础，合作决定；措施与目标、能力、变更相适应	独立决策； 根据预算、标准等输出措施
组织设计与结构	基于需求、价值、流程，开放，合作，集成项目团队的关键人员，增加利益相关者	功能专业化，强调层次与控制，建造商直到建设阶段才介入项目； 垂直关系链

续表

	IPD 模式	传统采购模式
进程	并行与多层次；高度信任与尊重	线性的，隔离的
知识管理与专家	开放式共享、早期就介入	仅当需要时启用
风险	合作管理，适当、共摊风险	个人管理，尽量转移
利益	个人所得以项目成功为前提	希望小投入换高产出
交流方式、技术	基本数字化，可视的；BIM；Last Planner（最后计划者）	基于纸质，二维的
合同	关系型、共享合作，以项目成功为目标	交易型，未集成项目参与方，各自经营，极少共享

第七章　工程项目投资控制

第一节　工程项目投资控制的含义和目的

一、工程项目投资控制的含义

工程项目投资控制是指以建设工程项目为对象，为在投资计划值内实现项目而对工程建设活动中的投资所进行的规划、控制和管理。投资控制的目的，就是在工程项目的实施阶段，通过投资规划与动态控制，将实际发生的投资额控制在投资的计划值范围以内，以使工程项目的投资目标尽可能地实现。

工程项目投资控制主要由两个各有侧重又相互联系的工作过程所构成，即工程项目投资的规划过程与工程项目投资的控制过程。在工程项目的建设前期，以投资的规划为主；在工程项目实施的中后期，投资的控制占主导地位。

1．投资的规划

投资的规划，主要是指确定或计算工程项目的投资费用，以及制定工程项目实施期间投资控制工作方案的工程管理活动，主要包括进行投资目标论证分析、投资目标分解、制定投资控制工作流程、投资目标风险分析、制定投资控制工作制度及有关报表数据的采集、审核与处理等一系列控制工作和措施。

依据建设程序，建设工程项目投资费用的确定与工程建设阶段性的工作深度相适应。在工程项目管理的不同阶段，投资的规划工作及主要内容见表 7–1。

表 7–1　投资的规划工作及主要内容

阶段	工作内容
设计准备阶段	通过对投资目标的风险分析、项目功能与使用要求的分析和确定，编制工程项目的投资规划，用以指导设计阶段的设计工作以及相应的投资控制工作
工程设计阶段	以投资规划控制方案设计阶段和初步设计阶段的设计工作，编制设计概算。以投资规划和设计概算控制施工图设计阶段的设计工作，编制施工图预算，确定工程承包合同价格等

续表

阶段	工作内容
工程施工阶段	以投资规划、施工图预算和工程承包合同价格等控制工程施工阶段的工作，编制资金使用计划，以作为施工过程中进行工程结算和工程价款支付的计划目标

2. 投资的控制

投资的控制，是指在工程项目的设计准备阶段、设计阶段、施工阶段、竣工验收阶段和保修阶段，以规划的计划投资为目标，通过相应的控制措施将工程项目投资的实际发生值控制在计划值范围以内的项目管理活动。

对工程项目投资进行控制，是运用动态控制原理，在项目建设过程中的不同阶段，经常地、定期或不定期地将实际发生的投资数与相应的计划投资目标值进行比较，若发现工程项目实际投资值偏离目标值，则需采取纠偏措施，包括组织措施、经济措施、技术措施、合同措施和信息措施等，纠正投资偏差，以保证工程项目投资总目标尽可能地实现。

（1）设计准备阶段。根据拟建工程项目的功能要求和使用要求，作出项目定义，包括项目投资定义，并按工程项目规划的要求和内容以及项目分析和研究的不断深入，逐步地将投资规划值和投资估算的误差率控制在允许的范围之内。

（2）工程设计阶段。运用设计标准和标准设计、价值工程和限额设计方法等，以投资规划和批准的投资估算为计划投资的目标值控制初步设计。如果初步设计阶段的设计概算超出投资估算（包括允许的误差范围），则应对初步设计的设计结果进行修改和调整。

进入施工图设计阶段，应以投资规划和批准的设计概算为控制目标，应用价值工程和限额设计等方法，控制施工图设计工作的进行。如果施工图设计阶段的施工图预算超过设计概算，则说明施工图设计的内容突破了初步设计所确定的设计原则，因而应对施工图设计的设计结果进行修改和调整。

在工程施工招标阶段，以工程设计文件（包括设计概算或施工图预算文件）为依据，结合工程施工的具体条件，如现场条件、市场价格和招标方的特殊要求等，编制招标文件，选择合适的合同计价方式，确定工程承包合同价格。

通过对工程设计过程中形成的项目投资费用的层层控制，以实现建设工程项目设计阶段的投资控制目标。

（3）工程施工阶段。以施工图预算和工程承包合同价格等为控制目标，通过工程计量、工程变更控制和工程索赔管理等方法，按照承包方实际完成的工程量，严格确定施工阶段实际发生的工程费用。以工程承包合同价格为基础，考虑设计中难以预计的而在施工阶段实际发生的工程和费用，合理确定工程结算，控制实际工程费用的支出。

（4）工程竣工验收阶段。全面汇集在工程项目建设过程中实际花费的全部费用，编制竣工决算，如实体现建设工程项目的实际投资，总结分析工程建设管理经验，积累技术经济数据和资料，以提高工程项目投资控制的水平。

（5）工程保修阶段。根据工程承包合同，协助处理项目使用期间出现的各种质量问题，选择相关的处理方案和方式，合理确定工程保修费用。

二、工程项目各阶段投资控制的任务

在工程项目的实施过程中，投资控制的任务是对建设全过程的投资费用负责，要严格按照批准的可行性研究报告中规定的建设规模、建设内容、建设标准和相应的工程投资目标值等进行建设，努力把工程项目投资控制在计划的目标值范围以内。工程项目各阶段均有投资的规划与投资的控制等工作，但不同阶段投资控制的工作内容与侧重点各不相同。

1. 设计准备阶段的主要任务

在工程项目的设计准备阶段，投资控制主要任务是按项目的构思和要求编制投资规划，深化投资估算，进行投资目标的分析、论证和分解，以作为工程项目实施阶段投资控制的重要依据。在此阶段的投资控制工作，是要参与对工程项目的建设环境以及各种技术、经济和社会因素的调查、分析、研究、计算和论证，参与工程项目的功能定义和投资定义等。

在作出项目建设的投资决策以后，工程项目就进入实施阶段，此时首先应着手开始工程设计的工作。设计阶段工程项目投资的控制是要用项目决策阶段的投资估算，指导工程设计的进行，控制与工程设计结果相对应的投资费用，使设计阶段形成的工程项目投资数值能够被控制在投资估算允许的浮动范围以内。

投资估算是在工程项目的投资决策阶段，确定拟建项目所需投资数量的费用计算文件。与投资决策过程中的各个工作阶段相对应，投资估算也需按相应阶段进行编制。编制投资估算的主要目的，一是作为拟建项目投资决策的依据；二是若在决定工程项目的建设以后，其将成为拟建工程项目实施阶段投资控制的目标值。

2. 设计阶段的主要任务

在工程项目的设计阶段，投资控制的主要任务和工作是按批准的项目规模、内容、功能、标准和投资规划等指导和控制设计工作的开展，组织设计方案竞赛，进行方案比选和优化，编制及审查设计概算和施工图预算，采用各种技术方法控制各个设计阶段所形成的拟建项目的投资费用。

工程设计一般分为两个阶段：初步设计阶段和施工图设计阶段。大型和复杂的项目，在初步设计之前，要做方案设计，进行设计方案竞赛，优选方案。对技术上复杂又缺乏设计经验的工程，在初步设计完成之后，可增加技术设计阶段。因此，设计的阶段总体上可划分为方案设计、初步设计、技术设计和施工图设计四个阶段。对应工程项目的设计阶段，有确定工程项目投资费用的文件：在初步设计阶段，需要编制设计概算；在技术设计阶段，需要编制修正概算；在施工图设计阶段，需要编制施工图预算。设计概算、修正概算、施工图预算均是工程设计文件的重要组成部分，是确定和反映工程项目建设在各相应设计阶段的内容以及建设所需费用的文件。

在设计阶段，工程项目投资要以投资估算控制初步设计的工作；以设计概算控制施工图设计的工作。如果设计概算超过投资估算，应对初步设计进行调整和修改。同理，如果施工图预算超过设计概算，应对施工图设计进行调整和修改。通过对设计过程中形成的投资费用的层层控制，以实现拟建工程项目的投资控制目标。要在设计阶段有效地控制投资，需要从多方面采取措施，随时纠正发生的投资偏差。技术措施和技术方法在设计阶段的投资控制中起着极为重要和积极的作用。

工程项目施工准备阶段的投资控制，是以工程设计文件为依据，结合工程施工的具体情况，选择工程承包单位。此阶段投资控制的具体工作包括参与工程招标文件的制定，编制招标工程的标底，选择合适的合同计价方式，评价承包商的投标报价，参加合同谈判，确定工程承包合同价格，参与材料和设备订货的价格确定等。

3. 施工阶段的主要任务

在工程项目的施工阶段，投资控制的任务和工作主要是以施工图预算或工程承包合同价格作为投资控制目标，控制工程实际费用的支出。在施工阶段，需要编制资金使用计划，合理确定实际投资费用的支出；严格控制工程变更，合理确定工程变更价款；以施工图预算或工程合同价格为目标，通过工程计量，合理确定工程结算价款，控制工程进度款的支付。工程结算是在工程施工阶段，施工单位根据工程承包合同的约定而编制的确定应得到的工程价款的文件，其经审核通过后，建设单位就应按此向施工单位支付工程价款。因此，工程结算价款对建设单位而言是真正的实际费用的支出。就投资估算、设计概算、施工图预算甚至是工程合同价格来说，在某种程度上均可以理解为是工程项目的计划投资，其作用主要是用于控制而非实际支付，工程的实际费用并不一定按此发生。而工程结算价款则不同，其计算确定为多少，建设单位就需实际支出多少，它是工程项目实际投资的重要部分。

4. 竣工验收及保修阶段的主要任务

在工程项目的竣工验收及保修阶段，投资控制的任务和工作包括按有关规定编制项目竣工决算，计算确定整个建设工程项目从筹建到全部建成竣工为止的实际总投资，即归纳计算实际发生的工程项目投资。整个工程项目的建造完成所需花费支出的实际总投资通过竣工决算最后确定。在此阶段，要以设计概算为目标，对建设全过程中的投资费用及其控制工作进行全面总结，对工程项目的建设与运行进行综合评价。

所有竣工验收的建设工程项目在办理验收手续之前，必须对所有财产和物资进行清理，编制竣工决算。竣工决算是反映建设工程项目实际投资和投资效果的文件，是竣工验收报告的重要组成部分。及时和正确地编制竣工决算，对于总结分析工程项目建设过程中的经验教训，提高工程项目投资控制水平以及积累技术经济资料等，都具有重要意义。

在工程的保修阶段，要参与对发生的工程质量问题进行处理的工作，对由此产生的工程保修费用进行控制。

第二节　设计阶段投资控制的意义和技术方法

一、项目前期和设计阶段对投资的影响

1. 工程项目规划和设计对投资的影响

建设工程项目 80% 的全寿命周期费用在项目规划和设计阶段就已经被确定，而其他阶段只能影响项目总费用的 20%。产生这种情况的主要原因是每一个项目都是根据项目业主自身的特殊要求和考虑进行建设的。在工程项目规划阶段，项目业主就会大致作出拟建项目的项目定义，决定工程项目投资需要的很多内容。比如，会依据各种因素确定拟建项目的功能、规模、标准和生产能力等，对宾馆项目来说，就是拟设多少客房，多少面积，建筑和设施标准的高低，娱乐、会议、商务、商店和餐饮等服务空间的设置、面积大小和标准等；对工业项目来说，就是多少生产能力，技术水平的高低，何种工艺技术路线，多大规模，多少面积，建筑标准和辅助设施设置等；对机场项目来说，就是需要多少跑道，多少候机楼，多少面积，每年能够处理多少架飞机、多少旅客和多少货物等。这些都需要通过项目规划阶段的工作来

确定。而这些对拟建项目的项目定义，就大致框定了工程项目的投资额度，给出了工程项目的投资定义。一旦项目规划通过论证准备实施，工程项目的建设内容和运营内容均得到确定，工程建设实施就必然按照认定的规划内容及其投资值来执行，这将直接影响工程项目的设计、施工和运营使用。

由于方案设计或初步设计阶段较为具体地明确了工程项目的建设内容、设计标准和设计的基本原则，以初步设计为基础的详细设计，即施工图设计只是根据初步设计确定的设计原则进行细部设计，是初步设计的深化和细化；而工程项目的采购和施工，通常只是严格按照施工图纸和设计说明来进行，图纸上如何画，施工就如何做，图纸上如何说，施工也就如何实施。因此，拟建项目的初步设计完成之后，建设工程项目投资的 80% 左右也就被确定下来。

从表面上看，工程项目的投资费用主要是集中在施工阶段发生的，而事实也确实如此，但是，施工阶段发生的费用是被动的，施工阶段所需要投入费用的多少通常都是由设计决定的。在工程项目开始实施之初，实际需要支出的费用很少，主要是一些前期的准备费用、支付给设计单位的设计费用和项目前期可能发生的工程咨询费用等。当工程项目进入施工阶段后，则需要真正的物质投入，大量的人力、物力和财力的消耗会导致工程实际费用支出的迅速增长，包括建筑安装工程费用、设备和材料的采购费用等工程费用主要是在施工阶段发生的。也正因为如此，在工程实践中往往容易造成或导致误解，认为投资控制主要就是进行施工阶段的控制，在设计阶段不花钱就不存在投资控制问题，只要控制住施工阶段的工程费用，整个建设工程项目的投资也就控制住了。而实际上，工程施工阶段需要发生的投资费用主要是由设计决定的。

2. 项目前期和设计阶段的外在因素对投资的影响

外在因素在建设工程项目全寿命周期内对投资影响程度的变化特点也决定了设计阶段管理和控制的重要性。建设工程项目的建设特别是重大基础设施建设周边地区的社会、经济、资源和自然环境等多种因素，对工程项目投资的影响力有着明显的阶段性变化，即如果能够经过对拟建项目科学的论证、规划和设计，外在因素的不确定性会随着时间的推移而逐渐减小，而在工程项目的前期，这类因素对工程项目投资的影响程度最集中，可以占到 80% 左右。

3. 前期工作和设计对使用或运营费用的影响

工程设计不仅影响工程项目建设的一次性投资，而且还影响拟建项目使用或运营阶段的经常性费用，如能源费用、清洁费用、保养费用和维修费用等。在工程项目建设完成投入使用或运营期间，项目的使用或运营费用将持续平稳地发生。虽然使用或运营费用的变化趋势并不十分明显，但由于项目使用或运营期一般都延续很长，这就使相应的总费用支出量会很大。在通常的情况和条件下，在这个变化过程中，前后各阶段的费用存在一定的关系，或许前期或设计阶段确定的项目投资费用的少量增加反而会使项目运营和使用费用大量减少；反之，设计阶段确定的项目投资费用略有减少，则有可能导致项目运营和使用费用的大量增加。建设工程项目一次性投资与经常性费用有一定的反比关系，但通过项目前期和设计阶段的工作可以寻求两者尽可能好的结合点，使建设工程项目全寿命周期费用最低。

综上所述，建设工程项目及其投资费用在其全寿命周期内有独特的发展规律，这些规律决定了项目前期和设计阶段在项目全寿命周期中的重要地位。从前面的分析以及从工程实践来看，在一般情况下，设计准备阶段节约投资的可能性最大，即其对建设工程项目经济性的影响程度能够达到95% ~ 100%；初步设计为75% ~ 95%；技术设计阶段为35% ~ 75%；施工图设计阶段为25% ~ 35%；而至工程的施工阶段，影响力可能只有10%左右了。在施工过程中，由于各种原因经常会发生设计变更，设计变更对项目的经济性也将产生一定的影响。

二、工程项目投资控制的重点

从前面的分析可见，项目前期和设计阶段对工程项目投资有着重要的影响，其决定了工程项目投资费用的支出。因此，工程项目投资控制就存在控制的重点，也就是工程项目前期和工程设计阶段。投资控制的重点放在设计阶段，特别是方案设计和初步设计阶段，并不是说其他阶段不重要，而是相对而言，设计阶段对工程项目投资的影响程度远远大于如采购阶段和工程施工阶段等其他建设阶段。

在设计阶段，节约投资的可能性最大。其中，在方案设计阶段，节约和调节投资的余地最大，这是因为方案设计是确定工程项目的初始内容、形式、规模、功能和标准等的阶段，此时对其某一部分或某一方面的调整或完善将直接引起投资数额的变化。正因为如此，就必须加强方案设计阶段的投资控制工作，通过设计方案竞赛、设计方案的优选和调整、价值工程和其他技术经济方法，选择确定既能满足工程项目的功能要求和使用要求，又可节约投资、经济合理的设计方案。

在初步设计阶段，相对方案设计来说节约和调节投资的余地会略小些，这是由于初步设计必须在方案设计确定的方案框架范围内进行设计，对投资的调节也在这一框架范围内，因此，节约投资的可能性就会略低于方案设计。但是，初步设计阶段的工作对工程项目投资还是具有重大的影响，这就需要做好各专业工程设计和技术方案的分析和比选，比如房屋建筑的建筑和结构方案选择，建筑材料的选用，建筑方案中的平面布置、进深与开间的确定、立面形式的选择、层高与层数的确定、基础类型的选用和结构形式的选择等，需要精心编制并审核设计概算，控制与初步设计结果相对应的工程项目投资。

进入施工图设计阶段以后，工程设计的工作是依据初步设计确定的设计原则对工程项目开展详细设计。在此阶段，节约和调节工程项目投资的余地相对就更小了。在此阶段的投资控制，重点是检查施工图设计的工作是否严格按照初步设计来进行，否则，必须对施工图设计的结果进行调整和修改，以使施工图预算控制在设计概算的范围以内。

而至设计完成，工程进入施工阶段开始施工以后，从严格按图施工的角度，节约投资的可能性就非常小了。

因此，进行工程项目的投资控制就必须抓住设计阶段这个重点，尤其是方案设计和初步设计，而且越往前期，节约投资的可能性就越大。

前已述及，工程项目的投资估算、设计概算、施工图预算与合同价格等都是在工程施工前需要编制的，这些计算确定投资费用的文件又均主要是在设计阶段形成的，是随着工程项目建设的不断深入，并通过一个又一个阶段的控制获得的。而这些经过层层控制所得来的投资费用文件有时仅仅是作为控制下一阶段投资费用的目标，实际需支出的费用并不一定按其发生。那么，为什么建设工程项目投资费用的确定不能像其他工业产品那样，待产品生产出以后再来计算确定产品的价格？这是由工程项目及其建设特点所决定的。其中最主要的，就是对工程项目的建设而言，预计的资金投放量主要取决于工程项目规划和设计的结果，项目前期和工程设计阶段的工作决定了施工阶段的费用支出。由于工程项目的投资往往很大，少则几十万，多则成百上千万或上亿，如果不通过项目前期和设计阶段对投资进行层层控制，放任自流，设计人员想怎样设计就怎样设计，不讲标准、不讲控制、不讲经济和效益，等到工程竣工以后再来计算核定工程项目的实际投资，则或许没有一个投资者能够承担这样的、可能是巨大的投资风险。这也就是尽管工程项目的投资费用主要是在施工阶段发生和支出的，也要在工程项目前期和设计阶段做那么多“算”，即投资估算、设计概算、修正概算、施工图预算与合同价格等的原因。

在较长的一段时期里，我国建设领域普遍忽视工程项目建设前期和设计阶段的投资控制，往往是把控制项目投资的主要精力放在施工阶段，注重算细账，包括审核施工图预算及结算建筑安装工程价款等。这样做尽管也是必需的，但毕竟是“亡羊补牢”。要想有效地控制工程项目投资，就要坚决地把工作重点转到项目前期和设计阶段上来。

三、设计阶段投资控制的技术方法

工程项目投资控制的重点在设计阶段，做好设计阶段的投资控制工作对实现项目投资目标有着决定性的意义。在工程设计阶段，可以应用价值工程和限额设计等管理技术和方法，对工程项目的投资实施有效的控制。

1．价值工程方法

价值工程方法是运用集体智慧和有组织的活动，对所研究对象的功能与费用进行系统分析并不断创新，使研究对象以最低的总费用可靠地实现其必要的功能，以提高研究对象价值的思想方法和管理技术。这里的“价值”，是功能和实现这个功能所耗费用（成本）的比值。价值工程表达式为：

$$V=F/C$$

式中 V——价值系数；

F——功能系数；

C——费用系数。

（1）价值工程的特点

价值工程活动的目的是以研究对象的最低寿命周期费用，可靠地实现使用者所需的功能，以获取最佳综合效益。价值工程的主要特点如下（见表 7–2）。

表 7–2 价值工程的主要特点

特点	主要内容
以提高价值为目标	研究对象的价值着眼于全寿命周期费用。全寿命周期费用是指产品在其寿命期内所发生的全部费用，即从为满足功能要求进行研制、生产到使用所花费的全部费用，包括生产成本和使用费用。提高产品价值就是以最小的资源消耗获取最大的经济效果
以创新为支柱	价值工程强调“突破、创新和求精”，充分发挥人的主观能动作用，发挥创造精神。首先，对原方案进行功能分析，突破原方案的约束；然后，在功能分析的基础上，发挥创新精神，创造更新方案；最后，进行方案对比分析，精益求精。能否创新及其创新程度是关系价值工程成败与效益的关键
以功能分析为核心	功能是指研究对象能够满足某种需求的一种属性，即产品的特定职能和所具有的具体用途。功能可分为必要功能和不必要功能，其中，必要功能是指使用者所要求的功能以及与实现使用者需求有关的功能
技术分析与经济分析相结合	价值工程是一种技术经济方法，研究功能和成本的合理匹配，是技术分析与经济分析的有机结合。因此，分析人员必须具备技术和经济知识，做好技术经济分析，努力提高产品价值

（2）价值工程的基本内容

价值工程可以分为四个阶段：准备阶段、分析阶段、创新阶段和实施阶段。其大致可以分为八项内容：价值工程对象选择、资料收集、功能分析、功能评价、提出改进方案、方案的评价与选择、试验证明和决定实施方案。

（3）价值工程在工程项目设计阶段的应用

在工程项目的设计阶段，应用价值工程具有重要的意义，它是投资控制的有效方法之一。尽管在产品形成的各个阶段都可以应用价值工程提高产品的价值，但在不同的阶段进行价值工程活动，其经济效果的提高幅度却是大不相同的。一旦设计图纸已经完成，产品的价值就基本确定了，因此，应用价值工程的重点是在产品的研究和设计阶段。

同一个工程项目、同一单项或单位工程可以有不同的设计方案，也就会有不同的投资费用，这就可以采用价值工程方法进行设计方案的选择。这一过程的目的在于论证拟采用的设计方案在技术上是否先进可行，功能上是否满足需要，经济上是否合理，使用上是否安全可靠。价值工程中价值的大小取决于功能和费用，从价值与功能和费用的关系式中可以看出提高产品价值的基本途径：保持产品的功能不变，降低产品成本，以提高产品的价值；在产品成本不变的条件下，提高产品的功能，以提高产品的价值；产品成本虽有增加，但功能提高的幅度更大，相应提高产品的价值；在不影响产品主要功能的前提下，针对用户的特殊需要，适当降低一些次要功能，大幅度降低产品成本，提高产品价值；运用新技术，革新产品，既提高功能又降低成本，以提高价值。

2．限额设计方法

所谓限额设计方法，就是在设计阶段根据拟建项目的建设标准、功能和使用要求等，进行投资规划，对工程项目投资目标进行切块分解，将投资分配到各个单项工程、单位工程或分部工程，分配到各个专业设计工种，明确工程项目各组成部分和各个专业设计工种所分配的投资限额。而后，将其提交设计单位，要求各专业设计人员按分配的投资限额进行设计，并在设计的全过程中，严格按照分配的投资限额控制各个阶段的设计工作，采取各种措施，以使投资限额不被突破，从而实现设计阶段投资控制的目标。在工程设计阶段采用限额设计方法控制工程项目投资，是投资控制的有力措施之一。

（1）投资目标分解

采用限额设计方法，在工程设计开始之前需要确定限额设计的限额目标，即进行投资目标的分解，确定拟分配至各专业设计工种和项目各组成部分的投资限额。

投资目标及其分解的准确与合理，是限额设计方法应用的前提。投资限额目标若存在问题，则无法用于指导设计和控制设计工作，设计人员也无法按照分配的限额进行设计。因此，在设计准备阶段需要科学合理地编制投资规划文件，依据批准的可行性研究报告、拟订的工程建设标准、建设项目的功能描述和使用要求等，给出工程项目各专业和各组成部分的投资限额。由于工程设计尚未开始，工程项目的功能要求和使用要求就成为分配投资限额最主要的依据。限额设计的投资目标分解和确定，不能一味地考虑节约投资，也不能简单地对投资进行裁剪，而应该是在保证各专业各组成部分达到使用功能和拟订标准的前提下，进行投资的合理分配。

因此，投资目标的分解和限额分配要尊重科学，实事求是，需要掌握和积累丰富的投资数据和资料，采用科学的分析方法，否则，限额设计很难取得好的效果。此外，投资限额目标一旦确定，必须坚持投资限额的严肃性，不能随意进行变动。

（2）限额设计的控制内容

投资目标的分解工作完成以后，就需在设计全过程中按分配的投资限额指导和控制工程设计工作，使各设计阶段形成的投资费用能够被控制在确定的投资限额以内。

1）建设前期的工作内容

工程项目从可行性研究开始，便要建立限额设计的观念，充分理解和掌握工程项目的设计原则、建设方针和各项技术经济指标，认真做好项目定义及其描述等工作，合理和准确地确定投资目标。可行性研究报告和投资估算获得批准以后，就应成为下一阶段进行限额设计和控制投资的重要依据。

2）方案设计阶段的工作内容

在进入设计阶段以后，首先应将投资目标及其分配的限额向各专业的设计人员进行说明和解释，使其明确限额设计的基本要求和工作内容，明确各自的投资限额，取得设计人员的理解和支持。在方案设计阶段，以分配的投资限额为目标，通过多方案的分析和比较，合理选定经济指标，严格按照设定的投资限额控制设计工作。如果设计方案的投资费用突破投资限额，则需要对相应专业或工程的相应组成部分或内容进行调整和优化。

3）初步设计阶段的工作内容

在初步设计阶段，严格按照限额设计所分配的投资限额，在保证工程项目使用功能的前提下进行设计，按确定的设计方案开展初步设计的工作。在设计过程中，要跟踪各专业设计的设计工作，与各专业的设计人员密切配合，对主要工程、关键设备、工艺流程及相应各种费用指标进行分析和比较，研究实现投资限额的可行方案。

随着初步设计工作的进展，经常分析和计算各专业设计和各工程组成部分设计形成的可能的投资费用，并定期或不定期地将可能的投资费用与设定的投资限额进行比较，若两者出现较大差异，需要研究调整方法和措施。工程设计是一项涉及面广和专业性强的技术工作，采用限额设计方法就是要用经济观念来引导和指导设计工作，以经济理念能动地影响工程设计，从而实现在设计阶段对工程项目投资进行有效的控制。

初步设计的设计文件形成以后，要准确编制设计概算，分析比较设计概算与投资估算的关系，分析比较设计概算中各专业工程费用与投资限额的关系，发现问题及时调整，按投资限额和设计概算对初步设计的各个专业设计文件作出确认。经审核批准后的设计概算，便是下一阶段，即施工图设计阶段控制投资的重要目标。

4）施工图设计阶段的工作内容

施工图设计文件是设计的最终产品，施工图设计必须严格按初步设计确定的原则、范围、内容和投资限额进行设计。施工图设计阶段的限额设计工作应在各专业设计的任务书中，附上设定的投资限额和批准的设计概算文件，供设计人员在设计中参考使用。在施工图设计过程中，局部变更和修改是正常的，关键是要进行核算和调整，使施工图预算不会突破设计概算的限额。对于涉及建设规模和设计方案等的重大变更，则必须重新编制或修改初步设计文件和设计概算，并以批准的修改后的设计概算作为施工图设计阶段投资控制的目标值。

施工图设计的设计文件形成以后，要准确编制施工图预算，分析比较施工图预算与设计概算的关系，分析比较施工图预算中各专业工程费用与投资限额的关系，发现问题及时调整，按施工图预算对施工图设计的各个专业设计文件作出最后确认，实现限额设计确定的投资限额目标。

从限额设计的控制内容可见，采用限额设计方法，就是要按照批准的可行性研究报告及投资估算控制初步设计，按照批准的初步设计和设计概算控制施工图设计，使各专业在保证达到功能要求和使用要求的前提下，按分配的投资限额控制工程设计，严格控制设计的不合理变更，通过层层控制和管理，保证工程项目投资限额不被突破，最终实现设计阶段投资控制的目标。

第三节　工程项目招标采购中的投资控制

一、招标采购的组织与方式

招标与采购阶段投资控制的任务，就是通过招标和采购活动，择优选择价格低、工期短、具有良好业绩和社会信誉的承包商或供货商，通过竞争确定项目采购价格，为合理控制投资奠定基础。

项目招标采购是市场经济条件下工程建设的交易方式，招标方必须遵循市场经济的客观规律，坚持公开、公平、公正和有效竞争的招投标原则，深度设计招标采购管理方法和管理程序，制定招标采购的实施方案。

在建立招标组织机构时，招标方应贯彻执行“分工明晰、权力制约、制度严格”的管理原则，制定“招投标管理办法”等管理制度，体现法治思想，最大限度地减少人为的干扰和主观因素的影响。在招标采购中，要制订周密细致的招标采购计划，按功能领先定位产品要求和技术标准，通过市场调研掌握第一手信息，通过工程标段的合理划分或合同对象的合理打包，充分引入市场竞争机制、发挥综合效益。标准化招标文件的采用，不仅可以规范招标文件的质量，而且能简化招标文件编制和审核的过程，缩短编制招标文件的时间。为了控制和提高招标文件的质量，需要制定标书编制流程，建立标书审核会议制度。

评标方法需针对工程和设备系统的不同特点，尊重市场规律，体现招标采购的公正性和科学性。如此，通过公平公正的市场竞争，可以获得一个合理的合同价格。

工程采购方式的不同，也会在一定程度上影响工程项目的投资。采用公开招标方式，招标人可以在较广的范围内选择中标人，由于投标竞争激烈，有利于招标人取得有竞争性的报价；但同时，由于申请的招标人较多，评标工作量大，所需招标时间长、招标费用高。采用邀请招标方式，招标人邀请若干符合招标条件的投标人参加投标竞争，由于邀请范围较小，招标人的选择面窄，有可能错失在报价上有竞争实力的潜在投标人。

因此，在选择采购方式时，应根据工程特点和招标人的管理能力等划分发包范围，从有利于控制项目投资出发，选择合同价格形式，充分利用市场机制，确定采购方式。

二、工程量清单计价

工程量清单是完成设计文件规定的拟建工程的所有内容和工作的名称以及相应数量的明细清单。以工程量清单中的全部项目和内容以及相应数量为依据，计算确定工程造价的计价方式称为工程量清单计价。

1. 工程量清单计价规范

为了适应我国社会主义市场经济发展的需要，规范建设工程造价计价行为，统一建设工程工程量清单的编制和计价方法，维护发包人和承包人的合法权益，中华人民共和国住房和城乡建设部制定并发布了国家标准《建设工程工程量清单计价规范》GB 50500—2013（以下简称《计价规范》）。

实行工程量清单计价，有利于促进建设市场的有序竞争和施工企业的健康发展。采用工程量清单计价模式进行招标投标，对发包单位来说，由于工程量清单是招标文件的组成部分，招标人必须编制出准确的工程量清单，并承担相应的风险，可以促进招标单位提高管理水平。对承包企业来说，采用工程量清单报价，必须对单位工程成本、利润进行分析，精心选择施工方案，并根据自身的企业定额，合理确定人工、材料、机械等要素的投入和配置，优化组合，合理控制现场费用和措施费用，确定投标报价。

2. 工程量清单

工程量清单是建设工程发包人将准备实施的工程项目的全部工作内容，依据统一的工程量计算规则，按照不同的工程部位和性质，将实物工程量和技术措施以统一的计量单位列出的数量清单。《计价规范》规定，采用工程量清单方式招标，工程量清单必须作为招标文件的组成部分，其准确性和完整性由招标人负责。一个建设工程项目的工程量清单由五个清单组成，分别是分部分项工程量清单、措施项目清单、其他项目清单、规费项目清单和税金项目清单。

3. 工程量清单计价方式

工程量清单计价的基本原理就是以招标人提供的工程量清单为平台，投标人根据自身的技术、财务、管理能力进行投标报价，招标人根据具体的评标细则进行优选，这种计价方式是市场定价体系的具体表现形式。

采用工程量清单方式招标发包，招标人必须将工程量清单作为招标文件的组成部分，连同招标文件一并发（或售）给投标人。招标人对编制的工程量清单的准确性和完整性负责，投标人依据工程量清单进行投标报价。

在工程招标发包过程中，招标人拟建工程的招标控制价，应依据：工程量清单，国家或省级、行业建设主管部门颁发的计价办法，国家或省级、行业建设主管部门颁发的计价定额，市场价格信息或工程造价管理机构发布的工程造价信息等进行编制，用以作为招标人对招标工程发包的最高控制限价。

进行投标报价的编制时，投标人应按招标人提供的工程量清单填报价格。投标人必须严格按照招标人提供的工程量清单表填报，不得对招标人提供的工程量清单表进行任何修改。

三、招标项目的价格控制

通过市场竞争，工程项目招标人可以优选建设队伍和技术方案，有效地转移风险，并获得合理的工程合同价格。在工程任务发包过程中，招标人应力求按市场化运作，采用招标竞争方式，锁定合同价格。

高质量的招标文件和科学的评标办法对于确保工程质量和工期、降低工程造价有着至关重要的作用。因此，需要精心策划工程项目的招标方案以及招标文件的内容。招标项目价格控制的主要内容，见表 7–3。

表 7–3　招标项目的价格控制

控制项目	主要内容
审慎的招标文件	针对招标工程的实际情况和技术经济特点，项目招标人应组织认真研究，重要项目还拟聘请外部专家，会同设计单位等编制严密的招标文件。深度研究招标文件的各项条款，保证招标文件能够覆盖所有工程内容和发包人要求，以确保项目在实施过程中的投资控制和管理工作的有效实施。对于具备条件的，在招标文件编制中需进一步完善报价要求，力争锁定能预见的一切风险因素，尽可能实现合同价格的闭口
详尽细致的技术规格	为保证招标文件中技术标书的质量，招标人应特别强调技术标书由专业咨询单位或专业人员编制，且技术方案编制必须非常详细和具备操作性。这样能使投标人对工程的内容、自己的技术能力和技术风险等有非常清晰的认识，从而使工程质量具有最大限度的保证。由于风险的降低，也可能降低投标人的报价
设备系统的集中采购	集中采购是指采购单位将众多子项目的采购任务集中整合到一起，形成统一的采购计划，统一与供应商进行洽谈，完成采购任务的一种采购形式。项目设施设备系统集中采购的目的是以采购数量的增加，提高与供应商洽谈的筹码，形成量多价低的采购效果，同时需求量的增加能够吸引更多的供应商，通过比价、谈判，筛选出在产品质量、价格和服务上都具有优势的供应商
科学合理的评标办法	针对每项工程的特点和投标单位的实际情况，依据《招标投标法》规定，工程项目招标人需认真组织讨论、研究和制定科学合理的评标办法，确保技术和商务两方面综合成绩最优者中标，依靠市场机制，有效降低工程造价

续表

控制项目	主要内容
招标方案的不断优化	招标方案的优化主要体现在对招标范围和标段划分的优化、技术规格和技术标书的优化、商务标书和评标办法的进一步优化等。以某工程设备采购为例，招标人对招标方案进行了优化和改进，一是使招标设备的分拆或打包更为细化与合理，且国内厂商可直接参与投标，有效地降低中标价；二是提高设备的国产化率，如系统集成商为国内厂商，部分设备由过去主要为进口改为国产化，投资得到较大节省

第四节　工程项目投资规划

一、投资规划的概念和作用

项目投资规划是在建设工程项目实施前期对项目投资费用的用途作出的计划和安排，它是依据建设工程项目的性质、特点和要求等，对可行性研究阶段所提出的投资目标进行论证和必要的调整，将工程项目投资总费用根据拟订的项目组织和项目组成内容或项目实施过程进行合理的分配，进行投资目标的分解。

一般情况下，进行投资规划先要根据工程项目建设意图、项目性质、建设标准、基本功能和要求等进行项目构思和描述分析，给出项目定义，确定项目的基本规划框架，从而确定工程项目每一组成部分投资的控制目标；或是在工程项目的主要内容基本确定的基础上，确定工程项目的投资费用和项目各个组成部分的投资费用控制目标。

项目投资规划在工程项目的建设和投资控制中起着重要作用。

1．投资目标的分析和论证

在工程项目实施前期，通过投资规划对项目投资目标作进一步的分析和论证，可以确认投资目标的可行性。正确确定工程项目实施阶段的投资总量，对初步设计阶段的投资控制具有重要意义。

2．投资目标的合理分解

通过投资规划，将投资目标进行合理的分解，给出和确定工程项目各个组成内容和各个专业工程的投资目标。将投资目标进行准确与合理的分解，才能真正起到有效控制投资的作用。

3．控制方案的制定实施

投资规划的目的之一是制定投资控制的实施方案，确定相关的控制工作流程，进行风险分析，制定控制的工作制度等，用以指导工程项目的实施。有了投资规划这一基本框架，能够使初步设计的设计概算和施工图设计的施工图预算不致偏离论证后的投资目标。

二、投资规划编制的依据

投资规划编制依据是形成项目投资规划文件所必需的基础资料，主要包括工程前期技术资料、要素价格信息、建设环境和条件、建设实施的组织和技术策划方案、相关的法规和政策等。投资规划编制的主要依据，见表 7–4。

表 7–4　投资规划编制的依据

依据	主要内容
工程前期技术资料	在项目决策阶段（包括项目意向、项目建议书和可行性研究等阶段）形成的技术文件和资料，如项目策划文件、功能描述书、项目建议书、可行性研究报告和资料等，是项目投资规划文件编制的主要依据。由于是在工程设计之前，投资规划只能依照拟建项目的功能要求、使用要求和拟订的标准等来进行，这是进行项目投资规划最为重要的依据
要素价格信息	工程建设所需资源和要素的价格是影响工程项目投资的关键因素。投资规划时，选用的要素和资源价格来自市场，因此必须随时掌握市场价格信息，了解市场价格行情，熟悉市场上各类资源的供求变化及价格动态。进行项目投资规划，一般是按现行资源价格估计的，由于工程建设周期较长，实际投资费用会受市场价格的影响而发生变化。因此，更重要的，进行投资规划是要预测工程项目建设实施期间价格的可能变化情况和趋势，除按现行价格估算外，还需分析物价总水平的变化趋势、物价变化的方向和幅度等
建设环境和条件	工程项目建设所处的环境和条件，也是影响投资规划的重要因素。环境和条件的差异或变化，会导致项目投资费用大小的变化。工程的环境和条件，包括工程地质条件、气象条件、现场环境与周边条件，也包括工程建设的实施方案、组织方案、技术方案等。只有在充分掌握了工程项目的环境和条件以后，才能合理和准确地确定在如此的条件下工程项目建设所需要的投资费用，进行投资目标的合理分解

三、投资规划的主要内容

一般而言，工程项目投资规划文件包括以下主要内容：投资目标的分析与论证；投资目标的分解；投资控制的工作流程；投资目标的风险分析；投资控制工作制度等。

1．投资目标的分析与论证

投资目标是工程项目建设预计的最高投资限额，是项目实施全过程中进行投资控制最基本的依据。因此，进行项目投资规划，首先需要对投资目标进行论证和分析。

分析实现投资目标的可能性，是指既要防止高估冒算产生投资冗余和浪费的现象，又要避免出现投资费用发生缺口的情况，使项目投资控制有一个科学、合理与切实可行的工作目标。

2. 投资目标的分解

要在工程项目的实施过程中能够真正有效地对项目投资进行控制，单有一个项目总投资目标是不够的，还需要进一步将总投资目标进行分解。对工程项目的投资目标进行切块分解是投资规划最基本也是最主要的任务和工作。

投资目标分解是为了将工程项目及其投资分解成可以有效控制和管理的单元，能够更为容易也更为准确地确定这些单元的投资目标。建设工程项目投资的总体目标必须落实到建设的每一个阶段和每一项工程单元中才能顺利实现。各个阶段或各工程单元的投资目标基本能得以实现，是整个工程项目投资目标实现的基础。

对一个工程项目来说，存在多种投资目标分解的方式。投资目标的分解需要按照项目的特点和投资控制工作的要求来进行，通常一个工程项目需要同时采用多种方式对投资目标作分解，以满足投资控制工作的需要。项目的投资目标一般需要按以下方式进行分解：按投资的费用组成分解；按年度、季度或月度分解；按项目实施的阶段分解；按项目结构组成分解；按资金来源分解等。

3. 投资控制工作流程

工程项目的投资控制在实施的各个阶段或在各个工程单元上，一般均是由若干工作环节和步骤所构成的。因此，项目投资规划的一项任务就是要对投资控制的工作环节和步骤进行科学合理的组织，制定投资控制的工作流程，用以指导项目实施过程中的各项投资控制工作。

投资控制的工作流程可以根据需要按照不同的方式进行组织，通常需要按照项目实施的不同阶段进行组织，制定相应的工作流程，如：设计准备阶段的投资控制工作流程；初步设计阶段的投资控制工作流程；施工图设计阶段的投资控制工作流程；工程招标阶段的投资控制工作流程；施工阶段的投资控制工作流程等。

此外，还需要根据投资控制工作的性质，按工作内容或专项制定投资控制的工作流程，如：设计优化中投资控制的工作流程；限额设计的工作流程；合同价格确定与控制的工作流程；工程变更及费用处理的控制工作流程；工程计量与结算支付的控制工作流程；工程索赔及费用处理的控制工作流程等。

4. 投资目标的风险分析

在工程项目的实施过程中，会有各种影响因素对项目进展和目标实现形成干扰。对投资控制而言，可能出现影响项目投资目标实现的不确定因素，即实现投资目标存在风险。因此，编制投资规划时，需要对投资目标进行风险分析，对各种可能出现的干扰因素和不确定因素进行评估，分析实现投资目标的影响因素、影响程度和风险度等，进而制定投资目标风险管理和控制的措施和方案，采取主动控制的措施，保证投资目标的实现。

5．投资控制工作制度

工程项目的投资控制工作贯穿于项目实施的全过程，有些控制工作是常规性的，有些则是特殊性的。为了提高项目投资控制的效率和有效性，在投资规划中，需要制定一系列投资控制的工作制度，对投资控制工作进行系统、合理和有效的组织，指导工程项目实施过程中投资控制工作的开展。

投资控制的工作制度，包括投资控制的组织制度，任务分工和管理职能分工制度，投资计划工作制度，费用支付工作制度，有关投资报表数据的采集、审核与处理制度等。

第八章　工程项目质量和安全管理

第一节　工程项目质量管理

一、工程项目质量概述

1. 工程项目质量的概念

工程项目质量是国家现行的有关法律、法规、技术标准和设计文件及工程项目合同中对工程项目的安全、适用、经济、美观等特性的综合要求，它通常体现在适用性、可靠性、经济性、外观质量与环境协调等方面。

工程项目质量是按照工程项目建设程序，经过工程项目可行性研究、项目决策、工程设计、工程施工、工程验收等各个阶段而逐步形成的。

工程项目质量包含工序质量、分项工程质量、分部工程质量和单位工程质量。

工程项目质量不仅包括工程实物质量，还包含工作质量。工作质量是指项目建设参与各方为了保证工程项目质量而从事的技术、组织工作的水平和完善程度。

2. 工程项目质量的特点

工程项目质量的特点，见表 8–1。

表 8–1　工程项目质量的特点

特点	主要内容
影响因素多	工程项目的决策、设计、材料、机械、环境、施工工艺、施工方案、操作方法、技术措施、管理制度、施工人员素质等均直接或间接地影响工程项目的质量
质量波动大	工程项目因其具有复杂性、单一性，不像一般工业产品生产那样，有固定的生产流水线、规范化的生产工艺和完善的检测技术、成套的生产设备和稳定的生产环境以及相同系列规格和相同功能的产品，所以，其质量波动性大
质量变异大	影响工程项目质量的因素较多，任一因素出现质量问题，均会引起项目建设中的系统性质量变异，造成工程质量事故

续表

特点	主要内容
质量隐蔽性	工程项目在施工过程中，工序交接多、中间产品多、隐蔽工程多，若不及时检查并发现其存在的质量问题，容易造成质量隐患，事后只能看表面质量，误将不合格的产品认定为合格产品
最终检验局限大	工程项目建成后，不可能像某些工业产品那样，可以拆卸或解体来检查内在的质量，工程项目最终验收时难以发现工程内在的、隐蔽的质量缺陷

3. 影响工程项目质量的因素

（1）人的因素

人是指直接参与项目建设的决策者、组织者、指挥者和操作者。人的品行素质、业务素质和身体素质是影响质量的首要因素。

（2）材料的因素

材料（包括原材料、半成品、成品、构配件等）是工程项目施工的物质条件，没有材料就无法施工。材料质量是工程项目质量的基础，材料质量不符合要求，工程项目质量就不可能符合标准。

（3）方法的因素

这里所指的方法，包含工程项目整个建设周期内所采取的技术方案、工艺流程、组织措施、检测手段、施工组织设计等。方法是否正确得当，是直接影响工程项目进度、质量、投资控制目标能否顺利实现的关键。

（4）施工机械设备的因素

施工机械设备是实现施工机械化的重要物质基础，是现代化工程建设中必不可少的设施。机械设备的选型、主要性能参数和使用操作要求对工程项目的施工进度和质量均有直接影响。

（5）环境的因素

影响工程项目质量的环境因素较多，有工程技术环境，如工程地质、水文、气象等；工程项目管理环境，如质量保证体系、质量管理制度等；劳动环境，如劳动组合、劳动工具、工作面等。环境因素对工程项目质量的影响，具有复杂而多变的特点。

二、工程项目质量管理的原则和基础工作

1. 工程项目质置管理的概念

工程项目质量管理是指为保证和提高工程项目质量而进行的一系列管理工作，其目的是以尽可能低的成本，按既定的工期完成一定数量的、达到质量标准的工程

项目。它的任务就在于建立和健全质量管理体系，用企业的工作质量来保证工程项目的实体质量。

从20世纪70年代末起，我国工程建设领域开始引进并推行全面质量管理。全面质量管理是指一个企业以质量为中心，以全员参与为基础，目的在于通过让顾客满意和本企业所有成员及社会受益而达到长期成功的管理途径。根据全面质量管理的概念和要求可知，工程项目质量管理是对工程项目质量进行全面、全员、全过程的“三全”管理。

2. 工程项目质量管理的原则

工程项目质量管理的原则，见表8–2。

表8–2　工程项目质量管理的原则

原则	主要内容
“质量第一”是根本出发点	在质量与进度、质量与成本的关系中，要认真贯彻保证质量的方针，做到好中求快，好中求省，而不能以牺牲工程项目质量为代价，盲目追求速度与效益
以预防为主的思想	工程项目质量是由决策、规划、设计、材料、施工等各个环节所决定的，而不是检查出来的，必须在工程项目质量形成的过程中，事先采取各种措施，消灭种种影响质量的因素
为用户服务的思想	真正好的质量是用户完全满意的质量，要把一切为了用户的思想作为所有工作的出发点，贯彻到工程项目质量形成的各项工作中，在内部树立“下道工序就是用户”的思想，要求每道工序和每个岗位都要立足于本职工作的质量管理，不给下道工序留麻烦，以保证工程项目最终质量能使用户满意
一切用数据说话	依靠确切的数据和资料，应用数理统计方法，对工作对象和工程项目实体进行科学的分析和整理，研究工程项目质量的波动情况，寻求影响工程项目质量的主次因素，采取有效的改进措施，掌握保证和提高工程项目质量的客观规律

3. 工程项目质量管理的基础工作

（1）质量教育

为了保证和提高工程项目质量，必须加强对全体职工的质量教育，其主要内容如下：

1）质量意识教育。要使全体职工认识到保证和提高质量对国家、企业和个人的重要意义，树立“质量第一”和“为用户服务”的思想。

2）质量管理知识的宣传。要使企业全体职工了解质量管理的基本思想、基本内容，掌握常用的质量标准和数理统计方法，懂得质量管理小组的性质、任务和工作方法等。

3）技术培训。让工人熟练掌握“应知应会”技术和操作规程等。技术和管理人员要熟悉施工验收规范，质量评定标准，原材料、构配件和设备的技术要求及质量标准，以及质量管理的方法等。专职质量检验人员能正确掌握检验、测量和试验的方法，熟练使用仪器、仪表和设备。

（2）质量管理的标准化

质量管理的标准化包括技术工作和管理工作的标准化。技术工作标准有产品质量标准、操作标准、各种技术定额等；管理工作标准有各种管理业务标准、工作标准等，即管理工作的内容、方法、程序和职责权限。质量管理标准化工作的要求如下：

1）不断提高标准化程度。各种标准要齐全、配套和完整，并在贯彻执行中及时总结、修订和改进。

2）加强标准化的严肃性。要认真严格执行，使各种标准真正起到法规作用。

（3）质量管理的计量检测工作

质量管理的计量检测工作包括施工生产时的投料计量检测，施工过程中对在建和已完成分项、分部、单位工程的检测、验收计量，对原材料、构配件和设备的试验、检测、分析计量等。搞好质量管理计量检测工作的要求如下：合理配备计量检测器具和仪表设备，且妥善保管；制定有关测试规程和制度，合理使用计量检测设备；改革计量检测器具和测试方法，实现计量检测手段现代化。

（4）质量信息

质量信息是反映项目实体质量、工作质量的有关信息。其来源：一是通过对工程项目使用情况的回访，调查或收集用户的意见；二是企业内部收集到的基本数据、原始记录等信息；三是国内外同行业搜集的反映质量发展的新水平、新技术的有关信息等。

质量信息工作是有效实现“预防为主”方针的重要手段。其基本要求是准确、及时、全面、系统。

（5）建立健全质量责任制

企业每一个部门、每一个岗位都有明确的责任，形成一个严密的质量管理工作体系。它包括各级行政领导和技术负责人的责任制、管理部门和管理人员的责任制以及工人岗位责任制。其主要内容如下：建立质量管理体系，开展全面质量管理工作；建立健全保证质量的管理制度，做好各项基础工作；组织各种形式的质量检查，经常开展质量动态分析，针对质量通病和薄弱环节，制定措施加以防治；认真执行奖惩制度，奖励表彰先进，积极发动和组织各种质量竞赛活动；组织对重大质量事故的调查、分析和处理。

（6）开展质量管理小组活动

质量管理小组简称QC小组，是质量管理的群众基础，也是职工参加管理和"三结合"攻关解决质量问题、提高企业素质的一种形式。QC小组的组织形式主要有两种：一是由施工班组的工人或职能科室的管理人员组成；二是由工人、技术（管理）人员、领导干部组成"三结合"小组。

三、工程项目质量管理体系

1. 质量管理体系的建立

质量管理体系是以保证和提高工程项目质量为目标，运用系统的概念和方法，把企业各部门、各环节的质量管理职能和活动合理地组织起来，形成一个有明确任务、职责、权限而互相协调、互相促进的有机整体。一般应做好下列工作：

（1）建立和健全专职质量管理机构，明确各级各部门的职责分工

一般公司设置质量管理部门；分公司（工程处）和项目部建立质量管理小组或配备专职检查人员；班组要有不脱产的质量管理员。同时，各级各部门都按各自分工明确的质量职责，形成一个横向到边、纵向到底的完整的质量管理组织系统。

（2）建立灵敏的质量信息反馈系统

企业内有来自对材料及构配件的检测、工序控制、质量检查、施工工艺、技术革新和合理化建议等方面的信息，企业外有来自材料及构件和设备供应单位、用户、协作单位、上级主管部门以及国内外同行业情况等信息。为此，要抓好信息流转环节，注意和掌握对数据的检测、收集、处理、传递和储存。

（3）实现管理业务标准化、管理流程程序化

质量管理的许多活动都是重复发生的，具有一定的规律性。应当按照客观要求分类归纳，并将处理办法定成规章制度，使管理业务标准化。把管理业务处理过程所经过的各个环节、各个管理岗位、先后工作步骤等，经过分析研究，加以改进，制定管理程序，使之程序化。

2. 质量管理体系的运行模式

质量管理体系运转的基本形式是PDCA管理循环，通过四个阶段把生产经营过程的质量管理活动有机地联系起来。

第一阶段：计划阶段（P）。这个阶段可分为四个工作步骤，即：①分析现状，找出存在的质量问题；②分析产生质量问题的原因和各种影响因素，找出影响质量的主要原因；③制定改善质量的措施；④提出行动计划和预计效果。

在这一阶段，要明确回答：为什么要提出这样的计划，为什么要这样改进，改进后要达到什么目的，有什么效果，改进措施在何处，由哪个环节、哪道工序执行，计划和措施在什么时间执行完成，由谁来执行，用什么方法来完成等问题。

第二阶段：实施阶段（D）。主要是根据措施和计划，组织各方面的力量分别去贯彻执行。

第三阶段：检查阶段（C）。主要是检查实施效果和发现问题。

第四阶段：处理阶段（A）。主要是对检查结果进行总结和处理。通过经验总结，纳入标准、制度或规定，巩固成绩，防止问题再发生。同样，将本次循环遗留的问题提出来，以便转入下一循环去解决。

质量管理活动的全部过程就是反复按照 PDCA 循环不停地、周而复始地运转，每完成一次循环，解决一定质量问题，质量水平就提高一步，管理循环不停地运转，质量水平也就随之不断提高。

四、建设工程质量管理制度

1. 建设工程质量监督管理制度

（1）政府监督管理部门

1）国务院建设行政主管部门对全国的建设工程质量实施统一监督管理。国务院铁路、交通、水利等有关部门按照国务院规定的职责分工，负责对全国的有关专业建设工程质量的监督管理。

2）县级以上地方人民政府建设行政主管部门对本行政区域内的建设工程质量实施监督管理。县级以上地方人民政府交通、水利等有关部门在各自的职责范围内，负责对本行政区域内的专业建设工程质量的监督管理。

（2）政府监督检查内容

1）国务院建设行政主管部门和国务院铁路、交通、水利等有关部门应当加强对有关建设工程质量的法律、法规和强制性标准执行情况的监督管理。

2）国务院发展改革部门按照国务院规定的职责，组织稽查特派员，对国家出资的重大工程项目实施监督检查；国务院经济贸易主管部门按照国务院规定的职责，对国家重大技术改造项目实施监督检查。

3）县级以上地方人民政府建设行政主管部门和其他有关部门应当加强对有关建设工程质量的法律、法规和强制性标准执行情况的监督检查。

建设工程质量监督管理，可以由建设行政主管部门或者其他有关部门委托的建设工程质量监督机构具体实施。

2. 建设工程施工图设计文件审查制度

建设单位应当将施工图设计文件报县级以上人民政府主管部门或者其他有关部门审查。施工图设计文件未经审查批准，不得使用。

3. 建设工程竣工验收备案制度

建设单位应当自建设工程竣工验收合格之日起15日内，将建设工程竣工验收报告和规划、公安消防、环保等部门出具的认可文件或者准许使用文件报建设行政主管部门或者其他有关部门备案。

建设行政主管部门或者其他有关部门发现建设单位在竣工验收过程中有违反国家有关建设工程质量管理规定行为的，责令停止使用，重新组织竣工验收。

4. 建设工程质量事故报告制度

建设工程发生质量事故，有关单位应当在24小时内向当地建设行政主管部门和其他有关部门报告。

对重大质量事故，事故发生地的建设行政主管部门和其他有关部门应当按照事故类别和等级向当地人民政府、上级建设行政主管部门和其他有关部门报告。

特别重大质量事故的调查程序按照国务院有关规定办理。

任何单位和个人对建设工程的质量事故、质量缺陷都有权检举、控告、投诉。

5. 建设工程质量检测制度

为保障建设工程的安全，在施工过程中要求对涉及结构安全和重要使用功能的试块、试件以及有关材料、地基、节能分项、分部工程等，应由具有相应资质等级的质量检测单位进行测试、检测。

工程质量检测机构是对工程和建筑构件、制品以及建筑现场所用的有关材料、设备质量进行检测的，具有法定资质的第三方中介服务单位所出具的检测报告具有法定效力。工程质量检测机构的检测依据是国家、部门和地区颁发的有关建设工程的法规和技术标准。

6. 建设工程质量保修制度

建设工程自办理交工验收手续后，在规定的期限内，因勘察设计、施工、材料等原因造成的工程质量缺陷，要由施工单位负责维修、更换。

建设工程质量缺陷是指工程不符合国家现行的有关技术标准、设计文件以及合同中对质量的要求。

第二节　工程项目安全管理

一、安全与安全管理有关概念

1．安全和安全生产

在生产和其他活动中，没有危险，不受威胁，不出事故，这就是安全。安全不但包括人身安全，也包括财产（建筑产品、机械设备、物资等）安全。

安全生产是指为了预防在生产过程中发生人身伤害、设备损毁等事故，保证职工在生产中的安全和健康而采取的各种措施和活动。

2．安全管理

安全管理是企业管理的重要组成部分，是为保证生产顺利进行，防止伤亡事故发生，确保安全生产而采取的各种对策、方针和行动的总称。

安全管理是一门综合性的系统科学，包括安全法规、安全技术、工业卫生三个相互联系又相互独立的内容。

（1）安全法规

安全法规也叫劳动保护法规。侧重于以政策、规程、条例、制度等形式规范操作和管理行为，从而使劳动者的劳动安全与身体健康得到应有的法律保障。

（2）安全技术

安全技术侧重于在生产过程中对劳动手段和劳动对象的管理，包括为预防伤亡事故和减轻劳动强度所采取的工程技术和安全技术规范、规定、标准、条例等。

（3）工业卫生

工业卫生也叫生产卫生、职业卫生。侧重于在生产过程中对高温、粉尘、振动、噪声、毒物的管理，包括为防止其对劳动者身体造成危害所采取的防护、医疗、保健等措施。

3．HSE管理体系

HSE管理体系是健康（Health）、安全（Safety）和环境（Environment）三位一体的管理体系。H（健康）是指人身体上没有疾病，心理上保持一种完好的状态；S（安全）是指在劳动生产过程中，努力改善劳动条件、克服不安全因素，使劳动生产在保证劳动者健康、企业财产不受损失、人民生命安全的前提下顺利进行；E（环境）是指与人类密切相关的、影响人类生活和生产活动的各种自然力量或作用的总和，它不仅包括各种自然因素的组合，还包括人类与自然因素间相互形成的生态关系的组合。由于安全、环境与健康的管理在实际工作过程中有着密不可分的联系，因此把健康、安全和环境形成一个整体的管理体系，是现代工程项目管理的必然。

工程项目的HSE管理是依据环境管理体系标准（ISO 14000）和职业健康安全管理体系标准（ISO 18000），将安全、职业健康和环境管理的理念融入项目管理和控制活动的全过程，实现对项目建设全过程的监督、管理，保障整个工程的安全文明施工和交付使用。

二、安全管理的基本原则

安全管理的基本原则，见表8–3。

表8–3　安全管理的基本原则

基本原则	主要内容
管生产的同时管安全	安全管理是生产管理的重要组成部分，安全与生产在实施过程中，存在着密切的联系，存在着进行共同管理的基础。各级领导人员在管理生产的同时，必须负责管理安全工作。企业中一切与生产有关的机构、人员，都必须参与安全管理并在管理中承担责任
必须以人为本、预防为主	安全生产的方针是“安全第一、预防为主、综合治理”。进行安全管理不仅是处理事故，更重要的是在生产活动中，结合生产的特点，对生产因素采取管理措施，有效地控制不安全因素的发展与扩大，把可能发生的事故消灭在萌芽状态
坚持“四全”动态管理	安全管理涉及生产活动的方方面面，包括从开工到竣工交付的全部生产过程、全部生产时间和一切变化着的生产因素。因此，生产活动中必须坚持全员、全过程、全方位、全天候的动态安全管理
坚持安全管理的目的性	安全管理的内容是对生产中的人、物、环境因素状态的管理，有效地控制人的不安全行为、物的不安全状态、管理上的缺陷和不良的环境条件，消除或避免事故，达到保护劳动者的安全与健康的目的
在管理中发展提高	安全管理是一种动态管理，需要不断发展、不断变化，以适应变化的生产活动，消除新的危险因素，摸索新的规律，总结管理的办法与经验，从而使安全管理上升到新的高度
安全管理重在控制	安全管理的各项主要内容中，对生产因素状态的控制与安全管理目的的关系更直接、更突出。因此，对生产中人的不安全行为、物的不安全状态、管理上的缺陷和不良的环境条件的控制是动态安全管理的重点

三、安全生产责任制

1. 安全生产管理体制

安全生产管理体制是在社会主义市场经济建设中不断总结经验的基础上发展起

来的。

1993 年，国务院在《关于加强安全生产工作的通知》中，将原来的“国家监察、行政监察、群众监督”的安全生产管理体制，发展为“企业负责、行业管理、国家监察、群众监督”。1996 年 1 月，全国安全生产工作电视电话会议上增加了“劳动者遵章守纪”这一条规定。随着经济体制改革的深入，特别是随着 2002 年 6 月《中华人民共和国安全生产法》等法律法规的颁布与实施，这一管理体制在实践中又得到进一步的补充和完善。2004 年 1 月 9 日，国务院在《关于进一步加强安全生产工作的决定》中，将其调整概括为“政府统一领导、部门依法监管、企业全面负责、群众参与监督、全社会广泛支持”，提出了构建全社会齐抓共管的安全生产工作格局的要求。

2. 建设单位的安全责任

建设单位是建设工程的总负责人，建设单位的不规范行为，直接或者间接地导致安全事故的发生，因此必须明确建设单位的下述安全责任：

（1）应当向施工单位提供施工现场及毗邻区域内供水、排水、供电、供气、供热、通信、广播电视等地下管线资料，气象和水文观测资料，相邻建筑物和构筑物、地下工程的有关资料，并保证资料的真实、准确、完整。

（2）不得对勘察、设计、施工、工程监理等单位提出不符合建设工程安全生产法律、法规和强制性标准规定的要求，不得压缩合同约定的工期。

（3）在编制工程概算时，应当确定建设工程安全作业环境及安全施工措施所需费用。

（4）不得明示或者暗示施工单位购买、租赁、使用不符合安全施工要求的安全防护用具、机械设备、施工机具及配件、消防设施和器材。

（5）在申请领取施工许可证时，应当提供建设工程有关安全施工措施的资料。依法批准开工报告的建设工程，应当自开工报告批准之日起 15 日内，将保证安全施工的措施报送建设工程所在地的县级以上地方人民政府建设行政主管部门或者其他有关部门备案。

（6）应当将拆除工程发包给具有相应资质等级的施工单位。在拆除工程开始施工的 15 日前，应将有关资料报送建设工程所在地的县级以上地方人民政府建设行政主管部门或者其他有关部门备案。

3. 勘察、设计、工程监理及其他有关单位的安全责任

安全生产是一个系统工程，与工程施工安全有关的，不仅仅是施工单位，从生产安全事故的原因分析，不少是与勘察、设计、工程监理及其他有关单位有关的。勘察、设计、工程监理及其他有关单位的安全责任包括下述内容：

（1）勘察单位应当按照法律、法规和工程建设强制性标准的规定进行勘察，提供的勘察文件应当真实、准确，满足建设工程安全生产的需要。在勘察作业时，应当严格执行操作规程，采取措施保证各类管线、设施和周边建筑物、构筑物的安全。

（2）设计单位应当按照法律、法规和工程建设强制性标准的要求进行设计，防止因设计不合理导致生产安全事故的发生。应当考虑施工安全操作和防护的需要，对涉及施工安全的重点部位和环节在设计文件中注明，并对防范生产安全事故提出指导意见。采用新结构、新材料、新工艺的建设工程和特殊结构的建设工程，应当在设计中提出保障施工作业人员安全和预防生产安全事故的措施建议。设计单位和注册建筑师等注册执业人员应当对其设计负责。

（3）工程监理单位应当审查施工组织设计中的安全技术措施或者专项施工方案是否符合工程建设强制性标准。在实施监理过程中，发现存在安全事故隐患的，应当要求施工单位整改；情况严重的，应当要求施工单位暂时停止施工，并及时报告建设单位。施工单位拒不整改或者不停止施工的，应当及时向有关主管部门报告。工程监理单位和监理工程师应当按照法律、法规和工程建设强制性标准的要求实施监理，并对建设工程安全生产承担监理责任。

（4）为建设工程提供机械设备和配件的单位，应当按照安全施工的要求配备齐全有效的保险、限位等安全设施和装置。

（5）出租的机械设备和施工机具及配件，应当具有生产（制造）许可证、产品合格证。出租单位应当对出租的机械设备和施工机具及配件的安全性能进行检测，在签订租赁协议时，应当出具检测合格证明。禁止出租检测不合格的机械设备和施工机具及配件。

（6）在施工现场安装、拆卸施工起重机械和整体提升脚手架、模板等自升式架设设施，必须由具有相应资质的单位承担。安装、拆卸施工起重机械和整体提升脚手架、模板等自升式架设设施，应当编制拆装方案、制定安全施工措施，并由专业技术人员现场监督。施工起重机械和整体提升脚手架、模板等自升式架设设施安装完毕后，安装单位应当自检，出具自检合格证明，并向施工单位进行安全使用说明，办理验收手续并签字。

（7）施工起重机械和整体提升脚手架、模板等自升式架设设施的使用达到国家规定的检验检测期限的，必须经具有专业资质的检验检测机构检测。经检测不合格的，不得继续使用。检验检测机构对检测合格的施工起重机械和整体提升脚手架、模板等自升式架设设施，应当出具安全合格证明文件，并对检测结果负责。

4. 施工单位的安全责任

建设工程安全生产主要是指施工过程中的安全生产，施工现场的安全生产由施工单位负责，其主要的安全责任包括下述内容：

（1）施工单位从事建设工程的新建、扩建、改建和拆除等活动，应当具备国家规定的注册资本、专业技术人员、技术装备和安全生产等条件，依法取得相应等级的资质证书，并在其资质等级许可的范围内承揽工程。

（2）施工单位主要负责人依法对本单位的安全生产工作全面负责。施工单位应当建立健全安全生产责任制度和安全生产教育培训制度，制定安全生产规章制度和操作规程，保证本单位安全生产所需资金的投入，对所承担的建设工程进行定期和专项安全检查，并做好安全检查记录。施工单位的项目负责人应当由取得相应执业资格的人员担任，对建设工程项目的安全施工负责，落实安全生产责任制度、安全生产规章制度和操作规程，确保安全生产费用的有效使用，并根据工程的特点组织制定安全施工措施，消除安全事故隐患，及时、如实地报告生产安全事故。

（3）施工单位对列入建设工程概算的安全作业环境及安全施工措施所需费用，应当用于施工安全防护用具及设施的采购和更新、安全施工措施的落实、安全生产条件的改善，不得挪作他用。

（4）施工单位应当设立安全生产管理机构，配备专职安全生产管理人员。专职安全生产管理人员负责对安全生产进行现场监督检查，发现安全事故隐患，应当及时向项目负责人和安全生产管理机构报告；对违章指挥、违章操作的，应当立即制止。

（5）建设工程实行施工总承包的，由总承包单位对施工现场的安全生产负总责。总承包单位应当自行完成建设工程主体结构的施工。总承包单位依法将建设工程分包给其他单位的，分包合同中应当明确各自的安全生产方面的权利、义务。总承包单位和分包单位对分包工程的安全生产承担连带责任。分包单位应当服从总承包单位的安全生产管理，分包单位不服从管理导致生产安全事故的，由分包单位承担主要责任。

（6）垂直运输机械作业人员、安装拆卸工、爆破作业人员、起重信号工、登高架设作业人员等特种作业人员，必须按照国家有关规定经过专门的安全作业培训，并取得特种作业操作资格证书后，方可上岗作业。

（7）施工单位应当在施工组织设计中编制安全技术措施和施工现场临时用电方案，对下列达到一定规模的危险性较大的分部分项工程编制专项施工方案，并附具安全验算结果，经施工单位技术负责人、总监理工程师签字后实施，由专职安全生产管理人员进行现场监督：①基坑支护与降水工程；②土方开挖工程；③模板工程；④起重吊装工程；⑤脚手架工程；⑥拆除、爆破工程；⑦国务院建设行政主管部门或者其他有关部门规定的其他危险性较大的工程。涉及深基坑、地下暗挖工程、高大模板工程的专项施工方案，施工单位还应当组织专家进行论证、审查。

（8）建设工程施工前，施工单位负责项目管理的技术人员应当对有关安全施工的技术要求向施工作业班组、作业人员作出详细说明，并由双方签字确认。

（9）施工单位应当在施工现场入口处、施工起重机械、临时用电设施、脚手架、出入通道口、楼梯口、电梯井口、孔洞口、桥梁口、隧道口、基坑边沿、爆破物及有害危险气体和液体存放处等危险部位，设置明显的安全警示标志。安全警示标志必须符合国家标准。

（10）施工单位应当将施工现场的办公、生活区与作业区分开设置，并保持安全距离，办公、生活区的选址应当符合安全性要求。职工的膳食、饮水、休息场所等应当符合卫生标准。施工单位不得在尚未竣工的建筑物内设置员工集体宿舍。施工现场临时搭建的建筑物应当符合安全使用要求。施工现场使用的装配式活动房屋应当具有产品合格证。

（11）施工单位对因建设工程施工可能造成损害的毗邻建筑物、构筑物和地下管线等，应当采取专项防护措施。施工单位应当遵守有关环境保护的法律、法规的规定，在施工现场采取措施，防止或者减少粉尘、废气、废水、固体废物、噪声、振动和施工照明对人和环境的危害和污染。在城市市区内的建设工程，施工单位应当对施工现场实行封闭围挡。

（12）施工单位应当在施工现场建立消防安全责任制度，确定消防安全责任人，制定用火、用电、使用易燃易爆材料等各项消防安全管理制度和操作规程，设置消防通道、消防水源，配备消防设施和灭火器材，并在施工现场入口处设置明显标志。

（13）施工单位应当向作业人员提供安全防护用具和安全防护服装，并书面告知危险岗位的操作规程和违章操作的危害。作业人员有权对施工现场的作业条件、作业程序和作业方式中存在的安全问题提出批评、检举和控告，有权拒绝违章指挥和强令冒险作业。在施工中发生危及人身安全的紧急情况时，作业人员有权立即停止作业或者在采取必要的应急措施后撤离危险区域。

（14）作业人员应当遵守安全施工的强制性标准、规章制度和操作规程，正确使用安全防护用具、机械设备等。

（15）施工单位采购、租赁的安全防护用具、机械设备、施工机具及配件，应当具有生产（制造）许可证、产品合格证，并在进入施工现场前进行查验。施工现场的安全防护用具、机械设备、施工机具及配件必须由专人管理，定期进行检查、维修和保养，建立相应的资料档案，并按照国家有关规定及时报废。

（16）施工单位在使用施工起重机械和整体提升脚手架、模板等自升式架设设施前，应当组织有关单位进行验收，也可以委托具有相应资质的检验检测机构进行验收；使用承租的机械设备和施工机具及配件的，由施工总承包单位、分包单位、出租单位和安装单位共同进行验收，验收合格的方可使用。《特种设备安全监察条例》中规定的施工起重机械，在验收前应当经有相应资质的检验检测机构监督检验合格。施工单位应当自施工起重机械和整体提升脚手架、模板等自升式架设设施验收合格之日起 30 日内，向建设行政主管部门或者其他有关部门登记。登记标志应当置于或者附着于该设备的显著位置。

（17）施工单位的主要负责人、项目负责人、专职安全生产管理人员应当经建设行政主管部门或者其他有关部门考核合格后方可任职。施工单位应当对管理人员和作业人员每年至少进行一次安全生产教育培训，其教育培训情况记入个人工作档案。安全生产教育培训考核不合格的人员，不得上岗。

（18）作业人员进入新的岗位或者新的施工现场前，应当接受安全生产教育培训。未经教育培训或者教育培训考核不合格的人员，不得上岗作业。施工单位在采用新技术、新工艺、新设备、新材料时，应当对作业人员进行相应的安全生产教育培训。

（19）施工单位应当为施工现场从事危险作业的人员办理意外伤害保险。意外伤害保险费由施工单位支付。实行施工总承包的，由总承包单位支付意外伤害保险费。意外伤害保险期限自建设工程开工之日起至竣工验收合格止。

5. 建筑企业安全管理组织机构

保证安全生产，领导是关键。建筑企业的经理是企业安全生产第一责任者，在任期内，应建立健全以经理为首、分级负责的安全管理保证体系，同时建立和健全专管成线、群管成网的安全管理组织机构。

（1）公司安全管理机构。建筑企业应依法独立设置安全管理部门，按企业资质类别与等级、经营规模、设备管理和生产需要，足额配备相应数量的经过培训、持证上岗的专职安全管理人员。

（2）分公司（工程处）、区域公司等较大分支机构的安全管理机构。公司下属较大的分支机构是组织和指挥施工的单位，对安全有极为重要的影响。其生产经营负责人为本单位安全管理工作第一责任者，应独立设置安全管理机构，根据经营规模、设备管理和生产需要，足额配备经过培训、持证上岗的专职安全管理人员，并建立领导干部安全生产值班制度。

（3）施工现场应组建安全生产领导小组。企业根据工程规模、安全风险、设备管理和生产需要在现场委派相应数量的项目专职安全管理人员，同时建立项目管理人员轮流安全生产值日制度，解决和处理生产中的安全问题并进行巡回安全监督检查。

（4）班组是企业的细胞，是搞好安全生产的前沿阵地，是企业加强安全生产管理的基础。各生产班组要设兼职安全巡查员，对本班组的作业现场进行安全监督检查。各班组要坚持岗位安全检查、安全值日和安全日活动制度，同时要坚持做好班组安全生产记录。

6. 建筑企业安全生产责任制的基本要求

企业经理对本企业的安全生产负总的责任，各副经理对分管部门的安全生产工作负责任；企业总工程师（主任工程师或技术负责人）对本企业安全生产的技术工作负总的责任；分公司（工程处）的行政主要领导，应对本单位安全生产工作负具体领导责任；工长、施工员、项目经理对所管工程的安全生产负直接责任。

企业中的生产、技术、机动、材料、财务、教育、劳资、卫生等各职能机构，都应在各自业务范围内，对实现安全生产的要求负责；安全管理机构和专职人员应做好安全生产管理工作和监督检查工作。

在由几个施工单位联合施工时，应由总包单位统一组织现场的安全生产工作，分包单位必须服从总包单位的指挥。对分包单位施工的工程，承包合同中要明确安全责任，不具备安全生产条件的单位，不得分包工程。

四、安全技术措施计划和施工安全技术措施

1. 安全技术措施计划

安全技术措施计划是指企业从全局出发的年度或数年间在安全技术工作上的规划，是企业财务计划的一个组成部分，对保证安全生产，保护生产力，提高劳动生产率，促进国民经济发展是非常必要的。企业在编制生产、技术、财务计划的同时，必须编制安全技术措施计划，企业的负责人应对计划的编制和贯彻执行负责。

（1）计划的项目

计划的项目包括以改善劳动条件、防止伤亡事故和职业病为目的的一切技术措施，具体项目和内容有：①安全技术，以防止工伤为目的的一切措施；②工业卫生，以改善职工的生产环境，防止职业病和职业中毒为目的的一切措施；③辅助房屋及设施，有关保证生产（卫生）方面所必需的房屋及一切设施（不含集体福利事业）；④宣传教育，例如编印安全技术和劳动保护的刊物和标语，为开展安全技术和劳动保护研究、试验添置的工具和仪器等。

（2）编制原则

企业的安全技术措施计划应在编制企业的生产财务计划的同时进行编制；安全

技术措施计划的编制与执行应当纳入企业的议事日程，由各级负责生产、技术的领导具体负责这项工作；应考虑必要与可能，掌握花钱少、效果大的原则，充分利用本单位的有利条件，制订出科学、先进、可靠、实用的安全技术措施计划；既要抓住安全生产的关键问题，也要考虑迫切需要解决的一般问题，以便集中力量有计划地先解决那些严重影响职工安全健康的重大问题；贯彻改革工艺与技术革新相结合的原则，是减少不安全因素的一条有效途径。

2. 施工安全技术措施

施工安全技术措施是指在工程施工中，针对工程特点、现场环境、施工方法、劳动组织、作业方法、使用的机械、动力设备、变配电设施、架设工具及各项安全防护设施等制定的确保安全施工的措施。施工安全技术措施针对工程项目而言，不同于安全技术措施计划。所有建筑工程的施工组织设计（施工方案）都必须有施工安全技术措施。

（1）作用

根据不同工程的结构特点，提出各种有针对性的、具体的安全技术措施，它不仅具体地指导施工，而且也是进行安全交底、安全检查和验收的依据，同样也是职工生命安全的根本保证。

（2）编制要求

1）要在工程开工前编制，并经过审批。在施工过程中，由于工程变更等情况，必须及时相互补充、完善。

2）要有针对性。编制安全技术措施的技术人员必须掌握工程概况、施工方法、场地环境和条件等第一手资料，并熟悉安全法规、标准等，才能针对不同工程的特点，找出可能造成的施工危害，进而制定有针对性的安全技术措施。

3）要做到全面、具体。只有把多种因素和各种不利条件，考虑周全，有对策措施，才能真正做到预防事故。

4）对大型群体工程或一些面积大、结构复杂的重点工程，除必须在施工组织总设计中编制施工安全技术总体措施外，还应编制单位工程或分部分项工程安全技术措施，详细地制定出有关安全方面的防护要求和措施，确保该单位工程或分部分项工程的安全施工。

（3）主要内容

1）一般工程

①土方工程。根据基坑、基槽、地下室等挖掘土方深度和土的种类，选择开挖方法，确定边坡的坡度或采取哪种护坡支撑和护坡桩，以防土方塌方。

②脚手架、吊篮、工具式脚手架等的选用及设计搭设方案和安全防护措施。

③高处作业的上下安全通道。

④安全网（平网、立网）的架设要求、范围（保护区域）、架设层次、段落。

⑤对施工用的电梯、井架（龙门架）等垂直运输设备的位置和搭设要求，以及对其稳定性、安全装置等的要求和措施。

⑥施工洞口及临边的防护方法和立体交叉施工作业区的隔离措施。

⑦场内运输道路及人行通道的布置。

⑧编制施工临时用电的组织设计和绘制临时用电图纸。建筑工程（包括脚手架具）的外侧边缘与外电架空线路的间距没有达到最小安全距离时，应采取的防护措施。

⑨防火、防毒、防爆、防雷等安全措施。

⑩在建工程与周围人行通道及民房的防护隔离设置等。

2）特殊工程

结构复杂、危险性大、特性较多的分部分项工程，应编制专项施工方案和安全措施。如基坑支护与降水工程、土方开挖工程、模板工程、起重吊装工程、脚手架工程、拆除工程、爆破工程等，必须编制单项的安全技术措施，并要有设计依据、有计算、有详图、有文字要求。

3）季节性施工安全措施

季节性施工安全措施，就是考虑夏季、雨季、冬季等不同季节的气候给施工生产带来的不安全因素可能造成的各种突发性事故，而从防护上、技术上、管理上采取的防护措施。一般建筑工程可在施工组织设计或施工方案的安全技术措施中编制季节性施工安全措施；危险性大、高温期长的建筑工程，应单独编制季节性施工安全措施。

五、安全检查

1. 安全检查的目的和意义

通过检查，可以发现施工（生产）中的不安全（人的不安全行为、物的不安全状态、管理上的缺陷和不良的环境条件）、不卫生问题，从而采取对策，消除不安全因素，保障安全生产；利用安全生产检查，进一步宣传、贯彻、落实党和国家的安全生产方针、政策和各项安全生产规章制度；安全检查实质上也是一次群众性的安全教育。通过检查，增强领导和群众的安全意识，纠正违章指挥、违章作业，提高搞好安全生产的自觉性和责任感；通过检查可以互相学习、总结经验、吸取教训、取长补短，有利于进一步促进安全生产工作；通过安全生产检查，了解安全生产状态，为分析安全生产形势，研究加强安全管理提供信息和依据。

2. 安全检查的内容及形式

安全检查内容主要应根据施工（生产）特点，制定具体检查项目、标准。但概括起来，主要是查思想、查制度、查机械设备、查安全设施、查安全教育培训、查操作行为、查劳保用品使用、查伤亡事故的处理等。

安全检查的组织形式，应根据检查目的、内容而定，参加检查的组成人员也不完全相同。

（1）针对主要问题进行检查

这类检查有针对性、调查性，也有批评性，同时，通过检查总结，扩大了安全生产经验的传播面，对基层推动作用较大。

（2）定期安全检查

这种制度性的定期检查，属全面性和考核性的检查。

（3）专业性安全检查

专业性安全检查应由企业有关业务部门组织有关专业人员对某项专业（如垂直提升机、脚手架、电气、塔吊、压力容器、防尘防毒等）安全问题或在施工中存在的普遍性安全问题进行单项检查，这类检查专业性强，也可以结合单项评比进行。

（4）经常性安全检查

在施工（生产）过程中进行经常性的预防检查，能及时发现隐患，消除隐患，保证施工（生产）正常进行。通常有：①班组进行班前、班后岗位安全检查；②各级安全员及安全值日人员巡回安全检查；③各级管理人员在检查生产的同时检查安全。

（5）季节性及节假日前后安全检查

季节性安全检查是针对特定气候（如冬季、暑季、雨季、风季等）可能给安全施工（生产）带来危害而组织的安全检查。

节假日（特别是重大节日，如元旦、春节、劳动节、国庆节）前、后，为防止职工纪律松懈、思想麻痹等进行的检查，应由单位领导组织有关部门人员进行。节日加班，更要重视对加班人员的安全教育，同时要认真检查安全防范措施的落实。

3. 安全检查的方法及要求

安全检查基本上都采用安全检查表和实测实量的检测手段，进行定性定量的安全评价。不论何种类型的安全检查，都应做到以下内容：

加强组织领导；要有明确的目的；检查记录是安全评价的依据，因此要认真、详细记录。

安全检查后要认真地、全面地进行系统分析，用定性和定量相结合的方法进行安全评价。

整改是安全检查工作的重要组成部分，是检查结果的归宿。整改工作包括隐患登记、整改、复查、销案。

第九章　工程项目信息管理

第一节　工程项目信息管理的过程和内容

一、工程项目信息的收集

工程项目信息的收集，就是收集项目决策和实施过程中的原始数据，这是很重要的基础工作，信息管理工作的质量好坏，很大程度上取决于原始资料的全面性和可靠性。其中，建立一套完善的信息采集制度是十分有必要的。

1. 工程项目建设前期的信息收集

工程项目在正式开工之前，需要进行大量的工作，这些工作将产生大量的文件，文件中包含着丰富的内容。

（1）收集设计任务书及有关资料

设计任务书是确定工程项目建设方案（包括建设规模、建设布局和建设进度等原则问题）的重要文件，也是编制工程设计文件的重要依据。所有新建或扩建的建设工程项目，都要根据资源条件和国民经济发展规划，按照工程项目的隶属关系，由主管部门组织有关单位提前编制设计任务书。此阶段的工程项目信息包括项目前期的一系列信息资料，如项目建议书、可行性研究报告以及项目建设上级单位和政府主管部门对工程项目的要求和批复，还包括项目建设用地的自然、社会、经济环境等有关信息资料。

（2）设计文件及有关资料的收集

工程项目的设计任务书经建设单位审核批准后，需委托工程设计单位编制工程设计文件。在进行工程项目设计之前，工程设计单位通常要收集以下资料信息。

1）社会调查情况及自然灾害等调查情况。

2）工程技术勘测调查情况。收集建设地区的自然条件资料，如河流、水文水资源、地质、地形、地貌、水文地质、气象等资料。如修建水库水电站，是否对已选定的坝址作进一步调查勘探，对岩土基础是否进行分析试验。如利用当地材料建坝，对各种石料的性质是否进行试验分析等。

3）技术经济勘察调查情况。主要收集工程建设地区的原材料、燃料来源，水电供应和交通运输条件，劳力来源、数量和工资标准等资料。

对于大型工程项目，项目设计一般分如下三个阶段，即初步设计、技术设计和施工图设计，这三个阶段的设计成果构成工程项目设计文件的主要内容。

初步设计含有大量的工程建设信息，如工程项目的目的和主要任务，工程的规模、总体规划布置、主要建筑物的位置、结构形式和设计尺寸，各种建筑物的材料用量，主要技术经济指标，建设工期和总概算等。

技术设计是根据初步设计所提供的资料，更进一步加以深化，要求收集补充更详细的资料，对工程中的各种建筑物，做出具体的设计计算。技术设计与初步设计相比，提供了更确切的数据资料，如对建筑物的结构形式和尺寸等提出修正，并编制修正后的总概算。

施工图设计阶段，通过图纸反映出大量的信息，如施工总平面图、建筑物的施工平面图和剖面图、安装施工详图、各种专业工程的施工图以及各种设备和材料的明细表等。依据施工图设计所提出的预算，一般情况下不得超过初步设计概算。

（3）招标投标合同文件及其有关资料的收集

工程项目的招标文件由建设单位编制或委托咨询单位编制，在招投标过程中及在决标以后，招标、投标文件及其他一些文件将形成一套对工程建设起制约作用的合同文件。其主要内容包括：投标邀请书、投标须知、合同双方签署的合同协议书、履约保函、合同条款、投标书及其附件、工程报价表及其附件、技术规范、招标图纸、建设单位在招投标期内发布的所有补充通知、承建单位补充的所有书面文件、建设单位在招标时随同招标书一起递送的资料与附图、建设单位发布的中标通知、在商谈合同时双方共同签字的补充文件。

在招投标文件中包含了大量的信息。包括建设单位的全部“要约”条件，承建单位的全部“承诺”条件。如建设单位所提供的材料供应、设备供应、水电供应、施工道路、临时房屋、征地情况和通信条件等；承建单位所投入的人力、机械方面的情况，工期保证、质量保证、投资保证、施工措施和安全保证等。

项目建设前期除以上各个阶段所产生的各种文件资料外，上级单位关于工程项目的批示和有关指示，有关征用土地、迁建赔偿等协议式的批准文件等，均是工程建设过程中十分重要的文件信息。

2. 工程项目施工期的信息收集

工程项目在整个工程施工阶段，每天都发生各种各样的情况，相应地包含着各种信息，需要及时收集和处理。因此，项目的施工阶段，可以说是大量的信息发生、传递和处理的阶段。

（1）建设单位提供的信息

建设单位作为工程项目建设的组织者，在施工中要按照合同文件规定提供相应的条件，并要不时表达对工程各方面的意见和看法，下达某些指令。因此，应及时收集建设单位提供的信息。

当建设单位负责某些材料的供应时，需收集提供材料的品种、数量、质量、价格、提货地点、提货方式等信息。如建设单位对钢材、木材、水泥、砂石等主要材料在施工过程中以某一价格提供给承建单位使用，建设单位应及时将这些材料在各个阶段提供的数量、材质证明、检验资料、运输距离等情况告诉相关单位。

建设单位在建设过程中对各种有关进度、质量、投资、合同等方面的意见和指令，以及建设单位的上级部门对工程建设的各种意见和指令，都是工程建设过程中十分重要的信息。

（2）承建单位提供的信息

施工中，现场所发生的各种情况均包含了大量的内容，工程建设的各参与单位根据自身项目管理工作的需要，必须掌握和收集这些内容，经收集和整理后，汇集成丰富的信息资料。

承建单位在施工中必须经常向有关单位，包括上级部门、设计单位、工程监理单位及其他方面发出某些文件，传达一定的内容。如向工程监理单位报送施工组织设计、各种计划、单项工程施工措施、月支付申请单、各种工程项目自检报告、质量问题报告、有关的意见等。

（3）工程监理的记录

工地现场的工程监理单位的记录包括驻地工程师（工地工程师）的工程监理记录、工程质量记录、工程计量和工程款记录、竣工记录等内容（见表 9–1）。

表 9–1　工程监理记录的内容

项目	主要内容
现场工程监理人员的日报表	当天的施工内容；当天参加施工的人员（工种、数量等）；当天施工用的机械（名称、数量等）；当天发现的施工质量问题；当天的施工进度与计划施工进度的比较（若发生施工进度拖延，应说明其原因）；当天的综合评语；其他说明（应注意的事项）等
工地日记	现场工程监理人员的日报表；现场每日的天气记录；工程监理工作纪要；其他有关情况与说明等

续表

项目	主要内容
现场每日的天气记录	当天的最高、最低气温；当天的降雨、降雪量；当天的风力及天气状况；因气候原因当天损失的工作时间等
驻施工现场工程监理负责人月报	驻施工现场工程监理负责人每月向监理总负责人及建设单位汇报下列情况：工程施工进度状况（与合同规定的进度作比较）；工程款支付情况；工程进度拖延的原因分析；工程质量情况与问题；工程进展中的主要困难与问题，如施工中的重大差错、重大索赔事件；材料、设备供货中的困难；组织、协调方面的困难；异常的天气情况等
驻施工现场工程监理负责人对施工单位的指示	正式函件（用于重大问题的指示）；日常指示，如在每日的工地协调会中发出的指示；在施工现场发出的指示等
工程质量记录	主要包括试验结果记录及样本记录等

（4）工地会议信息

工地会议是工程项目管理工作的一个重要内容和方法，会议中包含着大量的工程信息。工地现场管理应建立一套完善的会议制度，以便于会议信息的收集。会议制度包括会议的名称、主持人、参加人、举行会议的时间、会议地点等。每次工地会议都应有专人记录，会议后应有正式会议纪要等。

3．工程竣工阶段的信息收集

工程竣工并按要求进行竣工验收时，需要大量的与竣工验收有关的各种资料信息。这些信息一部分是在整个施工过程中，长期积累形成的；一部分是在竣工验收期间，根据积累的资料整理分析而形成的。完整的竣工资料应由承建单位编制，经工程监理单位和有关方面审查后，移交建设单位并通过建设单位移交项目管理运行单位以及相关的政府主管部门。

二、工程项目信息的加工整理和存储

工程项目的信息管理除应注意各种原始资料的收集外，更重要的是要对收集来的资料进行加工整理，并对工程决策和实施过程中出现的各种问题进行处理。按照工程信息加工整理的深浅可分为如下几个类别：第一类为对资料和数据进行简单整理和滤波形成的信息；第二类是对信息进行分析，概括综合后产生辅助工程项目管理决策的信息；第三类是通过应用数学模型统计推断可以产生决策的信息。

在项目建设过程中，依据当时收集到的信息所作的决策或决定有如下几个方面：

（1）依据进度控制信息，对施工进度状况的意见和指示

每月、每季度应对工程进度进行分析对比并作出综合评价，包括当月工程项目各方面实际完成量，实际完成数量与合同规定的计划数量之间的比较。如果某一部分拖后，应分析其原因、存在的主要困难和问题，提出解决的意见。

（2）依据质量控制信息，对工程质量控制情况的意见和指示

工程项目信息管理应当系统地报告当前工程施工中的各种质量情况，包括现场检查中发现的各种问题，施工中出现的重大事故，对各种情况、问题、事故的处理等情况。这些信息除了在工程月报、季报中进行阶段性的归纳和评价外，必要时还应有专门的质量情况报告。

（3）依据投资控制信息，对工程结算和决算情况的意见和指示

工程价款结算一般按月进行，要对投资完成情况进行统计、分析，在统计分析的基础上作一些短期预测。

（4）依据合同管理信息，对索赔的处理意见

在工程施工中，由于建设单位的原因或客观条件使承建单位遭受损失，承建单位提出索赔要求；或由于承建单位违约使工程遭受损失，建设单位提出索赔要求。

信息的存储是将信息保留起来以备将来应用。对有价值的原始资料、数据及经过加工整理的信息，要长期积累以备查阅。

三、工程项目信息的检索和传递

无论是存入档案库还是存入计算机存储器的信息、资料，为了查找的方便，在入库前都要拟订一套科学的查找方法和手段，做好编目分类工作。健全的检索系统可以使报表、文件、资料、人事和技术档案既保存完好，又便于查找。否则，会使资料杂乱无章，无法利用。

信息的传递是指信息借助于一定的载体（如纸张、软盘、磁带等）在工程项目信息管理工作各部门、各单位之间的传递。通过传递，形成各种信息流。畅通的信息流，将利用报表、图表、文字、记录、电信、各种收发文、会议、审批及计算机等传递手段，不断地将工程项目信息输送到项目建设各方手中，成为他们工作的依据。

信息管理的目的，是为了更好地使用信息，为决策服务。处理好的信息，要按照需要和要求编印成各类报表和文件，以供项目管理工作使用。信息检索和传递的效率、质量随着计算机的普及而提高。存储于计算机数据库中的数据，已成为信息资源，可为各个部门所共享。因此，利用计算机做好信息的加工储存工作，是更好地进行信息检索和信息传递的前提。

工程项目信息管理工作中涉及的信息量巨大，要实现高效、快速的信息管理，

使项目管理工作流程程序化、记录标准化、报告系统化，传统的手工操作管理办法已无法满足需要。可以利用计算机存储量大的特点，集中存储与工程项目有关的各种信息。利用计算机运算速度快的特点，及时、准确地加工处理项目所需要的各种数据，形成文字、图表、图像等各种信息，以便在工程项目管理过程中，及时发现问题，检查项目的实施情况，作出进一步调整或规划的决策。

随着科学技术的不断发展，在工程项目信息管理工作中，计算机应用的范围和程度将越来越宽广，对信息处理的能力将越来越强大，因此，实现工程项目管理工作本身的自动化、标准化、规范化和系统化，其前景是十分广阔的。

第二节　工程项目档案资料管理

一、档案资料概念与特征

1. 档案资料概念

工程项目档案资料是指建设工程项目在立项、设计、施工、工程监理和竣工活动中形成的具有归档保存价值的基建文件、工程监理文件、施工文件和竣工图的统称，是建设项目全过程的原始、真实记录，是宝贵的信息资源。这些档案材料全面反映了建筑工程建设的详细情况，对工程质量评定、工程竣工后的管理和维护，以及对新建工程的准备等，都具有重要的利用价值。认真做好工程档案管理工作是非常重要的。建设工程项目的档案资料主要由以下文件资料组成。

（1）建设单位文件

建设单位文件是由建设单位在工程建设过程中形成并收集汇编，关于立项、征用工地、拆迁、地质勘察、测绘、设计、招标投标、工程验收等文件或资料的统称。

（2）工程监理单位文件

工程监理单位文件是由工程监理单位在工程建设监理全过程中形成并收集汇编的文件或资料的统称。

（3）施工单位文件

施工单位文件是由施工单位在工程施工过程中形成并收集汇编的文件或资料的统称。

（4）竣工图

建设项目竣工图是真实地记录建设工程各种地下、地上建筑物竣工实际情况的技术文件。它是对工程进行交工验收、维护、扩建、改建的依据，也是使用单位长期保存的资料。竣工图可利用蓝图改绘或在底图上修改或重新绘制，竣工图的绘制工作应由建设单位完成，也可委托承建单位（总承包）、工程监理单位或设计单位完成。

2．建设工程项目档案资料载体

建设工程项目档案资料载体主要有以下内容（见表 9–2）。

表 9–2　建设工程项目档案资料载体

项目	内容
缩微品载体	以胶片为基础，利用缩微技术对工程资料进行保存的载体形式
纸质载体	以纸张为基础的载体形式
磁性载体	以磁性记录材料（磁带、磁盘等）为基础，对工程资料的电子文件、声音、图像进行存储的方式
光盘载体	以光盘为基础，利用计算机技术对工程资料进行存储的形式

3．档案资料特征

建设工程项目档案资料有以下方面的特征（见表 9–3）。

表 9–3　档案资料特征

特征	主要内容
分散性和复杂性	建设项目周期长、生产工艺复杂，建筑材料种类多，建筑技术发展迅速，影响建设项目的因素多种多样，工程建设阶段性强并且相互穿插，由此导致了建设项目档案资料的分散性和复杂性。这个特征决定了建设项目档案资料是多层次、多环节、相互关联的复杂系统
全面性和真实性	建设项目档案资料只有全面反映项目的各类信息才更有实用价值，因此必须形成一个完整的系统。有时，只言片语地引用往往会起到误导作用。另外，建设项目档案资料必须真实反映工程情况，包括发生的事故和存在的隐患。真实性是对所有档案资料的共同要求，而工程建设领域对这方面的要求则更为严格
继承性和时效性	随着建筑技术、施工工艺、新材料以及建筑业技术和管理水平的不断提高和发展，档案资料可以被继承和积累，新的项目在施工过程中可以吸取以前的经验，避免重犯以往的错误。同时，建设项目档案资料有很强的时效性，档案资料的价值会随着时间的推移而衰减，有时档案资料一经生成，就必须传达到有关部门，否则会造成严重后果
多专业性和综合性	建设项目档案资料依附于不同的专业对象而存在，又依赖于不同的载体而流动。它涉及建筑、市政、公用、消防、保安等多种专业，也涉及电子、力学、声学、美学等多种学科，并同时综合了质量、进度、造价、合同、组织协调等多方面内容

续表

特征	主要内容
随机性	建设项目档案资料可能产生于工程建设的整个过程中，工程开工、施工、竣工等各个阶段和各个环节都会产生各种档案资料，部分建设项目档案资料的产生有规律性（如各类报批文件），但还有相当一部分档案资料的产生是由具体工程事件引发的，建设项目档案资料具有随机性

在工程建设过程中，需要制定并严格执行建设工程档案管理制度，这也是项目管理工作的一个重要方面。建设工程档案管理制度的内容应包括：①管理责任部门及相关人员职责；②档案分类及归档范围、要求；③档案移交、整理、编号；④档案的应用；⑤档案的保管制度；⑥档案的销毁制度；⑦档案的保密制度等。

二、工程项目档案资料管理职责

建设工程项目档案资料的管理涉及建设单位、工程监理单位、工程施工单位以及地方城建档案部门。下面，根据我国相关政府主管部门现行有关文件的规定，对工程建设参与各方档案资料的管理职责进行介绍。

1. 通用职责

（1）工程各参建单位填写的工程档案资料应以工程合同、设计文件、工程质量验收标准、施工及验收规范等为依据。

（2）工程档案资料应随工程进度及时收集、整理，并应按专业归类，认真书写，字迹清楚，项目齐全、准确、真实，无未了事项。表格应采用统一表格，特殊要求需增加的表格应统一归类。

（3）工程档案资料进行分级管理，各单位技术负责人负责本单位工程档案资料的全过程组织工作，工程档案资料的收集、整理和审核工作由各单位档案管理员负责。

（4）对工程档案资料进行涂改、伪造、随意抽撤或损毁、丢失等，应按有关规定予以处罚。

2. 建设单位职责

（1）应加强对基建文件的管理工作，并设专人负责基建文件的收集、整理和归档工作。

（2）在与勘察单位、设计单位、工程监理单位、施工单位签订勘察、设计、工程监理、施工合同时，应对工程监理文件、施工文件和工程档案的编制责任、编制套数和移交期限作出明确规定。

（3）必须向参建的勘察、设计、施工、工程监理等单位提供与建设项目有关的原始资料，原始资料必须真实、准确、齐全。

（4）负责在工程建设过程中对工程档案资料进行检查并签署意见。

（5）负责组织工程档案的编制工作，可委托总承包单位或工程监理单位组织该项工作；负责组织竣工图的绘制工作，可委托总承包单位或工程监理单位或设计单位具体执行。

（6）编制基建文件的套数不得少于地方城建档案部门要求，但应有完整的基建文件归入地方城建档案部门及移交产权单位，保存期应与工程合理使用年限相同。

（7）应严格按照国家和地方有关城建档案管理的规定，及时收集、整理建设项目各环节的资料，建立、健全工程档案，并在建设项目竣工验收后，按规定及时向地方城建档案部门移交工程档案。

3. 工程监理单位职责

（1）应加强工程监理资料的管理工作，并设专人负责工程监理资料的收集、整理和归档工作。

（2）监督检查工程资料的真实性、完整性和准确性。在设计阶段，对勘察、测绘、设计单位的工程资料进行监督、检查；在施工阶段，对施工单位的工程资料进行监督、检查。

（3）接受建设单位的委托进行工程档案的组织编制工作。

（4）在工程竣工验收后三个月内，由项目总监理工程师组织对工程监理档案资料进行整理、装订与归档。工程监理档案资料在归档前必须由项目总监理工程师审核。

（5）编制的工程监理文件的套数不得少于地方城建档案部门要求，但应有完整的工程监理文件移交建设单位及自行保存，保存期根据工程性质以及地方城建档案部门有关要求确定。如建设单位对工程监理档案资料的编制套数有特殊要求的，可另行约定。

4. 工程施工单位职责

应加强施工文件的管理工作，实行技术负责人负责制，逐级建立健全施工文件管理工作。建设项目的施工文件应设专人负责收集和整理；总承包单位负责汇总整理各分包单位编制的全部施工文件，分承包单位应各自负责对分承包范围内的施工文件进行收集和整理，各承包单位应对其施工文件的真实性和完整性负责；接受建设单位的委托进行工程档案的组织编制工作；按要求在竣工前将施工文件整理汇总完毕并移交建设单位进行工程竣工验收；负责编制的施工文件的套数不得少于地方城建档案部门要求，但应有完整的施工文件移交建设单位及自行保存，保存期根据工程性质以及地方城建档案部门有关要求确定。如建设单位对施工文件的编制套数有特殊要求的，可另行约定。

5. 地方城建档案部门职责

负责接收和保管所辖范围应当永久和长期保存的工程档案和有关资料；负责对城建档案工作进行业务指导，监督和检查有关城建档案法规的实施；列入向本部门报送工程档案范围的建设项目，其竣工验收应有本部门参加并负责对移交的工程档案进行验收。

三、工程项目档案资料的分类

建设工程项目档案资料归档过程的组卷工作，应按照当地城建档案主管部门的有关要求进行。本部分内容反映了城建档案主管单位对一般性工程建设过程档案资料的总体管理情况。

1. 基建文件

基建文件的主要内容，见表 9–4。

表 9–4 基建文件的主要内容

文件名称	主要内容
决策立项文件	项目建议书；对项目建议书的批复文件；可行性研究报告；对可行性报告的批复文件；关于立项的会议纪要、领导批示；专家对项目的有关建议文件；项目评估研究资料；计划部门批准的立项文件；计划部门批准的计划任务
勘察、测绘、设计文件	工程地质勘察报告；水文地质勘察报告；建筑用地界桩通知单；验线通知单；规划设计条件通知书及附图；审定设计方案通知书及附图；审定设计方案通知书要求征求有关人防、环保、消防、交通、园林、市政、文物、通信、保密、河湖、教育等部门的审查意见和要求取得的有关协议；初步设计图纸及说明；施工图设计及说明；设计计算书；消防设计审核意见；政府有关部门对施工图设计文件的审批意见
建设用地、征地、拆迁文件	政府计划管理部门批准征用土地的计划任务；国有土地使用证；政府部门批准用农田的文件；使用国有土地时，房屋土地管理部门拆迁安置意见；选址意见通知书及附图；建设用地规划许可证、许可证附件及附图
工程开工文件	年度施工任务批准文件；工程施工图纸修改通知书；建设项目规划许可证、附件及附图；固定资产投资许可证；建设工程开工证；工程质量监督手续
工程招投标及承包合同文件	建设工程项目的招标文件包括勘察招投标文件；设计招投标文件；施工招投标文件；设备材料采购招投标文件；工程监理招投标文件等。建设工程项目的合同文件包括工程勘察合同；设计合同；施工合同；供货合同；工程监理合同等
工程竣工备案文件	工程竣工验收备案表；工程竣工验收报告；由规划、公安消防、环保等部门出具的认可文件或准许使用文件；工程质量保证书、保修书；住宅使用说明书

续表

文件名称	主要内容
商务文件	工程投资估算材料；工程设计概算；施工图预算；施工预算；工程决算；交付使用固定资产清单；建设工程概况
其他文件	工程竣工总结；由建设单位委托长期进行的工程沉降观测记录；工程未开工前的原貌、竣工新貌照片；工程开工、施工、竣工的录音录像资料

2．工程监理资料

（1）工程监理合同类文件

该类文件包括：委托工程监理合同；有关合同变更的协议文件。

（2）工程的监理管理资料

工程的监理管理资料包括：工程监理规划、工程监理实施细则；工程监理月报；工程监理会议纪要；工程监理通知；工程监理工作总结。

（3）工程监理工作记录

工程监理工作记录包括：工程技术文件报审表；工程质量控制报验审批文件（工程物资进场报验表；施工测量放线报审文件；见证取样记录文件；分部、分项工程施工报验表；工程监理抽检文件；质量事故报告及处理资料）；工程进度控制报验审批文件 [工程开工报审文件；施工进度计划（年、季、月）报审文件；月工、料、机动态文件；停工、复工、工程延期文件]；造价控制报验、审批文件。

（4）工程监理验收资料

工程监理验收资料包括：竣工移交证书；工程质量评估报告。

3．施工资料

（1）施工管理资料

施工管理资料包括：工程概况表；施工进度计划分析；项目大事记；施工日志；不合格项处置记录；工程质量事故报告 [建设工程质量事故调（勘）查笔录；建设工程质量事故报告书]；施工总结。

（2）施工技术资料

施工技术资料包括：工程技术文件报审表；技术管理资料（技术交底记录；施工组织设计；施工方案）；设计变更文件（图纸审查记录；设计交底记录；设计变更；洽商记录）。

（3）工程物资技术资料

工程物资技术资料包括：工程物资选样送审表；工程物资进场报验表；产品质量证明文件（半成品钢筋出厂合格证；预拌混凝土构件出厂合格证；钢构件出厂合

格证材料、设备进场检验记录（设备开箱检查记录；材料、配件检验记录；设备及管道附件试验记录）；产品复试记录、报告 [材料试验报告（通用）；水泥试验报告；钢筋原材试验报告；砌墙砖（砌块）试验报告；砂试验报告；碎（卵）石试验报告；轻集料试验报告；防水卷材试验报告；防水涂料试验报告；混凝土掺合料试验报告；钢材机械性能试验报告；金相试验报告]。

（4）施工测量记录

施工测量记录包括：工程定位测量记录；基槽验线记录；楼层放线记录；沉降观测记录。

（5）工程施工记录

工程施工记录的主要内容见表 9–5。

表 9–5　工程施工记录的主要内容

名称	内容
通用记录	隐蔽工程检查记录表；预检工程检查记录表；施工通用记录表；中间检查交接记录
土建专用施工记录	地基处理记录；地基勘探记录；桩基施工记录；混凝土搅拌测温记录表；混凝土养护测温记录表；砂浆配合比申请单、通知单；混凝土配合比申请单、通知单；混凝土开盘鉴定；预应力钢筋张拉记录；有粘结预应力结构灌浆记录；建筑烟（风）道、垃圾道检查记录
电梯专用施工记录	电梯承重梁、起重吊环埋设隐蔽工程检查记录；电梯钢丝绳头灌注隐蔽工程检查记录；自动扶梯、自动人行道安装条件记录

（6）施工试验记录

1）施工试验记录（通用）

2）设备试运转记录：设备单机试运转记录；调试报告。

3）土建专用施工试验记录：钢筋连接试验报告；回填土干密度试验报告；土工击实试验报告；砌筑砂浆抗压强度试验报告；混凝土抗压强度试验报告；混凝土抗渗试验报告；超声波探伤报告；超声波探伤记录；钢构件射线探伤记录；砌筑砂浆试块强度统计、评定记录；混凝土试块强度统计、评定记录；防水工程试水检查记录。

4）电气专用施工试验记录：电气接地电阻试验记录；电气绝缘电阻试验记录；电气器具通电安全检查记录；电气照明、动力试运行记录；综合布线测试记录；光纤损耗测试记录；视频系统末端测试记录。

5）管道专用施工试验记录：管道灌水试验记录；管道强度严密性试验记录；管道通水试验记录；管道吹（冲）洗（脱脂）试验记录；室内排水管道通球试验记录；

伸缩器安装记录表。

6）通风空调专用施工试验记录：现场组装除尘器、空调机漏风检测记录；风管漏风检测记录；各房间室内风量测量记录；管网漏风平衡记录；通风系统试运行记录；制冷系统气密性试验记录。

7）电梯专用施工试验记录：电梯主要功能检查试验记录表；电梯电气安全装置检查试验记录；电梯整机功能检验记录；电梯层门安全装置检查试验记录；电梯负荷运行试验记录；轿厢平层准确度测量记录表；电梯负荷运行试验曲线图表；电梯噪声测试记录表；自动扶梯、自动人行道运行试验记录。

（7）施工验收资料

施工验收资料包括：分部、分项工程施工报验表；分部工程验收记录（竣工验收通用记录；基础、主体工程验收记录；幕墙工程验收记录）；单位工程验收记录；工程竣工报告；质量评定资料（参阅 GB 50300 系列表格）。

（8）竣工图

（9）工程资料、档案封面和目录

1）工程资料总目录卷、汇总表工程资料总目录卷。

2）工程资料封面和目录：工程资料案卷封面；工程资料卷内目录；工程资料卷内备考表。

3）工程档案封面和目录：城市建设档案封面；城建档案卷内目录；城建档案案卷审核备考表。

4）移交资料：城市建设档案移交书；城市建设档案缩微品移交书；城市建设档案移交目录。

四、工程项目档案资料验收与移交

1．档案资料的验收

工程档案资料的验收是工程竣工验收的重要内容。在工程竣工验收时，建设单位必须先提供一套工程竣工档案报请有关部门进行审查、验收。

工程档案资料由建设单位进行验收，属于向地方城建档案部门报送工程档案资料的建设工程项目，还应会同地方城建档案部门共同验收。

国家、省市重点建设项目或一些特大型、大型建设项目的预验收和验收会，应由地方城建档案部门参加验收。

为确保工程档案资料的质量，各编制单位、工程监理单位、建设单位、地方城建档案部门、档案行政管理部门等要严格进行检查、验收。编制单位、制图人、审核人、技术负责人必须进行签字或盖章。对不符合技术要求的，一律退回编制单位进行改正、补齐，问题严重者可令其重做。不符合要求者，不能交工验收。

凡报送的工程档案资料，如验收不合格将其退回建设单位，由建设单位责成责任者重新进行编制，待达到要求后重新报送。检查验收人员应对接收的档案负责。

地方城建档案部门负责工程档案资料的最后验收，并对编制报送工程档案资料进行业务指导、督促和检查。

2. 档案资料的移交

施工单位、工程监理单位等有关单位应在工程竣工验收前将工程档案资料按合同或协议规定的时间、套数移交给建设单位，办理移交手续。

竣工验收通过后3个月内，建设单位将汇总的全部工程档案资料移交地方城建档案部门。如遇特殊情况，需要推迟报送日期，必须在规定报送时间内向地方城建档案部门申请延期报送并申明延期报送原因，经同意后办理延期报送手续。

第三节　工程项目报告系统

一、工程项目报告的分类及作用

1. 工程项目报告的分类

在工程建设过程中，反映工程状况报告的形式及内容丰富多彩，它是不同层级管理人员的主要沟通工具之一。报告的种类很多，例如：

按时间进行分类的报告，如日报、周报、月报及年报。

针对项目结构的报告，如工作包、单位工程、单项工程、整个项目的报告。

专项内容的报告，如质量报告、进度报告、成本报告。

特殊情况的报告，如风险报告、总结报告、特别事项报告等。

2. 工程项目报告的作用

基于不同的工程项目参加者需要不同的信息内容、频率、描述及浓缩程度，报告具有不同的形式、结构、内容及处理过程，但综合分析，其主要作用由如下几点构成。

（1）作为决策依据。通过报告，可以使项目参与人员对项目计划、实施情况及目标完成程度更加清晰，可以提高项目决策的有效性及科学性。一定程度上，报告是为工程项目决策服务的，尤其是项目管理上层的决策。

（2）用来评价项目。评价项目某个时间段的工作及相应成果。

（3）总结经验，分析项目实施中的问题。尤其是在项目结束时的详细分析报告，可以总结项目实施过程中的经验和教训。

（4）提出问题、解决问题及安排后期计划。

（5）预测未来情况，提供项目预警信息。

（6）作为证据和工程资料。报告便于保存，因而能够提供工程的永久记录。

（7）通过报告激励项目各参与者，让大家了解项目的进展及成就。

二、工程项目报告系统及其要求

1. 工程项目报告系统

在项目初期，在建立项目管理系统中，必须包括项目的报告系统，并对其进行合理策划，主要解决三个问题：

（1）对项目实施过程中的报告系统进行系统分类，并系统化。

（2）确定各种报告的形式、结构、内容、数据及处理方式，并标准化。

（3）确定各种报告的上报、签收及处理流程。

在进行工程项目管理策划时，应考虑各种报告及其性质、范围及频次，可以在合同或项目管理手册中进行确定。原始资料应一次性收集，以保证相同的信息具有相同的来源。资料在纳入报告之前，应进行可信度检查，并将计划值引入以方便对比。

通常情况下，报告从最低层开始，它的信息来源于工程活动，包括工程活动的完成程度、工期、质量、人力、材料消耗、费用等情况的记录，以及试验验收检查记录。上层的报告应在此基础上，按照项目结构和组织结构进行提炼、归纳和浓缩，再加以分析和比较，最终形成金字塔形的报告系统。

2. 工程项目报告系统的要求

为实现项目参与方组织内及组织间的沟通与协调的顺利进行，工程项目报告系统通常有如下要求（见表 9–6）。

表 9–6　工程项目报告系统的要求

要求	主要内容
符合特定的要求	这里包括各个层次的管理人员对项目信息需要了解的程度及各职能人员专业技术工作及管理工作的需要
与目标一致	报告的内容和描述必须与项目目标一致，主要说明目标的完成程度及围绕目标实现存在的问题

续表

要求	主要内容
处理简单化	要求内容清晰且易于理解，使各参与者能够准确清晰地理解报告内容，避免理解和传输过程中的失真和错误
报告的侧重点要求	报告通常包括概况说明和重大的差异说明、主要的活动和事件说明，而非面面俱到。内容应较多考虑实际效用，而较少考虑信息的完整性
规范化、系统化	即在项目管理信息系统中应完整地定义报告的系统结构及内容，对报告的格式及数据结构进行标准化。在项目中，要求各参与者采用统一形式的报告

第十章　工程项目设计管理

第一节　设计准备阶段的项目管理

一、设计准备阶段项目管理工作的任务

1. 设计准备阶段的投资控制

设计准备阶段的投资控制工作主要是：在可行性研究的基础上，进行项目总投资目标的分析和论证；编制项目总投资切块和分解的初步规划；分析总投资目标实现的风险，编制投资风险管理的初步方案。

2. 设计准备阶段的进度控制

设计准备阶段的进度控制工作主要是：分析和论证项目总进度目标；编制项目实施的总进度规划；分析总进度目标实现的风险，编制进度风险管理的初步方案。

3. 设计准备阶段的质量控制（包括安全管理）

设计准备阶段的质量控制（包括安全管理）工作主要是：分析和论证项目的功能；确定项目的质量要求和标准；分析质量目标实现的风险和编制质量风险管理的初步方案。

4. 设计准备阶段的合同管理

设计准备阶段的合同管理工作主要是：分析和论证项目实施的特点及环境，编制项目合同管理的初步规划。

5. 设计准备阶段的信息管理

设计准备阶段的信息管理工作主要是：建立项目的信息编码体系及信息管理制度；收集、整理和分类归档各种项目管理信息；建立会议制度，管理各种会议记录；建立各种报表和报告制度。

6. 设计准备阶段的组织与协调

设计准备阶段的组织与协调工作主要是：分析项目实施的特点及环境，提出项目实施的组织方案；编制工程项目管理总体规划；协调设计准备过程中的各种工作

关系。

二、对设计的要求和设计任务的委托

1. 对设计的要求

在设计前的准备工作中，项目业主的重要工作之一是应明确提出对设计的要求。项目业主所提出的对设计的要求，是设计的主要依据。对于已进行了可行性研究的建设项目，特别是大型工业项目和土木工程项目，由于其可行性研究报告的内容已经明确了对设计的要求，因此可以用经批准的建设项目可行性研究报告作为设计的依据。从业主的角度，提出对设计的要求的重点应该是功能要求和使用要求，即在详细的功能分析基础上，以运营和使用为导向，通过项目需求分析，从使用功能的角度出发，提出对设计的要求。提出对设计的要求时，要避免抄规范、抄法规、抄技术标准等。以下主要以民用房屋建筑为例，阐述对设计的要求，主要包括设计基本依据、设计原则及标准和对设计成果的要求等。

（1）设计的基本依据

按 2000 年 9 月 25 日国务院颁布的《建设工程勘察设计管理条例》中第二十五条规定：编制建设工程勘察、设计文件，应当以下列规定为依据：项目批准文件；城市规划；工程建设强制性标准；国家规定的建设工程勘察、设计深度要求。

对于民用建设项目（如住宅小区），设计依据除包括建设基地的内外环境条件、政府规划管理部门的区域规划规定要求以外，还应提出拟建项目的设计原则和标准、建设规模和项目组成以及未来发展规划和用户的组织管理模式等，一般用建设项目任务书表示。建设项目任务书一般应包括以下几方面内容：①建设项目名称和建设地点；②批准项目建设的文号、协议书文号及其有关内容；③建设项目的用地情况和场地周围道路及建筑等环境情况（包括建设用地范围、地形，场地内原有建筑物、构筑物、要求保留的树木及文物古迹的拆除和保留情况等）；④项目所在地区的气象、地理条件和建设场地的工程地质条件；⑤水、电、气和燃料等能源供应情况以及公共设施和交通运输条件；⑥用地、环保、卫生、消防、人防和抗震等方面的要求和依据的资料；⑦材料供应及施工条件情况；⑧建设项目的规模和项目的组成；⑨项目的使用要求；⑩项目的设计标准及总投资。另外，也可以提出对建筑造型及建筑室内外装修方面的要求。

（2）设计原则

对于民用建设项目，设计原则一般应包括以下方面的内容：设计的主题和整体风格；相关建筑和周围环境的协调关系；建筑内部各功能区域的联系；人与环境的关系；主要景观意向等。

设计是设计人员的一种创造性思维实践活动，设计原则不仅要反映原则性要求，而且要反映对设计的导向性要求，供设计人员在具体设计工作中参考。比如，设计除应体现独特的反映建设项目性质、目的和用途的建筑风格外，还应反映社会时代的要求。随着社会时代的发展，当今建筑特别关注人与环境的和谐关系，提出“既满足当代人的需要，又不对后代人满足其需要的能力构成危害的发展”的可持续发展观（联合国与世界环境发展委员会，1987年）。绿色建筑、智能建筑以及创造无废、无污和可持续发展的建筑环境并在此基础上发展建筑文化，已成为现代建筑设计应遵循的重要原则。

（3）建设项目的规模和项目组成

一般民用建设项目的总规模可根据批准立项的城市规划所规定的条件确定，城市规划规定的指标包括：用地红线范围、建筑面积指标（容积率）、建筑密度指标、建筑高度限制、绿地道路和停车面积指标以及公共建筑指标等。

工程项目的组成可用项目结构图表示，项目结构图也描述了项目组成的功能。对工程项目的组成（包括各功能组成）所需要的使用面积大小的分配，就需要用定量数据表示，在进行具体设计时可以以此作为参考和依据。工程项目的组成（包括各功能组成的使用面积大小的分配需要），还可以用占地面积和建筑面积分配表描述。

（4）建设项目的设计标准

对于建设项目的不同部位或系统，有不同的设计标准，通常建筑技术标准和要求由建筑规范所规定，在设计要求中应提出规范规定之外的特殊要求。这种特殊要求也体现了建设项目的质量水平、独特个性和建设意图，能提供设计的导向作用。设计的标准和要求一般可以分为建筑设计要求、结构设计要求和机电设计要求等。

（5）设计成果

设计成果是指要求的设计文件内容和深度，包括设计说明和设计图纸（必要时包括电子文件）等。重大建设项目的设计阶段包括总体设计、初步设计、技术设计和施工图设计等，各个设计阶段完成后所编制的书面材料，统称为设计文件。

根据设计任务委托的范围和阶段，设计人员应及时提交相应内容和深度的设计文件。在2000年9月25日国务院公布的《建设工程勘察设计管理条例》中，详细规定了各阶段设计文件的内容组成和编排顺序。如初步设计文件由设计说明书（包括设计总说明和各专业的设计说明书）、设计图纸、主要设备及材料表和工程概算书四部分组成，其编排顺序为：

1）封面。

2）扉页。

3）初步设计文件目录。

4）设计说明书。

5）图纸。

6）主要设备及材料表。

7）工程概算书。

《建设工程勘察设计管理条例》规定了各个设计阶段完成后所编制的设计文件深度："编制建设工程勘察文件，应当真实、准确，满足建设工程规划、选址、设计、岩土治理和施工的需要。编制方案设计文件，应当满足编制初步设计文件和控制概算的需要。编制初步设计文件，应当满足编制施工招标文件、主要设备材料订货和编制施工图设计文件的需要。编制施工图设计文件，应当满足设备材料采购、非标准设备制作和施工的需要，并注明建设工程合理使用年限。"例如，对初步设计文件的深度具体规定如下：应符合已审定的设计方案；能据以确定土地征用范围；能据以准备主要设备及材料；应提供工程设计概算，作为审批确定项目投资的依据；能据以进行施工图设计；能据以进行施工准备。

当然，在此基础上，业主方（作为设计委托方）也可根据项目特点和管理工作需要提出对设计成果的具体要求。

2. 设计任务的委托

（1）设计的组织方式

针对一个工程项目的设计任务，业主可以委托给一家设计单位，也可以分阶段、分专业委托给不同的设计单位。

一个工程项目的设计任务的委托方式，主要有直接委托设计、设计招标、设计竞赛和协议评审等方式。在工程项目设计准备阶段，应该根据工程项目的特点明确将采用哪种设计过程的组织方式，可以是一种方式也可以是多种方式的组合。

（2）直接委托设计

直接委托设计方式是指业主寻找一个合适的设计单位，将设计任务委托给该设计单位的方式。所谓合适的设计单位主要是指该设计单位必须具有承担该工程项目的设计资格等。在我国，对从事设计工作的单位实行资质管理制度，规定不同等级资质的设计单位可以承担相应范围内的工程项目的设计任务。

按我国法规规定，对于建设项目的设计任务，业主必须委托给具有相应资质的设计单位完成。工程设计资质分为工程设计综合资质、工程设计行业资质、工程设计专业资质和工程设计专项资质。从事工程设计活动的企业，应当按照其拥有的注册资本、专业技术人员、技术装备和勘察设计业绩等条件申请资质，经审查合格，取得建设工程设计资质证书后，方可在资质许可的范围内从事建设工程设计活动(《建设工程勘察设计资质管理规定》〈建设部令第 160 号〉）。

直接委托设计方式一般仅适用于特殊工程，如国防、救灾等工程。

（3）设计招标

所谓设计招标，是指业主通过招标方式，由愿意承接该项设计任务的设计单位进行设计投标，通过评标，决定设计任务的承担单位，即中标的设计单位。

按我国相关规定，设计任务委托应该采用“设计招标”方式，并且应该进入“有形市场”才能合法地完成设计委托，签订设计合同。

建设项目符合《工程建设项目招标范围和规模标准规定》（国家计委令第 3 号）规定的范围和标准的，必须依据《工程建设项目勘察设计招标投标办法》（国家发改委令第 2 号）进行招标。按照国家规定需要政府审批的项目，有下列情形之一的，经批准，项目的勘察设计可以不进行招标：①涉及国家安全、国家秘密的；②抢险救灾的；③主要工艺、技术采用特定专利或者专有技术的；④技术复杂或专业性强，能够满足条件的勘察设计单位少于三家，不能形成有效竞争的；⑤已建成项目需要改、扩建或者技术改造，由其他单位进行设计影响项目功能配套性的。

依法必须进行勘察设计招标的工程项目，在招标时应当具备下列条件：①按照国家有关规定需要履行项目审批手续的，已履行审批手续，取得批准；②勘察设计所需资金已经落实；③所必需的勘察设计基础资料已经收集完成；④法律法规规定的其他条件。

工程项目勘察设计招标分为公开招标和邀请招标。全部使用国有资金投资或者国有资金投资占控股或者主导地位的工程项目，以及国务院发展和改革部门确定的国家重点项目和省、自治区、直辖市人民政府确定的地方重点项目，应当公开招标。

依法必须进行勘察设计招标的工程项目，在下列情况下可以进行邀请招标：①项目的技术性、专业性较强，或者环境资源条件特殊，符合条件的潜在投标人数量有限的；②如采用公开招标，所需费用占工程项目总投资的比例过大的；③建设条件受自然因素限制，如采用公开招标，将影响项目实施时机的。

招标人采用邀请招标方式的，应保证有三个以上具备承担招标项目勘察设计能力并具有相应资质的特定法人或者其他组织参加投标。

（4）设计竞赛和协议评审

为了在建筑行业中引进竞争机制，有效地提高设计质量，吸收和选择最佳设计，经过长期的实践总结，国际上形成了一系列行之有效的设计竞赛方法。通过设计竞赛，业主收到不同的设计文件，经过比较，可以得到比较满意的设计结果；最终，业主可以选择获奖单位或其他单位，与其签订设计合同，进行深化设计。在设计进展过程中，业主可根据具体需要再组织设计竞赛，通过多轮设计竞赛不断地寻求设计优化的可能。

国际上的设计竞赛有以下特点：设计竞赛内容并不限于设计方案竞赛，可以是设想性的竞赛、原则性的方案性竞赛或具体实施性竞赛；有法规的保障；业主可以选择其满意的设计文件或者设计单位，不必一定同获奖单位签订合同；业主也可以对不同的方案进行综合、优化。

采用协议评审办法有以下特点：①业主对设计单位的委托有决定权；②由行业协会对设计单位进行评估，有利于社会监督；③评估办法公开，协议条件公开，有利于维护业主、设计单位双方的利益。

在国际上，设计任务委托一般采用设计竞赛和协议评审两种竞争方式（国防、救灾等工程例外），而不是设计招标。

第二节　工程设计阶段的项目管理

一、工程设计阶段项目管理概述

1. 工程设计过程特点

（1）设计过程的范围

对于工程项目的设计过程，可以从狭义和广义两个层次进行理解。狭义上的“设计过程”是指从组织设计竞赛或委托方案设计开始，到施工图设计结束为止的设计过程，可以划分为方案设计、初步设计和施工图设计三个主要阶段。但是从工程项目管理角度出发，工程项目的设计工作往往贯穿于工程建设的全过程，从选址、可行性研究、决策立项，到设计准备、方案设计、初步设计、施工图设计、招投标以及施工，一直延伸到项目的竣工验收、投入使用以及回访总结为止。与此同时，与之相应的业主方对设计的管理和协调也贯穿于这个过程的始终。在实际工程中，由于采用的工程承发包模式及工程项目管理模式不同，设计过程和施工过程的划分并非泾渭分明，在整个施工过程中图纸存在大量的修改和细化，因此，在设计阶段的项目管理中，必须考虑与招投标、材料设备采购和施工等工作的配合和搭接等问题，设计阶段必须与招标、施工过程统一考虑。除了设计本身之外，在采购和施工过程中，设计人员要参与解决大量的技术问题，作为工程项目管理者，应当从广义角度上来理解设计过程，广义上的设计过程贯穿于项目实施始终。

除了狭义的三阶段设计，在国内一些重大工程建设的设计过程中，往往还会增加概念设计、扩大初步设计或者技术设计的阶段。从国家正式设计程序要求来看，这些设计阶段不是国家法规强制要求的，所以，是否增加该设计阶段通常是由业主方根据项目实际情况来决定。

此外，对于城市开发或成片土地开发项目还应该有城市设计或规划设计阶段，规划设计又可分为规划方案设计、控制性详细规划设计和修建性详细规划设计等。对于一些复杂的大型建设工程项目，在大的设计阶段划分中，根据项目的具体情况，还可以增加或细分出总体设计、总体设计优化、方案设计优化、扩初设计优化、专业细部设计等细化的设计阶段。

（2）设计过程特点

要进行设计阶段的项目管理工作，首先必须对设计过程的特点有所了解。与施工过程相比，设计过程具有以下三个方面的特点。

1）创造性

设计过程是一个创造过程，它是一个“无中生有”、从粗到细、从轮廓到清晰的过程。在工程设计中，设计的原始构思就是一种创造，应最大限度地发挥建筑师的创造性思维。但是在整个设计过程中又并非所有的设计工作都是无中生有的，每个阶段的设计都应当是在上一阶段的设计成果及相关文件依据下进行的，后一阶段设计的重点应该是把设计的原始构思在优化的基础上进行细化，并将好的创意贯彻到底。

正因为如此，工程项目设计过程是由若干个阶段构成的，它们之间是逐步深化的。有人又将设计阶段从广义和狭义的两个角度进行区分。但无论怎样划分，每一个阶段的设计成果输出都将成为下一阶段设计工作的输入，这个循环过程贯穿设计过程的各个阶段，使项目目标逐步得以明确和清晰。在不同的设计阶段，业主所承担的设计管理和协调工作是不一样的。

2）专业性

设计过程是高度专业化的工作，它是由各工程专业设计工种协作配合的一项工作，这表现在以下内容：我国对设计市场实行从业单位资质、个人执业资格准入管理制度，只有取得了设计资质的单位和取得了执业资格的个人才允许进行设计工作。目前，我国建筑行业的专业注册制度正在逐步完善中，已基本实行注册结构工程师、注册建筑师、注册咨询工程师、注册监理工程师和注册建造师等管理制度，一套基本完整的系统的专业注册管理制度已建立，这将进一步推动我国建筑行业的专业化进程。

工程项目的设计工作是一项非常复杂的系统工程，绝不是某一个人可以独立完成的，必须通过分工合理、专业完备且协调良好的团队来进行这项工作。通常，项目设计工作需要由一个设计总负责人主持，在其统一领导下，建筑、结构、暖通、给水排水、电气、智能化、概预算等多个专业协同工作，各司其职，共同完成设计任务。

随着社会经济的发展和技术水平的迅速提高，建设工程项目的规模越来越大，标准越来越高，越来越多的新技术、新材料得到应用，导致专业设计分工越来越细化。主设计单位不可能涵盖如此数目繁多、需要使用新材料和新技术的专业设计，所以很多专业性更强的设计是由专业设计单位来进行的，主设计单位只需确认专业设计单位的设计成果是否符合总体设计要求即可。例如，现在很多大型公共建筑的幕墙工程通常是由专业的幕墙分包商承担从设计到施工的所有工作，主设计单位只要提出边界、节点、结构等要求，并对专业设计单位的设计文件和图纸进行确认即可。

由此可以看出，设计工作是一项专业性很强的工作，同时也是一项很严肃的工作，在项目实施全过程中，任何设计的修改都必须由设计单位完成，在未经设计方同意的情况下，包括业主方在内的任何一方不得擅自变更设计，对专业责任的承担，国际上通行“谁设计、谁负责”的原则。

3）参与性

如前所述，设计工作必须委托专业人士承担。但这并不意味着业主方委托了设计就万事大吉，只管等着拿设计成果。大量工程实践证明，设计过程是由业主、设计单位、咨询单位和施工单位以及材料设备供货商等众多项目参与方共同参与的一个过程，其中，业主方的参与是非常重要的。《园冶》有石：“第园筑之主，犹须什九，而用匠什一。”其实不止造花园如此，对于所有工程项目，业主方的作用都是至关重要的，尤其是在项目设计阶段。业主是工程项目全过程的最高决策者，也是项目功能需求的提出者，往往还是最终的用户和使用者，业主方参与设计阶段的项目管理对今后工程项目的实施及投入使用起着重要的作用。

业主在设计阶段参与活动最主要包括以下内容：业主要明确提出各阶段设计的功能要求；业主要及时确认有关的设计文件和需要业主解决的其他问题，承担及时决策的责任。

2. 工程设计阶段的项目管理类型

（1）设计阶段完全自管式项目管理

设计阶段的业主完全自管式项目管理，是业主自己组织工程项目管理人员组成工程项目管理团队。这种形式的项目管理组织工作比较容易，但要求业主自身有较强的项目管理力量，适用于拥有足够的经验丰富的项目管理人员的业主，我国过去大部分项目的设计阶段管理都采用这种形式。

（2）委托式设计阶段的项目管理

设计阶段的委托式项目管理分为两种形式，即完全委托式和部分委托式，这两种委托方式又有很多不同。完全委托式是业主把设计阶段的项目管理完全委托给专业的项目管理公司，由其代表业主进行设计阶段的项目管理。在这种形式中，业主方的自身项目管理团队可以规模很小，依靠专业项目管理公司进行设计管理，发挥其专业技能和实践经验的优势，提高设计阶段的项目管理的质量。部分委托式是指业主自行完成部分设计阶段的项目管理，把其中对专业化要求比较高的部分委托给专业项目管理公司来完成。在这种方式中，业主与项目管理公司的协调工作量比较大。委托式项目管理适用于业主方缺少经验丰富的设计项目管理人员，仅靠自己的力量难以完成设计阶段的项目管理任务的情况。

（3）混合式设计阶段的项目管理

设计阶段的混合式项目管理，是指由业主方的部分项目管理人员与项目管理公司经验丰富的项目管理人员，共同组成混合的设计阶段的项目管理团队。聘请专业项目管理人员可以弥补业主方项目管理人员在技术和管理经验上的不足，这种形式的项目管理适用于业主自身拥有一定数量的项目管理人员和设计管理经验，但力量还不够，不足以独立完成设计阶段的项目管理工作的情况。

随着我国建筑市场专业化的深入发展和逐步与国际接轨，通过完全或部分委托专业项目管理公司来进行设计阶段的项目管理将成为一种趋势，这也是当前发展中国家大型建设工程项目设计管理较为通用的模式。

3. 工程设计阶段项目管理工作内容

设计阶段的项目管理从根本上来说，是为了保证工程项目目标的实现而进行的。因此，它的工作内容也是围绕着工程项目管理的核心任务“三控”“三管”和“一协调”而展开的。按照设计阶段和工程项目管理的内容，可以确定设计阶段项目管理的工作内容，如表 10–1 所示。

表 10–1　设计阶段项目管理工作内容和范围

工作内容 实施阶段	安全管理	投资控制	进度控制	质量控制	合同管理	信息管理	组织协调
方案设计阶段	√	√	√	√	√	√	√
初步设计阶段	√	√	√	√	√	√	√
施工图设计阶段	√	√	√	√	√	√	√
招投标阶段	√	√	√	√	√	√	√
施工阶段	面向承包商和工程监理单位做好必要的配合						

二、工程设计阶段的目标控制

1. 工程设计阶段投资控制

（1）设计阶段投资控制的意义

工程项目投资控制的目标是使项目的实际总投资不超过项目的计划总投资。工程项目投资控制贯穿于工程项目管理的全过程，即从项目立项决策直至工程竣工验收，在项目进展的全过程中，以循环控制的理论为指导，进行计划值和实际值的比较，发现偏离及时采取纠偏措施。

工程项目不同阶段对投资的影响程度是不同的，国内外无数项目实践证明，项目前期和设计阶段的投资控制是整个项目实施期投资控制的关键。

（2）设计阶段投资控制的任务

设计阶段投资控制的主要任务按照设计阶段划分，如表 10–2 所示。

表 10–2　设计过程各阶段投资控制的任务

设计阶段	设计阶段投资控制的任务
设计方案优化阶段	1）编制设计方案优化任务书中有关投资控制的内容； 2）对设计单位方案优化提出投资评价建议； 3）根据优化设计方案编制项目总投资修正估算； 4）编制设计方案优化阶段资金使用计划并控制其执行； 5）比较修正投资估算与投资估算，编制各种投资控制报表和报告

续表

设计阶段	设计阶段投资控制的任务
扩初设计阶段	1）编制、审核扩初设计任务书中有关投资控制的内容； 2）审核项目设计总概算，并控制在总投资计划范围内； 3）采用价值工程方法，挖掘节约投资的可能性； 4）编制本阶段资金使用计划并控制其执行； 5）比较设计概算与修正投资估算，编制各种投资控制报表和报告
施工图设计阶段	1）根据批准的总投资概算，修正总投资规划，提出施工图设计的投资控制目标； 2）编制施工图设计阶段资金使用计划并控制其执行，必要时对上述计划提出调整建议； 3）跟踪审核施工图设计成果，对设计从施工、材料、设备等多方面作必要的市场调查和技术经济论证，并提出咨询报告，如发现设计可能会突破投资目标，则协助设计人员提出解决办法； 4）审核施工图预算，如有必要调整总投资计划，采用价值工程的方法，在充分考虑满足项目功能的条件下进一步挖掘节约投资的可能性； 5）比较施工图预算与投资概算，提交各种投资控制报表和报告； 6）比较各种特殊专业设计的概算和预算，提交投资控制报表和报告； 7）控制设计变更，注意审核设计变更的结构安全性、经济性等； 8）编制施工图设计阶段投资控制总结报告； 9）审核、分析各投标单位的投标报价； 10）审核和处理设计过程中出现的索赔和与资金有关的事宜； 11）审核招标文件和合同文件中有关投资控制的条款

（3）设计阶段投资控制的方法

1）设计阶段投资控制基本原理

设计阶段是投资控制最为关键的阶段。设计阶段投资控制的基本工作原理是动态控制原理，即在项目设计的各个阶段，分析和审核投资计划值，并将不同阶段的投资计划值和实际值进行动态跟踪比较，当其发生偏离时，分析原因，采取纠偏措施，使项目设计在确保项目质量的前提下，充分考虑项目的经济性，使项目总投资控制在计划总投资范围之内。

设计阶段的投资控制工作不单纯是项目财务方面的工作，也不单纯是项目经济方面的工作，而是包括组织措施、经济措施、技术措施、合同措施在内的一项综合性工作。

设计阶段投资控制的关键是技术经济比较。技术经济比较是对建筑、结构、水、电、暖等专业工种设计和工艺、设备、材料等多个方面进行全面比较，减少一次性投资和考虑经常费用的项目全寿命投资，使项目的投资效益最大化。如果业主方没有能力单独完成此项工作，可以聘请专家进行技术经济论证，辅助业主进行决策，并督促设计单位进行设计挖潜。

2）价值工程

价值工程 Value Engineering，简称 VE 是对于现有技术的系统化应用策略，它是通过辨识产品或服务的功能，确定其经济成本，进而在可靠地保障其必要功能的前提下实现其全寿命周期成本最小化三个主要步骤来完成的，它于 20 世纪 60 年代应用于建筑业，并逐步从施工、采购阶段拓展到设计、运营和维护阶段，甚至向前延伸到项目前期的策划和决策阶段。

价值工程对于项目的意义在于为业主增值，这不仅反映在经济方面。美国著名 VE 专家 Dell’Isola 对 500 个项目进行的跟踪调查结果表明，VE 研究可节约建设成本 5% ~ 35%，每年可节约费用 5% ~ 20%。Dell’Isola 本人 35 年的经验表明，VE 研究与应用的成本仅占建设成本的 0.1% ~ 0.3%，而结果却可节约 5% ~ 10%，每年节约运营成本 5% ~ 10%。由于 VE 投入的不同和项目之间的差异，VE 的效果也不一定相同，通常大型复杂的项目节约潜力较大。

对建设工程项目投资影响最大的阶段是设计阶段，等到施工阶段再应用价值工程来提高工程项目的价值其效果是很有限的。要使工程项目的价值大幅度提高，以获得较好的经济效益，必须首先在设计阶段应用价值工程，使工程项目的功能与投资合理匹配。我国的很多大型建设工程，都在设计过程中应用价值工程相关理论对设计进行了优化，大大提高了设计质量，节约了项目投资，取得了很好的经济效益。

2．工程设计阶段进度控制

（1）设计阶段进度控制的任务

设计阶段进度控制的主要任务按照设计阶段划分，如表 10–3 所示。

表 10–3　设计阶段进度控制的任务

设计阶段	设计阶段进度控制的任务
设计方案优化阶段	1）编制设计方案优化进度计划并控制其执行； 2）比较进度计划值与实际值，编制本阶段进度控制报表和报告； 3）编制本阶段进度控制总结报告
扩初设计阶段	1）编制扩初设计阶段进度计划并控制其执行； 2）审核设计单位提出的设计进度计划； 3）比较进度计划值与实际值，编制本阶段进度控制报表和报告； 4）审核设计进度计划和出图计划并控制其执行，避免发生因设计单位推迟进度而造成施工单位要求的索赔； 5）编制本阶段进度控制总结报告

续表

设计阶段	设计阶段进度控制的任务
施工图设计阶段	1)编制施工图设计进度计划，审核设计单位的出图计划，如有必要，修改总进度规划，并控制其执行； 2）协助业主编制甲供材料、设备的采购计划，协助业主编制进口材料、设备清单，以便业主报关； 3）督促业主对设计文件尽快作出决策和审定，防范业主违约事件的发生； 4）协调主设计单位与分包设计单位的关系，协调主设计与装修设计、特殊专业设计的关系，控制施工图设计进度满足招标工作、材料及设备订货和施工进度的要求； 5）比较进度计划值与实际值，提交各种进度控制报表和报告； 6）审核招标文件和合同文件中有关进度控制的条款； 7）控制设计变更及其审查批准实施的时间； 8）编制施工图设计阶段进度控制总结报告

（2）设计阶段进度控制的方法

设计阶段进度控制的方法仍是规划、控制和协调。规划是指编制、确定项目设计阶段总进度规划和分进度目标；控制是指在设计阶段，以控制循环理论为指导，进行计划进度与实际进度的比较，发现偏差，及时采取纠偏措施；协调是指协调设计参与单位之间的进度关系。

对于进度控制工作，应明确一个基本思想：计划的不变是相对的，变是绝对的；平衡是相对的，不平衡是绝对的。为了针对变化采取措施，要利用计算机作为工具，定期地、经常地调整进度计划。

1）设计阶段进度计划

在设计单位提交的设计进度计划基础上，综合考虑与施工、设备采购搭接的问题，与设计单位协商，确定项目设计各阶段进度计划（主要是设计单位出图计划）。同时，根据设计实际进展情况，及时对进度计划作出调整，并协助设计单位解决出现的问题。

2）设计进度报告

业主应当要求设计单位提交每月的设计进度报告。进度报告是设计单位对当月设计工作情况的小结，它应当包括以下主要内容：设计所处的阶段；建筑、结构、水、暖、电等各专业当月的设计内容和进展情况；业主变更对设计的影响；设计中存在的需要业主方决策的问题；需提供的其他参数和条件；招投标文件准备情况；拟发出图纸清单；如出现进度延迟情况，还需说明原因及拟采取的加快进度的措施；对下个月设计进度的估计等。

工程项目管理单位应当定期审阅设计单位提交的进度报告，并协助设计单位解决设计进度方面存在的问题，并对可能出现的问题提出参考意见或预防措施。

3．工程设计阶段质量控制

（1）设计阶段质量控制存在的问题

2001年5月25日，建设部发出《关于进一步加强勘察设计质量管理的紧急通知》，该通知中指出："部分勘察设计单位或建设单位由于对建设工程质量重视不够，不按建设程序办事，不执行国家法律法规和工程建设强制性标准；……使工程建设质量事故时有发生，给国家和人民生命财产造成重大损失。"说明长期以来设计质量管理中存在相当多的问题，也充分说明设计阶段质量控制的重要性。

通常，业主方的设计质量管理往往存在下列问题：

1）业主方缺乏必要的能力对一些大型的、技术复杂的工程进行全面质量控制，也不聘请有能力的设计项目管理咨询机构。

2）业主盲目压低设计费，或者拖延设计付款，造成设计人员积极性降低，影响设计质量或设计进度，留有大量后遗症。

3）业主对设计要求朝令夕改，增加了设计工作量，使图纸质量降低，原图与修改图混合使用，各工种经常出现矛盾。

4）业主要求抢工期，而设计跟不上，设计与施工的矛盾突出，再加上设计人员不熟悉施工过程，设计与施工的脱节使工程质量先天不足。

5）业主在设计过程中，由于对技术没有把握，该决策的不及时决策，或对设计瞎指挥，或对阶段设计成果不及时确认，或确认后随意变更，以致影响设计。

（2）设计质量控制目标

设计质量目标分为直接效用质量目标和间接效用质量目标两方面，这两种目标在工程项目中都是设计质量的体现。直接效用质量目标在工程项目中的表现形式为符合规范要求、满足业主功能要求、符合市政部门要求、达到规定的设计深度、具有施工和安装的可建造性等。间接效用质量目标在工程项目中的表现形式为建筑新颖、使用合理、功能齐全、结构可靠、经济合理、环境协调、使用安全等。

（3）设计阶段质量控制的任务

设计阶段质量控制的主要任务按照设计阶段划分，如表10–4所示。

（4）设计阶段质量控制的方法

设计阶段质量控制与投资控制、进度控制一样，也应该进行动态控制，通常是通过事前控制和设计阶段成果优化来实现的。其最重要的方法就是在各个设计阶段前编制一份好的设计要求文件，分阶段提交给设计单位，明确各阶段设计要求和内容，在各阶段设计过程中和结束后及时对设计提出修改意见，或对设计进行确认。

表 10–4　设计阶段质量控制的任务

设计阶段	设计阶段质量控制的任务
设计方案优化阶段	1）编制设计方案优化任务书中有关质量控制的内容； 2）审核优化设计方案是否满足业主的质量要求和标准； 3）审核优化设计方案是否满足规划及其他规范要求； 4）组织专家对优化设计方案进行评审； 5）在方案优化阶段进行设计协调，督促设计单位完成设计工作； 6）从质量控制角度对优化设计方案提出合理化建议
扩初设计阶段	1）编制扩初设计任务书中有关质量控制的内容； 2）审核扩初设计方案是否满足业主的质量要求和标准； 3）对重要专业问题组织专家论证，提出咨询报告； 4）组织专家对扩初设计进行评审； 5）分析扩初设计对质量目标的风险，并提出风险管理的对策与建议； 6）若有必要，组织专家对结构方案进行分析论证； 7）对智能化总体方案进行专题论证及技术经济分析； 8）对建筑设备系统技术经济等进行分析、论证，提出咨询意见； 9）审核各专业工种设计是否符合规范要求； 10）审核各特殊工艺设计、设备选型，提出合理化建议； 11）在扩初设计阶段进行设计协调，督促设计单位完成设计工作； 12）编制本阶段质量控制总结报告
施工图设计阶段	1）跟踪审核设计图纸，发现图纸中的问题，及时向设计单位提出； 2）在施工图设计阶段进行设计协调，督促设计单位完成设计工作； 3）审核施工图设计与说明是否与扩初设计要求一致，是否符合国家有关设计规范、有关设计质量要求和标准，并根据需要提出修改意见，确保设计质量达到设计合同要求及获得政府有关部门审查通过； 4）审核施工图设计是否有足够的深度，是否满足施工要求，确保施工进度计划顺利进行； 5）审核特殊专业设计的施工图纸是否符合设计任务书的要求，是否符合规范及政府有关规定的要求，是否满足施工的要求； 6）协助智能化设计和供货单位进行工程项目智能化总体设计方案的技术经济分析； 7）审核招标文件和合同文件中有关质量控制的条款； 8）充分了解项目所采用的主要设备、材料的用途，并作出市场调查报告；对设备、材料的选用提出咨询报告，在满足功能要求的条件下，尽可能降低工程成本； 9）控制设计变更质量，按规定的管理程序办理变更手续； 10）编制施工图设计阶段质量控制总结报告

设计要求文件的编制过程实质是一个项目前期策划的过程，是一个对建筑产品的目标、内容、功能、规模和标准进行研究、分析和确定的过程。因此，设计阶段要重视设计要求文件的编制。

第十一章　工程发包与物资采购的项目管理

第一节　工程发包与物资采购项目管理的任务

工程发包与物资采购工作主要在设计阶段以及设计完成后进行，许多物资采购工作也可能在施工阶段进行，而设计招标或工程总承包单位的选择也可能在设计准备阶段或设计进行到一定阶段才进行。

在工程发包与物资采购过程中，业主方工程项目管理的任务仍然包括六个主要方面，即投资控制、进度控制、质量控制、合同管理、信息管理和组织与协调。

1. 工程发包与物资采购的投资控制

工程发包与物资采购投资控制的任务主要有以下几个方面：

（1）审核项目投资概算和施工图预算。项目的采购招标可以基于初步设计，也可以基于施工图设计，因此，工程发包与物资采购投资控制工作的计划文件就可能是初步设计概算或者施工图预算。设计概算一般由设计单位负责编制，施工图预算往往由业主委托专门的咨询公司编制，业主方应该进行审核，分析其是否合理、准确。如果不合理或者不符合投资计划，就要进行调整。

（2）编制和审核标底。为招标采购的需要，业主应自行编制或委托咨询公司编制标底，并对标底进行审核，判断其是否存在遗漏或者计算错误。

（3）将标底与初步设计概算或者施工图预算进行比较，分析是否存在偏差以及存在偏差的原因，并采取相应的控制措施。

（4）审核招标文件和合同文件中有关投资的条款，从有利于投资控制的角度选择确定招标文件和合同文件的有关条款。

（5）对各投标文件中的主要施工技术方案作必要的技术经济比较论证，寻求最经济的技术方案。在招标文件中也可以加入鼓励投标人进行价值工程的条款，通过优化设计和施工方案，加快进度，降低造价。

（6）审核、分析各投标单位的投标报价，并进行对比分析，寻求最低评标价格。

（7）对投资控制工作进行分析总结，提出投资控制报告。

（8）在评标及合同谈判过程中继续寻求节约投资的可能性。

2. 工程发包与物资采购的进度控制

工程发包与物资采购进度控制的主要任务有以下内容：编制工程发包与物资采购工作的详细进度计划，并控制其执行；编制施工总进度规划，并在招标文件中明确工期总目标；审核招标文件和合同文件中有关进度的条款；审核、分析各投标单位的进度计划，审核其是否符合施工总进度规划和工期总目标的要求，审核其施工进度计划是否合理；定期提交进度控制报告；参加评标及合同谈判。

3. 工程发包与物资采购的质量控制

工程发包与物资采购质量控制的主要任务有以下几个方面：

（1）审核初步设计和施工图设计，保证设计质量。

（2）审核招标文件和合同文件中有关质量控制的条款。

（3）审核、分析各投标单位的质量计划。

（4）定期提交质量控制报告。

（5）参加评标及合同谈判。

4. 工程发包与物资采购的合同管理

工程发包与物资采购合同管理的主要任务有以下几个方面：

（1）合理划分子项目，明确各子项目的范围。

（2）确定项目的合同结构。

（3）策划各子项目的发包方式和各种物资的采购模式。

（4）起草、修改或审核施工承包合同以及甲供材料、设备的采购合同。

（5）参与合同谈判工作。

5. 工程发包与物资采购的信息管理

工程发包与物资采购信息管理的主要任务有以下几个方面：

（1）起草、修改各类招标文件。

（2）建立项目的结构和各子项目的编码，为计算机辅助的进度控制、投资控制奠定基础。

（3）招投标过程中各种信息的收集、分类与存档。

6. 工程发包与物资采购的组织与协调

工程发包与物资采购组织与协调的主要任务有以下内容：组织对投标单位的资

格预审；组织发放招标文件，组织投标答疑；组织对投标文件的预审和评标；组织、协调参与招投标工作的各单位之间的关系；组织各种评标会议；向政府主管部门办理各项审批事项；组织合同谈判。

第二节　工程项目采购规划

一、工程项目采购规划的目的和作用

工程项目管理的核心任务是进行项目的目标控制，而目标控制的前提和基础工作是工程项目管理规划，工程项目管理规划中确定了在什么时间、由谁、采取何种方法去完成哪些工作任务。

工程项目采购规划是工程项目管理总体规划的一个重要的组成部分，用于指导工程项目采购内容的分解，采购工作什么时候做、如何做、由谁做、具体做哪些工作等。

采购规划既是指导工程项目采购各项工作的基础，也是用于控制和检查、监督管理的基础。任何一项工作，如果没有计划的指引，也就无法对实际工作进行检查对比，更谈不上进行动态跟踪和控制，其目标是很难实现的。因此，要非常重视工程项目采购规划的意义和作用，加强工程项目采购规划的编制工作。

二、工程项目采购规划的内容

工程项目采购规划至少应该包括以下几个方面的内容（见表 11–1）。

表 11–1　工程项目采购规划的内容

项目	内容
发包模式的选择	如采用平行发包、施工总承包、项目总承包等工程承包模式的可能性和利弊的分析。关于发包采购的模式，有多种可能的选择，可以根据项目的特点和要求等具体情况进行选择
将项目进行适当、合理的分解，确定各项采购的范围和内容	要按照最有利于项目目标控制的原则对项目进行分解，并对已分解的各个部分进行费用估算，以便发包采购
落实项目采购的组织机构	建立采购工作班子或者委托招标代理机构进行采购，确定采购工作流程等

续表

项目	内容
落实采购工作的时间安排，制订采购工作进度计划	要根据项目实施的总进度目标安排各项采购工作的进度计划
选择适当的采购方式	如选择国际竞争性招标或国内竞争性招标、公开招标或邀请招标等

三、工程项目采购规划的制定

工程项目采购规划应该包括在工程项目管理总体规划中，在工程项目实施的开始阶段就应编制，并随着工程项目的进展不断调整。

1．制定工程项目采购规划的工作步骤

工程项目采购规划，可按照如下的工作步骤制定：

（1）进行工程项目分解分析，并列出所有需要采购的内容。

（2）对采购内容进行分类，可以按照工程、货物、服务来划分。

（3）对采购内容进行分解或打包合并，确定合同包。

（4）明确采购的组织架构和采购的工作流程。

（5）选择确定采购的方法，如采用国际竞争性招标、国内竞争性招标、询价采购等方法。

（6）制订采购工作的进度计划。

2．项目分解与合同包的确定

在进行项目分解与合同打包时，要考虑以下几个因素：

（1）将类似的产品或服务放在一起考虑，实行批量采购往往容易获得更加优惠的报价。

（2）工程进度计划和采购计划的安排。计划先实施的工程或先安装的设备要先采购，采购工作量要适当均衡，不能过于集中；同时，也要考虑设备制造周期，例如可考虑基础设施设备和非标设备优先采购原则。

（3）地理因素。有些土木工程（如公路、铁路等）要考虑将地理位置比较集中的工程放在一起采购，避免过于分散。

（4）合同额度要适中。如果太大，会限制投标人的条件，导致合格的投标人数量太少；而如果太小，则许多承包商缺乏投标的兴趣，也会导致竞争不足。

3．建立项目采购的组织

采购的组织是实现采购目标和完成采购任务的重要保障，也是保持招标采购过程公开、透明的必要条件。采购组织的规划包括组织结构设计和任务分工、流程设计等。

第三节　工程项目采购资格审查与招标文件

一、工程项目采购资格审查

1. 资格审查的目的和作用

招标人可以根据招标项目本身的特点和要求，在招标公告或者招标邀请书中要求投标申请人提供有关资质、业绩和能力等的证明，并对投标申请人进行审查。资格审查分为资格预审和资格后审。

资格预审是指招标开始之前或者开始初期，由招标人对申请参加投标的潜在投标人进行资质条件、业绩、信誉、技术、资金等多方面情况的资格审查；经认定合格的潜在投标人，才可以参加投标。通过资格预审，可以使招标人了解潜在投标人的资信情况；有效地控制投标人的数量，减少多余的投标，从而降低招标和投标的无效成本；还可以了解潜在投标人对项目投标的兴趣。如果潜在投标人的兴趣大大低于招标人的预料，招标人可以修改招标条款，以吸引更多的投标人参加竞争。

资格后审一般是在开标后对投标人进行的资格审查。世界银行贷款项目的招标采购中，资格后审通常只针对拟选定的中标人，对其他投标人则不进行资格后审。

2. 资格审查的内容和程序

（1）资格审查的内容

资格预审应主要审查潜在投标人或者投标人是否符合下列条件：具有独立订立合同的权力；具有履行合同的能力，包括专业、技术资格和能力，资金、设备和其他物质设施状况，管理能力，经验、信誉和相应的从业人员；没有处于被责令停业、投标资格被取消、财产被接管或冻结、破产等状态；在最近几年内没有骗取中标和严重违约及重大工程质量问题；法律、行政法规规定的其他资格条件。

资格预审时，招标人不得以不合理的条件限制、排斥潜在投标人或者投标人，不得对潜在投标人或者投标人实行歧视待遇。任何单位和个人不得以行政手段或者其他不合理方式限制投标人的数量。

对于设备和信息系统采购的资格审查，招标人不仅要对投标人（供应商）的技术资格能力提出详细的量化要求，而且还要对系统集成方、主要设备制造方、安装方（特种设备）、主要配套产品生产厂商等的资格能力规定详尽的评价指标，特别是要从项目全寿命周期的角度，从用户的使用和维修角度，对供应商的技术培训、售后服务、备用备件供应、技术扩展等能力进行考察和确认，从源头上保证入围供应商的基本技术素质。

（2）资格审查的程序和标准

资格预审程序：发布资格预审通告；发售资格预审文件；分析资格预审资料并发出资格预审合格通知书。

对选中的投标人进行资格后审的评审标准有：类似项目的经验及过去项目的执行情况；当前的实际生产能力和技术能力；流动资金来源；如果是货物采购，还需要考察其零配件及售后服务情况，是否满足法律要求。与资格预审相比，资格后审更强调对发出中标通知书时的当前情况进行审查。

如果选中的投标人不满足资格后审的要求，不能对其授予合同，要立即审查评标价次低的投标人资格，直至满足条件，授予合同为止。

二、工程项目采购招标文件

根据工程项目招标方式的不同，招标文件的内容和编制要点也不尽相同，以下介绍设计、施工、物资采购、工程监理等招标文件的主要内容和编制要点。

1．工程设计招标文件

（1）设计招标文件的主要内容

国内选择设计单位往往采用招标的办法，其设计招标文件的内容与施工招标文件的内容有所不同。设计招标文件仅提出设计依据、工程项目应达到的技术指标、项目限定的工作范围、项目所在地的基本资料、要求完成的时间等内容，而无具体的工作量。

设计招标文件的内容主要有：

1）工程名称、地址、占地面积、建筑面积等。

2）投标须知。包括所有对投标要求的有关事项。

3）设计依据文件。包括已批准的项目建议书、可行性研究报告和其他设计要求等。

4）项目设计任务说明。包括工作内容、涉及范围和深度、总投资限额、建设周期和设计进度要求等。

5）合同的主要条件。

6）设计依据的有关资料。包括工程经济技术要求，城市规划管理部门确定的规划控制条件和用地红线图，可供参考的工程地质、水文地质、工程测量等建设场地勘察成果报告，供水、供电、供气、供热、环保、市政道路等方面的基础资料。

7）投标文件编制要求及评标原则等。

（2）设计招标文件的编制要点

在设计招标文件中，明确设计任务及要求是非常重要和关键的内容，大致可包括以下几个内容：设计文件的编制依据；国家有关行政主管部门对规划方面的要求；有关功能的要求；技术经济指标要求；平面布局要求；建筑设计方面的要求；结构设计方面的要求；设备设计方面的要求；特殊工程方面的要求；其他有关方面的要求，如环保、消防等。

城市规划方面，需要考虑：根据邻近已有的建筑物、道路等确定如何安排该项目，总图方面该项目在建筑基地上的布置，该项目的入口、朝向及与环境的关系，该建筑物在周围环境中的意义，外围场地的质量要求，该项目各个组成部分的造型，今后最大的扩建可能与造型的关系等。

建筑的外部造型与朝向方面，需要考虑：

①造型：建筑造型与项目的含义如何协调，建筑外部造型与内部如何协调（内部功能及内部空间的组成）；

②体形大小：建筑体形大小如何与邻近建筑协调，整幢建筑与其组成部分的体形大小；

③朝向：考虑市政设施、邻近建筑、地形位置和建筑物各个组成部分等；

④影响：从远处考虑建筑造型的要求，从近处考虑建筑主体的各个组成部分的造型要求等；

⑤其他具体要求：与邻近建筑物的关系，外墙面的形式和划分，正面和背面的关系，材料选择，色彩等。

建筑的内部设计，需要考虑因素见表 11–2。

表 11–2　建筑内部设计需考虑因素

考虑因素	主要内容
内部空间	根据各使用面积的使用要求提出空间的设计要求
尺寸关系	各内部空间之间的大小尺寸关系及房间与交通面积的尺寸关系
交通面积	走道与楼梯间的空间质量，大概造型，与内部空间和外部空间的关系，从形式和光线辅助辨别方向和行走路线
其他具体要求	空间的使用和造型的关系，建筑设备和造型的关系，对特殊空间的材料选择，色彩等

（3）设计招标文件的编制要求

招标文件中包括设计任务要求和说明，它是设计的重要依据，要全面反映招标人对项目功能的要求和投资意图，其表达应该注意：清晰严谨，不要被误解；全面完整，任务要求不要有遗漏；要求灵活，应为投标人发挥设计的创造性留有充分的余地。

2．工程施工招标文件

（1）施工招标文件的主要内容

工程项目施工招标文件一般包括下列内容：

1）投标邀请书。

2）投标人须知。

3）合同主要条款、合同协议书格式以及银行履约保函格式、履约担保书格式、预付款担保格式等。

4）采用工程量清单招标的，应当提供工程量清单。

5）技术规范和要求。包括工程建设地点的现场自然条件和施工条件，采用的技术规范和标准等。

6）设计图纸。

7）评标标准和方法。

8）投标文件格式。包括投标书及投标书附录、工程量清单与报价表、辅助资料表、资格审查表等。

（2）施工招标文件的编制要点

1）工程施工合同条件

工程施工的合同条件不同于货物采购的合同条件和咨询服务的合同条件。世界银行贷款项目中，土建工程招标的合同条件一般都采用 FIDIC 土木工程施工合同条件。在国内，原建设部和原国家工商行政管理局根据工程建设的有关法律、法规，结合我国工程项目施工合同的实际情况和有关经验，并借鉴国际上通用的土木工程施工合同的成熟经验和有效做法，于 1999 年 12 月 24 日颁发了修改的《建设工程施工合同示范文本》GF-1999-0201。该文本适用于各类公用建筑、民用住宅、工业厂房、交通设施及线路、管道的施工和设备安装等工程。

由于各种工程项目之间的差异性很大，特别是不同行业之间的工程项目，如水利水电、公路、电力、石油化工、冶炼等，针对某些特殊性要求应有符合项目需要的专门的施工合同文本，因此，有关行业管理部门颁布了专门的合同文本。例如，交通部颁布了《公路工程国内招标文件范本》，其中包含合同文本；水利部、原国家电力公司和国家工商行政管理总局于2000年颁布了修订的《水利水电土建工程施工合同条件》GF-2000-0208等。

因此，我国的工程施工合同示范文本有多种，目前有代表性的是2007年由国家九部委联合发布的《标准施工招标文件》中的合同条款和《建设工程施工专业分包合同（示范文本）》GF-2003-0213。

各种工程施工合同示范文本一般都由三部分组成：协议书；通用条款；专用条款。

各种工程施工合同示范文本的内容一般包括：词语定义与解释；合同双方的一般权利和义务，包括代表业主利益进行监督管理的工程监理人员的权力和职责；工程施工的进度控制；工程施工的质量控制；工程施工的费用控制；施工合同的监督与管理；工程施工的信息管理；工程施工的组织与协调；施工安全管理与风险管理等。

2）投标人须知

投标人须知一般应包括的内容有：招标范围、投标人的资格要求、投标费用、现场考察、招标文件的内容、澄清和修改、投标文件、投标价格和货币、投标有效期、投标保证金、投标书的形式和签署要求、投标书的密封与标志、投标截止日期、开标与评标、投标书的澄清、投标书的检查与响应性的确定、错误修正、投标书的评价与比较、授标、中标通知书、合同协议书的签署、履约保证金等。

关于投标价格，一般对于结构不太复杂或工期在12个月以内的工程，可以采用固定总价合同，再考虑一定的风险系数。而结构比较复杂，工期超过12个月的项目，应采用可调整价格的总价合同。价格的调整方法以及调整范围应在招标文件中确定。

在招标文件中应该明确投标保证金的数额，一般保证金的数额不超过投标总价的2%，投标保证金的有效期应该超过投标有效期。

在招标文件中应该明确，要求中标单位应按规定提交履约担保，履约担保可以采用银行保函或履约担保书的形式。

投标有效期即从投标截止日期到公布中标日为止的一段时间。投标有效期的确定应依据工程大小和繁简等具体情况而定，即要保证招标单位有足够的时间对全部投标进行比较和评价。结构不太复杂的中小型工程，投标有效期可以定为28天或以内；结构复杂的大型工程，投标有效期可以定为56天或以内。按照国际惯例，一般为90～120天，通常不应超过182天。在此期间，全部投标文件应保持有效，投标人不得修改或撤销其投标。世界银行规定，如果业主要求延长投标有效期，应在有效期终止前征求所有投标人意见，投标人有权同意或者拒绝延长投标有效期，业主不能因此而没收其投标保证金。同意延长投标有效期的投标人不得要求在延长期内修改其投标文件，而且投标人必须同时延长其投标保证的有效期，对投标保证的各种有关规定在延长期内同样有效。

材料或者设备采购、运输、保管的责任应在招标文件中明确，特别是甲方供应材料和设备，应该列明材料和设备的名称、品种或型号、数量以及提供的日期和交货地点等，还应该明确甲供材料和设备的计价和结算退款方法。

3）工程量清单

有的工程项目采用工程量清单报价方法，即发包方依据工程设计图纸、工程量计算规则、一定的计量单位和技术标准等，计算得到构成工程实体各分部分项的实物工程量汇总清单，投标人只需要根据发包人提供的工程量清单对各项单价进行投标报价。这种方法有利于缩短投标时间，降低承包人计算工程量的风险，在 FIDIC 土木工程施工合同条件和有关工程施工中得到广泛采用。

原建设部和国家质量监督检验检疫总局根据《中华人民共和国招标投标法》和《建筑工程施工发包与承包计价管理办法》（建设部令第 107 号）及其他有关法律、法规，联合发布了国家标准《建设工程工程量清单计价规范》GB 50500—2013，推行工程量清单招标方式。招标单位应按照上述规范，根据图纸计算工程量，提供给投标单位作为报价的基础。

投标人在投标时，依据工程量清单、拟订的施工组织设计、反映本企业技术水平和管理水平的企业定额、市场价格信息等，计算和确定综合单价，填报分部分项工程量清单计价表中所列项目的综合单价与合价。

3. 工程物资采购招标文件

工程建设过程中的物资包括建筑材料和设备等。材料和设备的供应一般需要经过订货、生产（加工）、运输、储存、使用（安装）等各个环节，经历一个非常复杂的过程。

（1）物资采购招标文件的主要内容

物资采购招标文件应清楚地说明拟购买的货物及其技术规格、交货地点、交货时间表、维修保修要求、技术服务和培训的要求及付款、运输、保险、仲裁条款以及可能的验收方法与标准，还应明确规定在评标时要考虑的除价格以外的其他能够量化的因素，以及评价这些因素的方法。

物资采购招标文件的主要内容有以下几个方面：

1）招标书。包括招标单位的名称，工程项目名称及简介，招标标的物的主要参数及数量，要求交货期，投标截止日期和地点，开标日期和地点等。

2）投标须知。包括对招标文件的说明及对投标者和投标文件的基本要求，评标、定标的基本原则和标准等。

3）招标标的物的清单和技术要求、技术规范和图纸。

4）合同格式及主要合同条款。包括价格及付款方式、交货条件、质量验收标准以及违约处理等内容。

5）投标书格式、投标物资的数量以及价目表格式、投标保函格式等各种格式文本。

6）其他需要说明的问题和事项。

（2）物资采购招标文件的编制要点

1）标的

招标文件应对拟采购的货物进行清晰的定义，包括购销物资的名称（注明牌号、商标）、品种、型号、规格、等级、花色、技术标准或质量要求等。

2）技术规格和规范

招标文件应明确货物或设备的技术要求和参数。技术要求和参数应采用国家标准和规范，或者采用国际通用标准和规范，一般不能采用某一制造厂家的技术规格作为招标文件的技术要求。如果有兼容性要求的，技术规范应清楚地说明与已有的设施或设备兼容的要求。

3）投标报价

投标报价应包括单价、总价及运费、保险费、仓储费、装卸费、各种税、手续费等。设备、材料国际采购合同中常用的价格条件有离岸价格（FOB）、到岸价格（CIF）、成本加运费价格（CFR）等，这些都应在报价方法和要求中说明，否则，各家投标人的报价就没有可比性。

4）货物采购合同的主要内容

货物采购合同的主要内容，见表 11–3。

表 11–3　货物采购合同的主要内容

项目	主要内容
标的	对设备的技术标准，应注明设备系统的主要技术性能，以及各部分设备的主要技术标准和技术性能。关于设备供应方的现场服务，供方应派技术人员到现场服务，并明确服务内容，对现场技术人员在现场的工作条件、生活待遇及费用等作出明确规定

续表

项目	主要内容
数量	数量的计量方法要按照国家或主管部门的规定执行，或者按照供需双方商定的方法执行。对于某些建筑材料，还应在合同中写明交货数量的正负尾数差、合理磅差和运输途中的自然损耗的规定及计算方法。对设备的数量，应明确设备名称、套数、随主机的辅机、附件、易损耗备用品、配件和安装修理工具等，应于合同中列出详细清单
包装	包括包装的标准、包装物的供应和回收。包装标准是指产品包装的类型、规格、容量以及印刷标记等
交付及运输方式	交付方式可以是需方到约定地点提货或供方负责将货物送达指定地点两大类
交货期限	应明确具体的交货时间。如果分批交货，要注明各个批次的交货时间
价格	对设备的价格，应该明确合同价格所包括的设备名称、套数，以及是否包括附件、配件、工具和损耗品的费用，是否包括调试、保修服务的费用等
验收和保修	成套设备安装后一般应进行试车调试，合同中应明确成套设备的验收办法以及是否保修、保修期限、费用负担等

4．工程监理服务招标文件

（1）招标文件的主要内容

工程监理服务的招标文件主要包括以下几个方面的内容。

1）投标人须知。包括答疑、投标和开标的时间、地点的规定，投标有效期，投标书编写及封装要求，招标文件、投标文件澄清与修改的时限以及无效投标的规定等。

2）工程项目简介。包括项目名称，地点和规模，工程等级，总投资，现场条件，计划开工和竣工时间等。

3）委托工程监理任务的范围和工作任务大纲。

4）合同条件。

5）评标原则、标准和评标方法。

6）招标人可以向工程监理人提供的条件。包括办公、住宿、生活、交通、通信条件等。

7）工程监理投标报价方式及费用构成。

8）项目有关资料。

9）投标书格式和有关表格。

（2）招标文件的编制要点

招标文件的编制要点，见表 11–4。

表 11–4　招标文件的编制要点

编制要点	主要内容
委托工程监理任务大纲	工程监理任务大纲是工程监理投标单位制定工程监理规划、确定工程监理报价的依据，其主要内容有：工程监理工作纲要和目标，对总监理工程师及工程监理人员的要求，工程监理工作计划，投资、进度、质量控制的方法，合同管理和信息管理的方法，工程监理工作报告等
工程监理任务	工程监理的内容，即工程监理过程中的具体工作，如协助业主进行设计管理、施工招标、确认分包商、审批设计变更、控制和协调工程进度、工程合同款支付签证、主持质量事故鉴定与处理等。业主的授权，包括审批设计变更、停工令和复工令、采购及支付等的权力
确定评标原则、标准和方法	工程监理招标的标的是“工程监理服务”，与工程施工和货物采购招标有所不同。因此，选择中标人的原则应该是以能力、质量为主而不是以费用为主，应该在能力、质量和费用之间寻求平衡。评标方法可以采用评议法、综合评估法和最低评标价法等
工程监理合同条件	一般采用国家颁布的标准合同文本。特殊项目或国际招标的项目可以采用国际咨询工程师联合会（FIDIC）颁布的雇主与咨询工程师项目管理协议书国际范本

第四节　工程项目采购评标

评标的目的是在满足工程质量要求的前提下，保证采购工程、货物和服务所需要的费用最少，即采购的工程、货物和服务具有最佳经济性。

为达到上述目的，评标时，投标价格只是考虑的因素之一，其他因素还包括：交货工程完工的时间；关于费用支付的条件；技术的优势、能力、生产率；运行费用；维护费用；效率等。

评标时，需要综合考虑以上各个因素，对投标书作出综合评价。

货物和工程采购的评标程序，都由以下步骤组成：

（1）对投标书进行初步检查，确定响应性投标并校正计算错误。

（2）将投标书中的不同投标货币转换为常用的同一种货币并进行比较。

（3）对投标书偏离和遗漏情况进行分析和量化。

（4）按照评标标准进行评标。

（5）准备评标报告。

一、投标书检查

1. 投标书检查的主要内容

开标后和正式评标前，业主首先要确定每份投标文件是否完全符合招标文件的要求，因此需要对投标书进行检查，这个过程又称为初步评审。对投标书检查的主要内容包括：

（1）标书是否完整，是否有签名。

（2）是否包含了投标保证金和其他要求的文件。

（3）是否有计算错误。

要根据招标文件的有关条款，检查投标书在以下几个方面是否存在实质性偏差：

（1）技术。

（2）财务。

（3）管理。

（4）法律。

检查的目的是确定投标文件是否实质性响应了招标文件的要求，后期的详细评标只针对那些实质性响应的投标书。

2. 不可接受的偏差

投标文件存在不可接受的偏差，将作为废标处理。按照世界银行采购政策要求，如果投标文件出现以下情况，可视为不可接受的偏差：迟到提交的投标文件；不合格的投标人；未签字的投标文件；没有或不可接受的投标保证金；投标人 / 联营体未通过资格预审；要求报固定价格，而投标人要求价格调整；不可接受的替代设计；不符合时间进度要求；不可接受的分包；要求变更仲裁的条件、规则、地点等。

3. 修正计算错误

修正计算错误是通常的商业惯例，一般在检查过程中和正式评标前完成。世界银行的采购政策要求，修正计算错误一般按照以下原则：

（1）当大小写数字不一致时，以大写为准。

（2）当小数点的位置明显有错误时，应该更正。

（3）一般不修改单价和数量，只修改算术错误（加、减、乘、除），即修改小计和总数。

上述修改并不要求获得投标人的同意，也不需要其确认。如果修改合适，投标人会接受这些更正，如果投标人不接受，则有被没收投标保证金的风险。当然，在必要时可以要求投标人澄清。

二、工程采购评标的方法

衡量投标文件是否最大限度地满足招标文件中规定的各项评价标准，采取打分的方法、折算货币的方法或者其他方法，评出中标人。需要量化的因素及其权重应当在招标文件中明确规定。评标委员会对各个评审因素进行量化时，应当将量化指标建立在同一基础或者同一标准上，使各投标文件具有可比性。

工程施工招标的评标主要考察投标人的标价、施工方案、工程质量、工期、企业的信誉和业绩等方面。评标的方法一般包括评议法、经评审的最低评标价法、综合评估法或者法律、行政法规允许的其他评标方法。

1. 经评审的最低评标价法

首先，通过对各投标书的审查，评标委员会要淘汰那些技术方案不满足基本要求的投标书。然后，对基本合格的标书按预定的方法将某些评审要素按一定规则折算为评审价格，加到该标书的报价上形成评标价，以评标价最低的标书为最优。此时的最优并不一定是最低报价的投标书。

可以折算成价格的评审要素一般包括：

（1）投标书承诺的工期提前给项目可能带来的超前收益，可以以月为单位按预定计算规则折算为相应的货币值，从该投标人的报价内扣减此值。

（2）实施过程中必须发生而又属于招标文件中的明显漏项部分，给予相应的补偿，增加到报价上去。

（3）技术建议可能带来的实际经济效益，按预定的比例折算后，在投标价中减去该值。

（4）投标书内提出的优惠条件可能给招标人带来好处，以开标日为准，按照一定的方法折算后作为评审价格的考虑因素之一。

（5）对其他可以折算为价格的要素，按照对招标人有利或不利的原则，减少或增加到投标价上去。

经评审的最低评标价法一般适用于具有通用技术、性能标准或者投标人对其技术、性能没有特殊要求的招标项目。采用这一方法，评标委员会应当根据招标文件规定的评标价格调整方法，对所有投标人的投标报价作必要调整。

采用经评审的最低评标价法，必须对报价进行严格审查。世界银行贷款项目的招标采购一般不设标底，而国内有的工程项目招标编制标底。对投标价明显低于标底的，应该经过质疑、答辩的程序，或者要求投标人提出相关说明资料，以证明其具有实现低标价的有力措施。

2. 综合评估法

综合评估法，是将最大限度地满足招标文件中规定的各项综合评价标准的投标人推荐为中标候选人的方法。采用这种方法，需要在招标文件内规定各评审指标和评标标准，开标后按评标程序，根据评分标准，由评委对各投标单位的标书进行评分，最后以总分最高的投标单位为中标单位。具体步骤是：

（1）首先，预先确定好评审内容，将要评审的内容划分为若干大类，并根据项目的特点和对承包商要求的重要程度分配分值比重；然后，再将各类要素细化成评定小项并确定评分标准。

（2）对投标书评定记分。为了避免打分的随意性，应规定出测量等级，并按统一折算办法来打分。

（3）以累计得分评定投标书的优劣，各项评定内容的得分之和，综合反映了该投标单位的整体素质。

3. 评议法

评议法不量化评价指标，通过对投标单位的能力、业绩、财务状况、信誉、投标价格、工期、质量、施工方案（或施工组织设计）等内容进行定性分析和比较，进行评议后选择各项指标都比较优良的投标单位为中标单位，也可以用表决的方式确定中标单位。这是一种定性的评价方法，由于没有对各投标书进行量化比较，评标的科学性较差。其优点是简便易行，在较短时间内即可完成，一般适用于小型工程或规模较小的项目招标。

三、货物采购评标的方法

工程建设物资的采购应以最合理价格为原则，即评标时不仅要考察其报价的高低，还要考虑货物运抵现场过程中可能支付的所有费用，如果是设备招标则还要评审设备在预定的寿命期内可能投入的运营、维修和管理的费用等。

在采购大宗建筑材料或定型批量生产的设备时，由于标的物的规格、性能、主要技术参数均为通用指标，因此评标一般仅限于对投标人的商业信誉、报价和交货期限等方面的比较。而订购非批量生产的大型复杂机组设备、特殊用途的大型非标准部件，招标评选时要对投标人的商业信誉、加工制造能力、报价、交货期限和方式、安装（或者安装指导）、调试、保修及操作人员培训等各方面条件进行全面比较。

工程建设物资采购的评标方法一般包括综合评估法、经评审的最低评标价法、全寿命评标价法或者法律、行政法规允许的其他评标方法。

1. 经评审的最低评标价法

经评审的最低评标价法是以设备投标价为基础，将评定的各要素按预定的方法转换成相应的价格，在原投标价上增加或扣减该值而形成评标价格。评标价格最低的投标书为最优。在采购机组、车辆等大型设备时，较多采用这种方法。在评标时，除投标价格以外，还需要考察的因素和折算方法见表 11–5。

表 11–5 评标时还需要考察的因素

因素	内容
运输费用	这部分可能是需要招标单位额外支付的费用，包括运费、保险费和其他费用，如运输超大件设备需要对道路加宽、桥梁加固等所需要的支出等。换算为评标价格时，可以按照运输部门（铁路、公路、水运）、保险公司及其他有关部门公布的取费标准，计算货物运抵最终目的地将要发生的费用
付款条件	投标人应该按照招标文件规定的付款条件来报价，对不服从付款条件的投标，可视为非响应性投标而予以拒绝。但在定购大型设备的招标中，如果投标人在投标书中提出，若采用不同的付款条件（如增加预付款或前期阶段支付款）就可以降低报价，以此作为选择方案供业主参考，则这一付款要求也可以给予考虑。当支付要求的偏离条件在可接受的条件下，应将因偏离要求而给业主增加的费用（如资金利息等），按招标文件中规定的贴现率换算成评标时的净现值，加到投标书提出的报价中
交货期	以招标文件规定的具体交货时间作为标准，当投标书中提出的交货期早于或者晚于规定时间时，要考察这种提前或延误是否给招标单位带来收益或者损失。提前交货，有时会对招标人有好处，比如带来一定的收益，但是，有时也会带来麻烦，比如要增加现场的仓储管理费和设备保养费。如果迟于规定时间交货，但推迟的时间是在可以接受的范围内；则交货日期每延迟一定时间，就按照投标价的某一百分比计算折减价，将其加到投标价上
设备性能、生产能力	设备应具有招标文件技术规范中所规定的生产效率。如果所提供设备的性能、生产能力等某些技术指标没有达到技术规范要求的基准参数，则每种参数比基准参数低百分之几，应以投标设备实际生产效率单位成本为基础计算，在投标价格上增加若干金额
零配件和售后服务	零配件以设备运行若干年内各种易损备件的获取途径和价格作为评审要素。售后服务内容一般包括安装监督、设备调试、提供被检、负责维修、人员培训等工作，评价这些服务的可能性和价格。如果招标文件规定报价应该包括这两部分费用，则评标时就不必考虑；如果要求投标人单独报价，则应将其加到投标价上

对于技术规格简单的初级商品、原材料、半成品以及其他技术规格简单的货物，由于其性能质量相同或便于比较其质量级别，可把价格作为唯一尺度，将合同授予报价最低的投标者。

2．全寿命评标价法

生产线、成套设备、车辆等运行期间的各种后续费用（备件、油料及燃料、维修等）较高的货物，可以采用设备全寿命期的费用为基础进行评估。评标时，应首先确定一个统一的设备评审寿命期，然后再根据各投标书的实际情况，在投标价上加上该年限运行期内所发生的各项费用，再减去寿命期末的残值。计算各项费用和残值时，都应按照招标文件中所规定的贴现率折算成净现值。

这种方法是在经评审的最低评标价的基础上进一步增加运行期期间的费用作为评审价格。这些应以贴现值计算的费用包括：

（1）燃料、零件费用。

（2）维护费用。

（3）使用期内的所有权费用。

（4）转售价值 / 残值。

3．综合评估法

按照预先确定的评分标准，分别对各投标书的报价和各种服务进行评审计分。

（1）评审计分的评审要素

主要内容应该包括：投标价格，运输费、保险费和其他费用的合理性，投标书中的交货期限，偏离招标文件规定的付款条件影响，备件价格和售后服务，设备的性能、质量、生产能力，技术服务和培训等。

（2）评审要素的分值分配

评审要素确定后，应根据采购对象的性质、特点及各要素对总投资的影响程度划分权重和计分标准。

（3）采用综合评估法的有关要求

仅当评审因素无法通过货币方法量化时才采用综合评估法。其优点是比较简单、直观，缺点是对分数的分配带有主观性，因此，一般不鼓励采用，只有在例外的情况下才使用这种方法。

采用综合评估法评标时，要对不同的技术特征分别打分，并且要对不同的技术特征给予不同的权重。例如，在设备采购中，典型的分数安排如表 11–6 所示。

表 11–6　典型权重分数

内容	分数	内容	分数
设备价格	65 ~ 70	售后服务	5
备用零件	10	标准化	5
技术特性	10	总分	100

在招标文件中应该明确打分权重，并且要明确选择的方法：最高得分的标书中标，或单位分数价格最低的标书中标。

综合评估法的好处是简便易行，评标时考虑要素较为全面，可以将难以用金额表示的某些要素量化后加以比较。缺点是各个评标委员独立打分，对评标人的水平和知识要求比较高，主观随意性大。有时，由于各投标人提供的设备型号有差异，难以合理确定不同技术性能的相关分值。

4. 国内优惠

世界银行贷款项目的货物采购，也允许给予国内企业一定的优惠。按照世界银行采购政策的要求，货物采购的国内优惠：

（1）只针对本地制造的货物，且该货物的人力、原材料以及部件至少为出厂价的 30%。

（2）在递交标书前，该生产设施已用于生产该类货物。

（3）按照 CIF 价的 15% 计算（加到国外投标人的报价上）。

（4）仅在采用国际竞争性招标（ICB）时适用，在采用国内竞争性招标（NCB）或其他招标方法时不适用。

5. 对货物采购评标的其他方法——考虑生产率费用方法

确定在生命周期内每单位产出的费用，进行比较。计算方法：用生命周期内的费用净现值除以总的产出。

四、咨询服务采购的评标

1. 咨询服务采购的特点

与工程、货物招标采购相比，咨询服务单位的选择具有以下特点。

（1）通常涉及无形商品的提供，其质量和内容难以像货物和工程那样定量描述，有时难以精确描述其技术规格。

（2）重视投标人的能力和质量（这主要由咨询公司的技术和专门知识决定），而不是价格。而且，越是智力投入高、对专业技术水平有特别要求的招标项目，价格因素在评审中占的比例就越低。

（3）有的咨询服务项目（如设计、专题咨询）涉及某些特定技术或艺术，往往与知识产权的保护息息相关，能够满足要求的咨询公司的范围受到一定的限制。因此，只能在一定范围内通过征求建议书，以竞争性谈判方式进行采购。

根据以上特点，结合有关国际惯例和国内法规以及实践，咨询服务采购的方法除了公开招标、邀请招标以外，还有征求建议书、两阶段招标、竞争性谈判、设计竞赛以及聘用专家等形式。

2. 评标方法

对咨询服务单位的评选可以采用如下几种方式：

（1）基于质量和费用的选择方法

在咨询单位名单中使用竞争程序，根据其建议书的质量和服务的价格来选择中标单位，对于质量和价格的权衡应取决于具体咨询服务的性质和内容。

（2）基于质量的评标方法

基于质量的评标方法适用于如下类型的任务：

1）复杂的或专业性很强的任务，很难确定精确的任务要求和所需要的投入，招标人希望投标人在建议书中提出创新（国家经济或行业研究、跨行业可行性研究、设计一个处理有危险废弃物的工厂、制定城市总体规划或金融部门改革方案等）。

2）对后续工作具有很大影响、希望请最好的专家来完成的任务。

3）可用不同方法完成的任务，以至于不同的服务建议书之间不具有可比性。

在基于质量的评标方法中，招标文件可要求先提交技术建议书，不提交财务建议书，或者要求同时提交技术建议书和财务建议书，但分装在不同的信封内（双信封制）。

如果只提交技术建议书，在完成技术建议书的评审后，招标人应要求获得最高技术评分的咨询单位提供一份详细的财务建议书。然后，招标人应与咨询服务投标人就财务建议书进行谈判。

如果要求同时提交技术建议书和财务建议书，则应像基于质量和费用的评标方法一样进行评估，设定保护措施，以保证只拆封选中公司的财务建议书，其余的应在谈判顺利结束后原封退还。

（3）最低费用的选择方法

这一方法适用于具有标准或常规性质的任务（如审计、非复杂工程的设计等），这类任务一般有公认的惯例和标准，合同金额也不大。

（4）基于咨询单位资历的选择方法

这一方法适用于很小的任务，不宜为此准备和评审有竞争的建议书。

以上四种方法中，基于质量和费用的评标方法在咨询服务招标采购实践中最为常用。

3. 世界银行基于质量和费用（QCBS）的选择方法

（1）对技术建议书的质量评审

对技术建议书的质量评审内容，主要包括以下几个方面：

1）投标人在该工作任务方面的相关经验；

2）准备采用的工作方法的质量；

3）建议的关键人员的资历；

4）知识的转让；

5）在执行任务所需要关键人员中本国人员的参与程度，世界银行鼓励本国人员更多地参与项目的建设。

应该对每个内容在 0 ~ 100 分范围内进行打分，然后将分值加权计算得到总分数。

（2）评审内容的权重

对每项评审内容的权重建议，如表 11–7 所示。

表 11–7　评审内容权重

内容	分数	内容	分数
投标人的相关经验	5 ~ 10	知识转让	0 ~ 10
工作方法	20 ~ 50	本国人员的参与	0 ~ 10
关键人员	30 ~ 60	总分	100

（3）评审内容的再细化

应该对各项评审内容再进一步细化，并确定各个子项的评分标准。

（4）评估方法

建议只对关键人员加以评估。鉴于关键人员最终决定工作完成的质量，如果提出的任务较复杂，就应给予这一标准更多的权重。评标委员会应通过履历表审查建议的关键人员的资历和经验。

如果完成任务主要取决于关键人员的表现，如一大组特定人员中的主要负责人，则可以考虑进行面试，考察其对咨询项目的理解和认识、控制目标的设定和保障目标实现的措施等。根据与任务的相关程度，对人员按以下三个子标准评级：

1）一般资历。一般的教育和培训程度、工作经历及年限、现任职务、作为咨询公司职员的年限、在发展中国家的工作经验等。

2）承担任务的充足条件。与特定任务相关的教育程度、培训及针对该行业、领域、学科的经验等。

3）在该地区的经验。对当地语言、文化、管理体制、政府机构的了解程度等。

（5）技术标的合格条件

评标委员会应该以对任务大纲的响应性为基础对各建议书进行评审。如果某份建议书没有对任务大纲中的重要方面作出响应，或未能达到邀请函中规定的最低技术分，则应被认为是不合适的，并在这一阶段被拒绝，同时他们的财务建议书将原封不动地被退回。在这一阶段结束时，评标委员会应准备一份对建议书“质量”的评审报告，说明得出评审结果的依据和每份建议书相应的长处和不足。

（6）费用评审

对商务标的审查，如存在算术错误，首先应予以校正；其次要将投标货币换算成评标货币；然后，将报价折算成评标分。报价的“费用”应不含税，但包括其他可报销费用，如差旅费、翻译费、报告打印费或文秘费等。可给予报价最低的建议书财务 100 分，其他建议书的财务得分按其报价成反比递减。作为选择，也可以在对费用分配分值时使用正比或其他方法。所使用的方法应在招标文件中说明。

（7）质量和费用综合评审

将质量和费用得分加权后相加得到总分。应该根据任务的复杂性和质量的相对重要性选定“费用”的权重。费用评分的权重不应过大，一般应控制为占总分的 10% ~ 20% 之间，无论在任何情况下均不应超过 30%。

4．我国基于费用和质量的评价方法

以上主要是世界银行等国际组织对服务采购的一般评价方法，而我国的做法与其类似，说明如下。

（1）对技术标书的评审

一般来讲，对于设计招标，主要从设计方案、投入产出、经济效益以及设计进度等方面评审。对于工程监理招标，主要从质量控制、进度控制、投资控制、信息管理和合同管理等的人员、措施和方法等进行评审。

（2）对咨询单位的业绩和资质的评审

企业业绩，主要评审咨询单位有无类似咨询服务的经验，以往所作的咨询服务的项目情况、服务内容、获奖情况等。

企业资质，目前咨询服务方面的资质主要有工程咨询、勘察、设计、工程监理、招标代理、造价咨询等，资质等级一般分为甲、乙、丙等。

（3）费用评审

关于费用评审，我国一般有两种方式，一种是以国家物价管理部门和有关行业主管部门、行业管理协会等制定的咨询服务价格为基准来评价咨询服务费用，另一种是以各个咨询投标单位的报价为基准来评价咨询服务费用。

第十二章　工程施工阶段的项目管理

第一节　工程价款结算

工程结算是指对工程项目的承发包合同价款依据合同约定进行工程预付款、工程进度款、工程竣工价款结算的活动。承、发包各方从事工程价款结算活动，应当遵循合法、平等、诚信的原则，并符合国家有关法律、法规和政策。采用工程量清单计价，建设工程造价由分部分项工程费、措施项目费、其他项目费、规费和税金组成。分部分项工程量清单应采用综合单价计价。竣工结算的工程量按发、承包双方在合同中的约定计量，且按实际完成的工程量确定，措施项目清单计价应根据拟建工程的施工组织设计计算。

一、工程合同价款的约定与变更

1. 工程合同价款的约定

招标工程的合同价款应当在规定时间内，依据招标文件、中标人的投标文件，由发包人与承包人订立书面合同约定。实行招标的工程，合同约定不得违背招、投标文件中关于工期、造价、质量等方面的实质性内容。招标文件与中标人投标文件不一致的地方，以投标文件为准。发、承包人在签订合同时对于工程价款的约定，可选用总价、单价和成本加酬金等方式。

发包人、承包人应当在合同条款中对涉及工程价款结算的下列事项进行约定：①预付工程款的数额、支付时限及抵扣方式；②工程进度款的支付方式、数额及时限；③工程施工中发生变更时，工程价款的调整方法、索赔方式、时限要求及金额支付方式；④发生工程价款纠纷的解决方法；⑤约定承担风险的范围及幅度以及超出约定范围和幅度的调整办法；⑥工程竣工价款的结算与支付方式、数额及时限；⑦工程质量保证（保修）金的数额、预扣方式及时限；⑧安全措施和意外伤害保险费用；⑨工期及工期提前或延后的奖惩办法；⑩与履行合同、支付价款相关的担保事项。

其中，调整因素包括：法律、行政法规和国家有关政策变化影响合同价款；工程造价管理机构的价格调整；经批准的设计变更；发包人更改经审定批准的施工组织设计（修正错误除外）造成的费用增加；双方约定的其他因素。合同价款在合同中约定后，任何一方不得擅自改变。

2. 工程价款的变更

工程变更是指因设计文件或技术规范调整而引起的合同变更。它具有一定的强制性特点，且以监理工程师签发的工程变更为必要条件。工程价款变更一般是由设计变更、施工条件变更、进度计划变更、工程项目变更以及为完善使用功能提出的新增（减）项目等合同变更而引起的价款变化。在表现形式上有以下类型：

（1）国家的法律、法规、规章和政策发生变化影响工程造价的，应按省级或行业建设主管部门或其授权的工程造价管理机构发布的规定调整合同价款。

（2）若施工中出现施工图纸（含设计变更）与工程量清单项目特征描述不符的，发、承包双方应按新的项目特征确定相应工程量清单的综合单价。

（3）因分部分项工程量清单漏项或非承包人原因的工程变更，造成增加新的工程量清单项目，其对应的综合单价按下列方法确定：合同中已有适用的综合单价，按合同中已有的综合单价确定；合同中有类似的综合单价，参照类似的综合单价确定；合同中没有适用或类似的综合单价，由承包人提出综合单价，经发包人确认后执行。

（4）因分部分项工程量清单漏项或非承包人原因的工程变更，引起措施项目发生变化，造成施工组织设计或施工方案变更，原措施费中已有的措施项目，按原有措施费的组价方法调整；原措施费中没有的措施项目，由承包人根据措施项目变更情况，提出适当的措施费变更，经发包人确认后调整。

（5）因非承包人原因引起的工程量增减，该项工程量变化在合同约定幅度以内的，应执行原有的综合单价；该项工程量变化在合同约定幅度以外的，其综合单价及措施费应予以调整。

（6）因不可抗力事件导致的费用，发、承包双方应按以下原则分别承担并调整工程价款：①工程本身的损害、因工程损害导致第三方人员伤亡和财产损失以及运至施工现场用于施工的材料和待安装设备的损害，由发包人承担；②发包人、承包人人员伤亡，由其所在单位负责，并承担相应费用；③承包人施工机械设备的损坏及停工损失，由承包人承担；④停工期间，承包人应发包人要求留在施工现场的必要的管理人员及保卫人员的人工费用，由发包人承担；⑤工程所需清理、修复费用，由发包人承担。

施工过程中发生工程变更，承包人按照经发包人认可的变更设计文件，进行变更施工，同时应当在合同规定的调整情况发生后 14 天内，将调整原因、金额以书面形式通知发包人，发包人应在收到变更工程价款报告之日起 14 天内予以确认或提出协商意见，未确认也未提出协商意见时，视为变更工程价款报告已被确认。

如果工程设计变更确定后 14 天内，承包人未提出变更工程价款报告，则发包人可根据所掌握的资料决定是否调整合同价款和调整的具体金额，并书面通知承包人。

在 FIDIC 合同条件下，当出现下列情况时，宜对有关工作内容采用新的费率或价格。

第一种情况：此项工作实际测量的工程量比工程量表或其他报表中规定的工程量的变动大于 10%；工程量的变化与该项工作规定的费率的乘积超过了中标合同金额的 0.01%；由此工程量的变化直接造成该项工作单位成本的变动超过 1%；这项工作不是合同中规定的固定费率项目。

第二种情况：此工作是根据变更与调整的指示进行的；合同没有规定此项工作的费率或价格；由于该项工作与合同中的任何工作没有类似的性质或不在类似的条件下进行，故没有一个规定的费率或价格适用。

发包人和承包人要加强施工现场的造价控制，及时对工程合同外的事项如实记录并履行书面手续。凡由承、发包双方授权的现场代表签字的现场签证以及承、发包双方协商确定的索赔等费用，应在工程竣工结算中如实办理，不得因承、发包双方现场代表的中途变更改变其有效性。

二、工程价款结算方法

工程价款结算是指承包人在工程实施过程中，依据合同中关于付款条款的规定和已完成的工程量，按照规定的程序向业主收取工程价款的一项经济活动。工程价款结算应按国家有关法律、法规和规章制度，国家有关部门发布的工程造价计价标准、计价办法等有关规定，工程项目承包合同、补充协议、变更签证和现场签证以及经认可的其他有效文件的约定办理。

1. 工程预付款的拨付和扣回

工程预付款是工程施工合同订立后由发包人按照合同约定，在正式开工前预先支付给承包人的工程款。它是施工准备和购买所需要材料、构件等的流动资金的主要来源，习惯上也称预付备料款。

在《建设工程施工合同示范文本》中，对有关工程预付款作了如下约定："实行工程预付款的，双方应当在专用条款内约定发包人向承包人预付工程款的时间和数额，开工后按约定的时间和比例逐次扣回。预付时间应不迟于约定的开工日期前7天。发包人不按约定预付，承包人在约定预付时间7天后向发包人发出要求预付的通知，发包人收到通知后仍不能按要求预付，承包人可在发出通知后7天停止施工，发包人应从约定应付之日起向承包人支付应付款的贷款利息，并承担违约责任。”

工程预付款额度各地区、各部门的规定不完全相同，主要是保证施工所需材料和构件的正常储备。一般是根据施工工期、建安工作量、主要材料和构件费用占承包总额的比例以及材料储备周期等因素经测算来确定。预付备料款额度的计算公式为：

$$\text{预付备料款额度}=\frac{\text{年度承包总额}\times\text{主要材料机构配件所占比重（\%）}}{\text{年度施工天数}}\times\text{材料储备天数}$$

根据上述计算结果，发包人可结合工程特点、工期长短、市场行情、供求规律等因素，在招标文件的合同条件中约定工程预付款的百分比。包工包料工程的预付款按合同约定拨付，原则上预付比例不低于合同金额的10%，不高于合同金额的30%。对重大工程项目，按年度工程计划逐年预付。计价执行《建设工程工程量清单计价规范》的工程，实体性消耗和非实体性消耗部分应在合同中分别约定预付款比例。

发包人支付给承包人的工程预付款性质是预支。随着工程的进展，拨付的工程进度款数额不断增加，工程所需主要材料、构件的用量逐渐减少，原已支付的预付款应在工程进度款中以抵扣的方式予以陆续扣回。扣款的方法由发包人和承包人通过合同的形式予以确定，可采用等比率或等额扣款的方式。

工程预付款起扣点表示未施工工程尚需的主要材料及构配件价值相当于工程预付款时累计支付的进度款数额。从工程预付款起扣点开始，每月以未施工工程尚需的主要材料及构配件价值抵充工程款的方式陆续扣回。其计算公式为：

$$\text{工程预付款起扣点}=\text{工程承包总额}-\text{预付备料款}/\text{主要材料及构配件所占比重}$$

在施工过程中，工程预付款扣回需要针对工程实际情况具体处理，如有些工程工期较短、造价较低，就无须分期扣还；有些工程工期较长，如跨年度工程，其备料款占用时间很长，根据需要可以少扣或不扣。

2. 工程进度款结算与支付

（1）工程进度款结算方式

承包工程进度款结算可以根据不同情况采取多种方式（见表12-1）。

表 12–1 工程进度款结算方式

结算方式	主要内容
按月结算	即实行按月支付进度款，竣工后清算的办法。合同工期在 2 个年度以上的工程，在年终进行工程盘点，办理年度结算
一次性结算	项目施工工期在 12 个月以内，或者工程承包合同价值在 100 万元以下的，可以实行工程价款每月月中预支，竣工后一次结算
分段结算	即当年开工、当年不能竣工的工程按照工程形象进度，划分不同阶段支付工程进度款。例如，某工程建设单位按工程合同造价分段拨付工程款：工程开工后，按工程合同造价拨付 50%；工程基础完成后，拨付 20%；工程主体完成后，拨付 25%；工程竣工验收后，5% 作为保留金

（2）已完工程计量

工程计量不仅是控制项目费用支出的关键环节，同时也是约束承包人履行合同义务、强化承包人的合同意识的手段。采用单价合同承包的工程，工程量清单中开列的是估算工程量，必须对已完的工程进行计量，经过计量所确定的数量是向承包人支付进度款的凭证；通过按时计量，可以及时掌握承包人工作的进展情况和工程的进度。对于不合格的工作和工程，可以拒绝计量。

承包人应当按照合同约定的方法和时间，向发包人提交已完工程量的报告。发包人接到报告后 14 天内核实已完工程量，并在核实前 1 天通知承包人，承包人应提供条件并派人参加核实，承包人收到通知后不参加核实的，以发包人核实的工程量作为工程价款支付的依据。发包人不按约定时间通知承包人，致使承包人未能参加核实的，核实结果无效。

发包人收到承包人报告后 14 天内未核实已完工程量，从第 15 天起承包人报告的工程量即视为被确认，作为工程价款支付的依据。对承包人超出设计图纸（含设计变更）范围和因承包人原因造成返工的工程量，发包人不予计量。

工程计量时，若发现工程量清单中出现漏项、工程量计算偏差，以及工程变更引起工程量的增减，应按承包人在履行合同义务过程中实际完成的工程量计算。承包人应按照合同约定，向发包人递交已完工程量报告。发包人应在接到报告后按合同约定进行核对。

（3）工程进度款计价

工程进度款单价的计算方法，主要根据由发包人和承包人事先约定的工程价格的计价方法确定。目前，我国工程价格的计价方法可以分为可调工料单价和固定综合单价两种方法。

当采用可调工料单价法时，在确定已完工程量后，可按以下步骤计算工程进度款：①根据已完工程量的项目名称、分项编号、单价得出合价；②将当月所完全部项目合价相加，得出直接工程费小计；③按规定计算措施费、间接费、利润；④按规定计算主材差价或差价系数；⑤按规定计算税金；⑥累计当月应支付的工程进度款。

当采用固定综合单价法时，计算工程进度款比较方便、省事，工程量得到确认后，只要将工程量与综合单价相乘得出合价，再累加即可完成当月工程进度款的计算。

（4）工程进度款支付

根据确定的工程计量结果，承包人在每个付款周期末，向发包人递交进度款支付申请，并附相应的证明文件。除合同另有约定外，进度款支付申请应包括下列内容：①本周期已完成工程的价款；②累计已完成的工程价款；③累计已支付的工程价款；④本周期已完成计日工金额；⑤应增加和扣减的变更金额；⑥应增加和扣减的索赔金额；⑦应抵扣的工程预付款；⑧应扣减的质量保证金；⑨根据合同应增加和扣减的其他金额；⑩本付款周期实际应支付的工程价款。

发包人在收到承包人递交的工程进度款支付申请及相应的证明文件后，应在合同约定时间内核对和支付工程进度款，并按约定时间扣回工程预付款，工程预付款与工程进度款同期结算抵扣。

发包人超过约定的支付时间不支付工程进度款，承包人应及时向发包人发出要求付款的通知，发包人收到承包人通知后仍不能按要求付款的，可与承包人协商签订延期付款协议，经承包人同意后可延期支付的，协议应明确延期支付的时间和从工程计量结果确认后计算应付款的利息。

发包人不按合同约定支付工程进度款，双方又未达成延期付款协议，导致施工无法进行时，承包人可停止施工，由发包人承担违约责任。

三、工程竣工结算

工程竣工结算是指承包人按照合同规定的内容全部完成所承包的工程，经验收质量合格，并符合合同要求之后，向发包人进行的最终工程价款结算。经审查的工程竣工结算是核定建设工程造价的依据，也是建设项目竣工验收后编制竣工决算和核定新增固定资产价值的依据。工程完工后，双方应按照约定的合同价款、合同价款调整内容以及索赔事项，进行工程竣工结算。工程竣工结算分为单位工程竣工结算、单项工程竣工结算和建设项目竣工总结算。

1．工程竣工结算报告编审

建设项目竣工结算可以以单项工程为对象，也可以以单位工程为对象。在建设工程完工后，工程验收前，施工单位负责编制并向建设单位提供竣工结算报告。工程竣工结算由承包人或受其委托具有相应资质的工程造价咨询人编制，由发包人或受其委托具有相应资质的工程造价咨询人核对。

工程竣工结算依据有：①技术规范；②施工合同；③工程竣工图纸及资料；④双方确认的工程量；⑤双方确认追加（减）的工程价款；⑥双方确认的索赔、现场签证事项及价款；⑦投标文件；⑧招标文件等。

竣工结算办理完毕，发包人应将竣工结算书报送工程所在地工程造价管理机构备案。竣工结算书是工程竣工验收备案、交付使用的必备文件。竣工结算办理完毕，发包人应根据确认的竣工结算书在合同约定时间内向承包人支付工程竣工结算价款。

2. 工程竣工结算审查期限

单位工程或单项工程竣工后，承包人应在提交竣工验收报告的同时，向发包人递交竣工结算报告及完整的结算资料。发包人或受其委托的工程造价咨询人收到承包人递交的竣工结算书后，在合同约定时间内，不核对竣工结算或未提出核对意见的，视为承包人递交的竣工结算书已经认可，发包人应向承包人支付工程结算价款。承包人在接到发包人提出的核对意见后，在合同约定时间内，不确认也未提出异议的，视为发包人提出的核对意见已经认可，竣工结算办理完毕。

发包人应对承包人递交的竣工结算书签收，拒不签收的，承包人可以不交付竣工工程。承包人未在合同约定时间内递交竣工结算书的，发包人要求交付竣工工程，承包人应当交付。工程竣工结算审查期限规定，如表 12–2 所示。

表 12–2　工程竣工结算审查期限规定

序号	工程竣工结算报告金额	审查时间（从接到竣工结算报告和完整的竣工结算资料之日起）
1	500 万元以下	20 天
2	500 ~ 2000 万元	30 天
3	2000 ~ 5000 万元	45 天
4	5000 万元以上	60 天

3. 工程竣工结算价款

发包人根据确认的竣工结算报告向承包人支付工程竣工结算价款，保留 5% 左右的质量保修金，待工程交付使用质保期到期后清算；质保期内如有返修，发生费用应在质量保修金内扣除。

工程竣工结算价款计算的一般公式为：

竣工结算工程价款 = 合同价款额 + 施工过程中合同价款调整额 − 预付及已经结算工程价款

此外，还需要考虑工期奖惩、索赔价款、合同以外零星项目工程价款等内容，具体要求如下。

（1）工程竣工结算以合同工期为准，实际施工工期比合同工期提前或延后，承、发包双方应按合同约定的奖惩办法执行。

（2）承、发包人未能按合同约定履行自己的各项义务或发生错误，给另一方造成经济损失的，由受损方按合同约定提出索赔，索赔金额按合同约定支付。

（3）发包人要求承包人完成合同以外零星项目，承包人应在接受发包人要求的7天内就用工数量和单价、机械台班数量和单价、使用材料和金额等向发包人提出施工签证，发包人签证后施工，如发包人未签证，承包人施工后发生争议的，责任由承包人自负。

按有关规定，发包人应在收到申请后15天内支付结算款，到期没有支付的应承担违约责任。承包人可以催告发包人支付结算价款，如双方达成延期支付协议，发包人应按同期银行贷款利率支付拖欠工程价款的利息。如未达成延期支付协议，承包人可以与发包人协商将该工程折价，或申请人民法院将该工程依法拍卖，承包人就该工程折价或者拍卖的价款优先受偿。

第二节　工程施工平面图设计

施工平面图是工程项目施工组织设计的一项重要内容，实践证明，科学合理的施工平面图设计，对于提高施工生产效率、降低工程建设成本、保证工程质量和施工安全等起着十分关键的作用。因此，施工平面图设计的重要性和必要性早已受到工程施工管理人员的普遍关注。

一、施工平面图概述

1．施工平面图的分类

根据项目施工对象和生产规模的不同，施工平面图可分为施工总平面图和单位工程施工平面图。

施工总平面图是指整个工程项目（如拟建的成片工业厂房或民用建筑小区项目）的施工场地总平面布置图，是全工地施工部署在空间上的反映和时间上的安排。如果工程项目由多个单位工程或单项工程组成，则业主或总承包商需要根据初步设计文件以及其他有关资料和现场条件编制施工组织总设计，其中施工总平面图反映了全工地施工期间所需各项设施和永久建筑、拟建工程之间的空间关系，指导现场各单位工程有组织有计划地进行文明施工。

单位工程施工平面图是针对单位工程施工而进行的施工场地平面布置，单位工程施工平面图是单位工程施工组织设计的重要组成部分，是施工准备工作的一项重要内容。单位工程施工平面图一般在施工图设计完成后，在施工项目招投标阶段或拟建工程开工前，由承包商的项目管理部门主持编制。

施工总平面图用于工程项目全工地性施工场地的规划和布置，是单位工程施工平面图设计的主要依据；而单位工程施工平面图则属于施工总平面图的一部分，它的布局受到施工总平面图的约束和限制。

建筑施工过程是一个变化的过程，工地上的实际情况随工程进展在不断改变。为此，施工平面图应按照基础、主体结构、安装、装修等施工阶段分别进行设计。

2. 施工平面图设计依据

施工平面图设计的依据主要有：招标文件、投标文件及合同文件；各种勘察设计资料，包括建筑总平面图、地形地貌图、区域规划图、建筑项目范围内有关的一切已建和拟建的各种设施位置；项目的建设概况、施工部署和拟建主要工程施工方案、施工总进度计划；各种建筑材料、构件、加工品、施工机械和运输工具需要量一览表；各构件加工厂规模、仓库及其他临时设施的数量及有关参数；建设地区的自然条件和技术经济条件。

3. 施工平面图设计原则

施工平面图设计的主要原则有：减少施工用地面积，平面布置紧凑合理，提高单位面积土地利用率；降低运输费用，保证运输方便，减少二次搬运；降低临时设施的修建费用，充分利用各种永久建筑、管线、道路，利用暂缓拆除的原有建筑物；合理布置生产、生活方面的临时设施，有利于生产，方便生活；满足劳动保护、技术安全及消防、环保、卫生、市容、环境保护等国家有关规定和法规要求；在改、扩建工程施工时，应考虑企业生产、居民生活和工程施工互不妨碍。

4. 施工平面图基本内容

施工总平面图以整个工程项目为对象，范围较广，内容比较宏观；单位工程施工平面图内容则比较具体和详细。二者设计的内容既有相同之处，又有各自特点。

它们的基本内容可概括为：

（1）地上和地下已有的和拟建的建筑物、构筑物及其他设施（道路、各种管线等）的位置和尺寸。

（2）工程临时生产和生活设施，包括各类加工厂，仓库和堆场，行政管理和文化生活用房。

（3）工程临时配套设施，包括施工用道路、铁路、码头，给水排水管线和供电线路，蒸汽和压缩空气管道。

（4）起重机开行路线及轨道铺设，垂直运输设施的位置，起重机回转半径。

（5）防洪设施、安全防火设施、环境保护设施等。

（6）永久性和半永久性测量用的水准点、坐标点、高程点、沉降观测点等。

二、施工总平面图设计

施工总平面图设计的内容和步骤如下。

（1）确定运输线路

设计施工总平面图时，首先应确定主要材料、构件和设备等进入施工现场的运输方式。

施工用大量的物资材料由铁路运入工地，则应先解决铁路的引入位置和铁路线路布置方案；施工用物资材料由公路运入工地，则施工场地的布置比较灵活；施工用物资材料由水路运入工地，则可充分利用原码头，并在码头附近布置主要加工厂和仓库。

（2）布置仓库和堆场

在布置仓库和堆场时，应尽量利用永久性仓库。仓库和材料堆场应接近使用地点，保持交通方便，遵守安全技术和防火规定。例如，砂石、石灰、水泥等仓库或堆场宜布置在搅拌站和预制场附近；砖、石等材料和构件应直接布置在施工对象附近，以免二次搬运。

确定某一种建筑材料的仓库面积，与该种材料需储备的天数、材料的需要量以及单位面积的储存定额等因素有关。而储备天数又与材料的供应情况、运输能力以及气候等条件有关。 因此，应结合具体情况确定经济仓库面积。

对经常或连续使用的材料，如砖、瓦、砂、石、水泥、钢材等，可按储备期计算仓库面积，计算公式为：

$$F = T_e \frac{Q \cdot K_1}{T \cdot q \cdot K_2}$$

式中 F——仓库或堆场面积（m^2）；

T——项目的施工总工作日；

T_e——材料、半成品等储备期定额；

Q——材料、半成品等总的需要量；

q——仓库面积定额，即每平方米仓库面积存放的材料、半成品数量；

K_1——材料使用不均匀系数；

K_2——仓库面积利用系数（考虑人行道和车道所占面积）。

施工总平面图中的各类材料构配件的堆放场地必须结合现场地形、永久性设施、运输道路以及施工进度等进行综合安排，同时考虑各专业工种的特点及施工工艺的需要，力求既方便施工，又节约用地。例如，土建工程用的钢筋、模板、脚手架、砖和墙板等围护结构，在工业厂房的施工中，可沿厂房纵向布置在柱列外侧；在民用建筑施工中，则尽可能布置在塔式起重机等起重设备的工作半径之内。

（3）布置场内临时道路

根据各加工厂、仓库及各施工对象的位置布置道路，并研究货物周转运行图，以明确各段道路上的运输负担；道路规划要区别主要道路和次要道路，注意满足车辆的安全行驶，不致形成交通断绝或堵塞。

布置场内临时道路时，应尽量利用永久道路，提前修建或先修建永久路基和简单路面，作为施工所需的临时道路；临时道路应有足够的宽度和转弯半径，现场内道路干线应采用环形布置；主要道路宜用双车道，次要道路可为单车道，道路末端要设置回车场。

（4）布置行政和生活临时设施

在工程建设期间，需要为现场施工人员修建一定数量的行政管理与生活居住临时建筑。这类临时建筑包括：

1）行政管理和辅助生产用房，其中包括办公室、传达室、汽车库等；

2）居住用房，其中包括职工宿舍、招待所等；

3）生活用房，其中包括浴室、食堂、商店等。

对于各种行政和生活用房应尽量利用建设单位的生活基地或现场附近的永久建筑。临时建筑物的设计，应遵循经济、适用、装拆方便的原则，并根据当地的气候条件、工期长短确定其建筑与结构形式。

（5）布置临时水、电管网和其他动力设施

建筑工地临时供水，包括生产用水（一般生产用水和施工机械用水）、生活用水（施工现场生活用水和生活区生活用水）和消防用水三部分。为充分利用永久性供水设施为施工服务，可首先建设永久性供水系统，然后在工地铺设局部的补充管网，满足工地供水需要。

建筑工地供水组织一般包括：计算用水量，选择供水水源，选择临时供水系统的配置方案，设计临时供水管网，设计供水构筑物和机械设备。给水管一般沿主干道路布置，主要供水管线采用环状，孤立点可用支状。消防站一般布置在工地的出入口附近，并沿道路设消火栓。消火栓间距不应大于 100m，距路边缘不大于 2m，距拟建房屋不大于 25m，并不小于 5m。

建筑工地临时用电包括施工用电和照明用电两个方面，其用电量计算公式分别为：

$$P_e=(1.05 \sim 1.10)(k_1\Sigma P_1+k_2\Sigma P_2)$$

$$P_0=1.10(k_3\Sigma P_3+k_4\Sigma P_4)$$

式中 P_e、P_0——施工用电量、照明用电量（kW）；

k_1、k_2、k_3、k_4——设备同时使用时的系数；

P_1、P_2、P_3、P_4——各种机械设备的用电量、电焊机的用电量、室内照明用电量、室外照明用电量（kW）。

临时供电组织工作主要包括：用电量计算，电源选择，变压器确定，供电线路布置，导线截面计算。如果现有电源能满足需要，则仅需在工地上设立变电所或变压器。临时变电器应设在高压线进入工地处，避免高压线穿过工地。由于变电所受供电半径的限制，在大型工地上，一般应设若干个变电所，避免当一处发生故障时，影响其他地区。临时输电干线沿主要干道布置成环形线路。

三、单位工程施工平面图设计

单位工程施工平面图是各项生产、生活设施在现场平面上的规划和布置图。单位工程施工平面图设计需进行多方案比较，根据不同施工阶段编制基础、结构、安装和装修施工平面图，并进行动态的调整。单位工程施工平面图设计的主要步骤如下。

（1）确定起重机械的布置

起重机械处于单位工程施工现场的中心位置，直接影响着仓库、材料、构件、道路、搅拌站及水电线路的布置。因此，在单位工程施工平面图中应首先予以考虑。

1）塔吊布置拟考虑的因素

塔吊布置拟考虑的因素，见表 12-3。

表 12-3 塔吊布置拟考虑的因素

考虑因素	主要内容
塔吊的平面位置	主要取决于建筑物的平面形状和四周场地条件。有轨式塔吊一般应在场地较宽的一侧沿建筑物的长度方向布置，布置方法有沿建筑物单侧布置、双侧布置和跨内布置三种。固定式塔吊一般布置在建筑物中心，或建筑物长边的中间；多个固定式塔吊布置时，应保证塔吊范围能覆盖整个施工区域
塔吊的服务范围	有轨式塔吊服务范围包括以轨道两端有效行驶端点的轨距中点为圆心，最大回转半径划出的两个半圆形，以及沿轨道长度和最大回转半径组成的面积。最佳的塔吊布置是不出现“死角”，使塔吊的起重臂在活动范围内能将材料和构件运至任何施工地点。否则，需采用其他辅助措施（如布置井架，楼面水平运输工具等）运输“死角”范围内的构件，保证施工顺利进行
塔吊的起吊高度	塔吊的起吊高度除了满足建筑物总高度的要求外，还要加上工程施工面的高度和吊装绳索、钓钩的长度
塔吊的起重量	当塔吊的位置初步确定以后，必须对其起重能力进行复核，计算塔吊在起吊最重构件和最远距离构件时的力矩是否可行

2）井架布置拟考虑的因素

井架具有搭拆简单、稳定性好、运输量大、高度较高等优点。井架的平面位置取决于建筑物的平面形状和大小、建筑物的高低分界、施工段的划分及四周场地大小等因素。

当建筑物呈长方形、层数高度相同时，一般布置在施工段的分界处靠施工现场较宽的一侧，以便于在井架附近堆放材料和构件，达到缩短运距的目的。井架离建筑物外墙的距离，视檐口挑出尺寸或外脚手架搭设的要求而定。布置井架时，还应考虑缆风绳对交通、吊装等的影响。

（2）确定搅拌站、加工棚和材料构件堆场的位置

搅拌站、加工棚和材料构件堆场的位置应尽量靠近使用地点或在起重机能力范围内，并考虑运输和装卸的方便。基础施工用的材料可堆放在基坑（槽）四周，但不宜离基坑（槽）边缘太近，以防土壁坍塌。

1）搅拌站的布置

搅拌站应尽可能布置在垂直运输机械附近，以减少混凝土及砂浆的水平运距。当采用塔吊方案时，混凝土搅拌机的位置应使吊斗能从其出料口直接卸料并挂钩起吊。搅拌站要与砂石堆场、水泥库一起考虑布置，便于大体积原材料的运输和装卸。

2）加工棚的布置

木材、钢筋、水电等加工棚应设在建筑物四周，并要有相应的原材料和成品堆场。

3）仓库和堆场的布置

首先根据需求，计算仓库和堆场的面积，然后根据各施工阶段的需要和材料设备使用的先后顺序来进行布置。同一场地在不同时间堆放不同的材料和构件，尽可能提高场地使用的周转效率。

（3）布置运输道路

布置现场道路时，应沿仓库和堆场进行布置，使道路通到各个仓库和堆场，并要注意保证行驶畅通，使运输工具有回转的可能性。现场道路应满足消防要求，消防车道宽度不小于3.5m。汽车单行道的现场道路最小宽度为3m，双行道的最小宽度为6m。道路上架空线的净空高度应大于4.5m。为提高车辆的行驶速度和通行能力，应尽量将道路布置成环形。

（4）布置临时设施

工程现场临时设施可分为生产性和生活性两类。单位工程的现场临时设施一般包括现场办公室、休息室、会议室、门卫室、加工棚、工具库等。布置这些临时设施时，应考虑使用方便，不妨碍施工，并符合防火保安要求。

（5）布置临时水电管网

布置临时供水管网时，应力求管网总长度最短。根据经验，一般施工现场面积在5000 ~ 10000m^2时，施工用水的总管直径选用100mm，支管直径选用38mm或者25mm，再配直径100mm消火栓水管。为防止供水意外中断，可在建筑物附近设置简单蓄水池。如果水压不足时，则应设置高压水泵。

布置临时供电时，应先进行用电量和导线等计算，然后进行布置。单位工程的临时供电一般采用三级配电两级保护。变电器应布置在现场边缘高压线接入处，并设有明显的标志。总配电箱设在靠近电源的地方，分配电箱则设在用电设备或负荷相对集中的地区。

第三节　工程竣工验收

工程竣工验收是工程项目建设周期的最后一道程序，是项目管理的重要内容和终结阶段的重要工作，也是我国建设项目的一项基本法律制度。实行竣工验收制度，是全面检查工程项目是否符合设计文件要求和工程质量是否符合验收标准，能否交付使用、投产，发挥投资效益的重要环节。

由于竣工验收阶段的交工主体和验收主体不同，竣工验收具体又分为施工项目竣工验收和建设项目竣工验收两个不同的验收主体和验收阶段。本节所指的工程竣工验收是指施工项目竣工验收，它是建设项目竣工验收的第一阶段。没有经过施工项目竣工验收，建设项目竣工验收就不具备最基本的条件。

一、工程竣工验收的条件和要求

工程项目按设计要求全部建设完成，符合规定的项目竣工验收标准，可由发包人组织设计、施工、监理等单位进行项目竣工验收。单独签订施工合同的单位工程，竣工后可单独进行竣工验收。在一个单位工程中满足规定交工要求的专业工程，可征得发包人同意，分阶段进行竣工验收。中间竣工并已办理移交手续的单项工程，不再重复进行竣工验收。

单位工程竣工验收应符合设计文件和施工图纸要求，满足生产需要或具备使用条件，并符合其他竣工验收条件要求。

1. 竣工验收的依据

竣工验收的主要依据有：批准的设计文件、施工图纸及说明书；双方签订的施工合同；设备技术说明书；设计变更通知书；施工验收规范及质量验收标准；外资工程应依据我国有关规定提交竣工验收文件。

2. 竣工验收的条件

（1）设计文件和合同约定的各项施工内容已经施工完毕。

（2）有完整并经核定的工程竣工资料，符合验收规定。

（3）有勘察、设计、施工、监理等单位签署确认的工程质量合格文件。

（4）有工程使用的主要建筑材料、构配件和设备进场的证明及试验报告。

（5）建设单位已按合同约定支付工程款。

（6）有施工单位签署的工程质量保修书。

（7）有规划主管部门出具的认可文件。

（8）有公安消防、环保等部门出具的认可文件或者准许使用文件。

3. 竣工验收的要求

竣工验收的要求为：合同约定的工程质量标准；单位工程质量竣工验收的合格/优良标准；单项工程达到使用条件或满足生产要求；工程项目能满足建成投入使用或生产的各项要求。

在施工项目竣工验收阶段，工程项目各参与主体的任务不同：对建设单位来讲，施工项目经过验收，交付使用，标志着投入的建设资金转化为使用价值，项目具备了投入运营的条件；对施工单位来讲，其所承担的项目即将结束，不仅要及时做好各项收尾和移交工作，还要全面总结整个工程项目施工过程中的经验和教训，为新项目提供借鉴。

二、工程竣工验收的程序

为了有计划有步骤地做好各项工作，保证竣工验收的顺利进行，业主和承包方均应制订详细的竣工验收工作计划，按照工程项目的特点和竣工验收工作的规律，执行竣工验收的正常工作程序，其主要环节包括：

（1）围绕着工程实物的硬件方面和工程竣工验收资料的软件方面，业主编制竣工验收工作计划，承包单位项目经理部落实竣工验收准备工作。

（2）承包单位内部组织自验收或初步验收，确认工程竣工、具备竣工验收各项条件。

（3）承包单位向监理工程师或业主方代表提出工程竣工验收申请。

（4）监理工程师（或业主代表）经过预验和核查，签署认可意见后，向业主提交工程验收申请。

（5）业主收到工程验收申请后，在约定的时间和地点，组织勘察、设计、施工、监理等有关单位及质量监督部门进行竣工验收。

（6）各单位分别汇报工程合同履约情况和在工程建设各个环节执行法律、法规和工程建设强制性标准的情况；审阅建设、勘察、设计、施工、监理单位的工程档案资料；实地查验工程质量；对工程勘察、设计、施工、设备安装质量和各管理环节等方面作出全面评价，并形成工程竣工验收报告，参与竣工验收的各方负责人应在竣工验收报告上签字并盖单位公章。

（7）通过竣工验收程序，办完竣工结算后，承包人应在规定期限内向业主办理工程移交手续。

参与工程竣工验收的建设、勘察、设计、施工、监理等各方不能形成一致意见时，应当协商提出解决的方法，待意见一致后，重新组织工程竣工验收。

鉴于竣工验收阶段有大量的基础性工作，从竣工验收准备开始到办理交工手续终结，是一个渐进、有序的过程。竣工验收阶段的管理工作，每一步都非常重要：承包人应做好竣工验收管理程序中各项基础工作，为交付竣工验收创造条件；监理单位应组织对竣工资料及各专业工程质量的全面检查，进行工程竣工预验收，对组织正式竣工验收提出明确的意见；发包人应根据施工合同的约定，组织进行工程竣工验收和竣工结算的审查。

三、工程竣工资料和验收报告

竣工资料真实记录了从工程项目的提出、立项、审批、勘察、设计、施工、生产准备到竣工投产的全过程中形成的应归档保存的文件资料，是工程项目的重要技术资料，是工程验收、维护、改建、扩建的依据，是养护、管理部门必须长期保存的重要技术档案，也是国家科技档案的重要组成部分。

1. 竣工资料的内容和要求

承包单位应按竣工验收条件的规定，认真整理工程竣工资料。施工企业应建立健全竣工资料管理制度，实行科学收集、定向移交、统一归口，便于存取和检索。

整理工程竣工资料的依据：一是国家有关法律、法规、规范对工程档案和竣工资料的规定；二是现行建设工程施工及验收规范和质量标准对资料内容的要求；三是国家、地方档案管理部门和工程竣工备案部门对竣工资料移交的规定。工程竣工资料应包括下列内容：

（1）工程施工技术资料

1）工程准备阶段资料（招投标文件及合同、项目经理部及负责人名单等）。

2）施工技术准备资料（工程开工报告、施工组织设计、图纸会审纪要、技术交底记录、工程施工图预算、施工日志等）。

3）施工现场准备资料（控制网设置资料、工程定位测量资料及复核记录、基槽开挖测量资料、施工安全措施、施工环保措施等）。

4）地基处理记录（地基钎探记录和钎探平面布置图、验槽记录和地基处理记录、桩基施工记录、试桩记录和补桩记录等）。

5）工程图纸变更记录（设计会议会审记录、设计变更记录、技术核定和工程洽商记录、工程质量事故处理记录等）。

6）施工记录。

7）工程竣工文件。

（2）工程质量保证资料

工程质量保证资料应按建筑安装工程（具体分为土建工程和安装工程）和市政基础设施工程两大类别的工程属性进行整理。

1）对建筑安装工程的要求：土建工程主要质量保证资料包括各种材料试验、施工试验报告和构件的质量证明文件，并有汇总表；安装工程主要质量保证资料按给水排水与供暖、建筑电气、通风与空调、电梯、建筑智能化等分部或专业分类组卷。

2）对市政基础设施工程的要求：市政基础设施工程涵盖的范围比较宽，对工程质量保证资料的要求，应根据各类工程的规律和特点，按照相关技术规范、标准、规程的规定进行系统整理。

（3）工程检验评定资料

1）建筑安装工程检验评定资料（单位工程质量竣工验收记录、质量控制资料核查记录及安全和功能资料核查记录、单位工程观感质量检查记录等）。

2）市政基础设施工程检验评定资料（工序工程质量评定记录、分项工程质量评定记录、分部工程质量评定记录、单位工程质量评定记录等）。

（4）竣工图

竣工图是工程的实际反映，是工程的重要档案，工程承、发包合同或施工协议要根据国家对编制竣工图的要求，对竣工图的编制、整理、审核、交接、验收作出规定。

竣工资料的整理应符合下列要求：工程施工技术资料的整理应始于工程开工、终于工程竣工，真实记录施工全过程，可按形成规律收集，采用表格方式分类组卷；工程质量保证资料的整理应按专业特点，根据工程的内在要求，进行分类组卷；工程检验评定资料的整理应按单位工程、分部工程、分项工程划分的顺序，进行分类组卷；竣工图的整理应区别情况按竣工验收的要求组卷；交付竣工验收的施工项目必须有与竣工资料目录相符的分类组卷档案；承包人向发包人移交由分包人提供的竣工资料时，检查验证手续必须完备。

2. 竣工图编制

竣工图是记载工程建筑、结构以及工艺管线、设备、电气、仪表、给水排水、暖通、环保设施等建设安装工程真实情况的技术文件。各项新建、扩建和改建的工程项目都要编制竣工图。

编制竣工图的主要依据包括设计施工图、设计更改通知单及更改图、施工过程中的具体措施及其他相关资料。编制各种竣工图，必须在施工过程中（不能在竣工后），及时做好隐蔽工程检验记录，整理好建设变更文件，确保竣工图质量。编制竣工图的形式和深度，应根据不同情况，区别对待：

（1）凡按图施工没有变动的，则由施工单位在原施工图上加盖“竣工图”标志后，即作为竣工图。

（2）凡在施工中，虽有一般性设计变更，但能将原施工图加以修改补充作为竣工图的，可不重新绘制，由施工单位负责在原施工图上注明修改的部分，并附以设计变更通知单和施工说明，加盖“竣工图”标志后，即作为竣工图。

（3）凡结构形式改变、工艺改变、平面布置改变、项目改变以及有其他重大改变，不宜再在原施工图上修改、补充者，应重新绘制改变后的竣工图。由于设计原因造成的，由设计单位负责重新绘图；由于其他原因造成的，由建设单位自行绘图或委托设计单位绘图。施工单位负责在新图上加盖“竣工图”标志并附以有关记录说明，作为竣工图。

竣工图要经承担施工的技术负责人审核签认，还要提交监理人审查签认，作为竣工资料备案方为有效。工程竣工验收前，建设单位应组织、督促和协助各设计、施工、监理单位检验各自负责的竣工图编制工作，发现有不准确或短缺时，要及时采取措施修改和补齐。竣工图要作为工程交工验收的条件之一，凡不准确、不完整、不符合归档要求的，不能交工验收。

传统的施工单位手工编制的竣工图未经过数字化处理，不易形成多套备用，不利于施工图档案的长久保存和利用，并且编制的周期过长。随着计算机技术和CAD技术的普及应用，由建设单位组织设计、施工、监理单位共同参与，采用计算机重新出图作为竣工图，不仅图纸清晰美观，质量可靠，而且利于长久保存和复制利用。

3. 工程竣工验收报告编制

工程竣工验收合格后，建设单位应当及时提出工程竣工验收报告。工程竣工验收报告主要包括以下内容。

（1）工程概况

①工程名称、地址，建设或投资单位名称，参与单位名称及专业资质等级、资质证书编号和备案合同编号。

②房屋建筑工程的用途、功能、外观、结构类型、抗震等级、建筑耐火等级、主要使用功能区分、设计使用年限、建筑面积、占地面积、地上及地下层数、外装修特点、投资额等。

③市政基础设施工程的类别、用途、功能、外观、结构形式、抗震设防、管道敷设形式、系统形式、主要设备、工程的主要工程量、投资额等。

（2）工程建设基本情况：建设单位执行基本建设程序，设计、监理、施工单位基本情况和评价，主要建筑材料使用，工程资料管理，工程验收，施工中发生的质量问题，质量、安全事故处理等。

（3）对工程质量的综合评价：国家有关工程建设的法律、法规，基本建设程序，合同约定的各项内容，工程设计、工程质量、验收规范及参建各方对工程进行竣工验收和竣工验收备案的意见。

此外，工程竣工验收报告还应附有下列文件：施工许可证；施工图设计文件审查意见；验收组人员签署的工程竣工验收意见；市政基础设施工程应附有质量检测和功能性试验资料；施工单位签署的工程质量保修书；法规、规章规定的其他有关文件。

四、工程竣工验收备案

我国实行建设工程竣工验收备案制度。新建、扩建和改建的各类房屋建筑工程以及市政基础设施工程的竣工验收，均应按《建设工程质量管理条例》规定进行备案。建设单位应当自建设工程竣工验收合格之日起 15 日内，将建设工程竣工验收报告和规划、公安消防、环保等部门出具的认可文件或准许使用文件，报建设行政主管部门或者其他相关部门备案。

备案部门在收到备案文件资料后的 15 日内，对文件资料进行审查，符合要求的工程，在验收备案表上加盖“竣工验收备案专用章”，并将一份备案文件退建设单位存档。

建设单位办理工程竣工验收备案，应当提交下列文件：工程竣工验收备案表；工程竣工验收报告；法律、行政法规规定应当由规划、公安消防、环保等部门出具的认可文件或者准许使用文件；施工单位签署的工程质量保修书；法规、规章规定必须提供的其他文件；商品住宅还应当提交《住宅质量保证书》和《住宅使用说明书》。

参考文献

［1］王进编 . 铁路工程施工［M］. 中国铁道出版社，2002.

［2］奚成刚，杨成永，许兆义 . 铁路工程施工期路堑边坡面产流产沙规律研究［J］. 中国环境科学，2002，22（2）：174–178.

［3］李前进 . 铁路工程施工危险源辨识、风险评价与风险控制研究［D］. 西安建筑科技大学，2004.

［4］柳春光 . 铁道工程施工若干问题研究［J］. 交通世界，2013，31（1）：142–143.

［5］余以江 . 铁路工程施工项目成本管理［J］. 山西建筑，2010，36（1）：254–255.

［6］宋丽莉 . 浅谈铁路工程施工安全管理［J］. 内蒙古科技与经济，2010（17）：32–33.

［7］中铁一局集团有限公司 . 客运专线无砟轨道铁路工程施工技术指南［M］. 中国铁道出版社，2007.

［8］李旭 . 浅谈铁路工程施工现场管理［J］. 科技视界，2015（4）：128–128.

［9］路仲希 . 铁路工程施工组织设计［M］. 中国铁道出版社，1988.

［10］刘江涛 . 铁路工程施工中混凝土裂缝的成因与防治研究［J］. 经济研究导刊，2011（13）：314–315.

［11］李政训 . 项目施工管理与进度控制［M］. 中国建筑工业出版社，2003.

［12］《工程项目施工管理》课程建设团队 . 工程项目施工管理［M］. 中国水利水电出版社，2011.

［13］邓铁军 . 工程建设项目管理［M］. 武汉理工大学出版社，2002.

［14］饶勃 . 工程项目管理与总承包［M］. 中国建筑工业出版社，2005.

［15］丛培经 . 实用工程项目管理手册［M］. 中国建筑工业出版社，2005.

［16］刘向敬，刘兆新 . 浅谈建设项目施工管理的重点及方法［J］. 工程管理学

报，2003（1）：45–46.

［17］阮文易 . 谈项目施工管理中的“四大控制”［J］. 工程质量，2007（1）：13–15.

［18］樊建明 . 浅析建筑工程项目施工管理［J］. 甘肃科技纵横，2008，37（6）：126–126.

［19］侯清耀 . 工程建设项目施工管理精细化研究［D］. 青岛理工大学，2014.

［20］宋杰 . 工程项目施工管理的创新策略［J］. 科学技术创新，2011（26）：251–251.